UNDP-GEF 海南农业生物多样性参与式
原生境保护和可持续利用项目成果

全国农业院校及培训机构参考教材

中国农业遗传资源保护与可持续利用

薛达元　易伟鹏　主编

中国环境出版集团·北京

图书在版编目（CIP）数据

中国农业遗传资源保护与可持续利用 / 薛达元，易
伟鹏主编. -- 北京 ：中国环境出版集团，2025. 4.
ISBN 978-7-5111-6221-2

Ⅰ. F32

中国国家版本馆CIP数据核字第20258UC636号

责任编辑　曹　玮
封面设计　彭　杉

出版发行　中国环境出版集团
　　　　　（100062　北京市东城区广渠门内大街 16 号）
　　　　　网　　　址：http://www.cesp.com.cn
　　　　　电子邮箱：bjgl@cesp.com.cn
　　　　　联系电话：010-67112765（编辑管理部）
　　　　　发行热线：010-67125803，010-67113405（传真）
印　　刷　北京鑫益晖印刷有限公司
经　　销　各地新华书店
版　　次　2025 年 4 月第 1 版
印　　次　2025 年 4 月第 1 次印刷
开　　本　787×1092　1/16
印　　张　17.25
字　　数　360 千字
定　　价　86.00 元

中国环境出版集团郑重承诺：
中国环境出版集团合作的印刷单位、材料单位均具有中国环境标志产品认证。

《中国农业遗传资源保护与可持续利用》
编委会

序

　　根据 2019 年 5 月生物多样性和生态系统服务政府间科学-政策平台（IPBES）在巴黎发布的报告，全球 100 万物种面临灭绝，导致生物多样性丧失的五大因素包括栖息地丧失和退化、气候变化、环境污染、过度开发利用自然资源、外来物种入侵，这些因素相互叠加致使生物多样性问题的解决举步维艰。昆虫种类占动物界的八成，为 3/4 的开花植物授粉，数千种脊椎动物以其为食，人类多数食物依其存在。据统计，在过去 25～30 年间，全球昆虫每年减少 2.5%，死亡速度是哺乳动物、鸟类、爬行动物的 8 倍，如果不加以控制，所有昆虫将于 100 年后彻底灭绝。如果所有昆虫消失，整个地球生态将陷入崩溃和混乱。联合国粮农组织发布的关于人类粮食系统的生物多样性状况报告显示，在近 4 000 种野生粮食植物中，有 24% 出现数量锐减，在区域性 7 745 个地方家畜品种中有 26% 濒临灭绝。

　　为此，国际社会付出了艰辛的努力，2024 年是 COP（缔约方大会）年，"里约三公约"（《生物多样性公约》《联合国气候变化框架公约》《联合国防治荒漠化公约》）缔约方大会在下半年相继召开，3 个公约讨论的最核心的问题是人类社会在环境问题上需要同舟共济，携手解决资金、资源调动战略和机制问题。目前，全球生物多样性资金缺口 7 000 亿美元，需要开源、节流并举，需要实现从自然负面向自然正面转化，需要创新思维，需要"既仰望星空，又脚踏实地"。

　　联合国开发计划署（UNDP）作为全球环境基金（GEF）的国际执行机构，基于全球网络中 170 多个国家和地方机构长期合作的成功经验，已逐步成为 GEF 在中国生物多样性领域牵头的国际执行机构。2005 年以来，UNDP 与中国农业部合作，实施了"中国农业野生近缘植物保护与可持续利用"等一批农业生物多样性保护项目，显著促进了中国的粮食安全与农业可持续发展。

为了进一步创新发展中国的农业生物多样性保护工作，保护具有全球意义的生物多样性，与世界分享中国经验，UNDP 与海南省农业农村厅于 2020 年启动实施了为期 5 年的"UNDP-GEF 海南农业生物多样性参与式原生境保护和可持续利用"项目。该项目引入国际理念，开展了农业生物多样性参与式原生境保护和可持续利用研究，在农业生物多样性保护政策、战略与制度框架能力的改善、激励机制的创建与示范、农民可持续生计发展、生态系统健康监测能力加强、赋能妇女与青年等方面进行了卓有成效的尝试，实质性推动了海南省农业生物多样性保护的主流化，提高了农业遗传资源原生境保护与利用能力，提升了当地农民可持续生计发展水平，实现了广泛的知识分享，推动了海南省农业生物多样性保护模式的创新，为中国乃至全球农业生物多样性保护提供了有益的借鉴。

本书以"UNDP-GEF 海南农业生物多样性参与式原生境保护和可持续利用"项目的实施成果为基础，系统阐述了中国农业遗传资源的本底现状、特点、保护和可持续利用实践，并结合国际生物多样性和农业遗传资源保护目标，提出了新时代中国农业遗传资源保护和发展策略，也特别论述了性别主流化在农业生物多样性保护中的意义，对全球生物多样性保护和遗传资源可持续利用具有重要参考价值。本书有战略的理论高度、独特的实践探究、广阔的国际视角、较高的参考意义以及实际的使用价值。

祝贺本书即将出版！希望本书的出版发行能够激励读者更多地关注农业生物多样性保护，并参与农业遗传资源保护与可持续利用，共同建设美丽地球家园。

马超德

联合国开发计划署驻华代表处助理驻华代表

2024 年 12 月 31 日

前　言

　　粮农遗传资源是生物多样性的重要组成部分，是保障粮食安全和农业可持续发展的重要战略资源。中国农业历史悠久，早在约 1 万年前的新石器时代便形成了以水稻和粟为核心的农耕文明，河姆渡、半坡等遗址见证了早期农业技术的萌芽。在长期的农业发展过程中，中国创造了梯田系统和精耕细作模式，但传统的"刀耕火种"方式和旱稻种植在少数民族居住山区一直延续到 20 世纪末，甚至在海南山地的黎族社区至今仍有少量种植。

　　中国作为全球八大作物起源中心之一，拥有丰富的作物种质资源，驯化了水稻、大豆、茶树等成百上千种经济植物，以及数十种猪、鸡、鸭等家养动物，并由此培育出丰富的作物和畜禽品种资源，特别是各地农家传统品种拥有的优质基因，不仅为社会提供了特色产品，还为现代育种提供了关键的遗传材料，更通过产业链延伸带动食品加工、乡村旅游等产业发展，在乡村振兴、生态保护及"双碳"目标实现中发挥了核心作用。

　　"UNDP-GEF 海南农业生物多样性参与式原生境保护和可持续利用"项目（以下简称 UNDP-GEF 项目）是由联合国开发计划署（UNDP）为国际执行机构、海南省农业农村厅为国内实施机构的全球环境基金（GEF）项目（2020—2025 年），旨在保护和可持续利用我国特别是海南省丰富且具地方特色的农业遗传资源。UNDP-GEF 项目的目标是通过建立和示范激励机制，鼓励当地农民种、养具地方特色的传统作物和畜禽品种，加强政策支持环境和机构能力建设，实现海南省具有全球意义的农业生物多样性的生境保护和可持续利用。为此，UNDP-GEF 项目开展了四个方面的活动：一是完善农业生物多样性原生境保护和可持续利用的相关政策、战略和法规框架，强化政策支持环境；二是在项目选定的琼中县、白沙县和琼海市 3 个农业示范景观区建立和示范农业生物多样性原生境保护和可持续利用的激励机制,并在农户、私营部门和公共部门之间建立长期合作伙伴关系,推行传统粮农遗传资源品种的营销网络和认证计划,开拓产品和服务市场等;三是加强机构能力建设,推动农业生物多样性原生境保护在政府部门规划中的主流化,推广项目示范的激励方法;四是开展意识提升,加强农业生物多样性的监测体系建设和知识管理。

UNDP-GEF 项目的一项重要工作是向与农业生物多样性管理相关的政府部门和机构提供粮农遗传资源保护和可持续利用的培训服务。培训对象包括省农业农村厅及相关政府部门,县(市)、乡(镇)农业农村部门,农技服务中心,与农业生物多样性管理有关的职业女性。同时结合项目的示范区活动,为农村青年及农技人员提供现场培训。通过培训活动,提高各利益相关方人员在农业生物多样性保护和农业遗传资源可持续利用方面的知识水平和管理能力。

本书编写工作始于 2021 年初,采取边编写、边试用、边修改的方式,经过 3 年多的不断修改、完善和试用,逐步完成本书的出版稿。全书共分九章。第一章(生物多样性与遗传资源基础知识),介绍了生物多样性与农业遗传资源的概念、特点、价值与评估方法、生态系统服务核算等方面的基础知识;第二章(中国农业遗传资源本底与利用现状),概述了农作物、畜禽、水产生物、观赏花卉和农业微生物的种质资源本底及利用现状;第三章(遗传资源相关传统知识的保护与可持续利用),阐述了遗传资源相关传统知识的概念、类型、保护策略和利用潜力;第四章(农业遗传资源的国际保护与惠益共享),分析了《生物多样性公约》《名古屋议定书》《粮食与农业植物遗传资源国际条约》《国际植物新品种保护公约》、世界知识产权组织等在遗传资源保护、获取与惠益分享方面的规定;第五章(中国生物遗传资源保护政策法规与管理体系),概述了中国生物遗传资源受威胁现状、保护政策、法规制度、管理机制等;第六章(中国农业遗传资源的保护途径与成效),评述了中国在农业种质资源调查、评估、原生境保护、易地保存等方面的工作与成就;第七章(农业遗传资源的监测),阐述了生物多样性和农业遗传资源监测的理论、方法、技术规范和管理策略;第八章(社区参与和性别主流化),

探讨了社区参与的概念和相关理论、妇女参与农业遗传资源保护的国际主流化策略和中国实践；第九章（新时代中国农业遗传资源发展策略），提出了农业遗传资源研究、保护、利用和管理方面的策略。

本书的出版得到了海南省农业农村厅以及项目指导委员会、海南省粮农遗传资源协调委员会各成员单位的大力支持，海南省农业农村厅为本书的编写出版成立了编委会，参加 UNDP-GEF 项目的许多行政管理人员、科研人员、项目办工作人员等参与了编写工作。编写过程中得到了中国农业科学院、中国热带农业科学院、中国农业大学、海南大学、海南省农业科学院相关专家的支持与帮助，在此一并表示感谢。

本书作为 UNDP-GEF 项目的成果之一，已用作项目能力培训教材。由于书中内容非常广泛，理论与实践、传统知识与现代技术、科学与政策、国际与国内都有涉及，因此也可推荐为全国农业院校和培训机构的参考教材，还可用作农业技术人员、管理人员和高校师生的参考书目。由于书中内容非常广泛，讲授专家在使用时，可根据需要选用其中的章节和内容。此外，在使用过程中如发现错误，请读者不吝赐教和给予更正。

薛达元

2024 年 12 月 30 日于北京

目　录

第一章

生物多样性与遗传资源基础知识

一、生物多样性与遗传资源基本概念

1. 生物多样性概念

生物多样性（biodiversity 或 biological diversity）是一个描述自然界多样化程度的内容广泛的概念，体现在多个层次。生物多样性实质上是生命形式的多样性（the diversity of life），是指"地球上生命的所有变异"。一般认为，生物多样性是生物及其环境形成的生态复合体以及与此相关的各种生态过程的综合，包括动物、植物、微生物和它们所拥有的基因以及它们与生存环境形成的复杂的生态系统。

1992 年通过的联合国《生物多样性公约》（*Convention on Biological Diversity*，简称《公约》或 CBD），将"生物多样性"定义为：所有来源的形形色色的生物体，这些来源包括陆地、海洋和其他水生生态系统及其构成的生态综合体物种内部、物种之间和生态系统的多样性。

根据上述定义，生物多样性具有 3 个层次，即物种内的多样性（遗传多样性）、物种间的多样性（物种多样性）和物种所处生境的多样性（生态系统多样性）。遗传多样性体现在一个物种内的基因多样性和变异程度；物种多样性体现在物种种类多样性；生态系统多样性则体现为物种所栖息生态环境的差异性，以及生态系统内物种内、物种间、物种与环境之间物质流动和能量循环等生态过程的多样性。

由此可见，这 3 个层次的生物多样性是相互联系、密不可分的。遗传多样性是物种多样性和生态系统多样性的基础，或者说遗传多样性是生物多样性的内在形式。物种多样性是构成生态系统多样性的基本单元。因此，生态系统多样性离不开物种多样性，也离不开不同物种所具有的遗传多样性。

（1）**遗传多样性（genetic diversity）**

遗传多样性是生物多样性的重要组成部分。广义的遗传多样性是指地球上生物所携

带的各种遗传信息的总和。这些遗传信息储存在生物个体的基因之中。因此，遗传多样性也就是生物遗传基因的多样性。任何一个物种或一个生物个体都保存着大量的遗传基因，因此，可被看作一个基因库（gene pool）。一个物种所包含的基因越丰富，它对环境的适应能力就越强。基因的多样性是生命进化和物种分化的基础。

狭义的遗传多样性主要是指物种内基因的变化，包括物种内显著不同的种群之间以及同一种群内的遗传变异。此外，遗传多样性可以表现在多个层次上，如分子、细胞、个体等。在自然界中，对于绝大多数有性生殖的物种而言，种群内的个体之间往往没有完全一致的基因型，而种群就是由这些具有不同遗传结构的多个个体组成的。在生物的长期演化过程中，遗传物质的改变（突变）是产生遗传多样性的根本原因。遗传物质的改变主要有两种类型，即染色体数目和结构的变化以及基因位点内部核苷酸的变化。前者称为染色体畸变，后者称为基因突变（或点突变）。此外，基因重组也可以导致生物产生遗传变异。

遗传多样性是生物遗传改良的源泉。例如，作物种质资源遗传多样性代表着作物及其野生近缘植物物种内品种（系）或变种（变型）之间的差异丰富度，每一品种（系）或变种（变型）都是一个基因型。基因型是由一个品种（系）或变种（变型）的所有基因组成的。但对于木本作物，特别是林木作物而言，一个品种的不同植株甚至也可以构成一个基因型，表现为群与群不同、株与株有异（郑殿升等，2011）。

（2）物种多样性（species diversity）

物种（species）是生物分类的基本单位，物种多样性是生物多样性的核心。什么是物种一直是分类学家和系统进化学家所讨论的问题。一般认为，物种是能够（或可能）相互配育的、拥有自然种群的类群，这些类群与其他类群存在生殖隔离。物种是繁殖单元，由既连续又间断的居群组成；物种是进化单元，是生物系统结构内的基本环节，是分类的基本单元。在分类学上，确定一个物种必须同时考虑形态、地理和遗传学的特征。也就是说，作为一个物种必须同时具备以下条件：具有相对稳定且一致的形态学特征，以便与其他物种相区别；以种群的形式生活在一定的空间内，占据着一定的地理分布区，并在该区域内生存和繁衍；每个物种具有特定的遗传基因库，同种的不同个体之间可以互相配对和繁殖后代，不同种的个体之间存在生殖隔离，不能配育或即使杂交也不能产生有繁殖能力的后代。

物种多样性是指地球上动物、植物、微生物等生物种类的丰富程度。物种多样性包括两个方面：一方面是指一定区域内的物种丰富程度，可称为区域物种多样性；另一方面是指生态学方面的物种分布的均匀程度，可称为生态多样性或群落物种多样性。物种多样性是衡量区域生物资源丰富程度的一个客观指标。

在阐述一个国家或地区生物多样性丰富程度时，最常用的指标是区域物种多样性。

区域物种多样性的测量有以下 3 个指标：①物种总数，指特定区域内所拥有的特定类群的物种数目；②物种密度，指单位面积内的特定类群的物种数目；③特有种比例，指在一定区域内某个特定类群特有种占该地区物种总数的比例。

（3）生态系统多样性（ecosystem diversity）

生态系统是各种生物与其周围环境所构成的自然综合体。所有的物种都是生态系统的组成部分。在生态系统中，不仅各个物种之间相互依赖、彼此制约，而且生物与其周围的各种环境因子也是相互作用的。从结构上看，生态系统主要由生产者、消费者、分解者构成。生态系统的功能是使地球上的各种化学元素进行循环和维持能量在各组分之间的正常流动。生态系统多样性主要是指地球上生态系统组成、功能的多样性以及各种生态过程的多样性，包括生境的多样性，生物群落的多样性和生态过程的多样性等多个方面。其中，生境的多样性是生态系统多样性形成的基础，生物群落的多样性可以反映生态系统类型的多样性。

有些学者还提出了景观多样性（landscape diversity）概念，作为生物多样性的第四个层次，也可以认定为大尺度的生态系统多样性。由于景观是一种大尺度的空间，是由一些相互作用的景观要素组成的具有高度空间异质性的区域。景观要素是组成景观的基本单元，相当于一个生态系统。景观多样性是指由不同类型的景观要素或生态系统构成的景观在空间结构、功能机制和时间动态方面的多样化程度（张渊媛等，2019）。

2. 遗传资源与农业种质资源的概念及关系

（1）遗传资源

根据《生物多样性公约》的定义，生物资源是指对人类具有实际或潜在用途或价值的遗传资源、生物体或其部分、生物群体或生态系统中其他生物组成部分。遗传资源是指具有实际或潜在价值的遗传材料。遗传材料是指来自植物、动物、微生物或其他来源的任何含有遗传功能单位的材料。

根据上述定义，含有遗传功能单位的生物材料都可归于遗传资源，从分类角度包括种及种以下的分类单位（如亚种、变种、变型、品种、品系、种质材料等）；从实物角度则包括生物体本身及生物体的器官、组织、细胞、染色体、基因、DNA 片段等。由于《生物多样性公约》的适用范围排除了人类遗传资源，因此，我们讨论的遗传资源限定在人类以外的生物，即生物遗传资源（薛达元等，2022；薛达元等，2005）。

遗传资源本质上属于自然资源。所谓自然资源，是指在一定时间、地点的条件下能够产生经济价值的、以提高人类当前和将来福祉的自然环境因素和条件的总称。然而，在现代科学技术条件下，遗传资源也可以由人类通过生物技术进行基因修饰和基因重组，如转基因生物的遗传结构和基因组成都可以随人类的意图而改变。此外，合成生物学是现代生物技术的进一步发展和新的层面，包括科学、技术和工程学，目的是促进和加快了解、设计、重新设计、制造和（或）改变基因物质、活生物体和生物系统，可根据基因的数字序列信息（DSI）人工合成新的生物化学化合物甚至生物体，这完全颠覆了遗传资源作为自然资源的传统观念（李保平等，2019）。

遗传资源经过长期的自然选择和变异，为人类提供了最初的食物、能源、医药等物质材料，是人类社会赖以生存和发展的重要基础，也是一个国家和地区经济社会发展的战略资源。随着土地、海洋、矿山、石油、天然气、淡水等自然资源的竞争已基本在20世纪尘埃落定，遗传资源成为当今国家间和机构间一个新的自然资源"抢滩"阵地。

（2）农业种质资源

种质（germplasm）一词出现在孟德尔遗传学被生物学界广泛接受之前，是指生物体亲代传递给子代的遗传物质。根据德国生物学家魏斯曼提出的有关遗传物质的"种质连续学说"，种质能通过生殖细胞一代一代地连续传递。因此，种质资源有时被用作狭义概念上遗传资源的同义词，种质资源可理解为具有生命力或再生能力的遗传资源。

种质资源是指含有遗传功能的生物资源，是农林育种业常用的名词术语，与遗传资源的概念基本相同。品种资源就是承载了人工选育知识的种质资源，包含在农作物种内的品种资源，也是农业育种意义上的遗传资源。

农业种质资源包括农作物、畜、禽、鱼、牧草、花卉、药材等栽培植物和驯化动物的人工培育品种及其野生近缘种。例如，畜禽种质资源是指畜禽本身及其所有的体细胞和生殖细胞，包括畜禽的所有种、品种和品系，尤其是那些对人类现在或将来的农业生产具有经济、科学和文化意义的所有畜禽种、品种和品系。作物野生近缘植物是指与栽培作物具有亲缘关系的野生植物，如野生稻、野生大豆、野生茶树、野生苎麻、野生苹果、野生莲等，可以直接或间接地为作物育种改良和生物技术研究提供基因资源（薛达元等，2022）。因此，农作物野生近缘种也属于农业种质资源。

为使农业生产适应不断变化的条件，育种者需要丰富的和具各种特性的种质资源和遗传材料，以支撑农作物和畜禽育种，从而为农业培育出高产、优质、抗病虫、抗除草剂、抗逆境的品种。因此，种质资源是创造新品种的基础和基因储备库，是支撑农业可持续发展的物质基础。

（3）遗传资源与农业种质资源的关系

遗传资源是生物多样性的重要组成部分，是指具有实际或潜在价值的动植物和微生物种以及种以下的分类单位及其含有生物遗传功能的遗传材料。在《生物多样性公约》和《关于获取遗传资源和公正和公平分享其利用所产生惠益的名古屋议定书》（简称《名古屋议定书》）所建立的遗传资源获取与惠益分享国际制度体系中，适用获取与惠益分享的遗传资源范围还包括衍生物，即由生物或遗传资源的遗传表现形式或新陈代谢产生的、自然生成的生物化学化合物，即使其不具备遗传功能单元（薛达元等，2013）。

《生物多样性公约》将"遗传资源"定义为"具有实际或潜在价值的遗传材料"，即来自植物、动物、微生物或其他来源的任何含有遗传功能单位的材料（包括种及种内个体的组织、细胞、染色体、基因和 DNA 片段等所有生物遗传单位）。这个定义的范围较大，实际上包括了种和种以下的分类单元，由于许多生物种（如野生动植物种）本身并没有种以下的遗传变异分类单位（如品种），但其种的群体和个体本身含有丰富遗传功能单位的材料。此外，在潜在价值的鉴别方面也没有现成的标准，虽然目前尚未发现某些物种的特别价值，但随着科学技术的发展，物种的潜在价值将不断被发掘出来。因此，广义遗传资源的概念范围较大，实际上包括了地球上所有有价值（实际价值和潜在价值）生物种类所拥有的基因资源，也包括物种本身。

而传统概念的"农业种质资源"是一个农业育种界经常使用的术语，本质上也是遗传资源的一部分，是狭义的遗传资源，在范围上主要指农作物、畜禽、鱼的品种资源以及对育种有应用价值的野生近缘种资源。例如，农作物种质资源的范围包括农业栽培植物各个种所包含的所有地方种、品种、品系、类型和遗传材料，也包括与该栽培植物种关系密切的野生近缘植物，这些野生近缘植物种多为种、亚种和变种的水平，如野生稻、野生大豆等。

所以，遗传资源与农业种质资源的概念具有一致性，但在范围上也有细微区别。遗传资源概念较大，包括所有物种的野生种和种以下分类单元，而农业种质资源则包括与农业生产有关的种及其种以下分类单元，其野生种的范围也仅为与农业育种相关的野生近缘种。联合国粮农组织系统下的粮食和农业植物遗传资源，实际上就是农作物种质资源。

3. 农业种质资源的现实意义

随着现代农业和生物技术的迅猛发展，利用种质资源有目的地改良动物、植物的性状与品质，为人类解决粮食、健康和环境等重大问题提供了潜在的可能。与栽培植物和家养动物相比，野生生物种质资源长期生存在自然状态（野生环境），受到重视的程度不够，绝大部分价值尚未被人类发现；一部分野生生物则与农作物、畜禽等有相近的亲缘关系或是它们的野生祖先，保留了栽培植物和家养动物在人工选择过程中丢失的优异性状。例如，畜禽的抗病性，作物对病虫害的抗性和作物在非生物逆境（如极端环境、旱涝等）下的耐受性。对这些野生资源中相关优异性状的充分认识及基因挖掘，将极大地惠及种业创新工作（李德铢等，2021）。

以农作物种质资源为例，中国农作物种质资源不仅十分丰富，而且具有显著特征。采用表型观测方法，鉴定出中国主要农作物具有许多类型或变种，性状变异幅度很大，这充分证明了中国作物种质的遗传多样性。在农林业，种质资源多体现在种以下的分类单位，包括变种、变型、类型、品种、品系等。例如，粮食作物中的稻拥有 50 个变种和 962 个变型，普通小麦有 127 个变种，大麦有 422 个变种；经济作物中大豆有 480 个类型，亚洲棉有 41 个类型，茶树有 30 个类型；蔬菜作物中的芥菜有 16 个变种，辣椒有 10 个变种，莴苣有 12 个类型；花卉作物中的梅花有 18 个类型，菊花有 44 个类型，荷花有 40 个类型；饲用作物中的紫花苜蓿有 7 个类型，箭筈豌豆有 11 个类型；果树中的苹果有 3 个系统、21 个品种群，山楂共有 3 个系统、7 个品种群；林木中的毛白杨有 9 个自然变异类型，白榆有 10 个自然变异类型等（郑殿升等，2011；刘旭等，2008）。

由于人类活动和全球气候变化对地球环境影响的不断加剧，许多野生生物赖以生存的栖息地遭受严重破坏，野生生物种质资源面临着前所未有的危机，威胁着人类社会自身的可持续发展。2020 年 12 月，中央经济工作会议将解决好种子和耕地问题作为 2021 年 8 项重点任务之一。会议明确提出，要加强种质资源保护和利用，加强种子库建设；要开展种源"卡脖子"技术攻关，立志打一场种业翻身仗。可见，种质资源既是发展种业的种源，也是人类社会可持续发展的根本。制定合理的种质资源保护策略，加强对生物多样性的保护、维持和可持续利用，关系到国民经济发展和社会稳定。

二、中国生物多样性及农业遗传资源特点

1. 中国生物多样性特点

（1）中国地域广袤，生态系统类型极其复杂

中国地域辽阔，地势起伏多山，气候复杂多变，孕育了极其丰富和复杂的生态系统类型，拥有陆生生态系统的几乎所有类型，包括森林、灌丛、草原与草甸、荒漠、高山冻原、河流湖泊、内陆湿地、海洋海岛、海岸滩涂等。由于气候、土壤等条件不同，又进一步分为各种生态系统类型的亚类型。以森林生态系统为例，中国从北到南，气候带跨寒温带、温带、暖温带、亚热带和热带，生物群落包括寒温带针叶林、温带针阔叶混交林、暖温带落叶阔叶林、亚热带常绿阔叶林、热带季雨林。在南方，东部亚热带常绿阔叶林（分布于江南丘陵）和西部亚热带常绿阔叶林（分布于云贵高原）在性质上有明显的不同，产生了不少同属不同种的物种替代；在北方，随着降水量的减少，针阔叶混交林和落叶阔叶林自东到西依次更替为草甸草原、典型草原、荒漠化草原、草原化荒漠、典型荒漠和极旱荒漠。再如，草甸类型又可分为典型草甸、盐生草甸、沼泽化草甸和高寒草甸等多种亚类型。

（2）中国物种数量极多，遗传资源丰富

中国是世界上物种最为丰富的国家之一。已记录高等植物超过 38 000 种，仅次于巴西和哥伦比亚，居世界第三位；脊椎动物超过 8 000 种（包括近海鱼类），已查明微生物种类约 3 万种，均占世界总种数的 10% 以上[①]。随着物种调查工作的深入，中国记录的物种每年都在增加，发现的潜在新种非常多。以维管植物为例，2000—2019 年，中国平均每年发现植物新种约 200 种，占全球植物年增新种数的 1/10。中国西部和西南部的边境地区（如西藏东南部、云南南部、滇黔桂喀斯特地区、新疆北部等）仍然有大量调查薄弱和空白地区。中国科学院生物多样性委员会通过专家评审，收集整理最新的生物物种数据，每年汇编成《中国生物物种名录》进行发布，每年新增物种达数千种。

中国农业历史悠久，栽培植物、家养动物种类多，种质资源非常丰富。据不完全统计，中国有栽培作物 1 339 种，野生近缘种达 1 930 种，果树种类居世界第一位。中国是世界上家养动物品种最丰富的国家之一，有家养动物地方品种 500 多个。中国是水稻的原产地之一，中国种植水稻已有 3 000 年以上的历史，保存的种质资源达 50 000 多份；中国也是大豆的故乡，保存的种质资源超过 20 000 份；另外，中国已利用的经济树种达 1 000 种以上，已利用的药用生物达 11 000 多种。

（3）中国特有种繁多，生物区系起源古老

中国生物多样性特有程度高，特有属和特有种繁多。据 1998 年发布的《中国生物多样性国情报告》，中国高等植物中，特有种约 17 300 种，占比在 57% 以上；581 种哺乳动物中，特有种约 110 种，占比约 19%。人们尤为关注的是有"活化石"之称的大熊猫、白鱀豚、水杉、银杏、银杉和攀枝花苏铁等。

由于中生代末中国大部分地区已上升为陆地，在第四纪冰期又未遭受大陆冰川的影响，中国各地都不同程度地保存着白垩纪、第三纪的古老残遗成分。如松杉类植物，世界现存 7 个科，中国有 6 个科。动物中的大熊猫、白鱀豚、羚羊、扬子鳄、大鲵等都是古老孑遗种。

2. 中国农业遗传资源特点

中国是全球农作物和家畜禽起源中心之一，在全世界具有重要地位。中国历史悠久，在数千年的农业发展历史长河中，中国各族人民培育和驯化出丰富的农作物、畜禽、鱼、林木、花卉、药材等品种资源，这些丰富的遗传资源为我国农业生产发展提供了保障（薛达元等，2022）。

[①] 参见《中国生物多样性保护战略与行动计划（2023—2030）》。

（1）中国农业遗传资源丰富

我国农作物种质资源的多样性包括生物类别的多样性、物种的多样性和品种的多样性。我国栽培作物可分为粮食作物、经济作物、蔬菜作物、果树作物、饲用作物、药用作物、林木作物、花卉作物、能源作物等多个类型，涉及 1 000 多个栽培物种和数千个野生近缘种。不仅如此，我国各主要栽培作物种内的遗传多样性更加丰富，每个作物种拥有多个变种、类型以及丰富多彩的品种。

在品种层次，多样性更显复杂，水稻、小麦、玉米、油菜、棉花等主要农作物都有成千上万个品种。其中大部分为传统的农家品种，是由当地社区家家户户祖辈长期选育而成，经长期种植和不断选育，具有可靠的遗传稳定性；另一部分为现代品种，由农业科技人员采取有性杂交和其他生物技术获得，经政府农业主管部门批准命名，并推广应用于农业生产。还有许多尚未批准为品种的中间研究材料，一般称为品系（薛达元等，2022）。

每个品种之间都有显著的形态和基因组成的差异，如在形态上的差异有：①株高：稻为 38～210 cm，相差 172 cm；玉米为 61～444 cm，相差 383 cm；大麦为 19～166 cm，相差 147 cm；高粱为 50～450 cm，相差 400 cm。②千粒重：稻为 2.4～86.9 g，相差 84.5 g；小麦为 8.1～81.0 g，相差 72.9 g；玉米为 18～569 g，相差 551 g；高粱为 5.5～77.5 g，相差 72.0 g。③单果重：茄子为 0.9～1 750 g，相差 1 749.1 g；梨为 23.7～606.5 g，相差 582.8 g；苹果为 25.0～262.9 g，相差 237.9 g。另外，种子、果实、叶、茎的形状更是千变万化（郑殿升等，2011；刘旭等，2008）。

（2）中国农业遗传资源特有性

对中国农作物类型和基因突变性状的研究表明，不仅原产于中国的作物具有独特类型和性状，而且有些起源于外国的作物，引入中国后虽然只有几百年时间，但同样产生了一些在世界上独有的特殊基因类型。

以中国特有蔬菜为例，因环境条件改变和遗传基因突变，中国产生了许多特有的蔬菜类型和性状。如中国芥菜作为食用蔬菜已有上千年，主要在我国西南地区形成，产生了大头芥、茎瘤芥、笋子芥、抱子芥、大叶芥、小叶芥、白花芥、花叶芥、长柄芥、凤尾芥、叶瘤芥、宽柄芥、卷心芥、分蘖芥、薹芥等变种，每个变种又分化出若干个类型。大白菜原产于中国，是我国特产的蔬菜，迄今演化出 4 个变种：散叶大白菜、半结球大白菜、花心大白菜、结球大白菜。茎用莴苣是中国人对山莴苣进行膨大肉质茎选择的结果，在中国由山莴苣演化而来，外国栽培的茎用莴苣均由中国传播出去。茭白原产于中国，它的茎受菰黑粉菌侵染后，由茎尖膨大形成的变态肉质茎作为蔬菜食用，在世界上仅中国独有，并形成不同的生态型（薛达元等，2022）。

中国独有的特殊基因类型有糯性、矮秆、育性、裸粒等。①糯性：中国的糯质玉米是玉米引入我国后突变产生的，主要起源于西南地区，该地区是糯玉米种质资源的多样性中心。糯性谷子为中国特有，主要分布于从东北到西南的狭长地带，多样性中心在山东、山西和河北一带。黍为糯性，广泛种植于北方，主要分布在山西、陕西、甘肃等地。糯高粱主要分布在西南地区。②矮秆：水稻的矮秆基因起源于中国，代表品种是矮脚南特、矮仔粘、低脚乌尖，它们具有同样的矮秆基因 $sd1$，该基因在世界水稻矮化育种中起到非常关键的作用；小麦品种大拇指矮携带矮秆基因 $Rht3$，矮变 1 号携带 $Rht10$。③育性：在普通野生稻中发现的细胞质雄性不育基因，已被利用育成野败型不育系、矮败型不育系、红莲型不育系，这些不育系均广泛用于杂交稻选育，显著增加了粮食产量；还利用地方品种马尾粘培育出马协型不育系，用云南水稻品种培育的滇型不育系也已用于杂交稻选育。④裸粒：大粒裸燕麦（莜麦）为我国特有的基因类型，它是在我国山西与内蒙古交界地带由普通栽培燕麦（皮燕麦）发生基因突变产生的，而后传入世界各地。中国已用皮燕麦与裸燕麦杂交，培育出一批优良品种并应用于生产（郑殿升等，2011；刘旭等，2008）。

（3）中国农业遗传资源形成历史悠久

大量考古资料证明，我国的原始农业起源于距今 1 万年之前，是直接从采集、渔猎经济中产生的。在新石器时代，人们根据植物采集活动中积累的经验，把一些可供食用的植物驯化成栽培植物。他们发现，散落在土壤中的野生植物种子，在适宜的条件下，适应着气候周期性变化，定期发芽、抽穗、开花、结实。通过对这些现象的无数次观察，原始人类受到启发，开始试种这些可食用的野生植物，并逐步积累了植物栽培的经验，开创了原始种植业的先河。我国先民在原始时代首先驯化、栽培了粟、黍、菽、稻、麻和许多果树蔬菜等，成为世界上重要的栽培植物起源中心之一。

粟又叫谷子，是我国驯化的最古老的作物之一，在四五千年前的甲骨文里已经有谷子的记载。黍也是我国最早驯化的作物之一，黍就是北方地区特别是西北地区种植的黍子，籽粒比谷子大，脱粒后称为大黄米。"后稷教民稼穑"，说的就是黍稷不但被最早驯化，而且是主要的粮食作物。后来以"社稷"象征国家，可见黍稷在当时人们心中的地位非常重要。1954 年在西安半坡村新石器时代遗址中，发现陶罐中有大量的碳化谷子遗存，证明我国在六七千年前的新石器时代就开始栽培谷子。同时也表明，我国黄河流域是粟的起源驯化地，黄河流域最早栽培的是粟、黍、菽、麦、麻等耐旱、耐寒作物。

长江流域最早被驯化的作物是水稻。我国考古发现的农作物中，以水稻为最多。考古发掘发现，130 多处新石器时代遗址中有稻谷遗存，绝大部分分布于长江流域及其以南的广大华南地区。在长江流域中下游地区，早在六七千年前就已经普遍种植水稻，这是由当时的生态条件和气候条件决定的。据有关研究，距今 1 万年以前，长江流域及其附近地区的气候较现在温暖、湿润，大致相当于现在的珠江流域的气候，十分适合野生水稻的生长。中国南方属于热带、亚热带地区，雨量充沛，年平均温度 17℃以上，为先民们驯育栽培水稻提供了必需的种质资源和理想的气候条件（薛达元等，2022）。

（4）中国农业遗传资源具有显著的文化特征

生物遗传资源的形成和保存与当地文化具有密切关系，当地民族在生物遗传资源的开发利用过程中可产生多样性的当地特有文化，而当地特有文化又能够丰富生物遗传多样性，并促进生物遗传资源的保护与传承。

在许多民族地区，宗教文化是促进作物品种资源保存下来的一个重要因素。香禾糯是黔东南侗族祭祀仪式的必需品，祭祀或祭祖仪式一定要用当地的香禾糯，而不能用其他糯米或杂交稻代替，否则会被认为不够虔诚，也不会灵验。因此，侗族每家都必须种植香禾糯，用于节日和庆典等仪式，如祭祀神树的整个过程都需要糯米饭和糯米酒作为贡品；老人逝世，侗族儿女们给老人亡灵敬献的主要食品还是糯米饭和用香禾糯精制的酸鱼；亲戚朋友们悼念亡灵或送葬时，手中也要拿一穗香禾糯稻穗，以示无论走到哪里，即使阴阳两隔，大家都有糯米吃。可见，由于宗教仪式的需要，侗族家家户户每年必须种植香禾糯，经若干代的选育和栽培，其品种不断改良，遗传多样性得到丰富，种质资源得以保存。

传统文化的变迁也会导致遗传资源的减少或消失。改革开放以来，侗族传统文化受到外来文化的严重冲击，香禾糯在侗族人日常生活中的重要性降低。侗族以前的主食是糯米，现在许多地方也种植杂交稻；以前穿香禾糯秸秆编织的草鞋，现在条件好了，已无人再穿；过去妇女用香禾糯淘米水洗头，现在年轻人都用洗发水，只有 50 岁以上妇女还在用淘糯米水洗头；香禾糯秸秆具有韧性，过去作为绳子用于包装礼物，现在年轻人多用塑料绳。与过去相比，现代生活的很多产品可以替代香禾糯，导致传统文化丧失，进一步加剧了传统品种资源的消失（王艳杰等，2015）。

遗传资源的持续利用对传统文化的传承和保护也有促进作用。香禾糯的持续种植延续了侗族人民的文化习俗，使许多民族特色文化得以传承。2007 年，黎平县侗乡米业有限公司在政府的支持下开发有机香禾糯，帮助成立了坑洞香禾糯合作社，采取"公司-合作社-农户"的发展模式，形成了一套规范的种植、管理、收购和销售香禾糯的体系，这既增加了农民收入，也有效地保护了香禾糯资源，同时保护了侗族的传统文化习俗。2009 年，"黎平香禾糯"获得了国家地理标志产品保护。2011 年，黔东南苗族侗族自治州黎平县政府制定了《黎平县香禾糯地理标志产品保护管理办法》，对"黎平香禾糯"实行知识产权保护，促进了香禾糯的生产和销售，使香禾糯品种资源和相关的传统文化都能够保留下来。

（5）中国蕴藏着许多特有的优良基因

在我国丰富多彩的作物种质资源中，蕴藏着许多具有重要遗传价值和经济价值的宝贵基因。已被开发利用的仅是其中很少一部分。如我国水稻"低脚乌尖"的矮秆基因，在国际上被广泛用于水稻和其他作物的矮化育种，育成了大批矮秆品种。可以说，我国的水稻矮秆基因在第一次"绿色革命"中发挥了突出作用。杂交亲和性基因也是中国的特有遗传资源，我国小麦地方品种"中国春"携带有 3 对远缘杂交亲和基因，被世界广泛用于小麦远缘杂交，已培育成功的小麦远缘杂交材料，几乎都是用"中国春"做成功的。特别是在当前国内外缺乏理想的基因资源而导致作物育种难以取得突破的情况下，世界各国的育种专家都更加注意收集中国的作物基因资源。他们普遍认为，开发中国小麦基因资源，可能是未来世界小麦育种取得突破的一条重要途径（娄希祉，1999）。

如前所述，糯性基因是中国特有的优良基因，中国的许多水稻，特别是在少数民族地区种植的水稻，常以糯性为主。玉米虽然是从国外传到中国的作物，但在中国种植多年后，形成了具有中国特色的糯玉米，成为符合中国人饮食习惯的地方特有玉米品种。此外，中国还有许多耐盐碱和增产的优质基因，可为培育优质、高产、抗病、抗虫、抗逆的新品种提供育种基因材料，这将为全球农业可持续发展和世界粮食安全保障做出贡献。

3. 中国农业遗传资源形成与演化特点

作物及其种质资源的形成与演变是人文环境相互影响、相互作用和相互发展的结果。一方面，在一个特定环境中种植不同的作物或不同类型的作物会导致形成相应的饮食习惯与人文环境；另一方面，饮食习惯与人文环境又会对作物及其种质资源产生深刻影响，甚至可以引发演变。其遗传基础是作物在传播和改良过程中发生自然杂交或突变后，在人文环境的人工选择作用下被定向固定和重组，或突变基因频率在群体中不断累积提高，最终形成适应特定人文环境的新型作物及其种质资源。现代作物育种在一定程度上也受作物及其种质资源与人文环境协同演变学说的指导，并且极大加速了作物及其种质资源的演变进程。可以从糯性种质、蒸煮制度、蔬果丰富和物尽其用 4 个方面研究作物及其种质资源与人文环境协同演变的关系（刘旭等，2022）。

（1）糯性偏爱促进了作物糯性基因的定向积累

中国传统人文环境中对食材糯性的偏爱，促进了古人对粮食作物糯性突变的发现和定向积累，经过长期的自然选择和人工选择，极大地扩展了糯性种质资源的规模。糯性粮食制作的食物具有不易回生、耐饥饿、香滑味甘、不依赖配菜，且便于携带和保存等特点，是农民田间劳作时理想和经济的食物选择，受到各民族人民的青睐。中国不仅将本土起源的谷子、黍稷、水稻的糯性品种逐步培育出来，而且通过这些作物糯性品种的进化，又强化了中国传统饮食体系中糯性的核心地位。以玉米为例，玉米起源于墨西哥，在明代传入中国。玉米在传入中国之前并没有糯性品种。引入中国后，中国饮食习俗对玉米糯性的需求促使人们有意识地去发现和定向积累玉米的糯性突变。

有多种证据表明，中国是禾谷类作物糯性基因的起源中心。截至 2019 年，中国国家作物种质库保存有谷子糯性资源 2 748 份，黍稷糯性资源 4 035 份，高粱糯性资源 792 份，水稻糯性资源 9 928 份，玉米糯性品种 1 020 份，糯性禾谷类作物种质资源保存数量居世界前列（刘旭等，2022）。

（2）蒸煮烹饪方式促进了作物蒸煮食味品质的进化

小麦在原产地的西方国家以烤食为主。中亚地区的先民将小麦面粉用于烤制面饼，进而形成了"馕"，更便于游牧民族储藏和携带。古埃及人在利用小麦面粉烤制面饼时，偶然发现了通过发酵来烘烤面包的方法，从而发明了发酵面包。

小麦在中国的引入、传播和改良更加充分地体现出了对蒸煮制的适应。小麦大约于 5000 年前传入中国，在中国早期的小麦选择中，呈现出与现代育种截然相反的选择小粒小麦的倾向性，这与适应蒸煮习惯有关。适合制作面食的小麦突变被逐步发现和定向积累，加速了中国南北方主食"粒食"和"面食"的分化。"面食"的推广，又加速了小麦种质资源的演变，使得小麦逐步成为中国的主要粮食作物。

受烹饪习惯的影响，经过数千年的演变，中国小麦地方品种的性状特征已更适应蒸煮而非烤制，这充分体现了人类饮食习惯与作物种质资源进化的双向互动作用。中国饮食以蒸煮为主的加工方式，不断改良小麦品质，也丰富了面食品种（刘旭等，2022）。

（3）蔬果广食性促进了特色作物种质资源的形成

中国丰富多样的地理气候类型以及不同地区迥异的人文环境，在自然和人工选择的双重作用下，导致有利或偏爱性状的不断选择，最终形成了各具特色、种类丰富的蔬果种质资源。中国人在蔬果形态、口味、口感等方面的多样化广食性需求也促进了多种蔬果特色种质资源的演化与形成。

白菜类蔬菜在史前时期即被中国先民食用，经过劳动人民长期的选择，形成了以采收叶球、花薹、膨大根茎等形态各异的亚种或变种，在食用、制酱调味、腌制咸菜、榨油等方面各有优势，由此中国成为白菜、大白菜、油菜、芥菜、芜菁等种类繁多的白菜类蔬菜的起源地（刘旭等，2022）。

辣椒在传入中国后，其品种也不断被人们改良，在中国进化形成了多个变种，适合甜辣、辛辣、香辣等不同口味，能够满足微辣、中辣、重辣等不同辣度的需求，特别是在气候潮湿的西南少数民族地区，当地人习惯将蔬菜用清水煮熟后搭配辣椒等调制的蘸水食用，因此，西南地区成为中国辣椒资源最丰富的地区。

（4）物尽其用催生出新型作物种质资源

在漫长的作物栽培与利用历史中，人类除了开发其食用价值，还开发出纺织材料、燃料、肥料、饲料、工业原料、生产资料、旅游观赏等多种用途，从而影响了作物种质资源的演变，形成了功用各异的新种质资源。例如，桑树在我国并没有向着适合食用的果桑方向演进，而是更多向采叶养蚕的叶桑演变，蚕丝是丝绸的最主要来源，经过长期的选育，我国形成了鲁桑、湖桑等多个叶桑地方品种，其中湖桑具有生长旺盛、叶大多汁、高产优质、高适应性等突出优点，对于我国丝绸产业的发展贡献巨大。

多样性用途也造就了作物的表型多样性和遗传多样性，形成了丰富多彩的种质资源。例如，产自上海的糖选用高粱品种"甘蔗芦穄"的茎秆部分，含糖量高，口感爽脆，可鲜食或榨汁食用；而产自贵州仁怀的酿酒高粱品种红缨子支链淀粉含量更高（糯性好），种皮更厚，耐蒸煮，单宁含量较高，酿造性能突出。此外，甜高粱还大量用于制备生物燃料乙醇，是新兴的能源作物。红高粱壳用水煮后形成天然的染料，各类高粱的秸秆还能用于编织篾子、凉席等（刘旭等，2022）。

三、生物多样性及遗传资源的价值

1. 生物多样性价值类型

生物多样性价值主要体现在对生物资源的利用价值以及生态系统所提供的生态服务价值上。在全球经济活动中，生物多样性的直接开发与利用均占有十分重要的地位，生物多样性可以说是各个国家的战略资源。在生态环境保护行动中，更侧重于生物多样性的间接利用，即对人类的服务价值，是自然对人类福祉的贡献（图1-1）。

生物多样性价值类型大体上分为使用价值和非使用价值。使用价值常分为直接价值和间接价值，而直接价值又进一步分为显著型实物形式和非显著型实物形式；非使用价值又进一步分为遗产价值和存在价值；而介于使用价值和非使用价值之间还有一种选择价值，选择价值也常常归于非使用价值（薛达元，1997）。

（1）显著实物型直接价值（direct value with real material）

显著实物型直接价值是指生物多样性提供给人类的以直接产品形式的价值。根据其消耗性质又分为消耗性直接价值和生产性直接价值。消耗性直接价值是指没有经过市场而被当地居民直接消耗掉的生物多样性产品价值，如薪材和林下食用菌等；而生产性直接价值是指经过市场交易的那部分生物多样性产品的商品价值，如木材、药材、粮食、蔬菜、果品等。

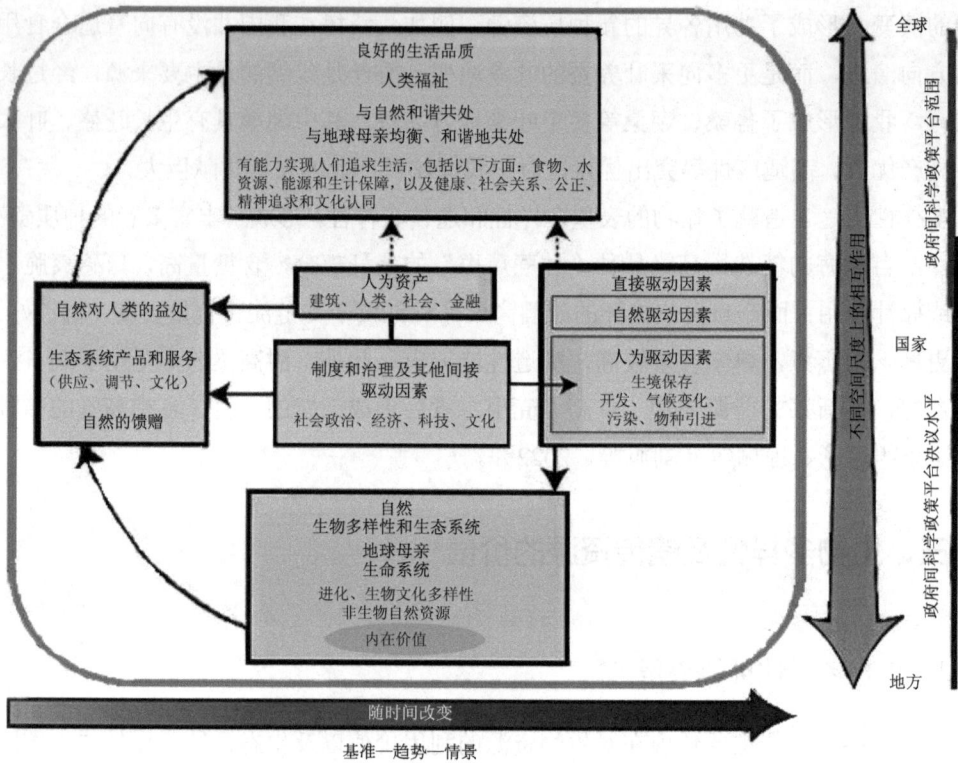

図 1-1　自然资产与人类福祉之间的关系

（2）非显著实物型直接价值（direct value with non-material）

非显著实物型直接价值是指生物多样性提供的可直接消费的可见服务。虽然是无显著实物形式，但仍然可以感觉且能够为个人直接消费的价值，如生态旅游，动物园和植物园参观，或者以文学作品、舞台艺术、影视图片为载体的生物多样性文化享受，或作为研究对象供科学家进行生物、遗传、生态、地理等学科的研究，或作为一种知识丰富人类的文化宝库和提高人类的知识水平。

（3）生物多样性的间接价值（indirect value）

生物多样性的间接价值是指生态系统的功能价值或环境的服务价值，即"环境的功益效能"。此功益效能主要指生命支持系统相关的生态服务，主要体现在：生物多样性提供生态系统演替与生物进化所需的丰富物种与遗传资源；生物多样性在形成和维持生态系统结构和功能方面的作用；以及生物多样性与其所在生态系统产生的服务功能，如光合作用与有机物的合成、固定 CO_2、调节气候、保护水源、防止土壤侵蚀、维持营养物质循环、吸收和降解污染物等。

（4）生物多样性的选择价值（option value）

生物多样性的选择价值是指个人和社会对生物资源和生物多样性潜在用途在将来可

选择利用的价值。这种利用包括直接利用、间接利用、选择利用和潜在利用。如果使用货币来计量，则相当于人们为确保自己或者别人将来能够利用某种资源或者获得某种效益而预先支付的一笔保护费用，这笔费用可用支付意愿的数值表示。选择价值的支付意愿可分为三种情况：为自己将来利用、为子孙后代将来利用、为其他人将来利用。

（5）生物多样性的遗产价值（bequest value）

生物多样性的遗产价值是指当代人为将来某种资源保留给子孙后代而自愿支付的费用。遗产价值还体现在当代人为他们的后代将来能够受益于某种资源而自愿支付的保护费用。因为有许多当代人可能希望他们的子孙后代将来可因某些资源（如热带雨林或珍稀物种）的存在而得到一些益处，如观光旅游等，为此，他们现在愿意支付一定费用以确保这些资源的存留。遗产价值的估算可使用支付意愿法。

（6）生物多样性的存在价值（existence value）

生物多样性的存在价值是指人们为确保某种资源继续存在（包括知识存在）而自愿支付的费用，也称内在价值。存在价值是资源本身具有的一种经济价值，与人类利用（包括现在利用、将来利用和选择利用）以及遗产目的都没有关系，也与人类的存在与否没有关系，即使人类不存在，资源的内在价值仍然存在。存在价值是位于经济学家研究的经济价值和生态学家研究的生态价值之间的一种过渡性价值，它为经济学家和生态学家提供了共同的价值观。

2. 农业遗传资源的价值体现

（1）经济价值

在农业生产方面，种质资源是战略性资源。种质资源可以直接利用，以保持作物种间和种内多样性，增强生产系统的稳定性。很多国家都担忧，大量使用遗传均一的品种并不断增加其种植面积，将导致遗传脆弱性，因此要求加大遗传多样性的使用以应对这种情况的发生，利用田间遗传多样性可以抵抗新病虫害的蔓延以及气候的异常变化，如当病虫害发生时，单个品种可能易受病虫害的感染，但是多个品种则很有可能部分或全部抵抗病虫害的侵袭。有证据表明，种植多样化的品种能够提高作物产量和环境效率（王述民等，2011）。

一个基因可以发展一个产业，甚至可以繁荣一个国家乃至全球的经济。水稻中 *sd1* 矮秆基因和小麦中 *Rht1* 和 *Rht2* 矮秆基因的发现和利用，引发了全球第一次"绿色革命"；野生种细胞质雄性不育基因的利用促成了中国杂交稻的育成和推广，被誉为全球第二次"绿色革命"。在一份尼瓦拉野生稻材料中发现的抗水稻草丛矮缩病基因解决了 20 世纪 70 年代以来横行东南亚各国的问题。20 世纪 90 年代初期，赤霉病每年给美国小麦生产造成高达 20 亿美元的经济损失，后来利用中国的小麦地方品种"望水白"和育成品种"苏麦 3 号"基本解决了小麦赤霉病所造成的危害，并从中克隆出抗赤霉病基因（刘旭等，2018）。中国利用优异种质资源培育的超级杂交稻，2000—2005 年累计推广 1 400 万 hm²，增产稻谷 125 亿 kg；利用优质小麦品种小偃 6 号作直接或间接亲本，培育出优质、抗病、高产小麦新品种 53 个，累计推广面积超过 2 000 万 hm²，粮食增产约 80 亿 kg，直接经济效益超过 100 亿元（王述民等，2011）。

（2）社会价值

遗传资源的利用对于粮食安全和社会稳定具有重要意义。在过去几十年间，主要粮食作物的单产增长迅速，主要归功于利用农业遗传资源开发出大量新品种并用于生产推广。遗传资源是一个国家乃至全球农业发展和粮食安全的保障，如在中国，水稻、棉花和油料作物的品种，自 1978 年以来，已在全国范围更换了 4～6 次，每一次新品种的更换都能增产 10%以上，这些作物的产量每增加 10%，人口贫穷水平将降低 6%～8%（王述民等，2011）。

袁隆平等中国农业科学家通过实施"野生稻与栽培稻进行远缘杂交"的技术方案，找到培育雄性不育系的有效途径，实现了不育系、保持系和恢复系的"三系"配套，育成强优势的杂交水稻组合品种，并在生产上大面积应用，使水稻单季产量突破亩产 1 000 kg，双季突破 1 500 kg，实现水稻产量的大幅提高，为中国乃至世界的粮食安全做出贡献。目前杂交稻除在中国大面积推广，在越南、印度尼西亚、菲律宾和美国也有大面积生产，并取得显著的增产效果。杂交稻技术的全球推广，将为全世界人民解决吃饭问题，为国家的社会稳定和世界和平做出贡献。然而，杂交稻技术的成功归于野生稻雄性不育基因的发现，充分证明一个基因可以繁荣一个国家，并有助于一个国家乃至全球的粮食安全和社会稳定。

另外，畜、禽、鱼遗传资源支撑了国家和地方的畜牧和渔业生产，是城乡居民动物蛋白产品供给的主要源泉。中国改革开放 40 多年来，由于畜、禽、鱼品种的改良和推广，畜牧和渔业发展步入"快车道"，成为农业和农村经济的重要支柱产业。2019 年，中国肉类、禽蛋、牛奶总产量分别达到 7 649 万 t、3 309 万 t、3 201 万 t，肉类及禽蛋总产量连年位居世界第一，为满足日益增长的高质量动物蛋白产品消费需求，提高人民群众生活水平做出了重要贡献（薛达元等，2022）。

（3）文化价值

遗传多样性与文化多样性关系密切。农业遗传资源是乡村传统文化的重要载体，反映了群众的生活方式、价值观念和审美情趣。例如，贵州侗族人种植的香禾糯水稻品种就承载了当地人祖祖辈辈选育和栽培水稻的知识。香禾糯的品种特性与当地人的生产方式和生活习惯密切相关，其浓厚的糯米香味适合当地侗族人的口感，而其黏性特征便于当地人远门山地农作时携带。香禾糯在侗族社区的生产实践与精神文化等方面具有重要的地位，侗族人的生、老、病、死都与香禾糯有着千丝万缕的联系。如今这种糯食文化在黔东南地区依然非常普遍，以"稻-鱼-鸭"为耕作方式的香禾糯生产系统仍然盛行。而这种"稻-鱼-鸭"共生的生态农业模式也是当地侗族人民在长期的农业实践中创造出的一种传统农耕文化，已被列为"全球重要农业文化遗产"。

我国各民族人民在长期的生产实践中培育的大量农家品种，不仅适合当地生态环境特点，在营养组成和口感方面也适合当地民族的生活习惯，当地人还利用这些农家品种的特性探索出特殊的烹饪技术，制作出具有民族特色的精美食品。中国许多地区农民利用水稻的直链淀粉含量与食味口感密切相关的特性，培育出当地人喜爱的品种，并制作出丰富的食品，尤其是糯性品种的食品更是种类多样，如米粽、糍粑等，在全国稻作地区十分普遍，各具民族特色。小麦也是我国种植范围最广的作物之一，因各地小麦品质不同，各地的面食也特色分明，如新疆、西藏、陕西、山西均拥有享誉全国的面食名品，谷子（小米）等也因其品种不同而在各地的饮食文化中体现出特有性和多样性。

（4）生态价值

在农业种植系统中，品种多样性可能有助于减少病虫害，增强农业生态系统的稳定性，提高农田作物产量。云南农业大学朱有勇院士等针对我国西南地区气象特点和生物灾害频发的实际情况，利用不同水稻品种（地方品种和杂交品种）的混合间栽模式来控制稻瘟病，取得了良好的效果，不仅控制了作物病害，还提高了水稻单位面积产量，并大大减少了农药和化肥的施用量，改善了农田生态环境。2007—2010 年，这种间栽模式在西南地区累计推广约 600 万 hm^2，被云南省人民政府列为科技增粮重大推广技术措施，形成了作物多样性时空配置有效控制病害的技术创新体系。同时，也为现代农业条件下如何利用传统农家品种实现可持续农业生产做出了有益探索，使一些在云南已经消失和趋于濒危的水稻地方品种（如"弥勒香谷"和"黄板锁"等）又逐渐回归到当地农业生态系统中，为农家品种的遗传多样性保护和利用提供了一个新的途径（郑晓明等，2021）。

贵州黔东南地区普遍推广的"稻-鱼-鸭"复合生态系统，不仅可以提高产量、增加经济收入，还具有显著的生态效益。"稻-鱼-鸭"共生系统可有效控制病虫害，减少农药、化肥的使用；鱼和鸭的存在可以改善土壤的结构和通气条件，增加土壤肥力；"稻-鱼-鸭"共生系统提高了糯稻的产量和品质，带动了农民种植香禾糯的积极性，保护和传承了侗族这一宝贵的农作物品种资源。共生系统中数十种乃至上百种生物围绕稻、鱼、鸭形成一个更大的食物链网络，呈现出繁盛的生物多样性景象，如螺、蚌、虾、泥鳅、黄鳝和杂草等野生动植物种类增加，为鱼、鸭提供了食物，而鱼、鸭的排泄物又为水稻生产增加了有机肥，形成健康的食物链和稳定的生态系统（王艳杰等，2015）。

3. 生物多样性及遗传资源价值评估方法

（1）市场价值法（market valuation method）

市场价值法是将生物多样性及遗传资源提供的物品和服务作为商品，通过在市场交易而得到其货币价值的一种价值评估方法。主要以生物多样性及遗传资源提供的商品价值为依据，计算生物多样性及遗传资源产生的有形实物和无形服务通过商品交换得到的价值量，如某一生态系统内收获的动植物或林木产品和提供的游憩服务。市场价值法是一种直观的价值评估方法，也是当前人们普遍使用的估算生物资源价值的方法。

（2）机会成本法（opportunity cost approach）

机会成本法是指在无市场价格的情况下，生物多样性及遗传资源产品和服务的价值可以用所牺牲的替代用途的经济价值来估算，是一种替代价格的评估方法。由于资源的使用是有限的，选择了这种使用机会就会丧失另一种使用机会，同时也就失去了后一种使用机会下获得的效益。因此，人们将失去使用机会方案下能够获得的最大收益作为该资源选择方案的机会成本。例如，森林被划为自然保护区后，林木不能砍伐，该森林区域就失去了作为林木生产的机会成本。

（3）生产成本法（production cost approach）

生产成本法是指在人为生产某一类生物多样性及遗传资源的产品或服务效果的过程中产生的各种费用，也是一种替代价值评估方法。当一种资源被破坏，可以通过人为措施恢复或者保护这种资源，而恢复和保护工程所产生的费用可以替代为这种资源的价值。例如，森林破坏造成水土流失，可以将造林的生产费用和防治水土流失的费用替代为原有森林的价值。

（4）条件价值法（contingent valuation method，CVM）

条件价值法又称意愿调查价值评估法，是指通过调查应答者对生物多样性及遗传资源某一公共物品的支付意愿而得到一个价值量的价值评估方法。它是基于缺少公共物品市场的情况，通过提供给消费者一个假设市场，使消费者有机会去购买其偏好的物品，其导出的支付意愿值依赖于向应答者描述的假设市场条件，因而称为"条件价值法"。西方经济学认为，价值是人们对某一物品的态度、观念、信仰和偏好，只有支付意愿（willingness to pay，WTP）才是一切商品和效益价值的唯一合理表示方式，因为支付意愿＝商品价格的实际支出+消费者剩余。CVM 就是通过征询问题的方式诱导人们对公共物品的偏好，引导出人们对此生物多样性及遗传资源物品的保护和改善而支付的意愿，从而引导出公共物品的价值。

（5）影子工程法（shadow project method）

影子工程法是指通过工程建设费用来评估替代的生物多样性及遗传资源生态功能的

价值，是替代费用法或生产成本法的一种特殊形式。为了评估一个生态环境的功能价值，可以假定该生态环境遭到破坏后，人工建造一个工程来替代原来的生态环境功能，使其实际效果相近，此工程建造的成本可以替代为该生态环境的功能价值。例如，一个旅游海湾被污染破坏后，需要另建一个海湾公园来满足人们的旅游需要，其建造海湾公园的工程费用可用于替代原海湾的功能价值或者因污染造成的损失。

（6）替代花费法（substitute expense method）

替代花费法是指在无直接市场情况下，通过估算替代品的花费而代替某些生物多样性及遗传资源环境效益的价值，即以使用技术手段获得与生态系统功能相同的结果所需的生产费用为依据的一种价值评估方法。某些环境效益和服务虽然没有直接的市场可买卖交易，但具有这些效益或服务的替代品的市场和价格。例如，为获得与一片森林产生的相同的氧气数量而建立相应规模制氧厂所需的费用；为获得因水土流失而丧失的氮（N）、磷（P）、钾（K）养分而生产等量化肥的费用；为获得某种特效野生动植物药材而生产等效药物的价值等（薛达元，1997）。

四、生态资产与生态系统服务核算

1. 相关概念

生态资产是自然资源资产的重要组成部分，是能够为人类提供生态服务和生态产品的自然资产，包括森林、灌丛、草地、湿地、荒漠、海洋等自然生态系统和农田、人工草地、水库、城镇绿地等以自然生态过程为基础的人工生态系统等。

生态系统服务是生态系统发挥的生态功能的体现，是人类从生态系统中得到的惠益和福祉，主要包括生态系统的供给服务（物质产品）、调节服务、文化服务和支持服务（图 1-2）。

生态产品是指在不损害生态系统稳定性和完整性的前提下，生态系统为人类提供的物质和服务产品，例如，粮食、蔬菜、水果、林产品、动物肉蛋等物质产品；水源涵养、水土保持、污染物降解、固碳、气候调节等调节服务；源于生态系统结构、组成和过程的文学艺术灵感、知识、教育和景观美学等文化服务。

生态系统生产总值（或生态产品总值，Gross ecosystem production，GEP）是指生态系统为人类福祉和经济社会可持续发展提供的最终产品与服务的价值，主要包括生态系统提供的物质产品、调节服务和文化服务的价值（欧阳志云等，2020）。

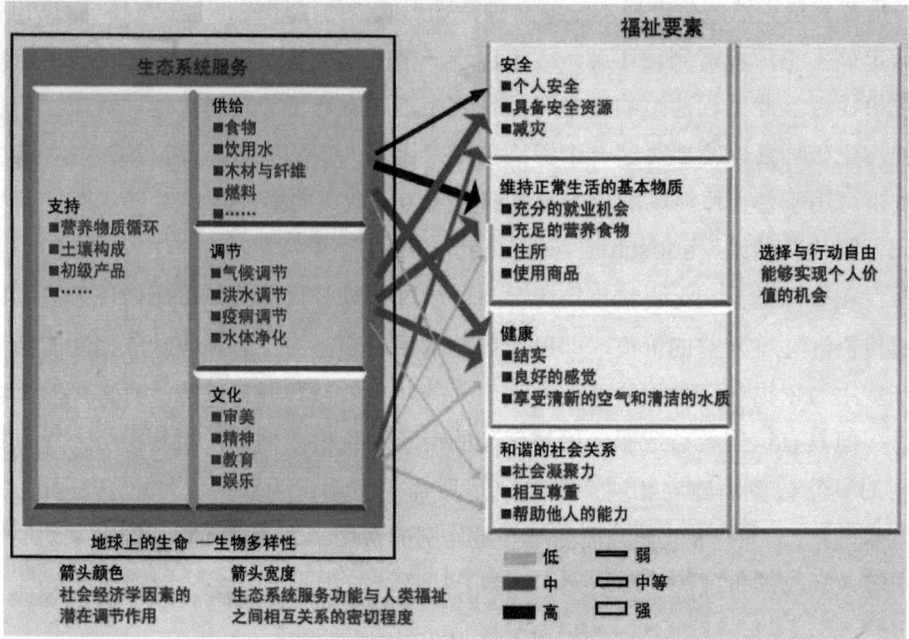

图 1-2   生态系统服务示意图

因此，可以理解为，生态系统生产总值就是生态产品总价值，由生态系统服务中的供给服务、调节服务和文化服务三个部分组成，是生态系统每年产出的流量，而支持服务则是生态系统的资本存量，是产出流量的基础。从经济学角度看，生态系统生产总值或生态产品总值主要是指生态系统的使用价值，包括直接价值（显著实物型直接价值的供给服务和非显著实物型直接价值的文化服务）和间接价值（生态系统的调节服务）。

2. 生态系统服务的类型

生态系统服务是指人类从生态系统获得的所有惠益，包括供给服务（如提供食物和水）、调节服务（如控制洪水和疾病）、文化服务（如精神、娱乐收益）以及支持服务（如维持地球生命生存环境的养分循环）。人类生存与发展所需要的资源归根结底都来源于自然生态系统。它不仅为人类提供食物、医药和其他生产生活原料，还创造与维持了地球的生命支持系统，形成人类生存所必需的环境条件，同时还为人类生活提供了休闲、娱乐与美学享受。

生态系统服务功能是指生态系统与生态过程所形成及维持的人类赖以生存的自然环境条件与效用。一类是生态系统产品，如食品、原材料、能源等；另一类是对人类生存及生活质量有贡献的生态系统服务功能，如调节气候及大气中的气体组成、涵养水源及保持水土，维持生命的自然环境条件等。生态系统服务主要有以下类型：

（1）物质生产与生态系统产品

生态系统为人类提供了大量的食物、生产原料和能源。如森林生态系统提供的木材和大量林下产品，如药材、食用菌等；农田生态系统提供的粮食、油料、水果、蔬菜等产品；海洋和湖泊生态系统提供的水产品，如鱼、虾、水生蔬菜等。

（2）维持生物多样性

生态系统不仅为各类生物提供栖息地，更重要的是为生物多样性的产生、形成提供了必要条件。同时，生态系统通过各生物群落共同创造了适宜生物生存的环境。生物系统的这种功能支持了地球生物圈，也维持了该生物圈内生物的多样性。

（3）调节气候

生态系统在全球气候的调节中起到了极为重要的作用。湖泊生态系统和海洋生态系统都有调节气温的功能。森林生态系统具有碳汇的作用，森林吸收大量二氧化碳，通过光合作用，能有效地减少温室气体，减缓全球气候变暖的趋势。

（4）减轻洪涝与干旱灾害

健康的生态系统具有显著的减灾功能。森林生态系统可以有效保持土壤水分，防止干旱。生态系统内的植被覆盖可有效减少水土流失，通过生态系统的屏障作用，可增加植被及土壤对水分的吸收，减少地面径流，避免严重的土壤侵蚀。

（5）增加土壤养分

土壤具有理化特性和生物特征，是有机与无机耦合的多元复合体，具有保水、保肥、透气、保温等功能。土壤除在水分循环中起重要作用外，还为植物完成其生命周期提供场所，并为植物提供养分，特别是通过生态系统内营养循环，增加土壤有机质，提高作物产量和质量。

（6）传粉与种子的扩散

生态系统中的动物，特别是昆虫，具有为植物传粉的功能，对农作物增产具有不可替代的作用。昆虫的传粉功能不仅对农作物有益，对其他野生植物的繁衍和生存也是必不可少的。昆虫在给植物传粉的同时，也获得了自身生长、发育、繁殖所需要的食物与营养。

（7）环境净化

生态系统具有高效的环境净化功能，例如，陆地生态系统可对大气污染和土壤污染有一定程度的净化作用。绿色植物能够维持大气环境化学组成的平衡，吸附或吸收转化空气中的二氧化硫等有害物质，并对烟灰、粉尘具有明显的阻挡、过滤和吸附作用。

（8）文化娱乐服务

生态系统具有美学价值，并为人类提供文化服务。美丽的自然保护区、国家公园、自然公园、风景名胜区等多种类型的自然保护地是开展生态旅游的极佳场所，可以为人类带来精神享受和文化娱乐，也是开展科学研究和文化教育的基地。

3. 生态资产与生态系统服务功能价值核算

（1）生态资产核算

生态资产核算包括实物量和价值量两个计算环节。首先计算实物量，实物量是指森林、草地、湿地、荒漠、海洋、农田、城镇绿地等各类生态系统的资源存量，包括生态系统的面积、质量及综合评价指数。其次根据实物量进一步计算价值量，价值量是通过估价的方法，将实物量转换成货币形式。

（2）生态系统生产总值（GEP）

核算生态系统生产总值（gross ecosystem product，GEP），就是分析与评价生态系统为人类生存与福祉提供的最终产品与服务的经济价值。生态系统生产总值是生态系统产品价值、调节服务价值和文化价值的总和。在生态系统服务功能价值评估中，通常将生态系统产品价值称为直接使用价值，将调节服务价值称为间接使用价值，将文化服务价值称为非实物形态的直接价值（薛达元，1997）或间接使用价值（欧阳志云等，2020）。生态系统生产价值核算通常不包括生态支持服务功能，如有机质生产、土壤及其肥力的形成、营养物质循环、生物多样性（生态系统、物种和基因）维持等功能，因为是这些功能支撑了物质产品、生态调节与文化服务等功能，而不是直接对人类的福祉做贡献，实际上这些功能也是生态资本的一个组成部分。

（3）海南生态系统生产总值核算实例

2021 年 9 月 26 日，海南省林业科学研究院正式对外发布海南热带雨林国家公园体制试点区生态系统生产总值（GEP）核算工作成果。核算结果为，海南热带雨林国家公园体制试点区 2019 年度生态系统生产总值为 2 045.13 亿元，单位面积 GEP 为 0.46 亿元/km^2。

海南热带雨林国家公园体制试点区在全国率先开展国家公园范围的 GEP 核算，是首个发布 GEP 核算成果的国家公园体制试点区，表明海南热带雨林国家公园体制试点区在探索将"绿水青山"转化为"金山银山"路径的具体实践上走出了坚实的一步。

1）核算意义

建设海南热带雨林国家公园是海南推进国家生态文明试验区建设的四大标志性工程之首，也是海南省探索"绿水青山"转化为"金山银山"实现路径的具体实践。海南热带雨林国家公园于 2019 年开始体制试点，是我国首批 10 个国家公园体制试点之一。海南热带雨林国家公园体制试点区所在的海南岛中部山区是我国重要的生态功能区之一，是海南岛江河源头区、重要水源涵养区、水土保持的重要预防区和重点监督区，也是海南岛生物多样性重要地区，在维护海南岛生态平衡、保障生态安全等方面具有重要作用。

因此，海南开展 GEP 核算与探索实现机制具有得天独厚的优势。通过开展海南热带雨林国家公园体制试点区 GEP 核算，可为全国国家公园建设提供精彩的"海南样本"。

2）核算内容

GEP 是指一定区域在一定时期内生态系统的产品与服务价值总和，是生态系统为人类福祉提供的产品和服务的经济价值总量。GEP 由物质产品价值、调节服务价值、文化服务价值三部分组成，一般以年度为核算时间单位。

按照科学性、实用性、系统性、开放性的原则，海南热带雨林国家公园体制试点区GEP 核算由物质产品价值、调节服务价值和文化服务价值三部分构成，核算内容包括农林牧渔业产品、涵养水源、保育土壤、固碳释氧、空气净化、森林防护、洪水调蓄、气候调节、生物多样性、休闲旅游、景观价值、科学研究、科普教育等 19 个二级指标，以及调节水量、净化水质、固土、保肥、固碳、释氧、提供负离子、有害生物控制等若干个三级指标。

3）核算成果

经核算，海南热带雨林国家公园体制试点区内森林、湿地、草地、农田、聚落等生态系统 2019 年度 GEP 总量为 2 045.13 亿元，单位面积 GEP 为 0.46 亿元/km^2。其中，物质产品（包含林业产品、农业产品、畜牧业产品、生态能源等 6 项指标）价值为 48.50 亿元，占国家公园 GEP 总量的 2.37%；生态系统调节服务（包含涵养水源、生物多样性、固碳释氧、洪水调蓄和空气净化等 9 项指标）价值为 1 688.91 亿元，占 82.58%；生态系统文化服务价值（包含休闲旅游、景观价值等 4 项指标）为 307.72 亿元，占 15.05%。

4）GEP 核算的示范价值

GEP 核算是将"绿水青山"与"金山银山"连接起来的桥梁，是推动"绿水青山就是金山银山"理念落地实施的重要基础。海南热带雨林国家公园体制试点区开展 GEP 核算，是全面贯彻落实中共中央《关于建立健全生态产品价值实现机制的意见》的重要举措。对于探索国家公园生态产品价值实现，有以下几个方面的初步设想：

➢ 在产品监测与登记方面。健全国家公园生态产品调查监测体系，完善生态监测网络，进一步摸清各类生态产品数量、质量等本底数据，形成生态产品目录清单；在国家公园生态产品价值核算的基础上，开展国家公园范围内生态产品确权登记，完善自然资源资产产权体系；建立国家公园生态产品统计报表制度，建立支撑 GEP 核算的自然资源监测体系和社会经济统计体系。

➢ 在产品市场与产品开发方面。培育国家公园生态产品交易市场，建立统一、规范、开放的生态产品市场交易平台和交易机制，完善生态产品价格形成机制；以 GEP 核算为契机，大力打造海南热带雨林国家公园体制试点区特色鲜明的生态产品区域公用品牌，促进生态产品价值增值；加强国家公园生态产品核算与价值实现的科技支撑，挖掘生物基因资源，应用于食品、制药，以及育种、园艺、保健品等产业。

➢ 在生态补偿方面。将 GEP 核算结果作为依据，建立健全以生态产品价值核算为基础的生态补偿机制，参考生态产品实物量及质量等因素，将更多的生态产品纳入区域间补偿的范围；以生态产品价值核算为抓手，将林业碳汇与碳中和、生态补偿有机结合，助力碳中和目标实现。

➢ 在法律与金融方面。完善政策法规，依法推动生态产品价值实现，完善生态产品价值实现法律保障体系；建立绿色金融对生态产品价值实现的支持保障机制，吸引社会资本投入；加强开发与保护政策协同，走出乡村振兴与生态产品价值实现的"双赢"之路。

➢ 在生态文明考核方面。完善部门协调和生态文明考核机制，建立海南热带雨林国家公园体制试点区 GEP 核算年度发布制度，将生态产品价值纳入政绩和生态文明考核体系。

第二章

中国农业遗传资源本底与利用现状

生物遗传资源主要包括植物遗传资源、动物遗传资源和微生物遗传资源，用于生产栽培的植物遗传资源主要指农作物遗传资源、林木遗传资源、观赏花卉遗传资源、药用生物遗传资源等；用于生产养殖的动物遗传资源主要指家畜、家禽、水产和特种经济养殖动物等；用于生产性种植的微生物主要指食用菌等。

一、中国生物遗传资源本底

1. 中国生物多样性现状与编目

中国有着极为丰富的生物多样性资源，这给摸清家底的调查工作带来了巨大的挑战。20世纪50—60年代，中国科学院先后组织850所大专院校和研究所进行了40多次自然资源综合科学考察，目标是摸清我国生物多样性资源的家底。例如，1973—1976年，第一次青藏高原科考就发现了7个植物新属、300个植物新种、20个昆虫新属和400个昆虫新种。全国80余家科研单位、312位作者、164位绘图人员经过45年编撰完成的《中国植物志》，是目前世界上篇幅最大、收录种类最丰富的植物学巨著。全书80卷126册，描述了我国301科3 408属31 142种植物，并修订成英文版 *Flora of China*（49卷）。《中国化石植物志》（4卷）概述了中国2 248种植物化石的分布、研究历史和特点，有助于重建植物界的系统发育史，推动古地理、古气候和古生态研究的发展（米湘成等，2021）。

《中国维管植物生命之树》记载了3 114属和6 093种维管植物，将跨越4亿年的维管植物演化历史浓缩成一棵"生命之树"。《中国动物志》（162卷）和《中国孢子植物志》（96卷）的相继出版，以及大部分省份的植物志和十几个省级动物志的编撰陆续完成，为区域生物多样性分布提供了详细的信息。《中国海洋生物图集》记载了59个门的2.8万多种海洋生物。

然而，中国幅员辽阔，生态系统类型极为复杂。由于人力、物力和财力的限制，过去数十年的自然资源调查工作在范围和深度方面都存在一定的局限性，生物多样性的本底仍然不清。随着近年来生物多样性调查工作的深入，更多的物种被发现，极大地丰富了中国生物多样性的内容。

（1）中国生态系统多样性现状

中国地域辽阔，地形复杂，拥有森林、灌丛、草甸、草原、荒漠、湿地等地球陆地生态系统。例如，以乔木为优势种、共优势种或特征种的森林类型有 212 类，竹林有 36 类，灌丛类型有 113 类等。

中国近岸海域分布有滨海湿地、红树林、珊瑚礁、河口、海湾、潟湖、岛屿、上升流、海草床等典型海洋生态系统，以及海底古森林、海蚀与海积地貌等自然景观和自然遗迹。

（2）中国植物物种多样性现状

2010 年，官方公布中国拥有高等植物 34 984 种。过去 10 多年新增 5 个新科、86 个新属、2 090 个新种、374 个新记录。2022 年，高等植物 38 493 种，居全球第三位。

过去 10 年来，中国每年发现 200～300 个植物新种，例如，2021 年中国境内共发现高等植物新分类群 342 个，其中被子植物有 253 个新种；仅 2022 年中国境内共发现植物新属 12 个，新种 286 个，新种下类群 20 个，新记录属 6 个，新记录种及种下等级 57 个，重新发现多年未见物种 4 个，并排除中国分布物种 6 个。

（3）中国动物物种多样性现状

2010 年，官方公布中国拥有脊椎动物共 6 347 种，约占世界总数的 14%，其中特有种数达 667 种。由于过去 10 多年来新分类群和新记录不断增加，2022 年，中国已记录脊椎动物约 8 000 种，其中哺乳动物 698 种，鸟类 1 450 种，爬行类 586 种，两栖类 611 种，淡水鱼类 1 591 种。

例如，仅 2022 年中国新增脊椎动物 120 种，包括新种 98 种，新记录 17 种，亚种级提升为种级 5 种；其中鱼类 30 种，两栖类 44 种，爬行类 26 种，鸟类 6 种，哺乳类 14 种（新种 12 种、新记录 1 种、亚种级提升为种级 1 种）。

（4）中国微生物物种多样性现状

2010 年官方公布的数据：已查明真菌种类约 1 万种，占世界总种数的 14%。但是到 2022 年，已记录菌物约 27 900 种，隶属于 36 纲 140 目 438 科 1 372 属。过去 10 年新增菌物新种 4 679 个，其中仅 2022 年，中国共发表菌类新种 1 102 种，占全球发表新种的 41.37%。其中云南省发现菌类新种 275 个，以中国科学院昆明植物所贡献最大。

专家估计，我国微生物资源的菌种分布应超过 30 万种，中国已记录的微生物种类只占实际种类的 10%，因此，微生物新种发掘潜力最大，菌种多样性本底调查和编目具有很大空间。

2. 作物和家养动物的驯化

我国有 8 000 多年的作物选育历史，且全世界有超过 20% 的农作物起源于我国。另外，我国在全球主要作物和家养动物驯化中扮演了重要角色。例如，家蚕（*Bombyx mori*）在我国驯化后，沿丝绸之路传播，并培育出许多当地品种。动植物驯化研究可揭示人工选育过程中快速演化的机制，为进一步选育优良品种提供理论基础。如在人工选择的压力下，家犬（*Canis familiaris*）的脑中一些高度表达的基因演化速度快，这可能是家犬行为转化的部分分子机制。水稻微效数量性状基因位点的 *DTH2*（从播种到抽穗的天数）可能是人工选择适应北方长日照的靶向基因位点。类似地，小麦的二倍体祖先（*Aegilops tauschii*，DD）和四倍体祖先（*Triticum turgidum*，AABB）通过杂交，形成环境适应性及谷粒品质等都有较大提高的六倍体小麦（*Tricicum aestivum*，AABBDD），并因此成为人类的主要粮食作物。利用 RNA 测序技术揭示其分子机理，发现其环境适应性及谷粒品质的提高与来自二倍体小麦的农艺性状相关基因家族的扩张相关（米湘成等，2021）。

3. 生物标本馆藏

我国的标本馆建设起步于 20 世纪 30 年代，截至 2016 年，我国有 300 余家生物标本馆（博物馆），收藏标本量超过 4 000 万号（份），主要集中在各科研机构、高等院校和自然博物馆，其中中国科学院系统的 18 个生物标本馆馆藏标本约占我国标本收藏量的一半，其他的标本馆主要分布在各高等学校，其中藏量在 100 万号（份）以上的高校有中国农业大学、西北农林科技大学、西南林业大学、河北大学、南开大学、华南农业大学和中山大学，这 7 所高校的总馆藏量达 1 240 万号（份）（贺鹏等，2021）。

国家标本资源共享平台（NSII）于 2003 年建立，是科学技术部科技基础条件平台之一。NSII 的标本包括多个子平台。NSII 现在已经数字化了来自 329 个标本馆或博物馆的 1 570 万份标本及 1 300 万张彩色照片，为进一步研究生物多样性的起源、分布、演化和保护提供了重要的基础信息（米湘成等，2021）。

中国科学院的生物标本馆是我国生物标本资源最重要、最集中的保藏场所。中国科学院生物标本馆目前由以 19 个研究所作为依托单位的 20 家标本馆联合组成，分布于全国 13 个省、自治区、直辖市；所收藏生物标本的采集地基本覆盖全国各地和几乎所有生境类型（包括海域），收集保藏的生物标本资源涵盖了动物、植物、菌物、化石等；拥有中国乃至亚洲最大的动物、植物和菌物标本馆藏量，还拥有一系列中国最大、最有特色的专类标本馆。中国科学院生物标本馆是我国生物标本资源保藏、研究和科学教育的重要实体，具有中国最大、在国际上有重要影响力的生物标本资源保藏体系与数字化数据信息网络，也是生物标本资源整合与共享利用的平台，因此在中国生物资源的保护与可持续利用中具有不可替代的重要作用。截至 2020 年年底，中国科学院生物标本馆保藏各类生物标本共计 2203.6 万号（份），资源总量占全国标本资源总量的一半左右（贺鹏等，2021）。

二、中国农作物遗传资源本底与利用

1. 中国农作物遗传资源本底

（1）中国农作物主要类型

中国是世界农业大国，也是作物种质资源大国，用于栽培的作物种类繁多，按农艺学和用途主要划分为六大类，现有栽培农作物的种类达 629 种（表 2-1）。

①粮食作物（谷类、豆类、薯类）；

②经济作物（纤维类、油料类、糖料类、饮料类、染料类、香料类、嗜好类、调料类）；

③蔬菜作物（根菜类、白菜类、甘蓝类、芥菜类、绿叶菜类、葱蒜类、茄果类、瓜类、豆类、薯芋类、水生菜类、多年生与杂菜类、芽苗类、食用菌类）；

④果树作物（仁果类、核果类、浆果类、坚果类、柑果类、聚花果类）；

⑤饲用及绿肥作物（饲草类即栽培牧草，饲料类即饲用型食用作物）；

⑥药用作物（根及根茎类、全草类、果实和种子类、花类、茎和皮类、其他类）。

表 2-1 中国现有栽培农作物类型与数量

作物大类（crop kind）	作物种数（No. of crops）
粮食作物（food crops）	38
经济作物（economic corps）	62
蔬菜作物（vegetable crops）	226
果树作物（fruit crops）	86
饲用和绿肥作物（forage and manure crops）	80
药用作物（medicine crops）	137
合计	629

资料来源：引自《中国生物多样性国情研究》，2018。

实际上，随着社会需求和新技术的发展，新的作物产业不断出现。例如，随着人们对生活质量的追求，观赏花卉产业得到快速发展，花卉作物也逐渐成为作物的一个新的类型，包括一年生类、二年生类、多年生类、球根类、水生类、蕨类、多浆类、兰科类、木本类。随着天然林的禁伐，人工林快速发展，而林木作物也成为人工造林的选择对象，包括阔叶类、针叶类即常绿类、落叶类栽培树种及其品种。随着应对气候变化要求减少化石能源碳排放，可再生能源需求增加，生物能源植物栽培又成为一个新的产业类型（薛达元等，2022）。

由于上述原因，很难统计中国人工栽培一共有多少种植物，实际数据呈动态发展。因为随着新资源的开发和利用，栽培种类不断增加。再有，随着对外交流的扩大，国外作物种和品种不断引入国内，也丰富了国内栽培种类的名录。据报道，中国有人工栽培植物约 600 种，但现在已远远超过此数。有报道称中国栽培物种已达 1 251 个，野生近缘物种 3 308 个，隶属 176 科、619 属（郑殿升等，2011）。最新的研究已更新了过去的数据，确认中国有 9 631 个粮食和农业植物物种，其中栽培及野生近缘植物物种 3 269 个（隶属 528 种农作物）（刘旭等，2018）。

（2）中国农作物遗传资源本底

我国分别于 1956—1957 年、1979—1984 年组织开展了两次全国性农作物种质资源、地方品种的收集、整理工作，并持续开展了区域性农作物种质资源调查收集工作；2015 年，启动第三次全国农作物种质资源普查与收集行动，在 18 个省（区、市）1 041 个县开展，新收集资源 4 万多份。截至 2020 年年底，我国作物种质资源长期保存库的入库遗传材料总数已达 451 125 份[①]，加上在全国 43 个国家作物种质圃保存的约 8 万多份遗传材料，总数已超过 53 万份（薛达元，2021），位居世界第二，仅次于美国。

截至 2020 年年底，国家作物种质库长期保存的 451 125 份遗传材料中，水稻遗传资源入库保存数达 84 294 份，小麦达 51 126 份，玉米达 29 882 份，大豆达 32 632 份，棉花达 11 218 份，蔬菜达 31 361 份等，特别是保存了大量具有重要育种价值的作物野生近缘种的遗传资源，如野生稻遗传材料达 6 803 份，涉及 19 个野生近缘种；小麦野生近缘植物达 2 664 份，涉及 134 个种；野生大豆遗传材料达 9 684 份，涉及 4 个种。而且水稻和大豆原产中国，保存其野生近缘植物具有特别重要的意义（表 2-2）。

表 2-2　国家作物种质库长期保存遗传资源数量（截至 2020 年 12 月）

作物名称	入库保存份数/份	物种数/个	作物名称	入库保存份数/份	物种数/个
水稻	84 294	2	棉花	11 218	19
野生稻	6 803	19	麻类	10 358	11
小麦	51 126	134	油菜	7 474	14
小麦野生近缘植物	2 664		花生	8 097	16
大麦	23 169	1	芝麻	6 689	2
玉米	29 882	1	向日葵	2 979	2
谷子	28 156	9	特种油料	6 721	4

---

① 卢新雄报告，2021 年 2 月。

作物名称	入库保存份数/份	物种数/个	作物名称	入库保存份数/份	物种数/个
大豆	32 632		西瓜甜瓜	2 475	2
野生大豆	9 684	4	蔬菜	31 361	118
食用豆	37 956	17	牧草	5 243	387
烟草	4 007	35	燕麦	5 023	5
甜菜	1 794	1	荞麦	2 049	3
黍稷	10 460	1	绿肥	663	71
高粱	21 475	1	其他	6 673	22
合计				451 125	785

资料来源：引自薛达元等，2022。

全国还建有 43 个国家作物种质圃，保存着活体的作物种质材料，主要是薯类作物、各类果树、桑、麻，以及作物和蔬菜的野生近缘植物，分布于全国各地。截至 2014 年年底，收集并保存在 43 个国家作物种质圃的种质资源达 6 万多份。然而，自第三次全国农作物种质资源普查以来，又有许多新的种质资源被收集入库。截至 2020 年年底，保存的遗传种质材料已达 8 万多份（薛达元等，2022）。

（3）中国农作物的野生近缘种

作物是经人类长期驯化及人工合成而形成的具有经济价值的栽培植物，也可认为作物是指对人类有价值并有目的栽培并收获利用的植物。简言之，作物就是"栽培植物"。作物种质资源包括作物的品种、品系、遗传材料和作物野生近缘植物的种、变种和变型。中国作物种质资源多样性是中国地域内用于粮食和农业生产的作物及其野生近缘植物的变异总和，主要包括物种多样性和遗传多样性两个层次。中国作物种质资源的多样性是自人类定居以来，经过漫长的自然选择和人工选择而形成的。

众所周知，中国是世界作物的重要起源中心之一。因此，中国不仅作物种类多，并且很多作物都有其野生近缘植物，这些野生近缘植物往往是作物的祖先，它们含有作物已丧失的有益基因，对作物育种具有重要的利用价值，是作物种质资源的重要组成部分。

据初步统计，全国已开展了针对 191 个农业野生植物物种的调查，其中发现了 80 个作物的野生近缘植物物种共 8 643 个居群。该项调查不仅获得了大量的野生植物生境数据，还发现了一些具有重大利用价值的种质资源。例如，首次在福建发现了野生柑橘的分布点，对柑橘类物种的起源进化研究具有十分重要的参考价值；在河南发现了近 30 年未在野外观察到的葛枣猕猴桃、叉唇无喙兰等珍稀物种，为制定野生植物保护名录及保护规划奠定了坚实的基础；在广西贺州和来宾分别发现 2 个和 1 个野生白牛茶居群，丰富了广西野生茶树资源的种类和分布信息（乔卫华等，2020）。

2. 中国农作物遗传资源利用

（1）优良基因挖掘

在农业农村部"农作物种质资源保护与利用专项"等项目的支持下，中国农业科学院作物科学研究所等科研机构开展了多种农作物种质资源精准鉴定评价，新基因发掘取得显著成效。在对种质库、圃、试管苗库保存的所有种质资源进行基本农艺性状鉴定的基础上，对30%以上的库存资源进行了抗病虫、抗逆和品质特性评价，并对筛选出的1万余份水稻、小麦、玉米、大豆、棉花、油菜、蔬菜等种质资源的重要农艺性状进行了多年多点的表型鉴定评价，发掘出一批作物育种急需的优异种质。

针对育种和生产中的主要目标性状，运用现代分子生物学的理论和技术，发掘了大量的重要功能基因，特别是与产量、品质、抗旱性等相关功能基因的发掘成效显著。例如，从普通野生稻中找到了能使杂交稻产量分别提高25.9%和23.2%的两个基因位点；通过分子标记与图位克隆的方法，分离出水稻分蘖控制基因MOC1；从小麦遗传资源中，发现了能够显著提高穗粒数的基因位点；从棉花基因资源中发现了与纤维发育相关的基因位点。这些功能基因的发掘，为基因工程育种、提高粮食产量和繁荣农业经济奠定了基础（王述民等，2011）。

近年来，中国科学家牵头对水稻、小麦、棉花、油菜、黄瓜等多种农作物完成了全基因组草图和精细图的绘制，给全基因组水平的基因型鉴定带来了机遇。利用测序、重测序、SNP技术对水稻、小麦、玉米、大豆、棉花、谷子、黄瓜、西瓜等农作物5 000余份种质资源进行了高通量基因型鉴定。此外，在全基因组水平上对水稻、棉花、芸薹属作物、柑橘、苹果、枇杷等农作物的起源、驯化、传播等进行了分析，获得了一些新认识。应用关联分析等方法在多种农作物中获得一批控制农艺性状的重要基因，并深入研究了部分基因在种质资源中的等位基因类型、分布及其遗传效应，为种质资源的进一步利用提供了解决方案（刘旭等，2018）。

（2）为新品种培育提供基因资源

国家和地方农作物种质资源保存库是农作物新品种培育的基因源泉。保存在中期库和种质圃中的种质资源通过定期的繁殖更新，有效缓解了作物育种中种质资源的供需矛盾。近年来，累计更新保存库种质资源430 925份，其中中期库343 617份，种质圃87 308份，基本实现了有种可供，年分发8万多份次，是2001年"农作物种质资源保护与利用"专项实施前的13倍。通过田间展示与信息和实物共享，作物种质资源在解决国家重大需求问题方面的支撑作用日益显著，支撑或服务于各类科技计划项目/课题2 380余个，培育新品种500多个，发表重要论文300余篇，出版重要著作38部。2017年，农业部公布了87种农作物439份绿色和特色优异种质资源，这些资源为推进农业供给侧结构性改革提供了新鲜血液。2013—2017 年，全国作物种质资源团队共获得国家科技进步奖 11 项，省部级科技进步奖 40 项，显示出种质资源的巨大利用潜力（刘旭等，2018）。

地方品种和农家品种在为现代植物育种提供丰富的遗传多样性的同时，也一直是我国粮食安全的坚实基础，具有深远的社会影响。据统计，我国作物育成品种中，80%以上含有国家作物种质资源库圃资源的遗传背景，具有一批成百上千年种植历史的农家品种，如上隆香糯、九山生姜、彭州大蒜等一直是地方特色产业发展的源头支撑。当前，我国农作物自主品种达 95%，畜禽核心种源自给率达到 64%，品种资源对农业增产的贡献率达到 45%。此外，资源收集保护与鉴定评价、发掘创制与育种应用等工作的开展，有力支撑了突破性新品种的培育推广，推动实现了农作物矮秆化、杂交化等历次农业绿色革命，持续提升了我国种业自主创新能力（王述民等，2011）。

（3）利用种质资源培育出大量新品种

新中国成立以来，我国农业遗传资源保护与利用取得举世瞩目的成就，为保障国家粮食安全、生物安全和生态安全提供了有力支撑。新时代，新起点，新征程，农业遗传资源保护与利用已为建设现代化种业强国、实施乡村振兴战略、实现中华民族伟大复兴做出贡献。以国家最高科学技术奖获得者袁隆平院士为代表的科学家，通过创制"野败型""冈 D 型""印水型""红莲型""温敏"不育系等新种质并广泛利用，使中国杂交水稻育种处于国际领先地位。1969 年，四川农业大学严济教授等创新出的小麦"繁六"新种质，被广泛用作育种亲本，育成了一系列推广面积很大的小麦品种；山东农业大学李晴祺教授等创新出小麦"矮孟牛"新种质，并利用其作为育种亲本，育成 13 个小麦品种，1983—1996 年累计推广 206 万 hm^2。国家最高科学技术奖获得者李振声院士系统研究了小麦与偃麦草远缘杂交，将小麦野生近缘种偃麦草中的多种优良基因转移到小麦中，育成了"小偃四号""小偃五号""小偃六号"等一系列小麦新品种，到 1988 年"小偃六号"累计推广种植面积 360 万 hm^2，不仅为中国小麦育种做出了杰出贡献，而且为小麦染色体工程育种奠定了基础。南京农业大学陈佩度教授等将小麦野生近缘种簇毛麦中的抗白粉病基因 *Pm21* 导入小麦，培育出一批对多种白粉病菌生理小种均表现高抗或免疫的新品种（刘旭等，2018）。

3. 中国农作物遗传资源利用评估

（1）开发利用成效明显

近年来，我国在作物种质资源精准鉴定和深度挖掘的基础上，应用远缘杂交、基因组学、基因工程等科技手段创制了一系列新种质，使得大批突破性新品种脱颖而出，种质资源开发利用效果显著。据统计，"十三五"期间，我国审定了水稻、玉米、小麦、棉花、大豆 5 种主要农作物品种 1.6 万多个，登记了马铃薯、甘薯、谷子、高粱等 29 种非主要农作物品种 2.1 万个。"十三五"时期以来,我国农作物自主选育品种面积超过 95%,粮食作物单产由 2016 年的 363.5 kg/亩[①]增加到 2020 年的 382.3 kg/亩,增幅达 5.2%。良种覆盖率、对粮食增产的贡献率分别超过了 96% 和 45%(颜学海等,2022)。

(2)利用潜力有待进一步提高

种质资源的高效利用直接影响着现代农业的发展和国际竞争力。目前,我国农作物种质资源 80% 以上来自国内,来源较为单一,遗传多样性还不够丰富,遗传资源利用潜力还有待进一步提高。此外,通过开展对已有种质资源基因型与表型的精准鉴定,在育种创新中能够有效应用的资源数量不到 10%。据统计,在现存的 8 万份水稻种质资源、4 万份小麦种质资源和 2.5 万份玉米种质资源中,只有 5% 的资源开展了深度鉴定。我国农作物种质资源开发利用不充分,尤其在精细特性鉴定和优异基因挖掘上还存在严重短板,直接影响了资源利用的效率和水平,难以为育种创新提供种质基础。我国还有许多优异的地方品种资源尚未被开发利用,已开发的还不够深入,多停留在初级阶段,种质资源的优势没有充分发挥出来,未能有效转化为产业和经济优势(颜学海等,2022)。

三、中国畜禽遗传资源本底与利用

1. 中国畜禽遗传资源本底

(1)中国畜禽种类

我国饲养畜禽历史悠久,不仅是世界上家畜驯化的几个中心地区之一,也是世界上畜禽遗传资源极其丰富的国家之一。我国畜禽遗传资源主要有猪、鸡、鸭、鹅、鸽、火鸡、黄牛、水牛、牦牛、独龙牛、绵羊、山羊、马、驴、骆驼、兔、犬、梅花鹿、马鹿、驯鹿、貉、蜂等 20 余个物种。

2020 年 5 月 29 日,农业农村部发布公告,公布了经国务院批准的《国家畜禽遗传资源目录》(以下简称《目录》)。《目录》明确了家养畜禽种类 33 种,其中,传统畜禽 17 种,分别为猪、普通牛、瘤牛、水牛、牦牛、大额牛、绵羊、山羊、马、驴、骆驼、兔、鸡、鸭、鹅、鸽、鹌鹑;特种畜禽 16 种,分别为梅花鹿、马鹿、驯鹿、羊驼、火鸡、珍珠鸡、雉鸡、鹧鸪、番鸭、绿头鸭、鸵鸟、鸸鹋、水貂(非食用)、银狐(非食用)、北极狐(非食用)、貉(非食用)。《目录》是畜禽养殖的正面清单,列入《目录》的可按照《中华人民共和国畜牧法》管理。

(2)中国畜禽品种资源

1954—1956 年、2006—2010 年,先后开展了两次全国畜禽遗传资源调查,基本查清

---

① 1 亩≈666.7 m²。

了我国畜禽遗传资源状况，根据 2010 年结束的第二次全国畜禽遗传资源（品种资源）调查结果，我国 20 多个畜禽物种种内拥有 901 个品种，其中地方品种 554 个，占总数量的 61.5%，占全球的 1/6（高吉喜等，2018）。

1）猪品种资源

我国有猪品种资源共计 125 个，其中地方品种 88 个（占 70.4%），培育品种 29 个（占 23.2%），引入品种 8 个（占 6.4%）。按照地域分布，地方猪品种一般可分为以下 6 种类型：华北型、华南型、华中型、江海型、西南型、高原型，其中以华中型和华南型居多。

2）牛（普通牛、水牛、牦牛、大额牛）品种资源

我国有牛品种资源共计 120 个，其中地方品种 94 个（占 78.3%），培育品种 9 个（占 7.5%），引入品种 17 个（占 14.2%）。其中，普通牛地方品种 54 个，培育品种 8 个，引入品种 15 个；水牛地方品种 27 个，引入品种 2 个；牦牛地方品种 12 个，培育品种 1 个；大额牛地方品种 1 个。

3）羊（绵羊、山羊）品种资源

我国现有羊品种资源共计 146 个，其中地方品种 101 个（占 69.2%），培育品种 29 个（占 19.9%），引入品种 16 个（占 10.9%）。其中，绵羊地方品种 42 个，培育品种 21 个，引入品种 11 个；山羊地方品种 59 个，培育品种 8 个，引入品种 5 个。

4）马、驴、驼品种资源

我国有马、驴、驼品种资源 89 个，其中地方品种 60 个（占 67.4%），培育品种 15 个（占 16.9%），引入品种 14 个（占 15.7%）。其中，马有地方品种 29 个，培育品种 15 个，引入品种 13 个；驴有地方品种 25 个；骆驼有地方品种 5 个，引入品种羊驼 1 个。

西南地区（包括广西壮族自治区河池、百色两地区）、西北地区和内蒙古地区是我国马品种资源的主要分布区域。我国驴品种资源主要分布在新疆、内蒙古、黄淮海流域农业区等地。截至 2007 年年底，全国有双峰驼 24.2 万峰，分布在新疆维吾尔自治区、内蒙古自治区、甘肃省和青海省。

5）家禽品种资源

我国有家禽品种资源共计 291 个，包括鸡、鸭、鹅、火鸡、鸽、鹌鹑等禽种，其中地方品种 175 个（占 60.2%），培育品种 49 个（占 16.8%），引入品种 67 个（占 23.0%）。具体包括：地方鸡品种 109 个，培育鸡品种（配套系）44 个，引入鸡品种 36 个；地方鸭品种 33 个，培育鸭品种（配套系）4 个，引入鸭品种 11 个；地方鹅品种 30 个，培育鹅品种 1 个，引入鹅品种 5 个；地方火鸡品种 1 个，引入火鸡品种 4 个；地方鸽品种 2 个，引入鸽品种 5 个；引入鹌鹑品种 6 个。

我国地方家禽品种广泛分布于 30 个省、区、市，主要分布在南方各省市，华南、西南和华东地区为主要原产地。其中云南省的家禽品种资源分布最多，其次为江西、四川

等地。东北和西北地区资源数量较少，品种遗传特征也不明显。

　　6）其他家养动物资源现状

　　其他畜禽品种资源131个，其中地方品种37个，培育品种35个，引入品种59个。其中：兔地方品种6个，培育品种9个，引入品种14个；犬地方品种11个，培育品种1个，引入品种20个；鹿地方品种3个，培育品种10个，引入品种1个；毛皮动物地方品种1个，培育品种7个，引入品种7个；特禽地方品种3个，培育品种1个，引入品种9个；蜂地方品种13个，培育品种7个，引入品种8个。

　　全国畜禽品种资源状况见表2-3。

表2-3　全国畜禽品种资源状况

单位：个

畜禽名称		地方品种数量	培育品种数量	引入品种数量	品种总数
猪类	猪	88	29	8	125
禽类	鸡	109	44	36	189
	鸭	33	4	11	48
	鹅	30	1	5	36
	火鸡	1		4	5
	鸽	2		5	7
	鹌鹑			6	6
牛类	黄牛	54	8	15	77
	水牛	27		2	29
	牦牛	12	1		13
	大额牛	1			1
羊类	绵羊	42	21	11	74
	山羊	59	8	5	72
马、驴、驼	马	29	15	13	57
	驴	25			25
	驼	5		1	6
其他类	兔	6	9	14	29
	犬	11	1	20	32
	鹿	3	10	1	14
	毛皮动物	1	7	7	15
	特禽	3	1	9	13
	蜂	13	7	8	28
合计	22种（类）	554	166	181	901

资料来源：引自《中国生物多样性国情研究》，2018。

编者注：表中数据为2010年第二次全国畜禽品种资源调查结果，与正文研究数据略有出入。

（3）中国重要畜禽品种资源

1）重要的猪品种资源

我国年饲养量超过 1 万头的优良地方猪品种有 40 余个，包括广东小耳花猪（两广小花猪）、海南猪、凉山猪（乌金猪）、柯乐猪（乌金猪）、荣昌猪、撒坝猪、合作猪（藏猪）、内江猪、梅山猪、昭通猪（乌金猪）、合川黑猪（湖川山地猪）、宁乡猪、巴马香猪、关岭猪、恩施黑猪（湖川山地猪）、滇南小耳猪、桂中花猪、嘉兴黑猪、二花脸猪、东山猪（华中两头乌猪）、黔邵花猪、白洗猪、盆周山地猪（湖川山地猪）、香猪、成华猪、迪庆藏猪（藏猪）、沙子岭猪（华中两头乌猪）、陆川猪（两广小花猪）、高黎贡山猪、西藏藏猪（藏猪）、雅南猪、黔北黑猪、大花白猪、四川藏猪（藏猪）、黔东花猪、丫杈猪（湖川山地猪）、金华猪、淮北猪（淮猪）、保山猪、南阳黑猪等。

2）重要的家禽遗传资源

我国开发较好的优质地方肉鸡有广西三黄鸡、文昌鸡、清远麻鸡、固始鸡、宁都三黄鸡、崇仁麻鸡等；优质蛋鸡资源主要包括仙居鸡、白耳黄鸡等。我国地方蛋鸭品种是世界上产蛋最多的类型，如浙江的绍兴鸭，福建的山麻鸭、金定鸭等，其年产蛋量达到280～300 枚，还有以产双黄蛋而著称的高邮鸭，具有蛋重大、蛋品质优异等特点。肉鸭在北京、江苏、四川等地以北京鸭为代表，在其他地区则以我国的番鸭与其他品种杂交生产的半番鸭为主。我国地方鹅大多产蛋多、蛋大、开产早，以豁鹅、四川白鹅、太湖鹅为代表，是具有巨大蛋用潜力的稀有种质资源。

3）重要的牛、羊遗传资源

我国普通牛中著名的有 5 大品种：秦川牛、鲁西黄牛、南阳牛、延边牛和晋南牛。存栏量较多的有南阳牛、关岭牛、巫陵牛、吉安牛、锦江牛、凉山牛、文山牛、黎平牛、广丰牛、威宁牛、甘孜藏牛、滇中牛、昭通牛、大别山牛、西藏高山牦牛、贵州水牛、德昌水牛等品种。

我国绵羊中以湖羊（产羔皮）、滩羊（产裘皮）、高原型藏羊（产地毯和壁毯）、同羊、阿勒泰羊（制作风味食品）等品种比较著名。存栏量较多的地方绵羊品种资源有西藏羊、蒙古羊、小尾寒羊、哈萨克羊、乌珠穆沁羊、西藏山羊、黄淮山羊、新疆山羊、内蒙古绒山羊、辽宁绒山羊等。

2. 中国畜禽遗传资源的利用

（1）优良基因挖掘

多年来，中国一直重视地方畜禽品种分子育种研究，在生长发育、肉质及抗病性状选育改良等方面取得重要进展，申请了一批技术专利，部分研究成果达到国际领先水平。利用现代生物学技术，开展深度基因组重测序，成功构建了 68 个地方猪种的 DNA 库，为地方猪种质特性遗传机制研究和优良基因挖掘奠定了基础。研究建立了地方家畜遗传材料制作与保存配套技术体系，实现了国家家畜基因库遗传物质保存自动化、信息化和智能化。应用蛋鸡绿壳基因鉴定技术，成功培育"新扬绿壳""苏禽绿壳"配套系，缩短了育种周期。

资源开发潜力进一步挖掘，以市场为导向，地方畜禽遗传资源开发利用步伐加快，满足了多元化的消费需求，逐步实现了资源优势向经济优势的转化。"十二五"期间，以地方畜禽品种为主要素材，培育了川藏黑猪配套系、Z 型北京鸭等 50 个新品种、配套系。随着国家扶贫攻坚力度的不断加大，地方畜禽遗传资源开发成为产业扶贫的重要手段，为促进农民脱贫致富发挥了积极作用（于康震，2017）。

（2）地方畜禽品种资源产业化

近年来，畜禽遗传资源的开发利用成为地方产业扶贫的重要手段。我国在对畜禽遗传资源实施保护的同时，加大了其产业开发利用力度。我国 50% 以上的畜禽地方品种在畜禽产业发展中也发挥了重要作用。例如，以地方畜禽品种为基础素材，培育出了如天府肉猪、中畜草原白鸭和延边黄牛等 101 个新品种、配套系，占地方品种总数的 19%；产业化开发的地方品种数量 293 个，占地方品种总数量的 54%。目前，这些地方品种产业化开发利用种类还比较单一，在肉质、药用和抗逆性等优良特性上还未得到充分、系统的深入发掘，特色畜产品优质优价的机制还有待建立，需要与高产畜禽品种竞争市场。因此，需要对优秀地方畜禽品种的特色性状进一步挖掘。近 20 年来，国际上已经发现与畜禽生产性能相关的 DNA 标记 1 000 多个，定位的数量性状基因座（QTL）2 000 多个，重要影响的功能基因 300 多个，获得的相关专利 400 余项，我国地方畜禽品种的优良性状基因定位和功能研究将进一步得到提高，地方畜禽品种的产业化将得到更大发展（王启贵等，2019），地方畜禽品种产业化开发利用情况见表 2-4。

表 2-4　地方畜禽品种产业化开发利用情况（截至 2015 年）

畜种	产业化开发地方品种		其中用于培育新品种和用于配套系的地方品种	
	品种数量/个	占比/%	品种数量/个	占比/%
猪	63	70	14	16
牛	38	40	7	7
羊	56	55	11	11
家禽	115	66	61	35
其他	21	25	8	9
合计	293	54	101	19

资料来源：源自 https://www.tuliu.com/read-45811-2.html。

3. 中国畜禽遗传资源利用的评估

（1）畜禽资源市场价值得到提升

畜禽资源市场预期价值大幅提升，以市场消费需求为导向，地方畜禽遗传资源开发利用加快发展，部分品种逐步实现了资源优势向经济优势的转化。目前，充分利用地方品种素材培育的高产蛋鸡生产性能已达到或接近国外同类品种水平。目前，黄羽肉鸡占据我国肉鸡市场近半壁江山，山羊绒品质、长毛兔产毛量、蜂王浆产量等居国际领先水平。"十二五"期间，在地方畜禽遗传资源的基础上，成功培育了苏淮猪、潭牛鸡、苏邮 1 号蛋鸭等 50 个新品种、配套系，取得了显著的经济效益和社会效益。例如，湘西黑猪、秦川牛、广西三黄鸡、德州驴、临武鸭等品种开发的龙头企业年产值均已过亿元；盐池滩羊被列入第四批中国重要农业文化遗产名录，品牌价值达 67.28 亿元。地方畜禽遗传资源的文化价值也日益得到关注和挖掘。各地通过建设畜禽遗传资源博物馆等文化场馆，组织兔肉节、赛马节、赛羊会、双黄鸭蛋节、斗鸡节等传统特色文化活动，为畜禽遗传资源开发增添了许多文化内涵（于康震，2017）。

（2）育种创新水平持续提高

畜禽遗传资源保护和利用的理论和方法不断完善，利用信息学模拟技术优化保种方法，制定了国家级保种场个性化保种方案，进一步提升了畜禽遗传资源保护工作的规范性和科学性。积极开展地方畜禽遗传资源优良种质特性和重要经济性状调控机制的研究和应用。在家禽方面，"新扬绿壳""苏禽绿壳"蛋鸡配套系应用了绿壳基因鉴定技术，京白 1 号、京粉 2 号蛋鸡配套系应用基因敲除技术发现并剔除蛋黄中的鱼腥味基因，成功缩短了育种周期；在生猪方面，开展深度基因组重测序，成功构建重点地方猪种的 DNA 库，为下一步开展优良基因研究和利用奠定了基础。一批国际或国内技术专利获得授权，部分原始创新成果达到国际领先水平，推动了畜禽遗传资源保护和开发利用的进程（于康震，2017）。

（3）基础能力水平不断加强

截至 2023 年 8 月初，我国已遴选出 86 家国家畜禽种业阵型企业和 300 家国家级核心育种场，为畜牧业用种提供基础保障。我国已组建多元化和多层次的畜禽种业科研团队，涉及国家畜禽遗传资源委员会、企业研发部门等组织，共计 5 万多名科研技术人才。畜禽种业科研团队基于畜禽遗传改良计划与现代种业提升工程，系统化开展引进品种本土化选育及新品种培育工作，增强畜禽种源供给能力。在此过程中，原种场、资源场、扩繁场、改良站、质量检测中心及遗传评估中心等配套设施陆续建成与完善，可为畜禽种源供给提供基础支撑。截至 2023 年 8 月初，我国主要畜禽核心种源自给率高于 75%，良种对产业发展的贡献率达到 40%（吴晓芳等，2024）。

四、中国水产遗传资源本底与利用

1. 中国水产遗传资源本底

鱼类是脊椎动物中物种多样性最高的类群，占整个已知脊椎动物总物种数的 50%以上。据相关统计，目前全世界大约有 35 000 种鱼类，河流、湖泊、海洋等几乎所有水域都有鱼类分布，在全球生态系统中发挥着极其重要的作用。据资料记载，我国共有海/淡水鱼类 4 000 多种，虾蟹类 1 700 多种，头足类 90 多种，贝类约 3 700 种（高欣等，2023）。

（1）淡水水产生物种类

尽管淡水水域面积不到全球面积的 1%，但鱼类物种数却超过了已知鱼类总种数的40%。近 50 年来，全球野生动物种群资源量平均下降了 69%，其中淡水动物下降了 83%，成为受气候变化、人类活动干扰等影响最严重的类群之一。

就淡水种类而言，我国拥有鱼类 1 000 多种，其中长江水系 291 种，珠江水系 271 种，黄河水系 124 种，黑龙江水系 97 种，台湾 81 种，青藏高原 71 种（杨文波等，2020）。我国内陆水体鱼类种类丰富，多样性高，土著鱼类共有 1 591 种（亚种），约占全世界内陆鱼类种数的 10%。其中，中国特有鱼类 1 081 种，是世界上特有鱼类种数最多的国家之一（高欣等，2023）。

据《中国生物多样性国情研究》（高吉喜等，2018）数据，中国内陆淡水鱼类种群已分类描述的纯淡水鱼种类约占世界淡水鱼类的 1/10，海河洄游性鱼类 15 种，河口性鱼类 68 种。在分类组成上，以鲤形目种类最多，有 623 种，占中国淡水鱼的 77.2%，鲇形目、鲈形目和鲑形目也有一定的数量，这四目鱼类总数约占内陆淡水鱼类总数的 97%。淡水鱼类已保存和开发养殖的有 60 余种，它们是中国淡水养殖的重要种类，其产量占中国淡水养殖产量的 80%以上，重要经济种类主要有青鱼、草鱼、鲢、鳙、鲤、鲫、鳊、鲂、刀鲚、鲥、银鱼、鳗鲡、鲌、鳜、密鲴、鲟、鳇、哲罗鱼、细鳞鱼、狗鱼、裸鲤等，其中长江的鲟、鲥、银鱼、团头鲂，黄河的鲤，黑龙江的鲟鳇鱼、鲑，青海湖的裸鲤等都是名贵的经济种类。

中国淡水虾类共计 10 属 150 种以上，其中米虾属（40 种）、白虾属（4 种）、沼虾属（25 种）和小长臂虾属（2 种）为重要的经济种类。米虾属的代表种类为锯齿米虾，白虾属的代表种类为秀丽白虾、短腕白虾和脊尾白虾，沼虾属的代表为日本沼虾和海南沼虾，小长臂虾属的代表种类为中华小长臂虾和越南小长臂虾。淡水蟹类有 228 种，其代表种类为中华绒螯蟹、绒毛近方蟹、华束腹蟹。此外，软体类有腹足纲 169 种，爬行类中有龟鳖 36 种，水生维管束植物和大型藻类有 437 种。

中国主要的软体动物有贝类和头足动物。中国淡水贝类有104种，其中螺类有56种、蚌类有48种，淡水贝类的代表动物有田螺、螺蛳、蚌、蚬和蜗牛等。

水生植物中的重要经济种类主要有两类，一类是食用植物，另一类是工业原料。较常见的经济种类有蒲草、荸荠、茭白、芡实、菱、藕、芦苇等，其中菱、藕、芡实、茭白等是中国特有的重要的经济食用种类。

（2）海水水产生物种类

就海洋种类而言，我国四个海区已有分类描述的海水鱼类有2 200多种，其中黄海和渤海有200多种，东海有800多种，南海有1 400多种；海洋虾类有300多种，蟹类有600多种，头足类有90多种（高欣等，2023）。其中经济鱼类约300种，常见且产量较高的经济鱼类60～70种；虾蟹类有300多种，头足类有90种，藻类有2 000种，软体动物有200多种。

常见鱼类1 707种中软骨鱼类有179种，硬骨鱼类有1 528种，土著种有79种，特有种有15种。已得到保护和保存的约43种，已进行开发养殖的有43种，在中国海水养殖产量中占有重要地位。在种类组成上，海水鱼类以鲈形目为主，其数量占海洋鱼类总数的47%。较常见的养殖种类有鲻类、梭鱼类、鲷类、石斑鱼类、鲈类、鲳类、鲹类、东方鲀类、鲆鲽类等。

中国沿海已知有分布的海洋甲壳动物有磷虾类42种、蟹类600余种和虾类300余种，代表虾类有对虾、新对虾、仿对虾、赤虾、鹰爪虾、褐虾和龙虾等，其中日本沼虾、罗氏沼虾、中国对虾、中华绒螯蟹、锯缘青蟹等已成为中国海/淡水养殖的重要品种，年产量在50万～100万t。

海洋贝类有2 456种，其中螺类1 583种，贝类873种，海产贝类的代表动物有鲍鱼、香螺、红螺、东风螺、玉螺、泥螺、蚶、牡蛎、扇贝、江珧、文蛤、蛤仔、蛏等。大多数的贝类均可食用，因此具有经济价值。

目前，已经确认中国海域有浮游藻类1 500多种，固着性藻类320多种，经济藻类50多种，代表种类有海带、紫菜、裙带菜、江蓠、石花菜、麒麟菜、鹧鸪菜等，是中国、日本、朝鲜、韩国等东方国家人民喜欢食用的经济藻类。

2. 中国水产养殖种类

中国水产养殖品种由20世纪60年代的10多种鱼类、贝类和藻类，增加到近年的水生经济动植物150多种，包括鱼类89种、虾类10种、贝类12种、藻类17种、其他虾蟹类12种等（中国生物多样性国情研究，2018）。

（1）淡水养殖

中国是世界上淡水养殖发达的国家。中国淡水养殖种类，除"四大家鱼"、鲤、鲫、鲂等外，还有鲟鳇鱼、大西洋鲑、香鱼、银鲫、翘嘴红鲌、中华倒刺鲃、长吻鮠、黄颡鱼、日本沼虾、中华绒螯蟹等 60 余种。淡水养殖鱼类包括野生驯化种类、地方品种、人工选育的品种和国外引种驯化种类四个类型。在资源引进方面，新中国成立以来中国大陆引进水生经济动植物达 140 种，其中鱼类 89 种、虾类 10 种、贝类 12 种、藻类 17 种、其他种类 12 种，这些物种 70%以上是 20 世纪 80 年代后引入。

（2）海水养殖

新中国成立初期，中国仅限于采集少量的传统野生资源种类，在浅海滩涂上开展海水养殖，养殖规模小，种类也少。现今在人工繁育技术基本解决的基础上，海水养殖育苗成功和实施规模化生产的种类至少有 20 科 43 种，主要种类有：石首鱼科的大黄鱼、美国红鱼等 7 种，鲷科的真鲷等 4 种，鲻科的鲻鱼等 2 种，鲹科 5 种，石鲈科的花尾胡椒鲷等 4 种，牙鲆科的牙鲆，光吻鲈科的光吻鲈，鲀科的红鳍东方鲀等 2 种，等等。其中大黄鱼年育苗达到 1 亿尾，这些种类的育苗成功和实施规模化生产为中国海水养殖业的持续健康发展奠定了基础。

贝类是中国海/淡水养殖的重要种类。牡蛎、扇贝、蛤和鲍鱼的产量已占海水养殖产量的 30%，淡水贝类生产的珍珠产量每年在 1 000 t 左右，居世界首位。养殖的经济藻类主要有海带、裙带菜、麒麟菜、江蓠、红毛藻、角叉藻、龙须菜、紫菜等。近年又开发出一些新的养殖种类，并开展了小规模的养殖。

3. 水产生物遗传资源育种技术与产业发展

我国是世界第一水产养殖大国，2022 年水产养殖产量为 5.57×10^7 t，占我国水产总量的 81.1%，约占世界水产养殖总产量的 60%。

（1）水产鱼类育种技术

在养殖技术与模式方面，淡水养殖及其整体空间不断拓展，养殖模式创新与实用技术发展成效显著，养殖设施装备与智能管理技术快速进步。海水养殖主产区产量呈"北高南低"态势，贝、藻类养殖是生产主体，鱼类养殖量占比小，南方地区的发展速度快于北方地区。

截至 2017 年，我国通过遗传育种技术研制的 83 个国家级鱼类新品种获批，在这些鱼类新品种中，有杂交种 40 个（占 48.2%）、选育种 39 个（占 47.0%）、其他类型种 4 个（占 4.8%）。数据表明，杂交是目前我国鱼类育种中使用最广泛的育种技术，是防止品种退化及创制优良品种的有效方法。杂交分为远缘杂交和近缘杂交，远缘杂交是指亲缘关系在种间或种间以上的两个物种之间的杂交，它可以把不同物种的基因组组合在一起，使得杂交后代在表型和基因型方面发生显著变化。近缘杂交是指同种内的不同品系、不同品种个体间的杂交，它可以把不同品种或者亚种之间的基因组组合在一起，使得杂交后代在表型和基因型方面发生一定程度的变化。显然，在表型和基因型的变化程度上，远缘杂交后代产生的变化一般要大于近缘杂交后代产生的变化。从亲本的亲缘关系分析，近缘杂交可视为远缘杂交中的一种特殊情况，揭示远缘杂交的遗传和繁殖规律，对近缘杂交也具有指导和借鉴作用（王石等，2018）。

（2）水产新品种培育与产业发展

国家大宗淡水鱼产业技术体系隶属现代农业产业技术体系，承担着解决大宗淡水鱼供给侧优质高产、模式升级、竞争力提升、延长产业链等技术问题的使命。鲤鱼是大宗淡水鱼养殖的一个重要物种，养殖范围广、产量高，优良的品种是促进产业可持续发展的基石，至 2018 年，我国一共有 215 个新品种获得了水产新品种证书，其中鲤鱼新品种占 29 个，是获得水产新品种证书最多的鱼种。在 29 个鲤鱼新品种中，选育种 18 个，杂交种 8 个，说明我国在水产养殖遗传改良方面做得很好，杂交育种研究时间较长。

利用全国水产种质资源平台丰富的水产种质资源选育基础群体，开展具有高产、优质、抗病（逆）等优良经济性状的水产生物新品种选育研究和新品种培育。2010 年以来，平台成员单位共有 70 个新品种通过了全国水产原种和良种委员会审定，包括福瑞鲤、杂交鲟"鲟龙 1 号"等鱼类品种 28 个；斑节对虾"南海 1 号"、三疣梭子蟹"黄选 1 号"等虾蟹类品种 17 个；马氏珠母贝"南珍 1 号"、文蛤"万里 2 号"等 17 个贝类品种；裙带菜"海宝 1 号"、龙须菜"鲁龙 1 号"等藻类品种 8 个（李梦龙等，2019）。

在海洋牧场方面，建设进展迅速，在短时间内走过了其他国家几十年的发展历程，主要包括建设实验期（1979—2006 年）、建设推进期（2007—2015 年）和建设加速期（2016 年至今）3 个阶段。在建设实验期，共投放了 28 000 多个人工鱼礁，建立了 23 个人工鱼礁实验点；在建设推进期，约投入资金 49.8 亿元，建设鱼礁约 $6.09 \times 10^7 \text{ m}^2$，形成了海洋牧场约 852.6 km²；在建设加速期，已有覆盖渤海、黄海、东海与南海四大海域的 136 个国家级海洋牧场示范区获批建设，计划到 2025 年建成 178 个国家级海洋牧场示范区（张文兵等，2023）。

（3）鱼类育种和养殖的科技创新

在遗传育种方面，自 2010 年以来，中国全基因组育种技术和基因组编辑育种技术不断完善，突破了水生生物全基因选择育种实际应用的技术"瓶颈"，建成国际上首个水生生物全基因组选择育种平台。全国水产原种和良种审定委员会审定了 229 个水产新品种（张文兵等，2023）。

鱼类长期近交易导致品种退化，出现生长速度下降、抗性降低、繁殖力降低等不良现象。为防止上述不良现象的产生，常用的鱼类遗传育种技术有杂交、雌核发育、雄核发育、选育、转基因和基因编辑等技术，不少学者用雌核发育技术研制了改良四倍体鱼、改良三倍体鱼（中科 3 号及中科 5 号），还用雄核发育技术研制了改良四倍体鱼。近年来，基因编辑技术不仅在模式鱼类（如斑马鱼、青鳉）研究中得到应用，而且已经广泛应用到经济鱼类的基因工程育种中。如长江水产研究所利用 D 系异育银鲫为母本，以生长速度和染色体倍性为主要选育指标，成功选育出四倍体异育银鲫"长丰鲫"。该新品种倍性高、生长速度快、口感细嫩、鳞片紧密。此外，在黄鳝、鲟鱼、罗非鱼、鲇、鲫和鲤等重要经济鱼类中都有关于基因编辑技术的研究及应用报道（王石等，2018）。

养殖品种与方式具有区域性特点，黄渤海区以贝藻类的底播、吊笼和筏式养殖为主，南海区以鱼类网箱养殖为特色，东海区则介于二者之间。深远海养殖得到快速发展，深水网箱仍是开展海水鱼类养殖的主要生产方式；通过大型养殖平台引领深远海养殖向产业化发展，大型养殖工船成为深远海养殖产业发展的新动力（张文兵等，2023）。此外，我国已建成 86 家国家级水产原良种场，初步构建了全国水产良种体系。

五、中国观赏花卉遗传资源本底与利用

1. 中国观赏花卉遗传资源本底

（1）观赏花卉类型

1）按生态习性分类

按生态习性分类的方法应用最为广泛。按生态习性分类可将花卉分为草本花卉、木本花卉两大类。草本花卉包括一两年生花卉、宿根花卉、球根花卉、多年生常绿草本花卉、水生花卉、蕨类花卉、多浆类花卉以及草坪花卉。而木本花卉则包括落叶木本花卉和常绿木本花卉。

2）按观赏部位分类

按观赏部位分类可将花卉分为观花类、观叶类、观果类、观茎类、芳香类。观花类是以观赏花色、花形为主，如菊花、牡丹等；观叶类是以观赏叶色、叶形为主，如变叶木、龟背竹等；观果类则以观赏果实为主，如金桔、佛手等；观茎类是以茎部观赏为主，如仙人掌、光棍树、佛肚竹等；芳香类是以嗅闻气味为主，如米兰、茉莉、桂花、白兰花、含笑、蜡梅等。

3）按光照强度分类

按光照强度可将花卉分为喜阳性花卉和耐阴性花卉。喜阳性花卉有梅花、水仙、迎春、桃花、白玉兰等，耐阴性花卉有龟背竹、春芋、绿萝、吊兰、文竹、广东万年青等（王玉栋，2017）。

（2）观赏花卉植物种类

2004—2009 年，我国先后组织科研人员 500 余人次对我国观赏植物种质资源进行了

系统调查和编目工作，制定了观赏植物评价标准，确定了我国原产观赏植物种类 7 939 种，完成了其中 6 008 种的编目工作，包括观赏价值高的木兰类 144 种、山茶类 207 种、杜鹃花类 350 种、兰花类 421 种、观赏棕榈类 40 种、观赏蕨类 169 种、观赏瓜果 367 种、水生花卉 103 种、观赏竹类 142 种、针叶观赏植物 101 种、阔叶乔木花卉 597 种、观花灌木 1 130 种和草本观赏植物 2 237 种，为我国观赏植物种质资源的收集、整理和资源保护策略的制定奠定了基础。

根据调查，原产于我国的野生花卉 7 000 余种，重要的观赏植物资源包括木兰科、山茶科、杜鹃花科、兰花科、芍药科、毛茛科、百合科、苦苣苔科、蔷薇科、木樨科、龙胆科及蕨类植物等，且大多数野生观赏植物以我国为分布中心，一些种类已成为国内外重要的栽培观赏植物，或现代花卉的重要育种亲本（高吉喜等，2018）。

（3）观赏花卉遗传资源

观赏植物品种是经人工选育获得的性状基本一致，遗传特性比较稳定，具有人类需要的某些观赏性状或经济性状，是人类干预的产物，是长期选择、培育的劳动成果。我国花卉栽培历史有 3 000 多年之久，具有变异广泛、类型丰富、品种多样的特点。例如，在宋朝就已有杏梅类的梅花品种，以后形成的梅花品种达到 300 多个，其品种类型丰富、姿态各异，枝条有直枝、垂枝和曲枝等变异型，花有洒金、台阁、绿萼、朱砂、纯白、深粉等变异型。桃花在我国也有 3 000 多年的栽培历史，有直枝桃、垂枝桃、寿星桃、洒金桃、五宝桃、绯桃、碧桃、绛桃等多种类型和品种。李属中的杏花、樱花等也有类似的变异类型和品种。中国凤仙花在清朝初期有 233 个品种，有花大如碗、株高 3 m 多的"一丈红"，有茉莉花芳香的品种"香桃"，开金黄色花的品种"葵花球"，开绿花的品种"倒挂么凤"。桂花已在我国栽培 2 500 年，现有 150 多个品种。

其他观赏植物如菊花有 3 000 多个品种；牡丹有 800 多个品种；芍药有 400 多个品种；荷花有 160 多个品种；茶花有 300 多个品种；此外，月季、蔷薇、丁香、紫薇、杜鹃、百合等也是丰富多彩、名品繁多。

2. 中国名花资源的调查与保护

（1）名花资源调查

从 20 世纪 70 年代初期起，我国花卉种质资源的调查与搜集工作逐渐得到重视，花卉工作者对我国部分野生花卉资源进行了广泛的调查研究，包括辽宁、浙江、山西、河北、内蒙古、新疆等省区的区域性野生花卉资源调查及一些专类或专科、专属植物资源调查。2010 年以来，我国观赏植物种质资源调查、整理工作有序开展，已基本摸清了我国传统名花梅花、牡丹、荷花、月季、兰花、杜鹃、山茶等品种的资源储量、野生分布、品种类型和育种价值，初步了解了峨眉山、太白山区、岭南地区、秦淮地区以及青海、贵州等地的野生花卉资源。

一些名花品种资源具有地域性特征，这些具有地域特色的传统品种由于久经栽培，在观赏性、抗逆性、抗病虫害以及适应性等方面都具有较强的优势。如我国百合种质资源十分丰富，百合科百合属全球共有 90 个种，原产我国的有 46 个种、18 个变种，约占 50%，其中 36 个种、15 个变种为中国特有种。而原产东北地区辽宁、吉林、黑龙江及内蒙古等地的百合属植物 22 个种共 220 份，栽培品种 133 个，其中保存的百合野生种类占我国百合属植物的 56%，保存的百合品种约占我国现有百合品种的 60%。

（2）名花种质资源的收集与保存

在花卉种质资源调查的基础上，陆续建立了一大批种质资源库。如中国科学院植物研究所的牡丹品种资源圃，收集保存牡丹品种 613 个。南京梅花山收集梅花品种 200 多个，无锡梅园收集梅花品种 280 个。南京农业大学"中国菊花种质资源保存中心"收集菊属及其近缘属资源和栽培品种 2 000 余份。国家花卉工程技术研究中心花卉资源圃收集梅花品种 200 多个、榆叶梅品种 40 多个、菊花野生近缘种和品种 200 多个等，并收集野生蔷薇属植物、中国传统月季及切花月季品种资源 3 000 余份，建立了月季育种种质基因库。武汉东湖风景区管理局中国荷花研究中心、武汉市蔬菜研究所国家水生蔬菜资源圃、上海辰山植物园等单位也不遗余力地开展荷花种质资源保护工作，花莲命名的品种目前有 800 多个，仅中国荷花研究中心就保存了 600 多个品种。云南省农业科学院、中国农业科学院、北京植物园、上海植物园以及各地的月季园和月季公司对传统名花月季开展了种质资源保护工作。目前，仅北京植物园就收集了古老月季、野生种、栽培品种近 1 500 个。此外，珍稀濒危花卉种质资源的调查与保护工作也越来越受到重视。如广西南宁市金花茶公园从 20 世纪 80 年代开始从事金花茶育种及繁殖研究，建立了金花茶基因库，库内已收集金花茶原种及变种 33 种，栽培树苗 2 万余株。总体来看，我国部分传统名贵花木、珍稀濒危花卉、特色花卉多年的种质资源调查与保护工作开展顺利，其中梅、木犀属、莲属、海棠、蜡梅等植物还先后获得了国际品种登录权，这也标志着我国园艺界的国际地位在不断提高（周伟伟等，2016）。

3. 观赏花卉植物遗传资源利用现状

（1）中国花卉产业与市场

目前，我国花卉市场初步形成了"西南有鲜切花、东南有苗木和盆花、西北冷凉地区有种球、东北有加工花卉"的生产布局。花卉行业数据统计表明，山东、江苏、浙江及河南为中国四大花木种植地区，2019 年合计花木种植面积超过 70 万 hm^2。其中山东地区为花木种植面积最大的地区，其次为江苏，种植面积都超过 20 万 hm^2。从需求情况来看，观赏苗木需求量最大，2019 年各类花卉中，观赏苗木的需求量超过 45%，达到 46.86%，其次为盆栽类植物，占比达到 24.58%，实用与药用花卉占比 11.44%，干燥花、种球用花卉及种子用花卉未超过 1%[①]。2019 年，我国花卉销售总额为 1 302.57 亿元，比 2018 年的 1 284.21 亿元增长 1.81%。出口总额 6.20 亿美元，与 2018 年基本持平。主要花卉品种有：大花蕙兰，2019 年全国总产量约 560 万盆；红掌，2019 年全国总产量达 4 000 万盆；凤梨，2019 年全国上市量约 800 万盆[②]。

（2）国内花卉资源的开发

目前市场上比较流行畅销的大宗切花和盆花产品，如百合、郁金香、蝴蝶兰、红掌、凤梨、大花蕙兰、长寿花、丽格海棠等，种源多数来自国外。近年来，我国开始重视本土花卉百合资源的开发。我国百合种质资源十分丰富，不仅原产种类多，占全球总种数的一半左右，而且多半为我国特有种。目前，国内已有不少科研单位着手野生百合种质资源的收集与开发，并培育出一批具有自主知识产权的品种。如沈阳农业大学保存了原产东北地区辽宁、吉林、黑龙江及内蒙古等地百合属植物 22 个种共 220 份种质资源，保存栽培品种 133 个，其中保存百合野生种类占中国百合属植物的 56%，保存的百合品种占中国现有百合品种的 60% 以上。江苏农业职业技术学院球根花卉种质资源库保存球根花卉 38 个种类，112 个种（变种），503 个品种。杭州植物园是我国最早研究石蒜属杂交育种的单位，目前，植物园石蒜属植物科研圃保存了 65 份种质资源，逾 10 万球，在开放区域内共栽植稻草石蒜、长筒石蒜、忽地笑、换锦花、中国石蒜等石蒜类植物近 80 万球。

（3）野生花卉的利用

我国的野生花卉是经过千百年的自然演化而保存下来的宝贵种质资源，是未来花卉育种的物质基础，具有极大的开发利用价值和潜在的经济效益。野生花卉具有以下特点：资源丰富，种类繁多；抗逆性强，适应性广；繁殖简单，栽培容易；成本较低，收效较大；应用成本低，收效大；群体功能强，景观效果好。

通过杂交和基因工程等育种技术，可将野生花卉具有的抗病和抗逆性等优良性状以及携带的特异基因转育到现有观赏植物中，以改良现有栽培品种的遗传品质，创造新品种和新类型。随着基因转化技术和植物再生方法的不断完善和应用，培育蓝色月季、发光植物、紫色郁金香、黄色仙客来和红色球根鸢尾都不再是梦想。将基因工程与传统的育种手段相结合，还可以从野生花卉中培育出大批花色丰富、抗逆性强、性状各异、能够满足各种不同绿化和美化要求的观赏植物。对于带有特异性状的珍稀野生花卉，可以通过杂交育种、化学诱变、辐射育种或太空育种等手段改变其不良性状，保持其优良性状，以满足园林观赏的目的（张海新等，2005）。

---

① http://www.chinabgao.com/k/huahui/54303.html.

② http://www.chinabgao.com/k/huahui/54303.html.

（4）花卉文化市场

全国各地每年举办多次花卉文化节，以促进旅游文化和花卉商品开发，同时促进了花卉种质资源的保护与利用。如上海虹华园艺有限公司从 2014 年开始，每年举办"松江菊花文化节"，通过花海、花田、花坛立体景点，融入众多时尚元素，全面展示丰富多彩的菊花品种，改变人们对传统菊展的刻板印象；北京纳波湾园艺有限公司每年作为分会场，积极参与"北京月季文化节"，成为北京市民重要的观花胜地；浙江金华市永根杜鹃花公司的"杜鹃王国"每年 4 月举办杜鹃文化节，全面展示各种用于园林造景的 700 多个杜鹃花新优品种，成为金华旅游的新景点。

六、中国农业微生物资源本底与利用

1. 农业微生物资源本底现状

有文献报道，全球 78 个国家和地区共有在册微生物菌种保藏机构 804 家，微生物保存总量达 327 万余株（郭静利等，2023）。中国是微生物资源大国，是世界上农业微生物种质资源最丰富的国家之一。

根据 2005—2008 年组织开展的全国农业微生物资源调查结果①，全国省级以上 100 多个农林科研单位共保藏微生物菌种约 11 万株（含中国农业微生物、林业微生物两个菌种保藏管理中心），其中已定名微生物菌种 40 929 株，分属于 793 属 3 614 种。调查中共获得菌种数据信息 50 余万项，绝大多数调查数据经过检查、核实，进行了认真反复修订，在此基础上，开展了我国农林科研单位保藏微生物菌种资源的编目。同时，将所有保藏微生物菌种资源以菌株为单位，将其基本信息和重要信息输入原环境保护部"国家生物物种资源数据库平台数据采集系统"。保藏微生物菌种目录分编为 5 册：

> 《全国省级农业科研单位保藏微生物菌种资源目录》编录了全国 29 个省级农业（农林）科学院保藏的微生物菌种，包括已鉴定到种的菌株 10 221 个，分属于 341 属 988 种。

> 《中央级农业科研单位保藏微生物菌种资源目录》第一部分（《中国农业微生物菌种保藏管理中心菌种目录》）编录了中国农业微生物菌种保藏管理中心（中国农业科学院农业资源与农业区划研究所）保藏的菌种，包括已鉴定到种的菌株 11 630 个，分属于 504 属 2 031 种。

> 《中央级农业科研单位保藏微生物菌种资源目录》第二部分编录了除兽医类研究

---

① 牛永春，等. 全国省级以上科研单位微生物菌种资源调查报告. 2012.

所之外中国农业科学院的 11 个相关研究所（不含农业资源与农业区划研究所）和中国热带农业科学院所保藏的微生物菌种，包括已鉴定到种的菌株 8 115 个，分属于 290 属 1 126 种。

> 《全国林业科研单位保藏微生物菌种资源目录》编录了中国林业微生物菌种保藏管理中心（中国林业科学研究院森林生态环境与保护研究所）和 14 个省级林业科研单位保藏的微生物菌种，共有已鉴定到种的菌株 4 743 个，分属于 176 属 383 种。

> 《全国省级生物类综合性科研单位保藏微生物菌种资源目录》编录了我国 9 个主要的省级微生物、生物类研究所和华北制药集团所保藏的微生物菌种，共有已鉴定到种的菌株 6 220 个，分属于 301 属 1 268 种。

我国已初步建立了农业微生物种质资源保护体系。2022 年 8 月，农业农村部公布第一批国家农业微生物种质资源库名单，包括 1 个长期库和 18 个专业性种质资源库，涉及食用菌、肥料微生物、植保微生物、饲料微生物等多个类别，初步建立了我国农业微生物种质资源保护体系（郭静利等，2023）。

2. 农业微生物资源利用现状

种质资源是农业微生物产业发展的基本要素，充分开发种质资源已经成为农业微生物产业发展的基础保障。美国在 2010 年启动"地球微生物组计划"，致力于鉴定世界各地的 20 万个微生物样本，挖掘高价值科学问题，受到全球科学家的普遍关注（郭静利等，2023）。

目前，我国农业微生物产业发展规模大、市场潜力大，农用疫苗、食用菌、微生物肥料、农药和饲料产业等市场规模位居全球前列。进一步拉动了农业微生物产业发展的需求，凸显出农业微生物产业的市场潜力。

（1）养殖业相关的农业微生物市场规模持续扩大，市场份额不断上升

近年来，我国养殖产业发展迅猛，随着养殖农户数量不断下降和大型养殖场的兴起，市场对生物防疫、保健等产业的重视程度不断提升。微生物技术在疾病预防和治疗中的应用有助于减少抗生素和化学药品的使用，同时提高畜禽的免疫力。如益生菌可增强宿主免疫力，预防和治疗肠道疾病。通过微生物发酵可以生产出具有抗菌和抗病毒作用的发酵产品，用于预防和治疗畜禽疾病，农业微生物市场份额呈现不断上升态势。

（2）种植业相关的农业微生物市场需求转旺，应用得到提升

随着我国逐渐从粗放型、以小农户为主的农业种植形态转向适度规模经营模式，种植业不仅需要保障作物产量，还要持续提高农业生产效率，改善生态环境。在这一过程中，微生物技术以微生物肥料的产品形态被广泛应用于农业生产中，通过土壤、环境、植物营养元素的供应以及所产生代谢产物对植物产生有益的作用。微生物肥料在提高谷物产量和质量、提高蔬菜品质、增加水果甜度及改善口感方面的作用，以及其对减少化肥施用的贡献都显现出微生物技术在种植业中的巨大发展潜力。

（3）食用菌产业持续转型升级，供销两旺

随着居民收入水平的不断提升，个人保健意识持续增强，加之食用菌保健功能的宣传效应，人们越发认识到食用菌的营养价值，对食用菌的需求逐年增加，除了白灵菇、金针菇、杏鲍菇、鸡腿菇等传统食用菌，美味牛肝菌等珍稀食用菌的市场规模也不断扩大。2020 年，我国食用菌鲜品总产量达到 4 061.4 万 t，相较于 2019 年增长了 3.2%，2020 年食用菌鲜品总产值 3 465.65 亿元，比 2019 年增长了 10%。此外，微生物在食品加工领域应用广泛，如在果汁加工时，应用微生物酶技术可以分解果汁内的果胶，降低黏度，提升果汁产出量以及相应的澄清效果；在现代蔬菜食品加工中，应用微生物能使蔬菜产品的口感更加爽脆；在乳制品中，乳酸菌能与蛋白质、乳糖等发生相应的反应，达到改善乳制品口味、口感的目的（郭静利等，2023）。

第三章

遗传资源相关传统知识的保护与可持续利用

一、传统知识的概念、类型与调查方法

1. 国际公约中的传统知识概念

目前，至少有 3 个联合国机构及其国际公约直接涉及传统知识的问题。第一是联合国环境规划署（UNEP）下的 CBD，这是 1992 年缔结、1993 年年底生效的一个环境保护领域的国际公约，该公约最先提出传统知识保护及惠益分享。第二是世界知识产权组织（WIPO）及其相关公约，WIPO 自 2000 年就一直讨论传统知识的地位和知识产权保护问题。第三是世界贸易组织（WTO）下的《与贸易相关的知识产权协定》（TRIPS）（1995年 1 月 1 日生效）。后两者都是因应协调与《生物多样性公约》的关系而涉及的传统知识议题。各公约之间在传统知识概念方面各有侧重。此外，还有"生物多样性和生态系统服务政府间科学政策平台"（IPBES）、《粮食和农业植物遗传资源国际条约》（ITPGRFA）等也涉及遗传资源相关传统知识的保护与可持续利用。

（1）CBD 中的传统知识概念

CBD 在序言中写道："认识到许多体现传统生活方式的土著和地方社区同生物资源有着密切和传统的依存关系，应公平分享从利用与保护生物资源及持续利用其组成部分有关的传统知识、创新和实践而产生的惠益。

CBD 第 8 条第（j）款要求每一缔约国应尽可能并酌情依照国家立法，尊重、保存和维持土著和地方社区体现传统生活方式而与生物多样性的保护与持续利用相关的知识、创新和实践并促进其广泛应用，在此等知识、创新和实践的拥有者认可和参与下，鼓励公平地分享因利用此等知识、创新和实践而获得的惠益。CBD 对传统知识的定义侧重于生物资源相关，将传统知识限定在对生物多样性保护及持续利用具有直接和间接促进作用的知识、创新和实践。

CBD 还将传统知识与土著和地方社区（indigenous and local community，ILC）紧密

联系，表明这种传统知识是由土著和地方社区创造和维持的，是经过长期积累和发展、世代相传的具有现实或者潜在价值的认识、经验、创新或者做法（薛达元等，2006）。根据 CBD 的理解，传统知识是从长期的经验中发展而来的，并且适应了当地文化和环境的知识、创新与实践，属于集体所有，可通过文字，但多半是以口头形式代代相传。其表现形式除了文字记载，还有故事、歌曲、传说、谚语、文化价值观、信仰、仪式、习惯法、土著语言等。传统知识也包括培育农作物品种和家畜品系的农业实践等，因此传统知识更是一门实践科学，尤其是在农业、渔业、医药、园艺、林业以及环境管理等领域。

CBD 不仅将传统知识视为一种知识、创新和实践科学，而且更将其看作一种资源，特别是与生物资源及遗传资源相关的一种特殊资源。土著和地方社区在开发利用当地生物资源及遗传资源的过程中，创造了自己独有的知识、方法、技术和实践科学，这些知识、方法、技术和实践常常伴随着生物资源及遗传资源而存在，二者密不可分，相辅相成。因此，CBD 旨在保护生物资源及遗传资源的同时，也能够保护这种相伴的传统知识，并确保公平分享因利用生物资源及相关传统知识所产生的惠益（薛达元，2007）。

（2）WIPO 下的传统知识概念

传统知识既然是一种知识类型，就必然涉及知识产权，而 WIPO 是国际上最权威的处理知识产权问题的联合国机构。但是 WIPO 下的相关公约，如《专利合作条约》《保护文学和艺术作品伯尔尼公约》《保护工业产权巴黎公约》等都没有涉及传统知识的知识产权保护。为因应 CBD 的传统知识议题，2000 年 10 月，WIPO 专门成立了"知识产权与传统知识、遗传资源及民间文艺政府间委员会"（IGC），WIPO-IGC 的任务是讨论与遗传资源及传统知识获取与惠益分享相关的知识产权问题（薛达元，2005）。WIPO-IGC 第七次大会（2004 年）的 WIPO/GRTKF/IC/7/5 号文件附录Ⅰ指出，传统知识应当具有以下特征：①在传统或世代相传的背景下产生、保存和传递；②与世代保存和传递传统知识的本地社区和人民有特殊联系；③与被承认具有该知识的本土或传统社区、个人的文化特性相一致。在此基础上，WIPO 进一步将"传统知识"定义为：传统的或基于传统的文学、艺术和科学作品、表演、发明、科学发现、外观设计、商标、商号及标记、未公开的信息，以及其他一切来自工业、科学、文学艺术领域里的智力活动所产生的基于传统的革新和创造。

所谓"基于传统的"是指这种知识世代相传，为某个特定民族或其居住地域所固有，并且随着环境变化而不断演进。传统知识的种类包括农业知识、科学知识、技术知识、生态知识、医药知识（包括药品和治疗方法）、有关生物多样性的知识、民间文学艺术表达（包括音乐、舞蹈、歌曲、手工艺品、设计、传说和艺术品等形式）、语言元素（如名称、地理标志和符号）以及其他未固定的文化财产。保护传统知识，就是在保护知识产权的同时也要为那些作为创新基础的资源及其拥有者提供适当的保护（WIPO/GRTKF/IC/3/9）。由此可见，WIPO 下的传统知识范围很广，不仅局限于生物资源，也包括传统的文学、艺术、表演、商标等，更强调传统文化的内涵。

（3）WTO 下的传统知识概念

为因应 CBD，WTO 也在 TRIPS 下开展了许多有关遗传资源和传统知识的讨论。TRIPS 集中关注的是在专利申请中公开遗传资源及相关传统知识的来源问题，其焦点在于这一要求是否具有专利法意义上的强制力。

TRIPS 的内容涉及知识产权的各个领域，不仅在很多方面比《巴黎公约》和《伯尔尼公约》对知识产权的保护水平更加严格，而且还提出 WTO 的争端解决机制。更为重要的是，TRIPS 协议第 27 条允许基于生物或遗传资源以及传统知识的专利申请被授予专利权，而专利权授予并没有要求披露其遗传资源和传统知识的来源，当然也没有要求获取遗传资源和传统知识的"事先知情同意程序"以及共同商定的"惠益分享协议"，由此可能会导致遗传资源和传统知识提供国的资源被掠夺性开发，进而利益受到损害。基于此，自 2004 年以来，一些发展中国家要求修改 TRIPS 第 27 条第 3 款，在 2006 年、2007 年和 2008 年的 TRIPS 理事会上，巴西、印度、中国等许多发展中国家要求：①在申请与生物物质或者传统知识有关的专利时，必须披露在发明中所使用的生物资源和相关传统知识的来源和来源国；②必须提供证据证明已经通过有关国家机构的许可而实现了事先知情同意；③必须提供证据以证明在相关国家管辖之下实现了惠益的公平分享；④应建立一个国际机制，以实现在国家层面上对传统知识的保护。但是，相关谈判异常艰难，至今未能取得满意进展。

在传统知识的概念方面，由于 TRIPS 第 27 条主要涉及生物材料可否申请专利问题以及申请专利时是否要求披露遗传资源和传统知识的来源以及相关惠益分享安排，而民间文学和艺术的传统知识并不是其主要内容，因此，TRIPS 下的传统知识接近于 CBD 下的传统知识概念，主要是指与生物资源及遗传资源相关的传统知识。

（4）其他传统知识概念

有关传统知识的概念和定义一直是许多专家和学者讨论的热点，但是学术界至今没有公认的定义，表明传统知识定义的复杂性和艰巨性，也反映了不同的人群对传统知识的认识差距。Mugabe 等（2001）认为，之所以对传统知识的定义有如此多的分歧，是因为不同的人的知识说服力（intellectual persuasion）有显著差异，因此，许多人将传统知识与土著知识交替使用，而这又取决于拥有和使用传统知识的各类人群的地方社区文化特征。

有学者从传统知识的拥有者和价值方面定义，认为传统知识是"受社会生态环境影响，土著或地方社区集体拥有的，与传统资源和领土、地方经济、基因、物种和生态系统多样性、文化和精神价值以及传统习惯法密切相关的知识、创新和实践"（Swiderska，2006）。

有学者将传统知识与经济联系起来，认为传统知识"作为一种经济发展的资源，经常引起一些决策的过程"，传统知识"具有地方的身份特性，有利于某些特定地方的经济发展模式"（Calafati，2006）。

还有学者认为，人们对传统知识的认识有 3 种普遍的方式。第一种是将传统知识看作一个"商品"，可以用抽象的形式来记录，并能产生与生物资源不同的商业价值的离散知识单元。这样理解传统知识，主要的价值在于将传统知识应用于科学研究。有时候科学研究会导致某一具有经济价值的植物或生物过程的发现。例如，当一个社区知道某些能治疗牲畜疾病的植物，那么研究人员可能会去分析这些植物的化学成分和结构，并分析各种提取物，最后成功开发出一种具有商业价值的兽药（Soejarto et al.，2005）。但如果知识拥有者的权利没有得到尊重，生物勘测很容易引起生物剽窃的指责（Newing，2005）。

第二种是将传统知识看作持续资源管理的一个技术性内容，也就是说，某些传统知识能够为常规的资源管理系统提供技术支持。例如，某一个地方社区知道某一植物对当地环境具有适应性，那么他们就可能将其用于生态恢复中（Memory，2007）。

第三种是将传统知识看作传统社区社会组织和文化体系的一个有机组成部分。传统知识也包括传统的土地利用和管理体系，如传统的轮牧制度及其相关的知识传承系统。这样理解可使传统知识的保护和应用与资源管理体系密切相关。

2. 传统知识的类型

我国历史悠久，民族众多，各族劳动人民在数千年的生产和生活实践中，创造了丰富的保护和持续利用生物多样性的传统知识、革新和实践，特别是传统医药，包括中医药和民族医药，都是闻名世界的典型传统知识。据估计，我国约有 70%的人口依赖传统医药和治疗方法来维持健康，传统医药知识也是许多现代药品提取有效成分的基础。我国各民族人民长期以来培育和保存的许多传统农作物和畜禽种质资源也是作物品种改良的基石。

根据《生物多样性公约》有关遗传资源和传统知识的概念，结合中国的基本国情，并依据传统知识的知识内涵，将中国的传统知识划分为以下 5 个主要类型（薛达元等，2009；薛达元，2011），2014 年，环境保护部以第 39 号公告发布了《生物多样性相关传统知识分类、调查与编目技术规定（试行）》，这是全球第一次以政府标准形式提出的生物多样性相关传统知识分类体系（共 5 类 30 项）。

（1）传统利用农业遗传资源的知识

此类知识是指各族人民和地方社区在长期的农业（包括农业、林业、畜牧业、渔业和其他相关产业，下同）生产中以传统方式培育、驯化和持续利用农作物、畜、禽、林木、花卉、水生生物、陆生野生动植物和微生物遗传资源所创造和积累的相关知识。这类知识主要来源于当地人民和社区对生物物种资源和遗传资源的保护、开发与应用，是当地社区和人民赖以生存发展的知识财富。

主要包括：

➢ 传统利用农作物遗传资源的相关知识；

➢ 传统利用家养动物遗传资源的相关知识；

➢ 传统利用水生生物遗传资源的相关知识；

➢ 传统利用林木遗传资源的相关知识；

➢ 传统利用观赏植物遗传资源的相关知识；

➢ 传统利用野生植物遗传资源的相关知识；

➢ 传统利用陆生野生动物遗传资源的相关知识；

➢ 传统利用微生物遗传资源的相关知识。

（2）传统利用药用生物资源的知识

此类知识是指各族人民和地方社区在与自然和疾病斗争的长期实践中以传统方式利用药用生物资源所创造、传承和累积的医药学知识、创新技术和做法，是中华民族医药的汇集。除了中医药，还包括大量的民族医药，如藏药、苗药、侗药、彝药、傣药、蒙药等，都是各族人民经过长期实践的知识结晶。此外，还有大量的民间草药，虽然没有系统的医药理论，但也是对中华民族医药知识的经验积累。

主要包括：

➢ 传统药用生物资源引种、驯化、栽培和保育知识；

➢ 传统医药理论知识；

➢ 传统疗法；

➢ 药材加工炮制技术；

➢ 传统方剂；

➢ 传统养生保健和疾病预防知识；

➢ 其他传统医药知识。

（3）生物资源利用的传统技术创新及传统生产生活方式

此类知识是指各族人民和地方社区在长期的生产生活实践中所创造的传统实用技术，以及基于这些技术而形成的传统生产与生活方式。这类传统技术及生产生活方式对于保护生物多样性和可持续利用生物资源具有良好的实用效果，在民间已传承数百年乃至上千年。例如，立体种植以利用空间和阳光、轮作和多品种混作以防治病虫害、稻田养鱼以提高经济效益等生态农业技术，生物发酵、酿造等食品加工传统技术，手工造纸、纺织及利用植物天然色素的民间扎染技术等，都具有广泛应用的悠久历史。

主要包括：

➢ 传统农业生产技术；

➢ 传统印纺工艺与技术；

➢ 传统食品加工技术；

➢ 传统规划设计与建筑工艺；

➢ 其他传统技术。

（4）与生物资源保护与利用相关的传统文化与习俗

此类知识是指各族人民和地方社区在长期生产生活中形成的有利于生物多样性保护和可持续利用的文化与习俗。包括能体现保护生物多样性和可持续利用生物资源的民间艺术、文学作品、工艺品、绘画等；体现传统宗教文化和原生态伦理的民族图腾、宗教习俗、祭祀、典礼、节日、神山、神林、风水地等。例如，在宗教祭祀活动中对青稞酒的广泛使用，实际上促进了青稞品种资源的保护与发展；体现地方族群内部制约的习惯法、乡规民约、族氏制度及地方风俗习惯，实际上也能够对生物资源的保护与利用形成制度约束。

主要包括：

➢ 宗教信仰与生态伦理；

➢ 传统节庆；

➢ 习惯法；

➢ 传统文学艺术；

➢ 传统饮食文化；

➢ 其他传统文化。

（5）传统地理标志产品

此类知识是指各族人民和地方社区选育、生产、加工和销售当地特有或原产生物遗传资源的知识、技术和工艺，融合特有或原产生物遗传资源、传统工艺和民族文化于一体。地理标志产品是一个特定地区生产的具有历史、文化和质量特征的原产地产品，其产品常以当地地名冠名，以其特定文化内涵而获得历史声誉。与生物多样性相关的传统地理标志产品是指利用传统知识载体在当地生物资源生产的一种生物产品，常常是农副产品。地理标志产品作为一种综合性的传统知识，集多种传统知识于一身。例如，云南普洱茶源于生长在当地特定生态环境下的古茶树种质资源，通过使用传统的培育和发酵加工技术加工而成，并在历史悠久的"茶马古道"运输中形成特别的文化内涵。

主要包括：

> 食品类标志产品相关知识；

> 药品类标志产品相关知识；

> 工艺类标志产品相关知识；

> 其他地理标志产品相关知识。

3. 传统知识的调查与编目

（1）调查步骤

1）准备阶段

根据调查目的和任务，确定调查区域和具体地点。收集有关调查地的生物志、地方志、医药志、影音资料、馆藏标本、数据库、文学作品、网络信息等，初步了解当地的自然地理、气候、社会经济、历史文化和民风民俗。

根据调查目的和内容编制工作方案或计划、访谈提纲、调查表格和问卷。购置记录本、标本夹、录音笔、数码相机、摄像机、急救箱及药品等工具和设备。

培训调查人员，讲解调查目的、方法与技术、科学研究伦理及野外安全等方面的知识。方法与技术培训应侧重于实用性和可操作性；科学研究伦理着重讲授民族习俗、宗教、禁忌、习惯法、伦理道德、知识产权等知识；野外安全培训应包括急救常识、安全意识与预防意外伤害等内容。

2）实地调查阶段

实地调查阶段需要乡土专家、族长、寨老、村干部等的协助，必要时可聘请当地人作为翻译和向导；在他们的帮助下，优化调查范围、线路和地点。

在调查过程中，应根据事先制订的工作方案或计划，灵活调整访谈提纲，详细询问，认真填写调查表格或问卷，完整采集相关生物资源的凭证标本（如植物标本应尽可能地采集全草）。要充分利用设备记录调查过程。

填写调查日志，记录野外工作的时间、地点、考察路线、行程、受访人信息、工作体会和存在的问题等。

3）数据整理阶段

及时整理和分析收集到的资料、信息和数据。相关生物资源的凭证标本应鉴定后妥善保存，编号备查。

经整理和分析后的数据、信息、资料和标本应按照一定的格式编目，录入传统知识数据库或编入研究报告，如有需要可绘制图表。

（2）调查方法

1）文献研究。文献主要包括公开发表的论文、专著、研究报告、专利说明书等；馆藏机构保藏的资料、信息与实物；政府主管部门的统计资料与信息；地方民间组织或社会团体保存的资料与信息；以及相关数字平台保存的信息等。应谨慎地甄别和遴选真实、客观、有效的网络资料和网络信息。

2）实地调查。收集当地村寨的农业生态系统、农业遗传资源、传统医药、传统技术、生产与生活方式、习惯法、传统习俗、节日庆典活动、宗教与祭祀仪式、标志产品等信息和实物资料。常用的实地调查方法有关键人物访谈、问卷调查、参与式调查等。

3）关键人物访谈。关键人物指传统知识持有者、使用者以及其他利益相关方，如乡土专家、村干部、宗族长老（寨老、头人、龙头等）、非物质文化遗产传承人、传统医药的医者和患者、志书编写人员、文化艺人、科技人员等。

访谈可以是开放式、结构式或半结构式的。开放式访谈即提出一个范围较大的话题，由调查对象自由陈述；结构式访谈是按照既定提纲逐个提出问题，请受访者依次回答；半结构式访谈指事先制定访谈提纲，再结合实际情况灵活地调整提问的内容、方式和顺序。

在征得访谈对象知情同意后，可以采用录音和录像等方式记录。访谈要记录受访者的个人信息，以便回访。

4）问卷调查。问卷调查法是一种以书面形式提出问题而搜集资料的方法。问卷一般包括卷首语、问题和选项等。内容要通俗、简明、具体、表述准确，避免使用否定句式。

5）参与式调查。研究人员通过现场观察，参与传统知识的表达、实践和反馈，最好能与当地人共同生产生活一段时间，从而加深对传统知识内涵的理解，更准确地把握传统知识。参与式调查可以与访谈、问卷等获取的信息相互印证，交叉检验。

（3）**样本采集、记录、鉴定与保存**

传统知识的样本包括凭证标本、方剂、技术体系、生产过程、习惯法、产品等，常以标本、笔录、影音等形式采集。相关生物资源应尽可能采集、制作凭证标本，详细记录当地名称、生物学特征、生境、地理信息、功能用途、使用者等信息。样本采集须征得持有传统知识的个人或地方社区的知情和同意，必要时需要与他们签订采集协议，并详细记录样本采集时间、地点、采集者等信息。

传统知识样本的鉴定需依靠植物志、动物志、民族志、医药志、地方志等工具书，以及植物园、动物园、博物馆、标本馆、传统医药馆、种质资源库（圃）等机构及其权威专家。

样本（如文件、数据、信息、标本、声像等）要采取严格的管理措施，以编目方式分类归档保存；对于不宜公开的信息（如秘传医方）要采取保密措施；调查人的工作日志和受访者的通信信息也要妥善保管。

（4）**传统知识编目**

传统知识以词条方式编目，主要包括以下七个方面的信息：

1）传统知识词条名称。包括标题、中英文名称、编号、知识属性等。

2）传统知识详述。包括背景信息、基本描述、传统知识特征、时空分布、相关联的其他信息等。背景信息主要描述传统知识载体的生物信息；基本描述要阐明传统知识的基本内涵；传统知识特征主要分析此传统知识的产生、发展和传承与当地民族文化之间的紧密关系，这是辨别传统知识的主要依据。

3）传统知识所有者。指传统知识的持有者，包括个人、家族、社区、群体、单位、地方政府或中央政府等。

4）获取与惠益分享情况。包括传统知识相关的国际公认证书（包括知识产权证书），获取程序，共同商定的条件（如合同、协议等），惠益分享安排，现有法律要求，其他要求（如获取与惠益分享的国家政策）等。

5）保护与利用。指传统知识保护与利用现状，包括传承和研发利用现状；受威胁状况及因素分析，保护与传承措施，案例介绍与分析。

6）评价。按照一定的标准、程序和方法，评估传统知识的经济意义、文化意义、生态意义、濒危水平和总体情况。

7）凭证资料。包括传统知识及相关遗传资源的标本、图片、相关数据库、资料、参考文献引文，以及其他相关资料。凭证资料以附件形式保存，便于查证。

二、传统知识的保护

1. 传统知识保护面临的主要问题

（1）缺少专利等法规保护

传统知识往往被视为公共知识领域的知识。许多与生物物种及遗传资源相关的传统知识是传统群体共同创造并世代相传的成果，其权属关系复杂。有的很久以前就已经文献化，或者以其他方式为公众所认知，被现有知识产权理论视为进入公共知识领域、不符合现有制度保护条件；还有的是以严格保密的方式由直系亲属或者师傅口头传授，没有任何文字资料，极易失传。所有这些都给传统知识和生物资源的保护以及保护方法的制定增加了很大难度。

现有专利制度的制定并未考虑传统知识的保护。发达国家强调必须遵守 TRIPS 和 WIPO 相关协议等国际法，要求申请专利必须符合新颖性、创造性和实用性三个标准。然而，传统知识所具有的公知性不符合新颖性条件，有些传统知识（如传统的中药、藏药等），尤其是中药复方，不像西药那样可以确切地表达其分子结构，因而难以清晰地界定其保护范围；而且中药复方是由多味中药材制成的产品，增加或减少一味药就有可能影响其总体药效，因此增减药味可能难以确定其是否为侵权行为，专利实际上保护不了中药复方（赵富伟等，2008）。

（2）传统知识流失现象严重

一些传统知识在尚未获得国际社会特别是现代知识产权制度充分认可之前，就已经流失到国外或国内使用者，并被广泛流传和商业开发利用，而传统知识的持有人却没有分享到利益。一系列"剽窃"传统知识的案件也已发生。这种不当获取被冠以一个带有殖民色彩的名词，即"生物海盗"（biopiracy），已引起许多国家的广泛重视（Carrizosa et al.，2004）。20多年前发生的"印度香米事件""墨西哥高油玉米事件"等，都是发达国家生物技术公司"剽窃"发展中国家遗传资源及相关传统知识的典型案例（薛达元等，2005）。由于传统知识常被认为是公共知识，没有明确的权利主体，可以自由获取，尤其遭到发达国家生物技术公司的大肆掠取。现行知识产权制度在某种程度上助长了发达国家的"生物海盗"行为，使得发展中国家难以分享因传统知识利用所产生的惠益。

（3）受到现代技术的威胁

随着现代生物技术的应用和高产品种的推广，传统的技术和品种逐渐被淘汰；现代文化的渗透和入侵也对民族文化和传统知识造成巨大冲击。对云南省澜沧拉祜族自治县（简称澜沧县）和四川省康定市的实地调查表明，随着社会经济的发展，当地的传统品种资源、传统技术、生活生产方式及传统文化习俗等传统知识的传承已受到威胁，一些传统知识已经消失或正在消失。部分传统知识因经济效益差、产量低而逐渐被取代，甚至面临丧失的威胁。如澜沧县传统地方品种接骨糯、康定黑青稞、康定黄燕麦因产量低，目前主要满足自家食用的需要，没有大面积种植。随着高产新品种的推广，这些传统地方品种的种植面积逐渐减少，有消失的风险。受外来饮食文化的冲击，佤族传统生活方式和饮食习惯已经改变，导致佤族水酒酿造技术使用频率降低（刘冬梅等，2021）。

（4）传统知识保护意识较低

实地调查发现，当地传统知识保护的意识较低。澜沧、康定等地社区居民对传统知识的传承观念淡薄，导致传承范围缩小、传承人缺失。调查记录的澜沧县和康定市传统知识中，约89%无保护和传承措施。另外，青稞酒酿造工艺等传统知识的传承者大多是中老年人，年轻人多外出打工挣钱，对传承传统文化不感兴趣。

调查还发现，承载传统知识的生物资源减少，有些濒临威胁。山区经济相对落后，社区居民对野生生物资源的依赖性较大，如康定市沙德镇、贡嘎山乡的居民大部分收入都来自虫草和松茸采集，甚至出现了一定数量专门从事商业采集的居民，导致对当地野生资源过度利用，超过了其自然更新的速度。在调查记录的传统知识中，受过度开发利用影响的传统知识占38.62%。此外，康定黑青稞、接骨糯、红旱谷、早熟稻等一些优良地方品种只限于农户自家留种，缺乏规范的保护措施。

2. 传统知识保护的现有途径

（1）《公约》对传统知识的保护

《公约》第 8（j）条要求各缔约方"依照国家立法，尊重、保存和维持土著与地方社区体现传统生活方式而与生物多样性的保护和可持续利用相关的知识、创新和做法，并促进其广泛应用，在此类知识、创新和做法的拥有者的认可和参与下，鼓励公平地分享因利用此类知识、创新和做法而获得的惠益"。《公约》第 10（c）条要求每一缔约方应尽可能"保护并鼓励那些按照文化惯例而且符合保护或可持续利用要求的生物资源习惯使用方式"。由此可见，生物多样性相关传统知识有三个基本特征：①来自体现传统生活方式的土著与地方社区；②与生物多样性保护和生物资源的可持续利用相关；③具有使用价值，使用者需要与其拥有者公平分享因利用传统知识而产生的惠益。

为履行第 8（j）条，《公约》下专门成立了"第 8（j）条及相关条款问题工作组"，该工作组于 1998 年成立，到 2018 年已召开 10 次会议，取得许多进展。2000 年，在《生物多样性公约》第五次缔约方大会上通过了一项工作方案，旨在实施《公约》第 8（j）条的承诺和加强土著和地方社区参与并发挥作用。2004 年，在《公约》第七次缔约方大会上通过了《阿格维古自愿性准则》，针对拟进行的开发项目或可能影响宗教圣地或影响历来由土著和地方社区占据或使用的土地或水域的开发项目，进行文化、环境和社会影响评估，以确保土著和地方社区全面参与对拟开发项目所涉土著和地方社区的文化、环境和社会顾虑与利益的评估。

2010 年，在《生物多样性公约》第十次缔约方大会上通过的"爱知目标"（2011—2020 年针对生物多样性保护制定的 20 个目标），其第 18 项目标专门针对传统知识的保护与惠益分享，要求"到 2020 年，与生物多样性保护和可持续利用有关的土著和地方社区的传统知识、创新和做法以及他们对生物资源的习惯性利用得到尊重，并纳入和反映到《公约》的执行中，这些应与国家立法和国际义务相一致，并有土著和地方社区在各级层次充分有效参与"。

2022 年，在《生物多样性公约》第十五次缔约方大会上通过的"昆明-蒙特利尔全球生物多样性框架"（以下简称"昆蒙框架"）中，行动目标 9 和行动目标 13，都与遗传资源及相关传统知识有关。

行动目标 9：……保护和鼓励土著人民和地方社区的生计和可持续的习惯使用。

行动目标 13：酌情在各层面采取有效的法律、政策、行政和能力建设措施，确保公正和公平分享利用遗传资源和遗传资源数字序列信息以及与遗传资源相关的传统知识所产生的惠益，便利获得遗传资源，根据适用的获取和分享惠益国际文书，到 2030 年促进更多地分享惠益。

（2）获取与惠益分享国际制度对传统知识的保护

在《生物多样性公约》第十次缔约方大会上通过的《名古屋议定书》，已为遗传资源及相关传统知识的获取与惠益分享建立了一项有法律约束力的国际制度。这项制度对"土著与地方社区"的权益采取了特殊的保护要求。如《名古屋议定书》在其第 5（5）条规定：各缔约方应酌情采取立法、行政或政策措施，以确保同持有与遗传资源相关的传统知识的土著和地方社区公正公平地分享利用此种知识所产生的惠益"；第 7 条规定："各缔约方应根据国内法酌情采取措施，以期确保获取由土著和地方社区所持有的与遗传资源相关的传统知识，得到了这些土著和地方社区的事先知情同意或核准与参与"。在《名古屋议定书》序言部分特别指出，传统知识除口头表述外，还有文献记录或其他形式。

《公约》和《名古屋议定书》都使用了"土著和地方社区"的术语，而对于"土著与地方社区"的理解各国有所差异，有些国家理解为"原住民"，也有国家理解为"少数民族族群"。根据 1989 年国际劳工组织关于独立国家土著和部落民族的第 169 号公约，"土著人民"是指"独立国家内的部落民族，其社会、文化和经济条件使他们有别于国家社会的其他部分，其地位完全或部分地由他们自己的习惯或传统或由特殊的法律或规定来加以确定"，据此规定，亚洲（包括中国）、非洲和拉丁美洲的原住民（或少数民族族群）具有"土著和地方社区"的基本特征。

（3）国际层面的其他机制对传统知识的保护

除了《公约》体系，还有不少国际机构、国际公约、文件、项目和行动与传统知识有特别关系。联合国开发计划署（UNDP）和世界银行发起了促进土著人民发展的规划，这些规划要求其开发过程能够促进对土著人民的尊严、人权和特殊性的充分尊重；在世界知识产权组织（WIPO）体系内，2001 年始就建立传统知识保护的知识产权制度进行讨论和谈判；世界贸易组织（WTO）多年来也一直针对专利申请时是否披露传统知识来源和原始来源而进行讨论与谈判；生物多样性与生态系统服务政府间科学-政策平台（IPBES）将土著与地方知识贯穿全球生物多样性与生态系统服务的整个评估过程之中，并专门成立了"土著与地方知识特别工作组"（Task Force for Indigenous and Local Knowledge System）；产生于 1992 年里约热内卢地球高峰会议的主文件《21 世纪议程》，在其原则 22 中意识到：由于其传统知识和做法，土著人民在环境管理和发展方面可以起到关键的作用；此外，联合国教科文组织（UNESCO）、联合国粮农组织（FAO）、联合国原住民问题常设论坛（UNPFII）、联合国森林论坛（UNFF）、联合国贸易和发展会议（UNCTAD），以及《联合国土著人民权利宣言》（2007）、美洲开发银行及其土著人民相关战略和政策（2006）等都涉及传统知识保护。这种国际机构间的有机配合，有助于传统知识、创新和做法的保护与应用，并促进了土著和地方社区对生物多样性保护的参与和广泛关注。

（4）国家层面对传统知识的保护

为履行《公约》等国际公约和协议，多国政府已经着手促进土著和地方社区参与制定关于保护和可持续利用资源、遗传资源获取和惠益分享、保护区的划定和管理的政策。许多国家通过制定生物多样性战略与行动计划以及各类规划来执行《公约》第 8（j）条。不少国家已制定保护传统知识的专用法律、政策和行政措施，以确保传统知识在被他人使用前必须取得持有者的事先知情同意，并在共同商定条件下做出公平公正的惠益分享安排。例如，泰国为传统医学建立了一种全面的专门保护制度，1992 年颁布的《传统泰药知识促进和保护法》规定了 3 种"传统处方"：国家处方、私人处方和普通处方，登记私人处方的所有人具有使用该处方和销售由该处方开发产品的排他权；印度在 21 世纪初就建立了医药传统知识国家数字图书馆（TKDL），并与欧洲专利局和美国专利局就保护其传统知识排他权达成协议。

中国历史悠久，民族众多，各民族在长期利用生物遗传资源的生产实践中，创造出丰富多彩的传统知识，特别是传统医药知识。2017 年 7 月 1 日施行的《中华人民共和国中医药法》第四十三条规定：中医药传统知识持有人对其持有的中医药传统知识享有传承使用的权利，对他人获取、利用其持有的中医药传统知识享有知情同意和利益分享等权利。中国学者根据《公约》有关传统知识的定义以及中国国情，提出生物多样性相关传统知识的分类体系（薛达元等，2009）。据此，原环境保护部（现生态环境部）在会商 12 个部委的基础上，发布了《生物多样性相关传统知识分类、调查与编目技术规定（试行）》，在国际上第一次提出生物多样性相关传统知识的国家技术标准。

3. 传统知识的保护策略

（1）开展传统知识的调查、整理与编目

相关主管部门应组织实施全国传统医药知识调查，在全国普查的基础上，建立国家传统医药知识登记制度，使用统一标准，记录整理传统医药知识、疗法、原产地区、发明年代、知识持有者（社区）、使用历史、惠益分享实践、资源现状、引出或流失情况。

开展与遗传资源相关的传统知识、创新及实践方面的调查，对传统品种资源和传统栽培及育种技术进行调查和文献化整理编目，包括记载各品种资源的生物学特性、遗传组成、体现传统知识的特有性状、选育和栽培年代、原始培育社区、保存地、品种权人（社区）、引出推广地区、产生效益和惠益分享情况等。

开展传统加工技术、传统农业方式的调查、登录与编目，开展与生物多样性保护与持续利用相关的民族文化、艺术、宗教文化等传统知识的调查、登录和编目，如民族地区特有的习惯法、乡规民约、民族习俗、文化艺术以及宗教文化等。整理、评估和研究其知识的内核、文化根源、发展历史、对生物多样性影响效果、原产地、影响范围、推广应用情况等。

（2）继承、发展和有效保护传统知识，推广实用技术

需要采取适当措施，有效保存、继承和发展有应用价值的传统知识、实用技术和相关传统文化。在传统知识调查、登录与编目的基础上，建立各类型传统知识的数据库，以及时掌握传统知识发展和受威胁的动态趋势，对珍稀濒危的物种和传统品种资源要采取就地保护和移地保护的方式加以保护，对濒临消失的传统技术和做法也要通过积极利用使其得以维持。特别是要总结推广对生物多样性保护有利的农业生产技术，如哈尼族梯田灌溉稻作的技术经验、苗族农耕制度与护寨林习俗、侗族传统的森林管理技术等。需要利用生态学理论和现代先进技术，对传统知识和技术进行理论总结和技术改良，使其不仅得到继承，还能够在新的技术条件下得到发展和推广应用。

（3）研究制定传统知识保护政策、法规与制度

需要确保公平公正地分享因利用遗传资源和相关传统知识而产生的惠益，特别是要保护当地社区和人民的利益，这是《公约》的三大目标之一。国际上一直为遗传资源获取与惠益分享的国际制度和保护传统知识的特殊制度进行谈判，包括"披露遗传资源和传统知识的来源"、"遵守事先知情同意程序"和"根据共同商定条件公平分享惠益"这三大原则。需要在国家水平上研究保护传统知识的法规和特殊制度，建立遗传资源及相关传统知识来源的国际证书制度。还要加强传统知识管理机构的能力建设。

（4）利用现有的法规制度保护传统知识，并促进其传承

现有的许多知识产权法规可成功地用于保护传统知识，使其免于一些形式的滥用和不正当使用，包括通过利用有关专利、商标、地域标记、工业设计和商业秘密等方面的法律。例如，利用反不正当竞争法和贸易惯例法，允许采取行动反对虚假或误导性的声明，如宣称某产品为真正本土特产，或由某特定的传统社会所生产、认可或与传统社区相关；利用专利制度对从业者在传统体系内的革新予以保护。例如，2001年，中国对中医领域里的革新授予了3 300项专利。利用显著标志（商标、集体商标、证明商标、地理标志），将与传统知识相关的传统标记、符号和术语等作为商标予以保护，以防他人声称对其享有商标权；利用机密法和商业秘密法保护非公开的传统知识，包括秘密和神圣的传统知识，等等。

（5）相关部门已采取的保护措施

对于传统知识的保护和惠益分享，国家层面的保护机制正在形成，并涉及多个行业部门。就中国而言，传统知识保护已列入政府工作重点以及相关行业部门的规划。农业农村部在全国开展了广泛的农业文化遗产调查与保护，至2018年年底，已批准建立了4批91项国家重要农业文化遗产地，其中18项被联合国粮农组织批准为全球重要文化遗产地，这些农业文化遗产地保护了大量具有悠久历史文化的传统农业生产系统、农业生

产技术及农业遗传资源，并且目前各地申报踊跃，势头良好。

自 2011 年《中华人民共和国非物质文化遗产法》颁布后，文化部门加大了对全国非物质文化遗产调查、认定、记录、建档和保护，许多非物质文化遗产本身就是生物多样性相关传统知识。中医药部门已完成第二次全国中医药资源调查，2017 年又迎来《中华人民共和国中医药法》的颁布实施，特别是该法规增加了获取传统医药知识需得到"知情同意"和公平"惠益分享"的内容，成为医药传统知识保护的里程碑，将大大促进医药传统知识的开发、保护和传承。市场监督等部门在地理标志产品的认证和保护方面已开展了多年工作，保护了数以千计的具有传统知识内涵的地理标志生物及其产品开发，并将传统知识保护作为国家知识产权保护的战略任务。

环境保护部门一直致力于遗传资源及相关传统知识获取与惠益分享的国家立法与制度建设（薛达元等，2012）；在目前实施的全国县域生物多样性普查项目中，将生物多样性相关传统知识列为重点调查对象，并特别关注少数民族地区的传统知识调查和编目。

中央民族大学在国家民委的领导下，正在开展对全国 55 个少数民族与生物多样性相关传统知识的系统调查、整理与编目，目标是建立"中国少数民族生物多样性相关传统知识数字图书馆"，这将为实施遗传资源及相关传统知识获取与惠益分享国家制度提供技术基础，并对维护少数民族地方社区利益、促进民族文化传承做出贡献（薛达元，2019）。

三、传统知识的可持续利用

1. 传统知识的利用潜力

（1）传统知识的利用价值

生物多样性相关传统知识是指世界各国人民特别是土著和地方社区在其长期的生产生活实践中形成的、适合于当地文化和环境的并通过口述或文献而代代相传下来的知识、技术创新和传统做法。这些知识多为集体所有，也有家族传承（如祖传秘方）。传统知识多具有实用性特征，在农业、林业、渔业、卫生、园艺以及资源与环境管理等方面尤为明显。当今世界对传统知识价值的认识在不断提高，传统知识不仅在人们日常生活中处处存在，而且在现代工业和农业中也普遍应用。许多常用医药、化妆品、保健品等都是根据传统知识开发形成，如抗疟药青蒿素的成功发现就是基于古代医书《肘后备急方》的启示。

各国政府及地方当局也在更积极地寻求让土著和地方社区参与到更多的经济社会发展和生态环境保护事业中，将他们的传统知识和技术应用到森林管理、外来入侵种防治、农业生物多样性保护、内陆水域和湿地生态系统以及海洋生态系统的维持、生态旅游开发等方面。

（2）传统知识的贡献与利用潜力

传统知识在生态环境保护和社会经济可持续发展方面已做出显著的贡献，并且具有广泛应用的潜力。大部分土著和地方社区位于世界上生物多样性和文化最为丰富的地区，千百年来，他们以可持续的方式进行农业、牧业和渔业的生产，与自然和谐相处，维护了生态系统的健康和生物多样性，并创造出丰富的农作物和畜禽渔遗传资源及相关的传统知识。因此，无论在国际还是在国内，越来越多的人已经认识到传统知识对现代科学的贡献是十分显著的。例如，传统的发酵工艺是现今许多现代食品工业的基础，传统医药仍然是维持人类健康的重要方式。人们对生物多样性相关传统知识的不断挖掘和深入研究，已经促使一些现代科学改变了思维方式和工作路径，更加审慎地评估发展规划和开发项目对于生物多样性和社会及文化的影响，监测生态系统、物种、遗传资源以及相关传统知识的受威胁状况，促进生物多样性保护和自然资源及社会系统的可持续管理。

（3）对传统知识利用潜力的实地调查

通过对云南省澜沧县和四川省康定市的实地调查，更加明确了传统知识在少数民族地区的巨大利用潜力，特别是在这两个地区的脱贫攻坚和产业发展中，已广泛应用遗传资源相关的传统知识、创新和做法。

澜沧县是世界茶树原产地之一，是追溯云南大叶种普洱茶千年茶文化的重要区域之一。种茶、制茶、喝茶已成为当地各族人民日常生产生活的重要组成部分。澜沧县景迈、竹塘、富邦、富东、惠民等地方社区创造积累了培育和栽培茶树的知识和有效做法，并用以维持布朗族、傣族等民众千百年来赖以生存的经济来源。澜沧县聚居的村落大多种植了高产、连片、优质的高优生态茶园。澜沧古茶品质优异，是国家地理标志产品，已成为澜沧县脱贫致富的重要经济支柱和主导产业。澜沧移依（*Docynia delavayi*）可食用、药用，并适合酿酒。当地人将成熟的移依果晒干入药，治疗消化不良。澜沧移依果以其独特的口感和生态无污染的特点，广受欢迎，已成为当地助农增收的重要产业，是澜沧县首个获得国家地理标志商标的产品。

芜根（*Brassica rapa*）是藏区重要的传统蔬菜之一，已有 1 000 多年的栽培历史。康定芜根是康定市藏族同胞选育的优良地方品种，可作为蔬菜食用，也可药用，并且在康定市藏族社区具有重要的文化价值，被用于藏族重要传统节日——燃灯节，因此康定市的燃灯节又被称为"芜根灯会"。康定藏族人民创造性地利用芜根作为燃灯节的灯盏材料的传统做法，促进了康定芜根种质资源的保存，并形成了规模化种植，产生了极高的经济效益，于 2010 年被批准为"农产品地理标志产品"。康定红皮萝卜是康定县炉城镇特有地方农产品，是藏族同胞经过悠久的栽培历史选育出的适应当地生态环境的传统品种。康定红皮萝卜品质优良，已经形成规模化和产业化，并于 2014 年被批准为"农产品地理标志产品"。

2. 传统生态农业技术

我国各族人民在数千年的农业生产实践中形成了形形色色、丰富多彩的传统利用农业遗传资源的生态农业技术。可总结为以下几种模式（薛达元等，2012）。

（1）遗传资源立体共生的传统农业技术

根据各类农业遗传资源的生物学、生态学特征和生物之间的互利共生关系，利用不同生物的生态位对空间、时间、物质和能量等的不同需求进行合理组合，最终实现不同生物立体共生的生态农业类型。生物立体共生型生态农业系统能使处于不同生态位的各类生物遗传资源在系统中各得其所，相得益彰，更加充分地利用太阳能、水分和矿物质营养元素，并建立一个空间上多层次、时间上多序列的结构系统。中国生物立体共生的生态农业实践历史悠久、经验丰富，形成了一套完善而复杂的体系，主要分为立体种植类型和立体种养类型等。

1）立体种植类型

指在一定区域土地面积内，根据不同作物对环境的要求，利用光、热和时空条件，建立多层次配置，多种生物共处的一种生产形式。立体种植通过充分利用光照、时间和空间等条件，显著提高单位土地面积的产量，具有较高的经济效益，是实现增产增收的有效途径。立体种植还有利于改变田间小气候，对环境温度与湿度起到调节作用，缓解气候变化对农业生产的影响，降低生产风险和自然灾害程度。另外，立体种植为多种动植物提供了生活场所，生物种类有所增加，生物多样性得到提高。根据生态系统中栽培作物的种类和空间组合可分为农作物的间作、套作和轮作；林产作物的立体种植和林粮间作等若干模式。

2）立体种养类型

指在空间上将种植业和养殖业紧密结合，建立多层次配置的一种模式。立体种养类型的模式主要包括：①把种植水稻、养绿萍和养鱼有机地结合在一起，形成一条绿萍养鱼、鱼肥水稻和水稻护鱼的稻—萍—鱼立体种养模式；②利用当地橡胶林地较多的土地资源条件，在海南半郁闭的橡胶林内间种茶树，并大规模饲养文昌鸡而形成的胶—茶—鸡立体种养模式；③在水稻生长季节把鱼种放养在稻田里，鱼类可充分利用稻田中的杂草、浮游生物、底栖生物和水生昆虫等作为饵料，而水稻可利用鱼类粪便和残饵作为肥料，起到水稻优质增产的作用，从而形成水稻和鱼共生系统的稻田养鱼模式；④以水稻田为基础，以稻田养鸭，以鸭护稻田，形成生态安全的稻鸭共育模式等。

（2）遗传资源循环利用的传统农业技术

按照生态系统内能量流动和农业遗传资源循环利用规律设计的一类传统农业技术。在该系统中，一个生产环节的产出（如废弃物排出）是另一个生产环节的投入，使得系统中的各种废弃物在生产过程中得到再次和多次的循环利用，从而获得更高的资源利用率，有效防止废弃物对农村环境的污染。根据系统内生产结构的物质循环方式，该类型的生态农业系统可分为以下几种具体形式：

1）种植业内部物质循环的生态农业系统

该系统可以利用农业生产产生的农作物秸秆和林业枯枝落叶等废弃物进行再生产，形成多梯级循环、多次利用的物质和能量体系，其体系有效地延长了食物链和生态链，实现了大农业的良性循环和可持续性协调发展。不同品种混作能够充分发挥生态系统功能。在云南哈尼稻作梯田系统的研究表明，水稻品种多样性混合间作与单作优质稻相比，对稻瘟病的防效达 81.1%～98.6%，每公顷增产 630～1 040 kg；区域栽培的水稻品种多样性丰富，其稻瘟病群体遗传多样性和生理小种组成也很丰富。由于品种多样性有利于寄主品种与病原菌协同进化，优势小种难以形成，可以有效控制病害流行（张丹等，2016）。

2）养殖业内部物质循环利用类型

此类型是利用家禽生产中的粪便废弃物作为畜牧生产中的饲料，而畜牧生产的废弃物再作为某些特种培养动物（如蚯蚓）的营养物质而扩大其种群，这些培养动物可直接用作家禽的高级蛋白饲料，从而建立了废物利用的良性循环过程。养殖业内部物质循环利用类型将每一环节中产生的废弃物作为下一环节的饲养原料，一方面可减少废弃物产出，避免环境污染；另一方面可降低养殖成本，增加经济收益。例如 "猪粪养蛆-蝇蛆喂鸡-鸡粪养猪" 循环体系，利用干猪粪生产鲜蝇蛆，蝇蛆用来养鸡，鸡的粪便可再用于养猪。

3）种、养业结合的物质循环利用类型

这种类型的物质循环不再局限于养殖业或种植业内部，而是在这两者之间进行较为复杂的循环，以实现物质和能量的有效利用。例如，"禽-渔-作物循环模式"中作物为家禽和鱼类等提供栖息场所和食物，家禽可为作物除虫，减少作物农药的使用，家禽的粪便也能为作物和鱼类提供养料和食物。"禽-渔-作物循环模式"在实现物质的循环利用的同时，减少废弃物对生态环境的影响，具有较好的综合效益。

4）种、养、加三结合的物质循环利用类型

在一些地区，常常根据地理和气候条件，发展种植业、养殖业和与之相配套的工业。加工产品的销售、种植和养殖的规模常与加工能力和销售水平相联系，因而要在较大的地区范围内进行种、养和加的全面规划。该类型将加工业、种植业和养殖业紧密联系起来，种植业和养殖业的产品经过加工，进一步增加了经济效益，而加工过程中产生的各种废弃物也在整个系统中进一步循环利用，从而保证了资源的充分利用。

5）种、养、沼三结合的物质循环利用类型

种、养、沼三结合的物质循环利用类型是以沼气为纽带的复合产业生态模式，可以与种植业、养殖业、加工业以及城乡居民生活连接起来，从而衍生出一批新兴的环保产业。此类型的模式众多，如以沼气为枢纽，把系统中的各个部分都有机地联系起来的生态户式种、养、沼三结合模式，畜牧生产中的禽畜粪便进入沼气池后，经发酵产生沼气，用于农民生活的炊事、照明、取暖及发电；沼渣可用于培养食用菌或作为肥料，用于农田和果园；沼液可作为优质饲料，用于喂鱼，作为速效肥料用于大田作物或果树、蔬菜。

（3）生物相克避害的传统农业技术

根据生物相克关系，人为地对生物种群进行调节，在生态系统中增加有害生物的天敌种群，以降低害虫、害鸟、杂草和病菌的危害，从而减少有害生物的种群数量。这种生态农业类型及其包含的模式被广泛使用，如以虫治虫、以禽鸟治虫、以草治虫、以菌治虫、以草治草、以虫治草和以菌治草等。这些模式不仅成为现代害虫综合防治的一项基本治理技术，而且对维持已形成的、稳定的生态系统至关重要。

1）以虫治虫的传统农业类型

中国采用以虫治虫防治害虫的做法历史悠久，利用以虫治虫防治害虫的模式很多，这些昆虫对有害昆虫的杀灭方式也多种多样。有的以捕食的方式；有的则把卵产于有害虫体内，使害虫死亡；也有的寄生于害虫卵中，控制害虫的数量增加等。例如，利用丽蚜小蜂防治温室白粉虱；利用赤眼蜂在螟虫、棉铃虫等许多害虫的卵里产卵，以寄生的方式消灭害虫；利用草蛉的成虫能较好地防治蚜虫、红蜘蛛、叶蝉和介壳虫等。

2）以禽鸟治虫的传统农业类型

大多数昆虫都对农林业有害，而禽类或鸟类的主要食物来源是各种各样的昆虫，鸟类的存在可以有效地控制局部地区的农林业虫害，维持自然生态系统的平衡。如一只灰喜鹊一年可食松毛虫15 000条，还可吃黄刺蛾、地老虎等几十种森林害虫；一只燕子一天能吃掉上百只蝗虫；一对大山雀一年两次营巢，可消灭上万条森林害虫，包括松毛虫、舞毒蛾等多种森林害虫。

3）以草治虫的传统农业类型

以草治虫类型是利用一些植物防治害虫的方法。许多植物所含的大多数化学物质（如生物碱、类黄酮、酚类、独特的氨基酸和多糖等）均具有杀虫和抗菌活性。这些植物资源是以草治虫模式的基础。使用以草治虫的模式可避免传统化学农药的长期施用带来的种种弊端，如有害生物抗药性的产生、有效降低劳动强度和耗用资金，同时避免大量使用化学药剂给环境带来污染而导致土壤中许多有益微生物及昆虫数量的锐减，最终造成土壤生态恶化和病虫害多发的严重后果。

4）以菌治虫的传统农业类型

以菌治虫的生态农业类型是生物防治的重要内容，即利用病原微生物来防治虫害且对农作物及人畜无害，所利用的微生物包括细菌、真菌、立克次氏体及原生动物等。目前我国用于生物治虫的细菌制剂主要是苏云金杆菌类的青虫菌、松毛虫杆菌和武汉杆菌等，如利用苏云金杆菌制成的杀虫剂，可对鳞翅目、双翅目、鞘翅目等害虫有高效、专一的杀虫效果。

5）以草治草的传统农业类型

以草治草的类型是利用植物异株克生现象来防治杂草的方法。即某些植物体内特有的天然化学物质能够产生抑制或促进其他植物、昆虫和微生物等的生长及发育作用的现象，如烟草、咖啡和茶叶中含有的尼古丁，草药中含有的生物碱和皂角贰等化学物质。如豆科植物中有一种称为毛苕子的牧草，当年秋播翌年春夏便可覆盖果园裸地，几乎不长杂草。

6）以虫治草的传统农业类型

此类型是利用寄生物和昆虫等将某种杂草的密度控制在经济允许水平之下。虽然与害虫的生物防治相比，杂草的生物防治在发展速度、使用范围、防治效果上都有所逊色；但是从减少杂草的抗药性，减少环境污染，保持生态平衡等方面来看，以虫治草的类型也是一种具有发展前景的生物防治方法，例如，通过甜菜白带野螟对恶性杂草空心莲子草防治的实验研究发现，甜菜白带野螟对恶性杂草空心莲子草表现出较强的食性选择性。

7）以菌治草的传统农业类型

利用某些真菌防除杂草，同时不危害其他作物的防治技术。以菌治草的优点是费用较低，土壤中无残留的化学物质，专一性强，一经定殖可以自己繁殖扩散，特别适用于对难以防除的外来杂草、牧场杂草、田边及旷地杂草，同时减少对除草剂的依赖，例如，山东省农业科学院植物保护研究所从感病的大豆菟丝子上分离得到胶袍炭疽菌菟丝子专化型对大豆田菟丝子有特殊效果。

专栏1　贵州从江侗乡稻鱼鸭共生系统及其传统知识

2011年，贵州从江县的侗乡稻鱼鸭共生系统入选了"全球重要农业文化遗产"保护试点地；2013年入选第一批"中国重要农业文化遗产"，再次吸引了人们的目光。侗族世代居于我国西南部云贵高原东南缘，主要分布在湘、黔、桂三省（区）交界边区。作为古代百越族中的一个分支，侗族人很早便有了种植水稻的习惯。稻鱼鸭共生系统起源于用溪水灌溉稻田，随溪水而来的小鱼便生长在稻田中，到了水稻成熟的季节，侗族人一并收获了稻谷和鱼。该农业生产系统流传至今，每年到了谷雨季节，人们把秧苗插入稻田中，同时把自己培育的鱼苗也放入其中，待到半月左右再放入雏鸭。稻田为鱼和鸭提供了丰富的饵料，鱼和鸭则能够有效清除田间的杂草和害虫，同时，鱼和鸭的排泄物又为稻田提供了必不可少的肥料。如此一来，一块稻田中便能够同时收获稻、鱼、鸭，实现了经济产出最大化。

侗族人依山造田的建构方式有着无比的智慧。首先，人们根据海拔落差层层构筑的梯田，到了汛期时由高到低蓄满了水，相当于一座中小型的水坝，不仅为水稻的生长提供了必要条件，还能在旱期提供生活用水。其次，侗族人在聚落周围的林地都普遍种植杉树，不仅为村落建筑提供了居住的木料，木材的交易还给村民带来了经济收入，更重要的是在稻田周边起到了巩固水土的作用，为稻田提供了不绝的水源。再次，人们在不同海拔位置选用不同种类的糯稻品种进行种植，这些品种的生长周期有所不同，但普遍具有高秆、耐湿、耐寒的特点，从而保证粮食产量。最后，每一块稻田中喂养一定比例的鲤鱼和长速快、个头小的麻鸭，在放养鸭子之前放养鲤鱼，使鸭不能食鱼。鸭子食用田里的虫子，鱼则食用水中的一些浮游生物，同时鸭子的排泄物又成了滋养水稻的肥料，整块稻田不用化肥农药，从而保证了稻、鱼、鸭三者的和谐共存。侗族人通过稻、鱼、鸭复合共生的方式不仅增加了自身的经济收入，还实现了多品种糯稻遗传基因的活态保护，这是种质保存库不能做到的。侗族人还充分利用糯稻的自身特性，以适应当地人的生产和生活方式。侗族聚落附近平整的稻田相对较少，大部分的田都位于路途较远的山坡上，要耕作这些稻田就必须早出晚归，自己准备餐食，中途无法回家吃饭。由于糯米蒸熟后具有不易变硬、口感好和便于携带的特点，因而乡民上山劳作时，常以糯米饭团作为午饭（戴宇等，2020）。

3. 农家品种的传统利用

中国农业科学院作物所研究人员在收集农家农作物品种资源和调查遗传资源相关传统知识时，调查了贵州等少数民族地区农家品种用于传统饮食、节庆、宗教仪式、婚丧活动、医药方面的案例（高爱农等，2015）。

（1）适合当地人传统食品文化的地方品种

许多少数民族地区保留着传统的饮食习惯和文化，如贵州的苗族、侗族、水族、布依族、毛南族等少数民族都喜食糯性食品，因此他们多种植糯稻、糯玉米、糯小米等地方品种。当地人多有饮酒习惯，酿酒的原料主要是当地的地方种质资源，如黎平县侗族用水稻品种侗禾，印江县土家族用荞麦品种苦荞，威宁县彝族用玉米品种小白苞谷，使用这些材料酿造的白酒，其共同特点是酒质好，出酒率高，外观好。

传统文化是促进传统知识形成与发展的重要因素，少数民族在他们的节日都习惯用本地农家作物品种庆祝，如澜沧县的接骨糯、红旱谷、早熟稻、白糯米等优良的地方品种，常用作当地少数民族节日食品和祭品。在云南康定藏区，红旱谷、康定黑青稞、康定黄燕麦等农家品种，以及青稞酒酿造工艺、糌粑制作工艺、酥油提取工艺等传统知识都因祭祀使用而保存下来（刘冬梅等，2021）。而贵州北部松桃县苗族、土家族的"重阳节""七月半"等节庆必用地方品种十八箭红米、高秆九月糯。黔东南黎平县侗族在"乌饭节""九月九"等节庆中，用稻品种水牛毛蒸有色饭；剑河县苗族、侗族在"端午节""七月半"等节庆中，地方品种摘糯是必备食品——糍粑的主要原料。黔南州三都县布依族在"七月半"等节庆，祭台上摆放有鸭、糯米粒、糯米饭、稀饭等，所用的稻品种必须是地方品种。此外，当地人还将摘糯的穗子挂于房梁祈福平安（高爱农等，2015）。

（2）药食同源的地方品种

"药食同源"的传统知识在中国许多地区盛行。毛南族认为苦荞和糯米混合做粑粑食用，可治疗胃病和妇科病，并且有保健功效；水稻品种黑糯米籽粒呈黑色，产妇吃黑糯米饭能起到催奶作用，小孩吃黑糯米饭长得壮实。苗族、土家族认为地方品种红玉米有助于治疗痔疮；地方品种薏仁的根可药用，煮水喝可治疗胆结石、肾结石等病；地方品种黑大豆可药用，与猪肉同煮，食用可治疗头疼、头晕。水族人认为排老魔芋具有开胃、助消化的作用，食用它可减肥、降血压、治疗便秘。布依族种植的木姜子属植物山苍子具有解毒消肿、理气散结的作用，生吃可健胃消食，叶捣碎涂抹或水煎服，可治疗蚊虫咬伤等（高爱农等，2015）。又如"接骨糯"是云南澜沧县当地拉祜族等民族人民经过长期的选种、栽培而培育出的地方品种，具有突出的食用、药用价值。当地人将其和一些草药配伍，用来接骨，也是当地节庆必备的食物原料。调查还发现，澜沧县拉祜族常用的药用植物，以具有清热解毒、舒筋活络等功效的药用植物居多，如地方社区传统上使用土茯苓治疗湿疹、皮炎等，并食之强身壮骨，这与澜沧县的山地环境与潮湿炎热的气候密切相关（刘冬梅等，2021）。

（3）因地制宜的地方品种

地方品种的选育也与当地土壤和气候等自然条件有关。澜沧县多为山区、半山区，土壤大多贫瘠、肥力低，因此一些抗旱、耐贫瘠、适应性强的传统农作物品种被当地拉祜族等各族人民保留和种植。如在澜沧当地贫瘠的山地生长的优良地方品种红旱谷，主要是基于当地人的饮食习惯和自然条件，被部分拉祜族村寨保留并继续种植，但异地种植后，难以保持其优良特性。康定市地处四川盆地西缘山地和青藏高原的过渡地带，多为高山峡谷区，地形复杂多变，垂直地带性明显，这里孕育了丰富的汉、藏医药用植物资源，如秦艽、红景天、川贝母、羌活等。此外，一些耐寒、耐旱、适应性强的传统农作物品种被当地农户留种、种植。康定青豌豆、黄燕麦等为当地民众的杂粮作物，具有耐寒、耐旱的性状特征，是当地人们经过悠久的栽培历史选育出的适应当地自然环境的传统品种。而康定黑青稞是当地藏族人不可或缺的主食，是经过悠久的栽培历史选育出的适应当地高寒环境的传统品种，口感好、营养价值较高，也用于宗教祭祀、传统节日，具有一定的经济和文化价值（刘冬梅等，2021）。

专栏2　云南傣族传统水稻品种及其利用案例

傣族对传统水稻品种的培育和利用知识具有特别重要的意义。傣族称稻为"毫"，以糯为主，饭谷为辅。基于对云南西双版纳勐腊县曼东村、曼旦村和曼里村的调查，记录了这些乡村的傣族居民创建的与稻谷品种资源和稻谷种植相关的传统知识（Luis Waldmueller，2011）。

1）传统稻谷品种资源

曼里村的传统水稻品种很多，随着时间变化，稻谷种植的品种也在发生变化。在20世纪五六十年代，品种主要有毫向利、毫来因、毫布龙等，70年代主要有毫耐约、毫朗因等，80年代主要有毫贺龙、毫秀、毫轰等。曼里村在20世纪50—80年代有旱稻种植，旱地种植的糯稻品种主要有毫汉毫、毫洪、毫批、毫干、毫波等。1986年后逐渐不再种植旱稻，水田糯稻品种主要有毫坎龙、毫果雷、毫火、毫秀、毫干等。

2）稻谷的宗教用途

在举行宗教祭祀活动和民族节庆活动时，傣族人用磨碎的糯米与当地野生植物（云南石梓）的花调和在一起，再用芭蕉叶包着蒸熟做成"毫罗索"（年糕）。在祭"披纳"、招谷魂时，糯米饭是重要的祭品。特别是在招谷魂时，要将糯米饭染色。每天早晨，人们都用糯米饭到寺庙拜佛。"过殂"时，人们用糯米和芭蕉叶为原料，做成"毫罗索"、凉粉、粑粑等祭品。

3）稻谷的饮食用途

将糯米饭放入香竹筒里烤热，味道清香可口，这是傣族著名的香竹饭或竹筒饭。以前，傣族人顿顿吃糯米饭，晚上将糯米泡在水里，第二天早晨蒸熟，带到山上作为午饭。因为田地离家较远，回家吃午饭不方便，糯米饭方便携带，可揉捏成团，吃时捏软再嚼。而且糯米不易消化，抵饿。

4）稻谷的其他用途

蒸糯米的水和淘米水都可以用于妇女洗头发，具有养发护黑的功效。毫干（稻秆）坚韧，可用于编织，做绳和扫帚等，毫干还可入药，具有补血的功能。此外，糯米还可用于酿米酒，味道醇香。

4. 野生植物的传统食用

许多少数民族有直接食用村庄和住宅周边野生动植物的习惯，如西双版纳地区的傣族自古以来就有食用野生植物花朵的习惯，还喜爱食用一种野生的竹虫。调查发现，居住在云南德宏地区的景颇族、德昂族等少数民族，并没有栽培蔬菜的习惯，而是直接食用村庄和住宅周边的野生植物，可作为蔬菜食用的野生植物达数十种，当地的农贸市场也有出售。

对青海省土族社区的调查表明，土族常用的传统利用野生植物种类共有 90 种，分属 32 科 65 属，以菊科、蔷薇科和唇形科植物居多，分别占利用野生植物种数的 10%、7.78%、5.56%。土族传统常用的野生植物的利用方式主要包括食用、药用、饲料、建筑、文化、生产生活以及其他用途共 7 类，药用植物主要利用根部，食用植物以利用茎和叶为主（王国萍等，2017）。

有些民族既栽培蔬菜，也利用野生植物。对云南沧源县与西盟佤族自治县传统蔬菜种质资源的调查结果表明，佤族常用蔬菜有 110 种，隶属 40 科 85 属，其中栽培蔬菜 60 种，野生蔬菜 50 种；佤族传统文化（如食用蔬菜部位多样性、饮食习惯、祖先情怀、"药食同源"及传统留种换种方式等）对蔬菜种质资源的保存与传承利用具有重要影响（邵桦等，2017）。

贵州和广西许多少数民族为抵御潮湿环境，长期以来形成了独特的酸食文化。广西壮族山区还通过制作酸食有效延长食物的储存时间，满足山区居民一年四季的饮食需求。壮族常见的有酸鱼、酸肉、酸粥以及"酸嘢"等。"酸嘢"主要是指由米醋、糖、辣椒粉腌制而成的当季蔬菜和水果。对靖西市酸食的调查结果表明，当地壮族用于制作酸食的材料中有常见植物 41 种，隶属 21 科 32 属（曹宁等，2019）。

专栏 3　鄂尔多斯草原蒙古族传统食用植物案例

蒙古族历来以游牧为主，食品以动物肉类为主。但是，为了调节膳食结构，并获取人体必需的维生素、矿物质等，还需要植物性食物作补充。为此，蒙古族人民在长期的生产生活中，积累了丰富的食用草原野生植物的传统知识，包括食用野生蔬菜植物、野果植物、酿酒类植物、调味植物、野生粮油植物等。

1）野生蔬菜植物

鄂尔多斯蒙古族牧民食用的野生蔬菜植物主要有蒙古韭、阿尔巴斯韭、贺兰韭、乳苣、苣荬菜、宽翅沙芥、距果沙芥、沙芥、家榆、尖头叶藜、藜、独行菜、蒲公英、山丹等，这些野生蔬菜主要食用植物的叶部，也有根茎和果实。

2）野生果类植物

鄂尔多斯蒙古族食用的野果植物主要有蕤核、小果白刺、白刺、大果白刺、酸枣、沙棘、沙拐枣、阿拉伯沙拐枣、草麻黄、斑子麻黄、中麻黄、匙叶小檗、鄂尔多斯小檗、细叶小檗、地梢瓜、马蔺等。蕤核果实酸甜适口，接近蒙古族牧民喜欢的奶酒味道，既显高贵又具营养，因此蕤核的浆果状核果在历史上曾是贡品。

3）野生调味植物

鄂尔多斯蒙古族使用的野生调味植物多为叶类植物，有沙地柏、百里香、蒙古韭、阿尔巴斯韭、贺兰韭等，花序类调味植物有碱韭和细叶韭等，果类调味植物有大果白刺、白刺和沙枣等。他们在烤制羊肉时，选用沙地柏为燃料，烤出的羊肉味美色香、酥脆、鲜嫩、味浓。在炖手把肉时，任选百里香、蒙古韭、碱韭、细叶韭或贺兰韭中的一种作调料。

4）野生粮食类植物

鄂尔多斯蒙古族利用的粮油野生植物主要有芨芨草、沙鞭、白沙蒿、家榆、沙蓬、蒙古扁桃、中间锦鸡儿、沙枣、白刺、锁阳、黄花蒿、狗尾草、绳虫实、反枝苋等。蒙古族牧民认为，芨芨草和沙蓬是很好的代粮植物，芨芨草做的饭可媲美大米饭，具有健身、恢复体力的功效。蒙古扁桃的果仁炒熟后可食用，在鄂尔多斯高原西部阿尔巴斯山区为牧民代粮品。

5）其他野生食品类植物

白刺属植物是鄂尔多斯蒙古族酿造果酒的原料。蒙古族利用具有深厚民族文化色彩的"果实+奶食"的配制工艺，将白刺属植物的成熟果实酿造成色红、味甜的果酒。此外，当地还利用野生植物开发出"沙米醋""沙米"牌野生沙米、"沙葱"蒙古韭蔬菜罐头、沙枣系列饮品等，进入全国市场，有些已申请为地理标志产品。

第四章

农业遗传资源的国际保护与惠益共享

一、国际"生物剽窃"现象

1. 何谓"生物剽窃"?

生物多样性的价值主要体现在利用现代生物技术对遗传资源进行生物勘探,进而开发出新的品种资源和各类生物技术产品。一般而言,生物多样性丰富,而经济落后、研发能力欠缺的发展中国家常常是遗传资源的提供国;而生物多样性相对贫乏,但经济发达、生物技术先进的发达国家则往往是遗传资源的使用国。多年来,发达国家一直凭借其在资金与技术上的绝对优势,广泛勘探、开发与利用发展中国家的遗传资源,并通过知识产权体系,保护从发展中国家获取遗传资源的开发利益,进而牟取暴利。

"生物剽窃",顾名思义是对生物资源或者生物多样性资源的剽窃或盗用,尤其是对具有巨大经济价值和非货币价值的生物遗传资源的盗用。许多人把生物剽窃定义为未经来源地社区的知情同意(其中知情同意还包括达成惠益分享的安排)而获取当地生物资源(或与之相关的传统知识)的行为。又或者将"生物剽窃"定义为"未经过生物多样性和传统知识的拥有者的事先知情同意,就擅自获取生物材料(植物、动物、微生物及其基因组成部分)或与遗传资源相关的传统知识"。

2. 国际"生物剽窃"现象

印度国家科学和信息资源交流研究院(NISCAIR)在 2000 年和 2003 年就美国专利与商标局(USPTO)、欧洲专利局(EPO)和英国专利与商标局批准的各项专利中,不合理占用印度遗传资源和相关传统知识的现象作了一个详细的调查。调查结果表明,2000 年,在美国专利与商标局的数据库 4869 专利中有 90 种药用植物的专利,其中 80%的专利利用了以下 7 种药用植物,即 Kumari、Mustaka、Tamraparna、Garjara、Atasi、Jambira与 Kharbuza,仅 2000 年 3 月就有 408 个专利涉及芦荟;2003 年,在 USPTO 和 EPO

的数据库中,有超过 15 000 项专利涉及 53 种药用植物,是以前批准专利数量的 3 倍。被专利保护的植物都原产于发展中国家,如中国、印度、南非、墨西哥、斯里兰卡和马来西亚,且在 USPTO、EPO 的数据库中均有记录。在国际上,遗传资源及相关传统知识被无偿开发利用,遭受剽窃的例子层出不穷。

生物剽窃一般有两种方式,一是完全将遗传资源和相关传统知识拿来或者经过生物技术的简单处理(没有任何科学上的创新)据为己有,如美国 Rice Tec 对印度香米(Basmati Rice)的专利主张,因属于已有技艺、不属于创新而被撤销;二是通过深层次生物技术,提取化合物及活性成分,如 2010 年 11 月,全球食品巨头——雀巢公司通过生物技术手段,提取了原产于东亚的传统植物黑种草(*Nigella sativa*)种子的活性成分百里香醌,用于治疗胃部不适和腹泻,这种成果具有相当强的隐蔽性。

生物剽窃的产品类型主要有四类:药品、化妆品、保健品以及农作物品种改良。

图 4-1 为遗传资源及相关传统知识"生物剽窃"示意图。

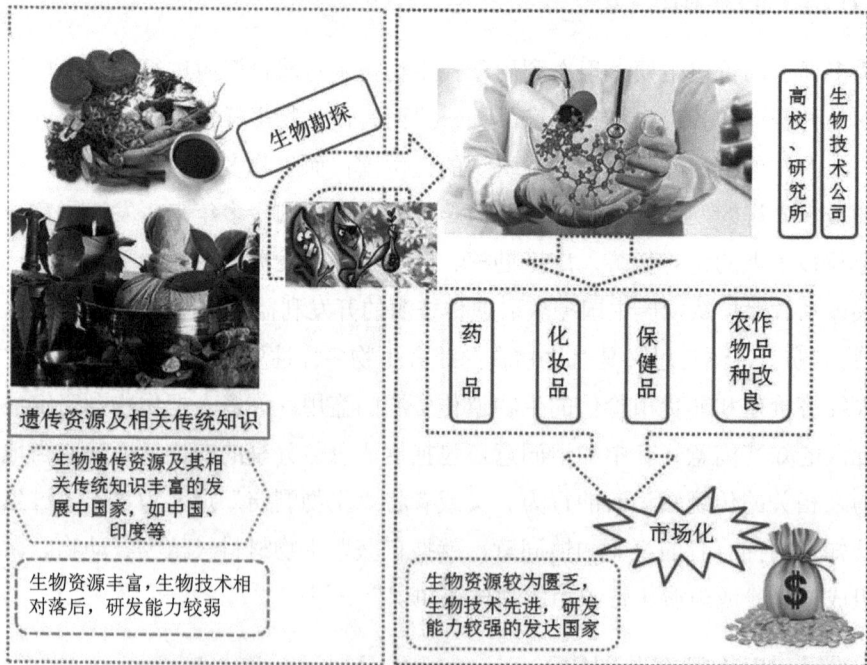

图 4-1　遗传资源及相关传统知识"生物剽窃"示意图

3. 发生在中国的"生物剽窃"典型案例

美国孟山都公司与中国大豆的案例可谓是典型的生物剽窃。美国孟山都公司大豆专利申请全称为"培育和筛选高产大豆植株的方法及高产大豆植株"。此申请最先于 1998 年 10 月 1 日在美国提出,后又于 1999 年 9 月 30 日向世界知识产权组织国际局申请了国际专利，并指定包括中国在内的 129 个国家。该国际专利申请已于 2000 年 4 月 6 日公开。

孟山都公司此项专利申请所涉及的技术内容包括：①获得了与大豆高产相关的一个基因片段；②通过杂交或转基因的方式获得了具有上述基因片段的大豆；③筛选和测试这种基因片段的方法。围绕以上三点主要内容，孟山都公司共提出了 64 项权利要求，其中 39 项是要求保护高产大豆等植物本身，25 项是要求保护有关片段及其筛选和测试的方法。

若孟山都公司此项国际专利申请得以批准，将意味着孟山都公司对这 129 个国家的所有大豆高产品种都拥有了垄断权，并允许孟山都公司对中国这一野生大豆遗传资源的控制权。也就是说，如果没得到孟山都公司的同意，中国的科研和育种人员将不能使用中国自己的大豆遗传基因进行科学研究或育种；同时也不能在育种过程中使用孟山都公司得到的这种大豆，甚至仅含有这种基因片段的大豆也不能出口。若中国不遵守这些规定，则被视为侵权，将遭索赔甚至贸易制裁。更可笑的是，若按孟山都公司中国区政府关系及公共关系总监的说法，根据 WTO 有关知识产权方面的协议，即使中国农民在自己的土地上栽培含有这种基因片段的大豆，也属"侵权"行为，需要向孟山都公司交纳使用费。

2001 年 10 月 22 日，在德国波恩，某环保组织在以"遗传资源获取与惠益共享"为主题的联合国 CBD 会议上指控孟山都公司为"生物海盗"，把公共资源占为己有，阻碍科学研究，危及农民生计，威胁粮食安全，导致生物多样性的快速消失，其中也揭露了孟山都公司抢占中国大豆专利的行为。

对于美国孟山都公司大豆国际专利的申请，中国国家知识产权局表示，孟山都公司用从中国野生大豆中发现的遗传基因来申请国际专利，完全违背了 1992 年签署的联合国 CBD 的三大原则，即自然资源的国家主权原则、遗传资源的获得须等到提供国事先知情同意原则、公平分享因利用遗传资源所获得惠益的原则。而且，按照国际通用做法，"发现"并不属于"发明"范畴，不受专利保护。

二、CBD 的保护与惠益共享

1. CBD 与农业生物多样性保护

（1）CBD 有关农业生物多样性保护的议题

CBD 涉及农业生物多样性的条款主要分布在序言和附件一中，分别对应关键词"粮食"和"农业"。CBD 在序言提及"意识到保护和可持续使用生物多样性对满足世界日益增加人口的粮食、健康和其他需求至关重要，而为此目的取得和分享遗传资源和生物技术是必不可少的"，强调了生物多样性对于粮食的重要性，以及遗传资源惠益分享的必要性；附件一第 2 款提出："以下物种和群体：受到威胁；驯化或栽培植物种的野生亲缘种；具有医药、农业或其他经济价值；具有社会、科学或文化重要性；或对生物多样性保护和持久使用的研究具有重要性，如指标物种"，对农业生物多样性的内涵和外延作出了具体规定。

农业生物多样性包括与粮食、农业及生态系统相关的生物多样性所有组成部分：维系农业生态系统关键作用、结构和过程所必需的基因、物种和生态系统层次的动物、植物和微生物的所有品种和变异性。农业生物多样性是遗传资源、环境、农民使用的管理体系和实践相互作用的结果。从《生物多样性公约》第二次缔约方大会（COP2）开始，历届缔约方大会都有针对农业生物多样性开展的议题或专题讨论，并将成果纳入大会的最终决定。

（2）"爱知目标"有关农业生物多样性保护的目标

2010 年在日本名古屋召开的《生物多样性公约》第十次缔约方大会具有里程碑意义。大会不仅通过了《名古屋议定书》，还通过了《2011—2020 年生物多样性战略计划》及"爱知目标"，为 2011—2020 年全球生物多样性保护提出了战略框架和行动指南，特别是在 20 个具体目标中有 5 项涉及农业生物多样性、遗传资源及相关传统知识的保护与管理。

目标 6：到 2020 年，所有鱼群和无脊椎动物种群及水生植物都以可持续和合法的方式管理和捕捞，并采用基于生态系统的方法以避免过度捕捞，同时建立恢复所有枯竭物种的计划和措施，使渔捞对受威胁的鱼群和脆弱的生态系统不产生有害影响，将渔捞对种群、物种和生态系统的影响控制在安全的生态限度内。

目标 7：到 2020 年，农业、水产养殖业及林业覆盖的区域实现可持续管理，确保生物多样性得到保护。

目标 13：到 2020 年，保持栽培植物和养殖与驯养动物及野生亲缘物种，包括其他社会经济以及文化上宝贵的物种的遗传多样性，同时制定并执行减少基因损失和保护其遗传多样性的战略。

目标 16：到 2015 年，《名古屋议定书》已经根据国家立法生效和实施。

目标 18：到 2020 年，土著和地方社区的同保护和可持续利用遗传资源有关的传统知识、创新和做法及其对于生物资源的习惯性利用，根据国家立法和相关国际义务得到了尊重，并在土著和地方社区在各国相关层次上的有效参与下，充分地纳入和反映在《公约》的执行工作中。

（3）"昆-蒙框架"相关内容

2022 年在《生物多样性公约》第十五次缔约方大会第二阶段会议上达成的"昆蒙框

架"提出至 2030 年的 23 个行动目标和 2050 年的愿景目标。目标 9~目标 13 旨在"通过可持续利用和惠益分享满足人类需求",体现了《公约》的第二目标(可持续利用生物多样性的各个组成部分)和第三目标(公平公正地分享由于利用生物遗传资源所产生的惠益)。

行动目标 10:确保农业、水产养殖、渔业和林业领域得到可持续管理,特别是通过可持续利用生物多样性,包括通过大幅增加生物多样性友好做法的应用,如可持续集约化、农业生态和其他创新方法提高这些生产系统的恢复力、长期效率及生产力,促进粮食安全,保护和恢复生物多样性,并保持自然对人类的贡献,包括生态系统功能和服务。

行动目标 13:酌情在各层面采取有效的法律、政策、行政和能力建设措施,确保公正和公平分享利用遗传资源和遗传资源数字序列信息以及与遗传资源相关的传统知识所产生的惠益,便利获得遗传资源,根据适用的获取和分享惠益国际文书,到 2030 年促进更多地分享惠益。

(4)农业生物多样性保护策略

在全球层面,各缔约方不断创新举措,加大对农业生物多样性的保护力度。这些措施包括促进可持续土壤管理、恢复退化的生境、促进作物效率和复原力研究、支持和促进有机农业和农林业、鼓励农业多样化、改善流域管理等。一些缔约方提到的行动包括推广和鼓励使用耐气候作物,采取激励措施将现代做法纳入农业系统,推广改良的灌溉技术。欧盟在其成员方实施统一的农业政策,即欧盟共同农业政策。

中国积极参与农业生物多样性相关履约工作。第一,中国积极推动农业可持续绿色发展。近年来发布《全国农业可持续发展规划(2015—2030 年)》《农业绿色发展技术导则(2018—2030 年)》《国务院办公厅关于加强农业种质资源保护与利用的意见》等文件,为农业可持续发展制定了纲领,明确了农业生物多样性保护工作重点和方向。第二,实施重大保护行动。启动实施以长江为重点的水生生物保护行动,开展为期 10 年的长江禁渔工作,开展第三次全国农作物种质资源普查与收集行动,保护了野生稻、野生大豆、猕猴桃等 60 余个珍稀濒危野生植物种的原生境(郑晓明等,2021)。

2. CBD 有关保护遗传资源的内容

第八条　就地保护

每一缔约国应尽可能并酌情:

(a)建立保护区系统或采取特殊措施以保护生物多样性的地区;

(b)必要时,制定准则数据以选定、建立和管理保护区或需要采取特殊措施以保护生物多样性的地区;

(c)管制或管理保护区内外对保护生物多样性至关重要的生物资源,以确保这些资源得到保护和持久使用;

（d）促进保护生态系统、自然生境和维护自然环境中有生存力的物种群体；

（e）在保护区域的邻接地区促进无害环境的持久发展以增进这些地区的保护；

（f）除其他外，通过制定和实施各项计划或其他管理战略，重建和恢复已退化的生态系统，促进受威胁物种的复原；

（g）制定或采取办法以酌情管制、管理或控制由生物技术改变的活生物体在使用和释放时可能产生的危险，即可能对环境产生不利影响，从而影响生物多样性的保护和持久使用，也要考虑到对人类健康的危害；

（h）防止引进、控制或消除那些威胁生态系统、生境或物种的外来物种；

（i）设法提供使现时的使用与生物多样性保护及其组成部分的持久使用相辅相成的条件；

（j）依照国家立法，尊重、保存和维持土著和地方社区体现传统生活方式而与生物多样性的保护和持久使用相关的知识、创新和做法，并促进其广泛应用，由这些知识、创新和做法的拥有者认可、参与并鼓励公平地分享因利用这些知识、创新和做法而获得的惠益；

（k）制定或维持必要立法和/或其他规范性文件，以保护受威胁物种和群体；

（l）在依照第七条确定某些过程或活动类别已对生物多样性造成重大不利影响时，对有关过程和活动类别进行管理或管制；

（m）进行合作，就以上（a）至（l）项所概括的就地保护措施特别向发展中国家提供财务和其他支助。

第九条　移地保护

第一缔约国应尽可能并酌情，主要为辅助就地保护措施：

（a）最好在生物多样性组成部分的原产国采取措施移地保护这些组成部分；

（b）最好在遗传资源原产国建立和维持移地保护及研究植物、动物和微生物的设施；

（c）采取措施以恢复和复兴受威胁物种，并在适当情况下将这些物种重新引进其自然生境中；

（d）对于为移地保护目的在自然生境中收集生物资源实施管制和管理，以免威胁到生态系统和当地的物种群体，除非根据以上（c）项必须采取临时性特别移地措施；

（e）进行合作，为以上（a）至（d）项所概括的移地保护措施以及在发展中国家建立和维持移地保护设施提供财务和其他援助。

第十条　生物多样性组成部分的持久使用

每一缔约国应尽可能并酌情：

（a）在国家决策过程中考虑到生物资源的保护和可持续利用；

（b）采取关于使用生物资源的措施，以避免或尽量减少对生物多样性的不利影响；

（c）保障及鼓励那些按照传统文件惯例符合保护或可持续利用要求的生物资源使用方式；

（d）在生物多样性已减少的退化地区支助地方居民规划和实施补救行动；

（e）鼓励政府当局和私营部门合作制定生物资源持久使用的方法。

3. CBD 有关获取遗传资源的内容

第十五条　遗传资源的获取

（a）确认各国对其自然资源拥有的主权权利，因而取得遗传资源的决定权可否属于国家政府，并依照国家法律行使。

（b）每一缔约国应致力于创造条件，便利其他缔约国取得遗传资源用于无害环境的用途，不对这种取得施加违背本公约目标的限制。

（c）为本公约的目的，本条以及第十六条和第十九条所指缔约国提供的遗传资源仅限于这种资源原产国的缔约国或按照本公约取得该资源的缔约国所提供的遗传资源。

（d）取得批准后，应按照共同商定的条件并遵照本条的规定进行。

（e）遗传资源的获取须经提供这种资源的缔约国事先知情同意，除非该缔约国另有规定。

（f）每一缔约国使用其他缔约国提供的遗传资源从事开发和进行科学研究时，应力求这些缔约国充分参与，并于可能时在这些缔约国境内进行。

（g）每一缔约国应按照第十六条和第十九条，并于必要时利用第二十条和第二十一条设立的财务机制，酌情采取立法、行政或政策性措施，以期与提供遗传资源的缔约国公平分享研究和开发此种资源的成果以及商业和其他方面利用此种资源所获的利益。这种分享应按照共同商定的条件。

4. CBD 有关公平惠益分享的内容

（1）CBD 三大目标

CBD 提出三大目标：①保护生物多样性；②持续利用生物多样性组成部分（生态系统、物种及遗传资源）；③公平公正地分享因利用遗传资源（及相关传统知识）而产生的惠益（获取与惠益分享 Access and benefit sharing，ABS）。

发展中国家，尤其是发展中生物资源大国认为，发达国家的生物技术公司，常常以非正当方式从发展中国家获取遗传资源及相关传统知识，并利用其先进的生物技术优势，将其开发成专利产品，再到提供遗传资源及相关传统知识的国家和地区牟取巨额利益，这极不公平。发展中国家多为遗传资源及相关传统知识的提供方，他们迫切希望建立一个有法律约束力的获取与惠益分享（ABS）国际制度，以保护他们的遗传资源不再遭受

"生物剽窃"。因此,公平公正地分享因利用遗传资源产生的惠享成为 CBD 的第三大目标,是生物多样性保护历程的一个里程碑。

(2)CBD 第 15 条关于遗传资源获取与惠益分享的规定

CBD 第 15 条(遗传资源的取得),对遗传资源的国家主权、获取资源前的"事先知情同意"程序、在"共同商定条件"下确保公平惠益分享等方面作出规定:

(a)遗传资源具有国家主权,能否获取取决于国家政府,并服从于国家法律;

(b)遗传资源获取需要得到资源提供国的"事先知情同意";

(c)遗传资源提供方与使用方需要共同商定条件;

(d)确保资源提供方与资源使用方之间的公平惠益分享;

(e)尽可能在提供遗传资源的国家进行开发研究;

(f)处理遗传资源获取与惠益分享和知识产权的关系。

这是人类第一次明确规定,生物遗传资源具有国家主权,打破了长期以来"遗传资源属于人类共同遗产"的传统观念,而"事先知情同意""共同商定条件"等原则也为实施"获取与惠益分享制度"提供了抓手。

(3)CBD 关于传统知识的规定及在中国的适用性

CBD 第 8 条(j)款要求每一缔约国应尽可能并酌情:"依照国家立法,尊重、保存和维持土著和地方社区体现传统生活方式而与生物多样性的保护与持续利用相关的知识、创新和实践并促进其广泛应用,由此等知识、创新和实践的拥有者认可和参与下并鼓励公平地分享因利用这些知识、创新和做法而获得的惠益。"

此项条款为保护土著和地方社区与遗传资源相关的传统知识提供了法律依据。此条款明确了传统知识来自土著与地方社区,能够体现当地人传统生活方式,并与生物多样性的保护与可持续利用相关。然而,此条款在中国实施尚存在挑战,因为中国少数民族是否等同于土著与地方社区,还需要具体认定。根据国际劳工组织 169 号决议和其他国际协定,经建立指标体系和比较研究,认为对中国某一民族整体评估是否属于"土著与地方社区"可能并不合适,而应对某一民族的分支或某一具体的地方社区进行评估。实证评估结果表明,中国一些地区的部分少数民族分支以及许多社区具有显著的土著与地方社区特征,适用于《名古屋议定书》的传统知识获取与惠益分享(李保平等,2021;薛达元等,2012;薛达元,2011)。

5. 《名古屋议定书》焦点内容

为切实履行《公约》第 15 条和第 8 条(j)款,杜绝"生物剽窃"行为,确保遗传资源及其相关传统知识的提供方能够获得公平公正的应得惠益,发展中国家强烈要求就建立一项有法律约束力的遗传资源及其相关传统知识获取与惠益分享国际制度展开谈判。自 1998 年开始，经过各谈判集团和利益方的协商，最终达成一致，于 2010 年 10 月 29 日在《公约》第十次缔约方大会上，通过了这个具有历史意义的《名古屋议定书》。《名古屋议定书》的焦点内容如下（薛达元，2011，2014；薛达元等，2012，2013）：

（1）**适用范围**

适用《名古屋议定书》获取与惠益分享制度的对象主要有三类，即遗传资源、遗传资源的衍生物和遗传资源相关的传统知识。遗传资源使用方强调，CBD 并未提出衍生物，仅限于遗传功能利用的惠益分享；遗传资源提供方却认为，衍生物是由基因表达和生物自然代谢生成的生物化学化合物，是由使用遗传资源而直接产生的，应该纳入获取与惠益分享的范围。《名古屋议定书》在第 2 条（术语）中对"遗传资源利用"和"衍生物"都做了定义。前者是指对遗传材料的基因与生物化学组成进行研究和开发，包括通过使用生物技术进行研究与开发；后者是指由生物或遗传资源自然发生的基因表达或代谢过程产生的生物化学化合物，即使其中不含有遗传功能单位。此种表述基本上满足了遗传资源提供方的要求，被大家接受。遗传资源相关传统知识是指，来自土著和地方社区、体现传统生产和生活方式、对生物多样性保护和生物资源可持续利用有利的传统知识、创新和做法。

（2）**遗传资源的获取**

第 6 条（遗传资源的获取）规定：①遗传资源的获取需经该资源原产国缔约方或依据公约获得该资源的缔约方的"事先知情同意"（PIC）；②要求 PIC 的各缔约方应采取必要的立法、行政或政策措施：对其法律上的确定性、明晰性和透明性作出规定。

第 8 条（特殊考虑）规定："缔约方应创造条件，包括利用关于非商业性研究目的的简化获取措施，促进和鼓励有助于保护和可持续利用生物多样性的研究，特别是在发展中国家，同时考虑到有必要解决研究意图改变的问题"。

第 8 条还规定："适当注意根据国家和国际法所确定的各种威胁或损害人类、动物或植物健康的当前或迫在眉睫的紧急情况。缔约方可考虑是否需要迅速获得遗传资源和迅速分享利用此种资源产生的惠益，让有需要的国家，特别是发展中国家获得支付得起的治疗"。

（3）**遗传资源的惠益分享**

第 5 条（公平公正的惠益分享），基本上体现了发展中国家的要求，使"惠益分享"成为有法律约束力的缔约方义务。本条要点有：①根据 CBD 第 15 条（c）款和（f）款，遗传资源的使用方应与提供遗传资源的缔约方（此种资源的原产国或根据《公约》获得遗传资源的缔约方）分享因利用资源以及嗣后的利用和商业化所产生的惠益，分享时应遵循共同商定的条件。②酌情采取立法、行政或政策措施，以落实上述第（a）款。③惠益形式可以包括货币和非货币性惠益，但不限于附件 1 所列的惠益形式。

（4）传统知识的获取与惠益分享

《名古屋议定书》第 7 条（与遗传资源相关传统知识的获取）明确规定："根据国内法，各缔约方应酌情采取各项措施，以确保对于由土著与地方社区（ILCs）所持有的与遗传资源相关的传统知识的获取得到了所涉 ILCs 的 PIC 或认可或参与，并订立了共同商定的条件。"

第 5 条（公平公正的惠益分享）第 5 款规定："各缔约方应酌情采取立法、行政或政策措施，以确保同持有与遗传资源相关传统知识的 ILCs 公平公正地分享利用此种知识所产生的惠益，这种分享应该依照共同商定的条件进行。"

《名古屋议定书》以与遗传资源平行的专门条款，规定了从土著和地方社区获取遗传资源及相关传统知识，需要得到土著与地方社区的事先知情同意，并与他们共同商定条件和签订体现公平公正惠益分享的协议。这充分体现了国际协定对于弱势群体土著与地方社区权利的保护。

（5）遵约

"国际公认证书"应作为证明，说明其所述遗传资源系依照 PIC 获得，并依照提供方的 ABS 国家立法和制度订立了"共同商定条件"（MAT）。"国际公认证书"相当于证明遗传资源身份的"护照"，它伴随其所证明的资源，用于遗传资源使用、转让、申请专利、商业化等多个环节。

《名古屋议定书》第 17 条（监测遗传资源的利用）规定该证书用于：①提供给 ABS 信息交换所的许可证或等同文件应成为国际公认的证书。②证书的信息包括：颁发证书的当局，颁发日期，遗传资源提供者，证书的独特标识，被授予 PIC 的人或实体，证书涵盖的主题或遗传资源，已订立 PIC 的确认，获得 PIC 的确认，商业和非商业用途。

为监测 ABS 协议的履行，《名古屋议定书》规定可指定一个或多个检查点，指定的检查点将收集有关 PIC、MAT、遗传资源来源及利用的相关信息，并酌情提供给惠益分享信息交换所；检查点应同遗传资源的利用或同研究、开发、创新、商业化前和商业化中的任何阶段收集的信息相关联。

（6）合成生物学与遗传数字序列信息

随着合成生物学技术的发展和遗传资源数字序列信息的破解，科研人员可以根据遗传数字序列信息（氨基酸排列顺序）在实验室合成所需的产品，而不需要到实地获取遗传资源样本，从而省去"事先知情同意"程序，也不必签订公平惠益分享协议，这为遗传资源获取与惠益分享制度带来了前所未有的技术挑战，大大增加了履约难度。

遗传资源数字序列信息（Digital sequence information，DSI）即数字化的遗传资源信息，包括生物遗传物质的基因测序结果等核心数字信息。DSI 的获取与惠益分享问题成为《生物多样性公约》第十五次缔约方大会各方瞩目的焦点。各方围绕遗传资源数字化信息是否应适用于《名古屋议定书》，以及如何实施获取与惠益分享制度展开激烈讨论。

DSI 的重要性在于它们为生物多样性保护和利用提供了前所未有的深入洞察。通过对 DNA 序列的数字化分析，我们能够揭示生物体的遗传构造，理解其功能及适应机制，从而推动药物发现、农业改良和环境保护等领域的创新。DSI 不仅能够帮助我们追踪和维护生物多样性，还能够促进科学研究的开放共享，支持全球范围内的协作和知识转移。因此，公平地分享这些信息对促进可持续发展、保护生态系统功能和实现全球生物多样性目标至关重要（李保平等，2019）。

DSI 涉及环境正义和全球生物多样性治理的重要性，源于它们在科学研究和资源利用中的核心作用。DSI 不仅揭示了生物体的遗传信息，为药物开发、作物改良和生态保护提供基础数据，还涉及资源的公平分享和知识产权问题。在全球化的背景下，如何确保这些信息的开放获取和合理使用，以避免资源掠夺和利益不均，是实现环境正义的关键。公正的管理和分享 DSI 不仅有助于提升全球生物多样性治理的透明度和效率，还能推动各国在生态保护和可持续发展方面的合作与平衡，确保所有国家和社区都能平等地受益于这些宝贵的遗传资源。

三、ITPGRFA 的保护与惠益共享机制

1. ITPGRFA（《粮食和农业植物遗传资源国际条约》）的主要内容

（1）粮食和农业植物遗传资源的保存、考察、收集、特性鉴定、评价和编目

第 5 条

5.1 每一缔约方应根据国家法律，并酌情与其他缔约方合作，在粮食和农业植物遗传资源的考察、保存和可持续利用中加强综合措施的运用，尤其应酌情：

（a）调查、登记粮食和农业植物遗传资源，包括那些具有潜在用途的资源，考虑现有种群的状况和变异程度，并在可行时评估这些资源受到的任何威胁；

（b）促进粮食和农业植物遗传资源的收集以及那些受到威胁或具有潜在用途的植物遗传资源信息的收集；

（c）促进或酌情支持农民和地方社区在农场管理和保存其粮食和农业植物遗传资源；

（d）通过支持土著和地方社区的努力，尤其促进用于粮食生产的作物野生近缘种和野生植物的原生境保存，包括在保护区内的作物野生近缘种和野生植物的原生境保存；

（e）为促进有效、可持续的非原生境保存系统的建立进行合作，适当重视充分编目、特性鉴定、更新和评价的需要，并为此促进适宜技术的开发和转让，以改进粮食和农业

植物遗传资源的可持续利用；

（f）监测粮食和农业植物遗传资源收集品的存活力、变异程度和遗传完整性。

5.2　各缔约方应酌情采取措施，尽量减少或在可能时消除对粮食和农业植物遗传资源的威胁。

（2）植物遗传资源的可持续利用

第 6 条

6.1　各缔约方应制定并执行促进粮食和农业植物遗传资源可持续利用的相关政策和法律措施。

6.2　粮食和农业植物遗传资源的可持续利用可包括如下措施：

（a）执行公平的农业政策，酌情促进发展和保持各种耕作制度，从而加强农业生物多样性和其他自然资源的可持续利用；

（b）加强能最大限度增加种内和种间变异从而改进并保存生物多样性的研究，造福农民，尤其造福那些开发和利用自己的品种并采用生态原理保持土壤肥力和防治病虫草害的农民；

（c）酌情促进有农民尤其是发展中国家农民参与、提高特别适应包括边缘地区在内的社会、经济和生态条件的品种培育能力的植物育种工作；

（d）扩大作物遗传基础，扩大农民可获取的遗传多样性范围；

（e）酌情促进扩大利用当地和适应当地的作物、品种及未充分利用的物种；

（f）酌情支持在作物的农场管理、保存及可持续利用中更广泛利用的品种和物种多样性，建立植物育种与农业发展的密切联系，以减少作物的脆弱性和遗传侵蚀，促进符合可持续发展的世界粮食生产增长；

（g）审查并酌情调整有关品种释放和种子流通的育种战略及法规。

（3）农民的权利

第 9 条

9.1　各缔约方承认世界各地区的当地社区和农民以及土著社区和农民，尤其是原产地中心和作物多样性中心的农民，对构成全世界粮食和农业生产基础的植物遗传资源的保存及开发已经作出并将继续作出的巨大贡献。

9.2　各缔约方同意落实与粮食和农业植物遗传资源有关的农民权利的责任在于各国政府。各缔约方应酌情根据其需要和重点，并依其国家法律，采取措施保护和加强农民的权利，其中包括：

（a）保护与粮食和农业植物遗传资源有关的传统知识；

（b）公平参与分享因利用粮食和农业植物遗传资源而产生利益的权利；

（c）参与在国家一级就粮食和农业植物遗传资源保存及可持续利用有关事项决策的

权利。

9.3　本条款绝不得解释为限制农民根据国家法律酌情保存、利用、交换和出售农场保存的种子和繁殖材料的任何权利。

（4）获取和利益分享多边系统及其范围

第 10 条

10.1　各缔约方在与其他国家的关系中，承认各国对本国粮食和农业植物遗传资源的主权，包括承认决定获取这些资源的权力隶属于各国政府，并符合本国法律。

10.2　各缔约方在行使其主权时，同意建立一个高效、透明的多边系统，以方便获取粮食和农业植物遗传资源，并在互补和相互加强的基础上公平合理地分享因利用这些资源而产生的利益。

第 11 条

11.1　为促进第 1 条规定的粮食和农业植物遗传资源的保存和可持续利用，以及公平合理分享因其利用而产生的利益，多边系统应包含附件一中按粮食安全和相互依存两个标准列出的粮食和农业植物遗传资源。

11.2　根据第 11.1 的规定，多边系统应包括受缔约方管理和控制以及公共持有的附件一列出的所有粮食和农业植物遗传资源。为了使多边系统尽可能地覆盖全面，各缔约方请所有其他持有附件一中列出的粮食和农业植物遗传资源的持有者将这些粮食和农业遗传资源纳入多边系统。

11.3　各缔约方还同意采取适当措施，鼓励在其管辖下持有附件一所列粮食和农业植物遗传资源的自然人和法人将这些粮食和农业遗传资源纳入多边系统。

11.4　在 ITPGRFA 生效后两年内，ITPGRFA 的管理机构（以下简称"管理机构"）应评估第 11.3 提及的粮食和农业植物遗传资源纳入多边系统的进展情况。在此评估以后，管理机构将决定是继续为第 11.3 提及的尚未将这些粮食和农业植物遗传资源纳入多边系统的自然人和法人提供方便获取，还是采取其认为适当的其他措施。

11.5　多边系统还包括按第 15.1a 的规定由国际农业研究磋商小组的国际农业研究中心（以下简称"国际农研中心"）持有的附件一列出的粮食和农业植物遗传资源的非原生境收集品，以及按第 15.5 的规定其他国际机构持有的、附件一列出的粮食和农业植物遗传资源。

（5）多边系统中粮食和农业植物遗传资源的方便获取

第 12 条

12.1　各缔约方同意按第 11 条的规定，多边系统内的粮食和农业植物遗传资源的方便获取应遵循 ITPGRFA 的规定。

12.2　各缔约方同意采取必要的法律措施或其他适当措施，通过多边系统向其他缔约方提供这种获取的机会。为此，也应向任何缔约方管辖范围内的自然人或法人提供这种获取机会，但须遵循第 11.4 的规定。

12.3 应按照如下条件提供这种获取机会：

（a）只为粮食和农业研究、育种和培训而利用及保存提供获取机会，但不包括化学、药用或其他非食用（饲用）工业用途。如系多用途（食用和非食用）作物，其对粮食安全的重要性应作为是否将其纳入多边系统和是否提供方便获取机会的决定因素。

（b）应迅速提供获取机会，无须跟踪单份收集品，并应无偿提供；如收取费用，则不得超过所涉及的最低成本；

（c）在提供粮食和农业植物遗传资源时，应按照适用的法律，同时提供全部现有基本信息以及其他任何现有的有关非机密性说明信息；

（d）获取者不得以从多边系统获得的粮食和农业植物遗传资源或其遗传部分或成分的形态，提出限制其方便获取的任何知识产权和其他权利的要求；

（e）对于正在培育的粮食和农业植物遗传资源，包括农民正在培育的材料，在培育期间由培育者自行决定是否提供；

（f）获取受知识产权和其他产权保护的粮食和农业遗传资源应符合有关的国际协定和有关的国家法律；

（g）在多边系统内获取和保存的粮食和农业植物遗传资源，多边系统仍可从获取方获得这些资源；

（h）各缔约方同意，在不违背本条其他规定的情况下，按照国家法律，在无国家法律的情况下则按照管理机构可能确定的标准，提供原生境条件下的粮食和农业植物遗传资源的获取。

（6）多边系统中的利益分享

第 13 条

13.1 各缔约方认识到方便获取多边系统中的粮食和农业植物遗传资源本身即多边系统的一项主要利益，并同意由此产生的利益应按照本条的规定公平合理地分享。

13.2 各缔约方同意多边系统中粮食和农业植物遗传资源的利用，包括其商业利用所产生的利益应在管理机构的指导下并考虑到滚动式《全球行动计划》的优先活动领域，通过以下机制公平合理地分享：信息交流、技术获取和转让、能力建设以及分享商业化产生的利益。

（a）信息交流：各缔约方同意可以提供关于多边系统内的粮食和农业植物遗传资源的信息，尤其包括目录和清单、技术信息、科技及社会经济研究成果，包括特性鉴定、评价和利用信息。这些信息凡非机密的均应提供，但须遵循适用的法律并依国家能力而定。应通过第 17 条规定的信息系统使这类信息可由 ITPGRFA 的所有缔约方获得。

（b）技术获取和转让

（i）各缔约方承诺提供或者方便获取多边系统中粮食和农业植物遗传资源保存、特性鉴定、评价及利用的技术。鉴于某些技术只能通过遗传材料予以转让，各缔约方应按照第 12 条的规定提供或方便获取这些技术和多边系统内的遗传材料以及通过利用多边系统内的粮食和农业植物遗传资源开发的改良品种及遗传材料。应尊重适用的产权和关于获取的法律，依国家能力提供这些技术、改良品种及遗传材料，并为其获取提供便利。

（ii）向各国，尤其是发展中国家及经济转型国家提供和转让技术应通过一系列措施进行，如建立、保持和参与关于粮食和农业植物遗传资源利用的作物课题组，建立、保持和参与所有类型的研究与开发伙伴关系以及与获取材料、人力资源开发以及有效获取研究设施有关的商业合作伙伴关系。

（iii）应按照公平和最有利的条件向发展中国家特别是最不发达国家缔约方和经济转型国家，提供上述（i）和（ii）所述技术（包括受知识产权保护的技术）的获取和转让，或为其提供便利；对用于保存的技术以及惠及发展中国家，特别是最不发达国家和经济转型国家农民的技术来说，尤应如此，包括商定的优惠和差别条件，特别是通过多边系统下的研究和开发伙伴关系。这种获取和转让将按照承认并符合充分有效保护知识产权的条件进行。

2. ITPGRFA 多边系统的惠益分享机制分析

（1）ITPGRFA 与 CBD 的一致性

21 世纪初，针对粮农植物遗传资源具有的独特特征以及在获取和惠益分享上的特殊需要，国际社会发起了多边谈判，并采用"多边路径"解决粮农植物遗传资源的获取和惠益分享问题。具体而言，一方面，各国根据粮农植物遗传资源对粮食安全的重要性和各国在这些资源上的相互依赖性，谈判并商定了 ITPGRFA，ITPGRFA 缔约方相互之间有义务提供便利获取的 64 种（属）作物和饲草的遗传资源；另一方面，各国"在多边基础上"谈判并商定了便利获取和惠益分享的条款和条件，这就排除了围绕获取和惠益分享进行双边谈判的可能。在完成以上两个关键问题的谈判后，各国在 ITPGRFA 中建立了一个便利获取粮农植物遗传资源和公正公平分享其利用所产生的惠益的多边系统，即通过 SMTA（标准材料转让协议）落实获取与惠益分享事宜。

在获取与惠益分享方面，ITPGRFA 的目标是与 CBD 协调一致，为了持续的农业与粮食安全，实现对粮食和农业植物遗传资源的保护与可持续利用，并公平合理地分享因此种利用而产生的利益，ITPGRFA 进一步强调，本条约目标的实现，有赖于条约自身同联合国粮农组织（FAO）及 CBD 之间的紧密结合。我国目前尚不是 ITPGRFA 的缔约国，但作为观察员参与了 ITPGRFA 的许多活动。

（2）ITPGRFA 与 CBD 在惠益分享方面的不同点

第一，ITPGRFA 的获取与惠益分享体系为多边性质，而 CBD 为双边性质。第二，两者管辖范围有差异：①尽管 ITPGRFA 适用于所有粮农植物遗传资源，但遗传资源获取的前提是"仅供粮农方面研究、培育和训练的利用和保护之目的，不包括化学、制药和/或其他非粮食/原料行业用途"。可理解为这些作物的非粮农商业用途适用于 CBD。②获取和惠益分享多边体系只限于 ITPGRFA 附件一所载农作物和饲草作物[64 种（类）]，而附件一以外的获取与惠益分享则适用于 CBD。③对于附件一以外的作物：ITPGRFA 第 15 条规定，要将国际农业研究中心和其他国际机构所持有的一系列资源纳入多边体系，包括遵守获取和惠益分享条款的附件一作物和非附件一作物。这体现了对条约生效前已在国际农业研究机构收集保存的遗传资源的处理政策，但可能与 CBD 有冲突。④新的附件：对于将来可能出现的附件二、附件三，甚至可能出现的畜禽资源附件，是否仍属于 ITPGRFA 的管辖范围可能存在争议（薛达元等，2009，2012）。

（3）ITPGRFA 的核心内容

1）主体思想：承认各国对其粮农植物遗传资源的主权。为可持续发展农业和确保粮食安全，保存和可持续利用植物遗传资源，并公平合理地分享由此产生的利益。

2）目标：建立遗传资源获取和惠益分享的多边体系，各缔约方在符合本国法律的前提下，将属于公共领域的植物遗传资源纳入该体系，方便世界各国获得。

3）材料范围：64 种（类）作物纳入首批清单，大豆、花生、油棕等未纳入。

4）惠益分享：包括信息获取、技术转让、能力建设、商业化货币收益。

5）知识产权：对获得的原始状态材料、遗传组成不得提出任何限制其方便获得知识产权和其他权利的要求。

（4）ITPGRFA 的主要机制

主要机制：促进获取和惠益分享的机制是《标准材料转让协议》（SMTA），该协议规定了获取这些遗传资源和惠益分享的条件。SMTA 旨在将载于 ITPGRFA 附件一中 35 种（类）粮食作物和 29 种（类）牧草饲料作物的惠益分享标准化。

专栏 4　SMTA 主要内容

第 5 条　提供方的权利与义务

提供方保证按照条约下列条款转让材料：

a）应迅速提供获取机会，无须跟踪单份收集品，并应免费提供；如收取费用，则不得超过所涉最低成本；

b）在提供粮食和农业植物遗传资源时，应按照适用的法律，同时提供现有的全部基本资料以及现有的任何其他有关的非机密性说明信息；

c）对于正在培育的粮食和农业植物遗传资源，包括农民正在培育的材料，在培育期间由培育者自行决定是否提供；

d）获取受知识产权和其他产权保护的粮食和农业植物遗传资源应符合相关的国际协定和有关国家法律；

e）提供方应按照管理机构确定的时间表，定期向管理机构通报签订的材料转让协定情况。应由管理机构向第三方受益人提供这方面信息。

第6条　接受方的权利和义务

6.1　接受方保证，材料的使用或保存仅以粮食和农业的研究、育种和培训为目的。这些目的不应包括化学、药物或其他非食品/饲料工业用途。

6.2　接受方不应提出任何知识产权或其他权利要求，限制方便获取按本协定所提供的材料或以从多边系统收到的形态呈现的其遗传部分或组成部分。

6.3　如果接受方保存所提供的材料，接受方应使用《标准材料转让协定》向多边系统提供该材料及第5条b项中提及的相关信息。

6.4　如果接受方向另一人或另一实体（以下称作"后续接受方"）转让按照本协定提供的材料，接受方应：a）按照《标准材料转让协定》的条款和条件，通过一项新的材料转让协定行事；b）按照第5条e项通知管理机构。遵守上述规定之后，接受方对后续接受方的行动应无任何进一步的义务。

......

3. ITPGRFA 的实施

在 ITPGRFA 多边系统涵盖的资源方面，截至 2017 年 10 月，63 个缔约方将它们控制和管理的近 130 万份材料纳入了多边系统（含美国最新纳入多边系统的 50 万份材料），国际农业研究磋商组织所属的 11 个国际农业研究中心以及其他 5 个相关国际机构将它们持有的 70 余万份材料纳入了多边系统。因此，当前多边系统总共涵盖了 200 余万份粮农植物遗传资源材料（张小勇等，2019）。

截至 2017 年 8 月 10 日，ITPGRFA 下的 Easy SMTA（在线 SMTA 管理系统）记录了共计 58 971 份协议，其中缔约方报告了 10 811 份，根据 ITPGRFA 第 15 条与管理机构签订了协议的国际机构报告了 47 846 份，非缔约方报告了 314 份。缔约方报告的协议中有 62 份涉及正在培育的粮农植物遗传资源，国际机构则报告了 18 740 份涉及正在培育的粮农植物遗传资源的协议。通过这些协议向 179 个国家的接收方提供资源。

截至 2017 年 8 月 10 日，Easy SMTA 记录了共计 4 176 312 份粮农植物遗传资源样品的转让，其中 4 005 714 份样品属于 ITPGRFA 附件一所列作物，170 577 份样品属于未列入附件一的作物。从分发的样品数量来看，缔约方共分发了 127 669 份样品，占全部已分发样品的 6%，与管理机构签订协议的国际机构共分发了 3 915 063 份样品，占 93.7%，非缔约方的用户仅分发了 11 033 份，占 0.3%（张小勇等，2018）。

4. 粮农植物遗传资源领域的新发展对我国的启示

（1）粮农植物遗传资源保护的部门协调

我国已颁布了一系列与遗传资源有关的法规，如《中华人民共和国种子法》《中华人民共和国畜牧法》《中华人民共和国森林法》《中华人民共和国农业法》《中华人民共和国专利法》《中华人民共和国进出境植物检疫法》《中华人民共和国野生植物保护条例》《中华人民共和国植物新品种保护条例》等，由国务院多个行政主管部门具体实施，主要是农业农村部门和林草部门，还涉及生态环境、知识产权、中医药、商务等多个部门。其中，粮食和农业植物遗传资源由农业农村部（原农业部）管理。中国农业科学院作物科学研究所受农业农村部委托，具体负责中国粮食和农业植物遗传资源的考察收集、引进交换、鉴定评价、安全保存、分发利用等方面的组织、协调、管理和实施。林业植物遗传资源由国务院林草主管部门负责，各级林草主管部门负责组织森林资源清查，建立资源档案制度，掌握资源变化情况。

为此，需要加强遗传资源保护与管理的部门间的协调。首先，加强农、林两部门的协调，在野生动植物资源的保护方面，林草部门负责陆生动植物资源保护，农业农村部门负责水生动植物资源保护，然而陆生与水生之间的界限有时难以界定，如两栖动物和湿生植物，特别是农业遗传资源中非常重要的农作物野生近缘植物，许多本身就是陆生野生植物，应该由哪个部门来管还不好说。还有许多新开发的野生蔬菜，已成为农业生产的新开发产品。在家养动物与野生动物、栽培植物和野生植物遗传资源的保护方面，也存在界限不清的问题，如新驯化的栽培植物和新开发的野生蔬菜与野生植物的界定，历史上长期驯养的特养动物（如马鹿、梅花鹿等）是否归属野生动物？此外，由于《公约》由生态环境部牵头实施，也涉及农林部门与生态环境部门的协调；许多野生植物和野生动物同时也是重要的中医药资源，也涉及与中医药管理部门的协调；在野生动植物产品的专利保护方面还涉及与知识产权管理部门的协调。

（2）与粮食和农业植物遗传资源相关的信息管理系统亟待建立

基于植物遗传资源的价值，野生种和地方品种的保护也很重要。我国目前农业野生植物资源的原生境保护区（点）的建设和管理，以及农业野生植物遗传资源数据库、信息网络监测和预警系统亟待完善。《中华人民共和国野生植物保护条例》规定的国家重点保护野生植物名录和地方重点保护野生植物，仅仅是对重点保护的植物按照种类进行分类登记，但是对于植物的特征鉴定数据、基因组数据、性状甚至环境数据都未登记和保存。信息的收集和保存是日后惠益分享的依据。我国在表现型鉴定与评价、遗传多样性评价、功能基因发掘、精准鉴定等方面进展缓慢，例如，国家作物种质资源库中只有60%多做了抗虫性鉴定，近60%做了品质鉴定，40%多做了寒、旱、盐、碱、湿等抗逆性鉴定，仅不到5%做了其他性状鉴定。

要建立并完善粮农植物遗传资源的信息管理制度。粮农植物遗传资源登记和保存，是粮农遗传资源惠益分享的基础，这些材料可以成为惠益分享诉求的依据。我国有必要对境内的粮农植物遗传资源进行摸底登记，建议由部门规章来规定具有可操作性的农业野生植物遗传资源原生境保护区（点）的建设和管理，并完善现有的野生植物遗传资源的数据、信息网络，尤其对表现型鉴定与评价、遗传多样性评价，功能基因发掘、精准鉴定等方面进行登记并保存。我国是大豆原产地，世界上 90%以上的野生大豆资源在我国境内，要做好对大豆遗传资源的考察、收集、保存、特性鉴定、评价和编目等工作，切实掌握大豆遗传资源。

（3）加强对粮农植物遗传资源的开发利用与非货币惠益分享

根据目前国际新形势与我国粮农植物遗传资源保护现状，仍要对粮食和农业的植物遗传资源进行保护，如《中华人民共和国种子法》第二章以保护种质资源为主，但同时也要注重对植物遗传资源的开发和利用。只有将丰富的资源转化为技术实力并加以充分利用，才可以全面保护植物遗传资源。

法律要具有前瞻性，国际上日益注重粮食和农业植物遗传资源的非物质化利用。作为植物遗传资源大国，我国应该在法律条文中增加对植物遗传资源的开发和利用。现有的法律中仅有最新修订的《中华人民共和国种子法》第一条规定"保护和合理利用种质资源"，我们要在相关法律中强调在保护粮农植物遗传资源免遭破坏的同时，还要注重对粮农植物遗传资源"非货币价值"开发和利用，只有充分掌握了粮农植物遗传资源的基本性状才能因地制宜、因材施策，以利用促保护。因此，可以在《中华人民共和国农业法》第五十七条中增加对植物遗传资源"非货币价值"利用的规定。

（4）农民权利保护的欠缺

ITPGRFA 承认农民在保护和可持续利用植物遗传资源方面的贡献，对农民权利要做广泛的解释，包括传统知识保护权、平等分享利益权及决策参与权，保证农民在现代农业技术的发展和应用中获益。《中华人民共和国种子法》第二十九条、《植物新品种条例》第十条规定，农民有权使用自繁自用授权品种的繁殖材料，但是对于农民如何参与惠益分享仍是空白。例如，福建农民的红肉蜜柚事件，法院认为林金山发现了可培育"红肉蜜柚"植物新品种的种源，同时成功地对该变异品种进行了嫁接、培育，也应享有"红肉蜜柚"植物新品种权。

需要在国家制度层面保障农民权利。首先，在法律中清晰界定"农民"，在目前的法律中规定"农民权利"不现实，因为农民权利的实质内容及相关义务在国际上仍然模糊不清。但是对"农民"进行界定是非常必要的。我国仅在《最高人民法院关于审理植物新品种侵权纠纷案件的指导意见（试行）》（以下简称《指导意见》）第十二条将农民界定为"长期以农业或林业种植为业、具有农业户口的个人"。《指导意见》第十二条是作为农民侵犯植物新品种权的抗辩要件。

首先，建议在《中华人民共和国农业法》或者《植物新品种保护条例》中清晰界定"农民"的含义，它既是权利的主体，又是植物新品种权侵权豁免的基础。其次，增加农民在利用中的参与机会，让农民参与到农业生物多样性的磋商和管理中，例如，埃塞俄比亚的农业保护者协会、危地马拉的技术委员会、挪威的遗传资源中心咨询委员会中有农民的代表，他们代表农民参与政治决策进程。最后，从职责分工、参与情形、具体形式等问题，规定农民的获取和惠益分享。从职责分工来看，我国国家种子行政主管部门有权与同级其他部门协同合作，创设和构建国家种质资源获取与惠益分享方案，地方种子行政主管部门将对获取方式和惠益分享方案予以具体实施；从参与情形来看，国家种子行政主管部门有权代表国家从他国引进战略性种质资源并与获取者进行惠益分享、在提供者缺位时代表种质资源提供者主张种质资源相关权益、在国家种质资源主权利益受损或公共领域种质资源出口时维护国家种质资源主权等（秦天宝等，2016）。

四、UPOV 的保护与惠益共享理念

1. 相关背景

UPOV 即"国际植物新品种保护联盟"，而 UPOV 公约即《国际植物新品种保护公约》，它是保护育种者权益的重要国际协定，旨在通过协调各成员国之间在植物新品种保护方面的政策、法律和技术，确保各成员国以一整套清晰、明确的原则为基础，对符合新颖性、特异性、一致性和稳定性要求的植物新品种的育种者授予知识产权，保护其合法权益。UPOV 办公室下设自动化与计算机程序技术工作组（TWC）、农作物技术工作组（TWA）、果树技术工作组（TWF）、观赏植物与林木技术工作组（TWO）、蔬菜技术工作组（TWV）、生物化学与分子技术工作组（BMT）6 个技术工作组，每年都会召开各自的技术工作组会议。UPOV 公约成员国负责测试的相关专家和工作人员参会，并针对研制或修订的测试指南和测试工作的最新问题展开讨论。

截至 2017 年 10 月，UPOV 公约共有 75 个成员（包括 94 个国家），涵盖全球大部分区域。UPOV 公约致力于推进成员在植物新品种保护方面的合作，包括鼓励品种测试合作、报告互认和数据共享，推动区域间协作，开发并发布方便育种人在不同成员间申请新品种权的电子申请系统等。我国于 1999 年 4 月 23 日加入 UPOV 公约，执行 UPOV 公约 1978 年文本。我国自加入 UPOV 公约以来，农业植物新品种保护事业取得了长足发展，至 2017 年申请量超过 2 000 件，仅次于欧盟。截至 2017 年 7 月底，已累计受理申请 20 094 件，授权 8 972 件，在国际植物新品种保护中的影响力日益加强（邓超等，2018）。

UPOV 公约一共有 1961 年、1972 年、1978 年和 1991 年四个公约文本，我国加入了 1978 年公约文本。目前加入 1991 年公约文本的国家有 56 个，占所有成员国的 76.68%（沈玉良，2021）。

1978 年公约文本和 1991 年公约文本的主要区别在于：

（1）保护的属或种的数量差异

1978 年公约文本要求成员国在加入 UPOV 公约后的 8 年内保护的属或种至少达到 24 个，而 1991 年公约文本则要求成员国在 5～10 年内，把保护范围扩展到所有植物属或种。

（2）品种权人的权利限制差异

1978 年公约文本将品种权人的权利限定在授权品种繁殖材料的商业生产和销售范围内，1991 年公约文本则把品种权人的权利扩大到授权品种繁殖材料的收获物及其加工产品、授权品种的进出口以及授权品种的派生品种。

（3）保护期限的差别

1978 年公约文本规定，一般植物的保护期限为 15 年，林木、果树等木本植物的保护期限为 18 年，而 1991 年公约文本则把保护期限分别延长至 20 年和 25 年。这说明 1991 年公约文本对育种者权益或者植物新品种进行了更加有效的保护。

2. UPOV 公约的核心内容及惠益共享理念

UPOV 公约中所谓植物新品种，是指经过人工培育的，或者对新发现的野生植物加以开发，具备新颖性、特异性、一致性和稳定性并有适当命名的植物品种。植物新品种保护，实际是指"植物育种者权利"或者"植物品种权"的保护，同专利、商标、著作权一样，植物品种权是植物育种工作中形成的知识产权。植物新品种保护不是对新品种的植株或其繁殖材料本身进行保护，而是通过设计合理的权利范围，对育种者合理享有的品种权进行保护。对于获得品种权授权的品种，育种者享有排他的独占权。植物新品种保护的根本目的是保护育种者的合法权益，促进育种事业的发展。

UPOV 公约的核心内容是授予育种者对其育成的品种具有排他的独占权，他人未经品种权人的许可，不得生产和销售此种植物新品种，或须向育种者缴纳一定的费用。根据 UPOV 公约规定，育种者享有为商业目的生产、销售该品种的繁殖材料的专有权，包括：以商业目的繁殖、销售受保护的植物品种；在观赏植物或切花生产中作为繁殖材料用于商业目的时，保护范围扩大到以正常销售为目的而非繁殖用的观赏植物部分植株；为开发其他品种而将受保护品种商业性地反复使用。

UPOV 认识到，农家品种和野生近缘种对当今许多国家的现代品种做出了贡献。如果没有野生近缘种对抗病性状做出的贡献，甘蔗、番茄、烟草等一些作物就不可能以较大的商业规模来种植。但是从事保存和培育粮食和农业植物遗传资源的人员（包括农民），并没有得到与来自遗传资源商业开发价值成正比的利益。目前，许多国家及其农民通过利用植物遗传资源，从新品种的培育推广中获得利益。但一些边缘和边远地区的农民，很少从植物遗传资源中得到可观的收益。为此，UPOV 理事会在 2003 年 10 月 23 日第 37 届大会上通过了 UPOV 公约对制定"获取和惠益分享国际制度"的观点，提供了从《保护植物新品种国际公约》角度对谈判国际制度问题的概览。

3. UPOV 公约的实施

根据 UPOV 官方数据计算，1984—2016 年年末 UPOV 品种权累计申请总量、授权总量分别为 340 094 件和 243 012 件。申请量排名前五的 UPOV 成员分别是欧盟（57 864 件）、美国（37 592 件）、日本（30 662 件）、荷兰（29 364 件）和中国（20 008 件）；授权量排名前五的联盟成员分别是欧盟（44 770 件）、美国（28 513 件）、日本（25 749 件）、荷兰（21 286 件）和法国（10 847 件）。截至 2017 年 10 月底，UPOV 联盟成员植物品种权有效总量为 117 427 件。

我国于 1997 年颁布《植物新品种保护条例》，1999 年加入 UPOV 公约 1978 年文本，并开始受理品种权申请和授权工作。自 2013 年始，我国年度申请量仅次于欧盟，居 UPOV 成员第二位。2016 年年度授权量跃居 UPOV 成员第二位。截至 2017 年年底，我国农业植物品种权总申请量 21 917 件，总授权量 9 681 件，年度申请量超过欧盟，跃居 UPOV 成员第一位。与其他国家表现出的平稳增长态势相比，我国植物品种权申请量呈现爆发式快速增长的趋势（周绪晨等，2019）。

2021 年 4 月 23 日是中国加入 UPOV 22 周年纪念日。为在国际上宣传中国植物新品种保护成就，经国家林业和草原局植物新品种保护办公室推荐，UPOV 在其社交媒体上发布了 4 个中国林草植物新品种及其转化应用情况，包括"盛春 8 号"杜鹃、"美人榆"（俗称金叶榆）、"京仲系列"杜仲、"四季春 1 号"紫荆，以此体现中国植物新品种在促进区域产业进步和经济发展方面的潜力。这是 UPOV 社交媒体平台首次发布中国林草植物新品种，也是庆祝中国加入 UPOV 22 周年的活动之一。[①]

4. 与植物遗传资源相关的国际贸易规划

与植物资源相关的国际公约或者贸易协定主要体现在 UPOV 公约和世界贸易组织（WTO）下的《实施卫生与植物卫生检疫措施的协议》（SPS），以及区域贸易协定对 WTO/SPS 规则的深化。而与植物遗传资源相关的国际高水平国际贸易规则主要体现在自由贸易协定（FTA）协定中。SPS 在 1994 年签署以后，FTA 中涉及 SPS 的高水平条款不断增加。根据 WTO 的统计，100 个 FTA 中涉及 SPS 深化条款的有 50 个，其中具有约束性条款的有 40 个。2015 年以来签署的 FTA 几乎都包含了 SPS 条款。这些高水平协定主要包括《全面与进步跨太平洋伙伴关系协定》（CPTPP）、《美墨加三国协议》（USMCA）、《欧盟与日本经济伙伴关系协定》（EPA）。

目前，我国在国家层面和海南省政府层面正在加快推进全球动植物种质资源引进中转基地建设，海南自由贸易港全球植物种质资源引进中转基地建设的总体思路是对标高水平 FTA/SPS 规则和国际植物新品种保护联盟的 UPOV 公约（1991 年文本），目标是借鉴发达国家在植物进出境安全、风险控制方面的制度和监管经验，结合我国实际和海南自由贸易港的建设要求，以植物种质资源进出境的分类体系为创新突破口，率先实现我国动植物高水平监管体系（沈玉良，2021）。

五、WIPO 的进展与突破

1. 相关背景

WIPO（世界知识产权组织）自 1999 年以来响应 CBD 有关遗传资源获取与惠益分享的精神，展开了遗传资源与知识产权的讨论，并于 2000 年 10 月在 WIPO 第 26 届大会上成立了"知识产权与遗传资源、传统知识和民间文学艺术政府间委员会"（IGC）。专门研究遗传资源的获取与惠益分享、传统知识的保护、民间文学艺术的保护等问题，并为解决这些问题提供政策建议。

WIPO 对遗传资源和传统知识的产权保护是一个重要的关注点。发明中使用的传统知识和遗传资源来源的公开披露要求也是国际社会讨论的热点。在发展中国家看来，在专利制度中增加这样的要求是实现 CBD 有关遗传资源国家主权、知情同意和惠益分享三原则的一个重要环节，也是对遗传资源利用的一种有效制约。还引起发达国家在一些问题

---

① http://www.forestry.gov.cn/xpzbh/4699/20210427/185619648875893.html.

上的强烈抵制。并且其中涉及很多理论和实务问题，因此一直争议很大。

在 2003 年 9 月 22 日—10 月 1 日举行的世界知识产权组织大会第 30 届会议上，与会者讨论了 WIPO 知识产权与遗传资源、传统知识和民间文学艺术政府间委员会的工作，并决定 IGC 继续就其工作任务所包含的各项问题开展工作。

2004 年 11 月，IGC 召开了第 7 次会议。在此次会议上，遗传资源的获取条件、遗传资源提供者的事先知情同意、遗传资源使用后的惠益分享等都是十分重要的问题。参考 CBD、ITPGRFA 等国际公约和协议在遗传资源获取与惠益分享方面的进展，在发达国家的极力推动下，合同解决方式也被列入了 WIPO 关注的领域。为此，WIPO-IGC 着手制定有关遗传资源获取和惠益平等分享协议中涉及知识产权问题的指南。

2005 年 6 月，IGC 召开了第 8 次会议。在这次会议上，欧共体代表向 IGC 提交了一份题为"专利申请中对遗传资源和相关传统知识起源或来源的披露"的文件。该文件表明，欧盟及其成员国也认为，披露义务应当是强制性的。这就意味着，披露要求应以具有法律约束力和普遍的形式加以实施。因此，建立具有法律约束力的国际协议成为未来讨论的一个选项。随后 IGC 针对建立遗传资源、传统知识和民间文艺这 3 项主题的知识产权保护协议进行了长期的讨论和政府间谈判（薛达元等，2012）。

2. 国际协议的谈判进程

根据 2011 年 9 月 WIPO 第 40 届大会的决定，在 2012 年 WIPO 第 41 届大会召开之前需召开 IGC 的 3 个主题会议。第一个主题为遗传资源（GR），主要工作是基于案文的谈判，重点审议法律案文草案的各种备选方案，拟定有关遗传资源的法律文书。在拟定案文时，政府间委员会还认真审议了成员国提交的案文。第二个主题是传统知识（TK），主要工作也是拟定案文，重点是四个关键条款，即"保护的客体"、"受益人"、"保护范围"和"限制与例外"。第三个主题是传统文化艺术表现形式（TCE），讨论的关键条款与传统知识主题基本上一样。

经过讨论和谈判，3 个主题的谈判都取得了进展。在遗传资源方面，IGC 成功地将许多案文建议合并为一个案文文本，该文本包括了处理知识产权与遗传资源之间关系的目标案文，也包括处理披露要求、数据库作用和信息系统等主要条款的案文。在传统知识方面，IGC 继续进行了有关传统知识保护特殊制度的案文谈判，在保护的客体、受益人、保护范围、限制与例外、保护期限等方面有所进展。3 个主题的会议报告以及谈判形成的初步文案已提交至于 2012 年 10 月 1—9 日召开的 WIPO 第 41 届大会审议，第 41 届大会决定继续对这三个主题加紧进行谈判，以达成一份或多份法律文书（薛达元等，2012）。

随后 10 年时间，WIPO/IGC 进一步针对这个协议的案文进行了长时间的讨论和政府间谈判，直到 2024 年才完成最终法律文本的谈判。总体来说，谈判历程非常艰辛，拥有和提供丰富遗传资源及相关传统知识的发展中国家与获取和使用遗传资源及相关传统知识的发达国家之间进行了针锋相对的斗争,总共花费了 25 年时间。中国作为遗传资源和相关传统知识的丰富大国,在国际协议的谈判中发挥了重要作用,是该国际协议谈判的推动方。

3. 最新突破

2024 年 5 月 13—24 日,WIPO 缔结国际法律文书外交会议在瑞士日内瓦召开,这次会议成功缔结了《产权组织知识产权、遗传资源和相关传统知识条约》(以下简称《条约》)。这项协商一致达成的协议不仅是 25 年谈判旅程的收官,也是多边主义在 WIPO 活跃和良好的强烈信号①。

《条约》是世界知识产权组织第一部涉及知识产权与遗传资源和遗传资源相关传统知识之间关系的条约,也是从始至终主要由广大发展中国家推动的一部知识产权国际条约,在国际法相关领域具有重要意义,受到发展中国家的普遍欢迎和高度重视。

《条约》文本中包含了遗传资源和相关传统知识在专利申请过程中的公开要求、未满足披露要求的制裁和救济等内容,在专利领域确立和协调了各国对遗传资源和相关传统知识进行强制披露的机制。《条约》规定,如申请人未进行披露,可对其采取适当、有效和适度的法律、行政和政策措施,但不能就此宣告已经授予的专利权无效,除非存在欺诈等不诚信行为。同时《条约》还规定,任何内容均不妨碍缔约各方以适当方式在各自的法律制度和实践中实施本条约的各项规定。

这可以理解为,如果专利申请中要求权利保护的发明是基于遗传资源的,每一缔约方应要求申请人披露遗传资源的原产国或来源。如果专利申请中要求保护的发明是基于与遗传资源有关的传统知识,每一缔约方应要求申请人在适用情况下披露提供传统知识的原住居民或当地社区。

《条约》中的"遗传资源"是指包含在药用植物、农作物和动物品种中具有遗传功能的材料。虽然遗传资源本身不能直接作为知识产权加以保护,但利用遗传资源开发的发明可以直接作为知识产权加以保护,最常见的方式是申请专利。许多遗传资源还与传统知识联系在一起,因为土著居民和当地社区往往世代使用和保护这些资源。这些知识有时用于科学研究,因此可能有助于开发受保护的发明。

《条约》经 15 个缔约方批准加入后即生效,将在国际法中为基于遗传资源和相关传统知识完成的发明创造的专利申请人规定新的公开要求,这有助于提升专利制度的有效性、透明度和质量。

---

① https://www.wipo.int/pressroom/en/articles/2024/article_0007.html.

《条约》在国际法上明确了遗传资源和遗传资源相关传统知识在专利申请过程中的公开要求，将促进专利申请人规范使用遗传资源和相关传统知识，有助于在世界范围内加强对遗传资源和相关传统知识的保护，并提升专利制度的有效性、透明度和质量。

六、SDGs 与农业可持续发展

2015 年 9 月 25 日，联合国可持续发展峰会在纽约总部召开，193 个成员国在峰会上正式通过了 17 个可持续发展目标（SDGs）。SDGs 旨在从 2015 年到 2030 年以综合方式彻底解决社会、经济和环境三个维度的发展问题，转向可持续发展道路。17 个可持续发展目标共涵盖 169 个具体目标，涉及解决贫困、消除饥饿、生物多样性保护和农业可持续发展等多个领域。

1. 与消除饥饿和粮食安全相关的目标

目标 2：消除饥饿，实现粮食安全，改善营养状况和促进可持续农业。

（1）农业生产困境

全球约有 5 亿个小农场，大部分实行旱作，可提供大多数发展中国家食品消耗的 80%。投资小农场是增加最贫穷国家粮食安全和营养以及本地和全球粮食生产的一个重要途径。自 1990 年以来，约 75% 的农作物品种已从农田消失。更好地利用农作物多样性可以促进更多的营养膳食，增强农业社区的生计和提高农业系统的抗灾能力及可持续性。全球有 13 亿人没有电用，他们大部分生活在发展中国家的农村地区。能源贫困在许多地区是对减少饥饿和确保世界可以生产足够的粮食来满足未来需求的根本性障碍。

（2）全球饥饿现状

饥饿人口数量（按营养不足发生率计算）已持续下降数十年，从 2015 年又开始缓慢增加。2015 年的估计数字表明，将近 6.9 亿人处于饥饿状态，占世界人口的 8.9%。一年内增加了 1 000 万人，五年内增加了近 6 000 万人。按照目前的趋势，到 2030 年，世界不可能实现零饥饿的目标，届时受饥饿影响的人数将超过 8.4 亿，而 2019 年开始的新冠疫情使这个数字进一步增加。预计到 2050 年，世界将新增 20 亿人口需要被提供营养。全球粮食和农业系统必须做出深刻的改变，可持续粮食生产对于减轻饥饿风险至关重要。

（3）改变粮食生产方式

现在是重新思考如何种植、共享和消费粮食的时候了。如果方法得当，农业、林业和渔业可以为所有人提供营养的食物，并创造体面的收入，同时支持以人为本的农村发展和环境保护。目前，土壤、淡水、海洋、森林和生物多样性正在迅速退化。气候变化为我们赖以生存的资源带来了更多的压力，将增加干旱和洪水一类的灾害风险。许多农户单靠自己的土地已经入不敷出，需要迁移到城市寻找机会。如果要为 8 亿多饥饿人口和预计到 2050 年新增加的 20 亿人口提供营养，全球粮食和农业系统必须做出深刻的改变。

2. 与农业生态系统相关的目标

目标 15：保护、恢复和促进可持续利用的陆地生态系统，可持续管理森林，防治荒漠化，制止和扭转土地退化，遏制生物多样性的丧失。

（1）农业生物多样性削弱

根据 2019 年《生物多样性和生态系统服务全球评估报告》，目前约有 100 万种动植物濒临灭绝，许多物种在未来几十年内就会灭绝。报告呼吁变革性改变，以恢复和保护自然。另外，品种单一化可能导致农业产量不稳定。据报告，在 8 300 个家养动物品种中，8%已经灭绝，22%濒临灭绝；在 8 万种树种中，作为潜在利用对象加以研究的不到 1%；鱼类为大约 30 亿人提供 20%的动物蛋白，但仅 10 个种就占到海洋捕捞渔场产量的 30%，另 10 个种占水产养殖渔场产量的 50%。人类膳食的 80%以上来自植物，仅 5 种粮食作物就能提供人类能量摄入的 60%。微生物和无脊椎动物对生态系统服务至关重要，但人们还不太了解或认同它们的各种贡献。

（2）农业生态系统退化

"生物多样性与生态系统服务政府间科学-政策平台"（IPBES）发布的全球评估报告发现，人类和其他所有物种赖以生存的生态系统的健康状况正在迅速恶化，恶化的速度前所未有。这影响着全球各地的经济、生计、粮食安全、健康和生活质量。大自然对人类的生存至关重要，为人类提供氧气，调节天气状况，使农作物得以授粉，为人类提供粮食、饲料和纤维。但是，自然承担的压力越来越大。

有 26 亿人直接依赖农业而生存，但有 52%的农业用地受到土壤退化的影响；土地退化影响全球 15 亿人，耕地丧失速度估计是历史速度的 30～35 倍；由于干旱和荒漠化，全世界每年丧失 1 200 万 hm^2 耕地（平均每分钟 23 hm^2），这些土地本可以生产 2 000 万 t 粮食；全球有 74%的人直接受土地退化的影响。

地球的健康关系到是否会出现人畜共患病（在动物和人类之间传播的疾病）。由于人类不断破坏脆弱的生态系统，人类与野生生物的接触日益广泛，野生生物的病原体扩散到牲畜和人类身上，增加了疾病发生和蔓延的风险。

3. SDGs 实施成果

（1）《可持续发展目标报告 2020》

《可持续发展目标报告 2020》根据截至 2020 年 6 月的数据，对 17 个可持续发展目标

（SDGs）的年度进展进行了分析，结果显示，到 2020 年年底，全球水平上可持续发展 169 个具体目标中有 21 个目标将有序推进，其中多个指标与生物多样性及农业遗传资源相关①，主要内容包括：

1）保护粮食和农业动植物遗传多样性（SDG 2.5）：在保护粮食和农业动植物遗传多样性方面全球进展微不足道。根据各国提交的国家报告，评估品种中约 73% 面临灭绝危险。截至 2019 年年底，全球保存在基因库中的植物遗传材料共有 540 万份，较 2018 年增长了 1.3%；

当地畜禽品种仅在一个国家增加的数量达 101 个，占全球报告的约 7 600 个品种的比例很小。

2）将鱼类种群恢复到可持续水平（SDG 14.4）：全球渔业资源的可持续性继续下降，尽管速度有所降低，但在生物可持续水平内的鱼类种群所占比例从 1994 年的 90% 下降至 2017 年的 65.8%。

3）保护和恢复陆地和淡水生态系统（SDG 15.1）：到 2020 年，自然保护区的面积自 2000 年以来增加了 12%~13%。

4）促进森林可持续管理、制止砍伐森林和恢复退化森林（SDG 15.2）：世界森林面积继续缩小（尽管速度比前几十年稍慢）。2015—2020 年，每年的森林砍伐率估计为 1 000 万 hm^2。但 2020 年的数据显示，保护区和长期管理计划下的森林面积比例在全球和世界大多数地区都有所增加或保持稳定。

5）保护和防止濒危物种的灭绝（SDG 15.5）：在全球范围内，过去 30 年，物种灭绝风险恶化了约 10%，红色名录指数从 1990 年的 0.82 降至 2015 年的 0.75，并且在 2020 年下降至 0.73（数值 1 表示不存在灭绝威胁，数值 0 表示所有物种都已灭绝）。

6）将生态系统和生物多样性价值纳入政府规划和核算（SDG 15.9）：截至 2020 年 1 月，已有 113 个缔约方评估了实现与"爱知目标"有关的国家指标方面的进展情况。约有一半的缔约方在实现目标 2 方面取得了进展，但进展速度不快。

（2）《中国落实 2030 年可持续发展议程进展报告》

2017 年 8 月，中国外交部发布了《中国落实 2030 年可持续发展议程进展报告》，与生物多样性和农业遗传资源相关的内容如下：

1）加快发展现代种业，建立国家农作物种质资源和畜禽遗传资源管理、保护与利用体系。实施了第三次全国农作物种质资源普查与收集行动，保护种质资源。建立了 199 个国家级畜禽遗传资源保种场、保护区、基因库和 458 个省级保种场（区）；认定了 52 个杂交水稻、杂交玉米制种大县和 100 个国家区域性良繁基地；印发了《中国林业遗传资

---

① http://www.tanpaifang.com/ESG/2020073072888.html.

源保护与可持续利用行动计划（2015—2025 年）》，加强了国家林木种质资源保存库建设和管理。

2）推动水产养殖业绿色发展，水生生物资源养护进一步加强。印发并实施《关于加快水产养殖业发展的若干意见》，大水面生态增养殖等健康养殖模式得到推广；实施新修订的《渔业捕捞许可管理规定》，全面落实海洋渔业资源总量管理制度。调整完善了伏季休渔制度，规范伏休期间特许捕捞管理，七大流域实现禁渔期制度全覆盖，开展海洋牧场建设，截至 2019 年 4 月，全国海洋牧场达到 233 个。

3）做好生物多样性保护工作，加强有害生物入侵风险管控。加大濒危野生动植物保护力度，开展濒危野生植物、生物多样性基础调查和评估，建设观测网络和数据库。启动国家林木种质资源设施保护库（主库）建设，开展遗传资源保护与惠益分享试点，继续完善畜禽遗传资源保护体系，已建立国家级保种场、保护区和基因库 187 个，建立植物园 200 余个，保存植物 2.3 万多种。

第五章

中国农业遗传资源保护政策法规与管理体系

一、中国生物遗传资源受威胁现状与因素

1. 传统地方品种资源急剧减少

据联合国粮农组织统计，2006 年全球可统计的灭绝畜禽品种为 690 个，2014 年为 647 个，包括 565 个家畜品种和 82 个家禽品种。1900 年之前灭绝的品种有 7 个，1900—1999 年灭绝的品种有 111 个，2000—2005 年灭绝的品种有 66 个，2005—2015 年灭绝的品种有 30 个，灭绝时间不详的品种有 433 个。联合国粮农组织对全球畜禽遗传资源濒危状态进行评估和分析发现，在处于濒危状态的家畜品种中，牛、羊和马最多；处于濒危状态的家禽品种中，鸡最多（陆晓等，2023）。

（1）珍贵的作物野生近缘种的快速丧失

在中国，20 世纪后期，一些珍贵的野生近缘植物急剧减少。20 世纪 80 年代初，农业科技人员在广西几十个调查点发现有百亩以上野生稻，至 1990 年当他们再去寻找时，有的点连一株也没有了。1964 年在云南省景洪县发现普通野生稻和疣粒野生稻共 24 处，分布于不同海拔和不同生态环境，目前仅剩下 1 处。我国独有的小麦野生近缘植物中，已有近 20 个种在野外无法找到。蔬菜的农家品种正在被杂交种取代。一些名特优品种严重退化，有些著名品种，如北京大刺黄瓜、武汉一窝丝红菜薹、重庆鸡啄叶白菜、上海金丝荠、南京灯盏窝苋菜等已丢失或濒临灭绝。有些地区的桑、茶、果树和药用植物等，也遭到乱砍滥伐。特别是那些已开发为商业用的野生植物，一些厂家出于发展商品的需要，在市场上大量收购其原料，让以赚钱为目的的单位和人群随意采集，使这些野生植物原料越来越少，乃至灭绝。如用作治关节炎等药物的雷公藤，在我国福建、浙江几乎被砍光，江西也难逃"劫难"（娄希祉，1999）。

（2）新品种推广导致农家作物品种的大量消失

随着我国育种事业的快速发展，各类农作物育成品种层出不穷，栽培、耕作、病虫害防治和田间管理技术日新月异，品种适应性越来越广，新品种和新技术的推广加快，导致许多长期适应于某些特定条件、具有某些优良特性但产量水平低下的品种逐渐退出生产舞台。因此，我国大多数农作物都出现少数品种占据生产的情况，众多地方品种已不再种植而逐渐消失。例如，1949 年我国约有 1 万个小麦品种（主要是农家品种）在种植使用，到 20 世纪 70 年代仅存约 1 000 个品种，而到 21 世纪初仅存数十个品种在种植，许多地方甚至出现单一品种种植。其他主要栽培作物也类似，许多地区随着杂交稻的大面积推广，加快了传统农家水稻品种的消失速度，如贵州黔东南州黎平县地方优良品种香禾糯的种植面积和品种数量都在减少（薛达元，2005）。

此外，在其长期的驯化过程中，很多作物野生近缘植物所具有的高产、抗病虫、耐逆境、雄性不育、营养高效等优异基因被丢失，导致栽培作物的遗传基础变得较为狭窄（乔卫华等，2020）。

（3）国外品种引种导致国内畜禽地方品种快速消失

根据 2010 年结束的第二次全国畜禽品种资源调查结果，近 300 个地方畜禽品种的群体数量下降，占地方畜禽品种总数的一半以上。即便是群体数量尚未达到濒危程度的一些地方品种，定向选育使公畜数量下降，也导致品种内遗传丰富度降低。中国畜禽品种资源消失和受威胁的现状与国际趋势具有一致性。

导致畜禽地方品种群体数量下降的一个主要原因是从国外引进了大量畜禽品种，外来品种的大规模引进和集约化生产，导致大量农村散养户退出畜禽养殖，地方品种生存空间变小，保护难度不断加大。目前，超过一半的地方品种数量呈下降趋势，濒危和濒临灭绝品种约占地方畜禽品种总数的 18%，其中处于濒危的有 15 个，濒临灭绝的有 44 个，已灭绝的有 17 个，尤以地方猪品种濒危和消失情况最为严重。这种趋势将随着集约化程度的提高和大量引种而进一步加剧（王启贵等，2019）。

2. 生境破坏导致遗传资源栖息地丧失

（1）作物野生近缘种生境丧失

受环境污染、滥伐森林、超限采伐、盲目开垦等人类活动影响，农业野生植物赖以生存的栖息地被改作他用或被严重破坏，导致农业野生植物完全丧失或分布范围和面积大量萎缩。许多作物野生近缘植物赖以生存的环境不断遭到破坏，一些重要物种的野生群落急剧减少，有些作物野生近缘植物物种濒临灭绝。20 世纪 80 年代在我国分布较为广泛的 36 个小麦野生近缘植物种，至 21 世纪初其分布居群已不到一半，广西壮族自治区1981 年有野生稻分布点 1 342 个，21 世纪初调查时仅剩 325 个。随着城镇化、现代化、工业化进程加速，以及气候变化、环境污染、外来物种入侵等因素的影响，地方品种和野生近缘种生境丧失增加，特有种质资源消失风险加剧（乔卫华等，2020；薛达元，2005）。

（2）水利工程导致鱼类产卵场受到破坏

随着大规模经济建设的进行，栖息地环境变化。一些无序无度的采沙取石对水域生态环境造成了不可逆转的毁灭性损害，致使许多优良的鱼类产卵场、采苗场、育肥场和增养殖场功能丧失。大坝的修建使得流水环境变为静水，许多适应流水的鱼类生境缩小。同时改变了水产生物的繁殖环境，破坏了许多水产生物的天然产卵场。大坝也切断了一些鱼类的洄游通道，直接影响繁殖和生长，限制了种群的分布，加速了一些水生生物的灭绝进程。江湖阻隔不仅使鱼类失去繁殖场所，还切断了江湖洄游鱼类生活史中肥育场和繁殖场之间的联系，加速了湖泊的萎缩，降低了湖泊防蓄洪能力，减少了湿地面积，导致物种多样性的降低。

（3）水体污染导致大量水生生物消亡

自20世纪90年代，由于水体污染恶化，环境灾害频繁，对全国水生生物资源造成严重破坏，许多生物和养殖种类大面积死亡，每年全国水产养殖病害发病率偏高，损失率在20%左右。长江、湘江、松花江四大家鱼的产卵场、越冬场遭到严重破坏，面积逐年减少。随着城市扩张，人口过分集中和增多，生活垃圾、工业废弃物、工业废水、生活污水等陆源污染物的大量排放导致水域生态环境趋于恶化，直接导致了水产养殖的病害及渔业水域水华赤潮频繁发生，一些重要经济鱼类的产卵场、索饵育肥场和渔场也受到污染。

3. 生物遗传资源管理不善

（1）过度开发

天然水域水产生物资源利用过度，无论是海洋渔业还是内陆渔业都面临资源衰退的现状。过度捕捞还导致主要经济水产生物资源严重衰退，主要渔场和渔汛已不复存在。中国有机动渔船数十万艘，其捕捞强度大大超过了生物资源的良性再生能力。而渔业生产大量使用有害渔具、渔法，过度捕捞产卵亲鱼和幼鱼，对内陆淡水鱼类资源也造成严重破坏。由于养鱼水平逐年下降，种群结构低龄化、小型化和低值化现象日益严重。

（2）优异基因资源发掘滞后

优异资源和基因资源发掘利用严重滞后。种质资源表型精准鉴定、全基因组水平基因型鉴定以及新基因发掘不够，难以满足品种选育对优异新种质和新基因的需求，资源优势尚未转化为经济优势。种质资源保护与鉴定设施不完善，现有库（圃）保存容量不足、覆盖面不广，分区域、分作物表型精准鉴定基地和规模化基因发掘平台缺乏，野生资源原生境保护与监测设施亟待加强。种质资源有效交流与共享不够。

（3）保护与开发能力不足

资源保护能力不足。部分畜禽保种场基础设施落后、群体血统不清、保种手段单一等问题突出。畜禽种质资源动态监测预警机制不健全，不能及时、准确掌握资源状况。一些地方品种资源因未采取有效保护措施，仍处于自生自灭状态。另外，资源保护支撑体系不健全，畜禽遗传资源保护政策支持力度较小，专门化管理机构少，专业化人才队伍缺乏，保护理论不够系统深入，技术研发和创新能力落后，制约了畜禽遗传资源的有效保护和利用。此外，在保护农业遗传资源方面的投入也不足，信息技术和生物技术都有缺失的地方。

（4）保护意识不强

农村基层对传统农作物和畜禽品种的保护意识普遍不高，对于大量传统品种的快速消失趋势，大多没有采取专门的保护措施。对农家老品种的认同感下降，追求新品种，不愿种植传统老品种。农村中大量年轻人外出务工，对农业生产和农业遗传资源不关心，基层社区农业种质资源保护与管理后继无人。

（5）获取与惠益共享机制尚未建立

虽然中国已于2016年加入《名古屋议定书》，但是与《名古屋议定书》接轨的国内立法尚未完成，获取与惠益分享的国家制度尚未建立，已远远落后于国际履约要求。由于缺少国家立法和国家制度，"事先知情同意"的遗传资源获取程序和"共同商定条件"下的公平惠益分享机制无法实施，遗传资源的流失仍在继续。

4. 外来入侵物种的危害

（1）外来入侵物种的概念

外来物种入侵（invasion of alien species）是全球范围内除栖息地破坏之外，严重威胁生物多样性的第二大因素。外来入侵物种是指从原生生态系统人为引入或自然传播进入新的生态系统，在新的生态系统自然繁殖建立新的种群，并且其蔓延和扩散对当地的生态环境、人类生产活动以及身体健康造成危害的植物、动物、微生物。外来入侵物种通过与本地物种竞争生存空间、水分和养分，对全球生物多样性、生态系统、生物遗传资源以及人类健康构成严重威胁。随着全球经济贸易往来的日益频繁，交通和旅游的快速发展，世界各地的外来入侵物种数量显著增加。

外来物种入侵中国的速度不断加快，新的外来入侵物种不断被发现，中国成为全球遭受外来入侵植物危害最严重的国家之一。由于生态旅游、道路交通建设、城镇建设、种植养殖业等社会经济活动的快速发展，人员流动急剧增加，外来物种入侵风险迅速升高。入侵物种对生态系统/生物多样性、农林牧渔业生产以及人类健康造成经济损失或生态灾难。外来物种是否入侵物种有 3 个判断标准：①由于自然原因或有人类活动而被引入一个非本源地区域；②在当地的自然或人造生态系统中形成了自我再生能力，具有高生长速度、强繁殖能力和快速蔓延能力；③可耐受各种环境，可以改变生长模式以适应现有环境，给当地的生态系统或地理结构造成明显的损害或影响。

（2）外来物种入侵的途径

外来物种入侵的途径分为有意引进、无意引进和自然扩散 3 种方式。第一，有意引进：通过科学交流、个人宠物饲养和生产企业引进优良物种来提高产出及经济利益等方式对外来物种进行引进。第二，无意引进：外来物种通过依附于进境邮件、运输工具、进境货物或进境货物载体等途径进入。例如，我国检验检疫部门在口岸对入境货物检疫查验执法中，在入境的大麦、豌豆和大豆等粮食作物，棉花和短绒，种子苗木及承载货物的木质包装及装载集装箱中截获过三裂叶豚草、法国野燕麦、假高粱、刺蒺藜草、美丽猪屎豆、西方苍耳、北美苍耳、双钩异翅长蠹、双棘长蠹非中国种、花园葱蜗牛和松材线虫等检疫性有害生物。第三，自然扩散：入侵种通过各种自然条件，如鸟类的迁徙、河流、海洋、风力等自然因素条件传入。

（3）我国外来入侵生物的数量与分布

我国是世界上遭受外来物种入侵危害最严重的国家之一。截至 2018 年年底，我国的外来入侵物种有近 800 种，已确认入侵农林生态系统的有 638 种，其中动物 179 种、植物 381 种、病原微生物 78 种。大面积发生和危害严重的重大入侵生物多达 120 余种。世界 100 种恶性外来入侵物种已有 82 种在我国发生分布，包括本地物种 33 种、外来入侵物种 32 种、外来非入侵物种 16 种，以及未明确入侵状态 1 种。其中，32 种外来入侵物种包括陆生无脊椎动物 8 种、哺乳动物 2 种、鱼类 2 种、两栖动物 1 种、爬行动物 1 种、水生无脊椎动物 2 种、陆生植物 9 种、水生植物 4 种、真菌 1 种、卵菌 1 种和病毒 1 种。以上物种主要分布在东南沿海地区和西南地区，而较少分布在西北地区和东北地区；约75%物种分布在农田、城镇、森林和湿地 4 类生态系统。

在空间分布上由沿海向内陆逐渐减少。最多的是沿海地区及云南，中部地区及一些相邻的东部和西部地区次之，西部地区外来入侵物种种数较少。全国 31 个省（区、市）均有入侵生物发生和危害，半数以上县域都有入侵物种分布，涉及农田、森林、水域、湿地、草地、岛屿、城市居民区等几乎所有的自然或人工生态系统。

（4）外来入侵物种造成的经济损失

全国外来入侵物种发生面积超过 0.25 亿 hm^2，其中 80%以上的入侵物种出现在农田等人为干扰频繁的生境中。据调查，河北、江苏、广东、海南、云南等省的入侵物种数量均在 200 种以上，其中云南最为严重（288 种）；宁夏、西藏、甘肃、内蒙古等省（区）的入侵物种数量相对较少，其中宁夏最少（77 种）；在沿边沿海地区，天津、山东、福建、广西等 12 个省（区、市）入侵物种首次发现比例高达 74.6%。入侵物种更是扩散到了青藏高原腹地。由于边境贸易不断发展，作为最内陆的新疆也面临入侵生物的危害，农林外来入侵生物多达 95 种。

我国因外来物种入侵造成的损失相当惊人。据统计，外来入侵物种每年造成的直接经济损失逾 2 000 亿元，其中几种主要入侵物种所造成的经济损失就高达 574 亿元。美洲斑潜蝇防治费用就需 4.5 亿元，打捞水葫芦的费用则需要 5 亿～10 亿元。松材线虫于 1982 年在南京中山陵首次被发现，后蔓延至江苏、安徽、广东、浙江、山东等省，造成 1 600 万株松树死亡，直接经济损失 18.2 亿元。原产于日本的松突圆蚧于 20 世纪 80 年代初出现在我国南部，到 1990 年年底，已经造成 13 000 km^2 的马尾松林枯死。原产北美洲的美国白蛾于 1979 年侵入我国，仅辽宁一地就有 100 多种植物受到危害。

二、中国生物遗传资源保护政策

1. 与生物物种资源保护相关的基本政策

早在《公约》和《名古屋议定书》谈判期间，中国就已特别关注遗传资源及相关传统知识的流失、保护、管理及公平惠益分享等议题，并先后出台了多项政策。

（1）《国务院办公厅关于加强生物物种资源保护与管理的通知》

2004 年 3 月发布的《国务院办公厅关于加强生物物种资源保护与管理的通知》（以下简称《通知》）提出 15 项措施：①充分认识生物物种资源保护和管理的重要性；②开展生物物种资源调查；③做好生物物种资源编目工作；④制定生物物种资源保护利用规划；⑤加强基础能力建设；⑥健全生物物种资源对外输出审批制度；⑦建立生物物种资源出入境查验制度；⑧加强生物物种资源对外合作管理；⑨加强科学研究和技术开发；⑩加强人才培养；⑪加大资金投入；⑫强化预警监督；⑬完善立法工作；⑭加大执法力度；⑮加强领导和协调。

《通知》明确，为避免工作重复和疏漏，国务院决定建立生物物种资源保护部际联席会议制度，统一组织、协调国家生物物种资源的保护和管理工作，部际联席会议由国家环保总局（现生态环境部）牵头，国务院 17 个有关部门参加。国家环保总局负责生物物种资源保护和管理的组织协调，会同监察部加强监督检查。教育、建设、农业、卫生、林业和中医药等部门负责本行业生物物种资源的保护和管理工作；工商、商务、海关、质检等部门负责市场和出入境管理；科技、知识产权等部门负责科研开发和知识产权管理；发展改革、财政等部门负责制定经济政策并落实所需资金。同时，还成立了"生物物种资源保护专家委员会"。

（2）《全国生物物种资源保护与利用规划纲要（2006—2020）》

2007 年 12 月，经国务院同意，国家环保总局（现生态环境部）发布《全国生物物种资源保护与利用规划纲要（2006—2020）》（以下简称《规划纲要》）。《规划纲要》的编制依据国家中长期发展战略要求，是我国生物物种资源保护领域首部重要的纲领性文件，对于发展和开拓我国新时期、新阶段生物物种资源，防止物种资源丧失和流失具有重要意义。

《规划纲要》提出 2006—2020 年 3 个阶段目标：到 2010 年，基本遏制住目前生物物种资源急剧减少的趋势；到 2015 年，基本控制生物物种资源的丧失和流失；到 2020 年，生物物种资源得到有效保护。

《规划纲要》根据物种资源的范畴和保护需求，确定了 12 个重点领域的近期和中长期任务。12 个重点领域涵盖了动物、植物、微生物以及相关传统知识和出入境管理等方面。并提出"十一五"期间生物物种资源保护和利用的 10 项优先行动和 55 个优先项目。

（3）《国家知识产权战略纲要》

2008 年 6 月，国务院正式发布《国家知识产权战略纲要》（以下简称《纲要》）。《纲要》第二部分"指导思想和战略目标"将"遗传资源、传统知识和民间文艺的有效保护与合理利用"列入近五年的战略目标，并提出今后一段时间的战略任务：完善遗传资源保护、开发和利用制度，防止遗传资源流失和无序利用；协调遗传资源保护、开发和利用的利益关系，构建合理的遗传资源获取与惠益分享机制；保障遗传资源提供者知情同意权。

建立健全传统知识保护制度。扶持传统知识的整理和传承，促进传统知识发展。完善传统医药知识产权管理、保护和利用协调机制，加强对传统工艺的保护、开发和利用。

（4）六部门通知

2014 年 10 月，环境保护部会同教育部、科技部、农业部、国家林业局、中国科学院联合发布《关于加强对外合作与交流中生物遗传资源利用与惠益分享管理的通知》（环发〔2014〕156 号），提出由于法规制度不健全和保护意识不强，对外合作与交流中发生的生物遗传资源流失问题还很突出，致使国家利益遭受损害。为加强对外合作与交流中生物遗传资源的管理，促进惠益分享，提出 6 项任务：①充分认识加强生物遗传资源保护和管理的重要性；②加强对外合作与交流项目的立项管理；③强化对外合作与交流项目实施的监督管理；④加强对外合作与交流项目成果的跟踪监测和管理；⑤规范对外合作与交流中生物遗传资源的输出行为；⑥加强部门协调和基础能力建设。

（5）传统知识技术规定

2014 年 5 月，环境保护部发布《生物多样性相关传统知识分类、调查与编目技术规定（试行）》，对传统知识的分类、调查和编目作了具体规定，要求各地各部门结合实际工作，参考执行。这是全球第一个关于生物多样性相关传统知识的分类标准，将传统知识分为 5 个类型（30 个小项）：①传统选育和利用农业遗传资源的相关知识；②传统医药相关知识；③与生物资源可持续利用相关的传统技术及生产方式；④与生物多样性相关的传统文化；⑤传统生物地理标志产品相关知识。

2. 生物多样性保护政策、战略与管理机制

（1）《关于进一步加强生物多样性保护的意见》

2021 年 10 月，中共中央办公厅、国务院办公厅印发《关于进一步加强生物多样性保护的意见》，部分内容如下：

1）总体目标

到 2025 年，以国家公园为主体的自然保护地占陆域国土面积的 18%左右，森林覆盖率提高到 24.1%，草原综合植被盖度达到 57%左右，湿地保护率达到 55%，自然海岸线保有率不低于 35%，国家重点保护野生动植物物种数保护率达到 77%，92%的陆地生态系统类型得到有效保护，生物遗传资源收集保藏量保持在世界前列，基本建立生物多样性保护相关政策、法规、制度、标准和监测体系。

到 2035 年，森林覆盖率达到 26%，草原综合植被盖度达到 60%，湿地保护率提高到 60%左右，以国家公园为主体的自然保护地占陆域国土面积的 18%以上，典型生态系统、国家重点保护野生动植物物种、濒危野生动植物及其栖息地得到全面保护，生物遗传资源获取与惠益分享、可持续利用机制全面建立，保护生物多样性成为公民自觉行动，形成生物多样性保护推动绿色发展和人与自然和谐共生的良好局面。

2）加快生物多样性保护法治建设

健全生物多样性保护和监管制度，研究推进野生动物保护、渔业、湿地保护、自然保护地、森林、野生植物保护、生物遗传资源获取与惠益分享等领域法律法规的制定修订工作。研究起草生物多样性相关传统知识保护条例，制定完善外来入侵物种名录和管理办法。各地可因地制宜出台相应的生物多样性保护地方性法规。

3）落实就地保护体系

在国土空间规划中统筹划定生态保护红线，优化调整自然保护地，加强对生物多样性保护优先区域的保护监管，明确重点生态功能区生物多样性保护和管控政策。因地制宜科学构建促进物种迁徙和基因交流的生态廊道，着力解决自然景观破碎化、保护区域孤岛化、生态连通性降低等突出问题。合理布局建设物种保护空间体系，重点加强珍稀濒危动植物、旗舰物种和指示物种保护管理，明确重点保护对象及其受威胁程度，对其栖息生境实施不同保护措施。选择重要珍稀濒危物种、极小种群和遗传资源破碎分布点建设保护点。持续推进各级各类自然保护地、城市绿地等保护空间标准化、规范化建设。

4）完善生物多样性迁地保护体系

优化建设动植物园、濒危植物扩繁和迁地保护中心、野生动物收容救护中心和保育救助站、种质资源库（场、区、圃）、微生物菌种保藏中心等各级各类抢救性迁地保护设施，填补重要区域和重要物种保护空缺，完善生物资源迁地保存繁育体系。科学构建珍稀濒危动植物、旗舰物种和指示物种的迁地保护群落，对于栖息地环境遭到严重破坏的重点物种，加强其替代生境研究和示范建设，推进特殊物种人工繁育和野化放归工作。抓好迁地保护种群的档案建设与监测管理。

5）持续推进生物多样性调查监测

充分依托现有各级各类监测站点和监测样地（线），构建生态定位站点等监测网络。建立反映生态环境质量的指示物种清单，开展长期监测，鼓励具备条件的地区开展周期性调查。持续推进农作物和畜禽、水产、林草植物、药用植物、菌种等生物遗传资源和种质资源调查、编目及数据库建设。每 5 年更新《中国生物多样性红色名录》。

6）建立健全生物遗传资源获取和惠益分享监管制度

实施生物遗传资源及其相关传统知识调查登记，制定完善生物遗传资源目录，建立生物遗传资源信息平台，促进生物遗传资源获取、开发利用、进出境、知识产权保护、惠益分享等监管信息跨部门联通共享。完善获取、利用、进出境审批责任制和责任追究制，强化生物遗传资源对外提供和合作研究利用的监督管理。

7）加强生物资源开发和可持续利用技术研究

开展新作物、新品种、新品系、新遗传材料和作物病虫害发展动态调查研究，加强野生动植物种质资源保护和可持续利用，保障粮食安全和生态安全。提高种质资源品种改良生物技术水平，推进酿造、燃料、环境、药品等方面替代资源研发，促进环保、农业、医疗、军事、工业等领域生物资源科技成果转化应用。

（2）《关于深化生态补偿制度改革的意见》

2021 年 9 月，中共中央办公厅、国务院办公厅印发《关于深化生态保护补偿制度改革的意见》，部分要点如下：

1）指导思想

践行绿水青山就是金山银山理念，完善生态文明领域统筹协调机制，加快健全有效市场和有为政府更好结合、分类补偿与综合补偿统筹兼顾、纵向补偿与横向补偿协调推进、强化激励与硬化约束协同发力的生态保护补偿制度。

2）改革目标

到 2025 年，与经济社会发展状况相适应的生态保护补偿制度基本完备。以生态保护成本为主要依据的分类补偿制度日益健全，以提升公共服务保障能力为基本取向的综合补偿制度不断完善，以受益者付费原则为基础的市场化、多元化补偿格局初步形成，全社会参与生态保护的积极性显著增强，生态保护者和受益者良性互动的局面基本形成。到 2035 年，适应新时代生态文明建设要求的生态保护补偿制度基本定型。

　　3）完善和改革生态补偿制度

　　健全以生态环境要素为实施对象的分类补偿制度，综合考虑生态保护地区经济社会发展状况、生态保护成效等因素确定补偿水平，对不同要素的生态保护成本予以适度补偿。完善以绿色生态为导向的农业生态治理补贴制度。完善耕地保护补偿机制，因地制宜推广保护性耕作，健全耕地轮作休耕制度。

　　加大纵向补偿力度并突出重点。结合中央财力状况逐步增加重点生态功能区转移支付规模。中央预算内投资对重点生态功能区基础设施和基本公共服务设施建设予以倾斜。继续对生态脆弱脱贫地区给予生态保护补偿，保持对原深度贫困地区支持力度不减。建立健全以国家公园为主体的自然保护地体系生态保护补偿机制，根据自然保护地规模和管护成效加大保护补偿力度。

　　改进纵向补偿办法。根据生态效益外溢性、生态功能重要性、生态环境敏感性和脆弱性等特点，在重点生态功能区转移支付中实施差异化补偿。

　　4）发挥市场机制作用，加快推进多元化补偿

　　合理界定生态环境权利，按照受益者付费的原则，通过市场化、多元化方式，促进生态保护者利益得到有效补偿，激发全社会参与生态保护的积极性。

　　第一，完善市场交易机制。加快自然资源统一确权登记，建立归属清晰、权责明确、保护严格、流转顺畅、监管有效的自然资源资产产权制度，完善反映市场供求和资源稀缺程度、体现生态价值和代际补偿的自然资源资产有偿使用制度，对履行自然资源资产保护义务的权利主体给予合理补偿。

　　第二，探索多样化补偿方式。支持生态功能重要地区开展生态环境教育培训，引导发展特色优势产业、扩大绿色产品生产。加快发展生态农业和循环农业。推进生态环境导向的开发模式项目试点。

　　（3）《中国生物多样性保护战略与行动计划（2011—2030 年）》

　　2010 年 9 月，国务院批准实施《中国生物多样性保护战略与行动计划（2011—2030 年）》（以下简称《战略与行动计划》），《战略与行动计划》在遗传资源保护方面提出以下战略任务、优先行动和优先项目。

　　1）战略任务

　　《战略与行动计划》提出的 8 项战略任务中，至少有 3 项是关于生物遗传资源保护与管理，例如，任务 4 提出"农作物种质资源以迁地保护为主，畜禽种质资源以就地保护为主，加强生物遗传资源库建设。"任务 5 要求："加强对生物资源的发掘、整理、检测、筛选和性状评价，筛选优良生物遗传基因。"任务 6 要求："加强生物遗传资源价

值评估与管理制度研究，抢救性保护和传承相关传统知识，完善传统知识保护制度，探索建立生物遗传资源及相关传统知识获取与惠益共享制度，协调生物遗传资源及相关传统知识保护、开发和利用的利益关系，确保各方利益。"

2）优先行动

《战略与行动计划》提出的 30 项优先行动中，至少有 7 项行动是关于生物遗传资源保护和管理的，例如：

行动 8：开展生物物种资源和相关传统知识的调查编目。要求：①以边远地区和少数民族地区为重点，开展地方农作物和畜禽品种资源及野生食用、药用动植物和菌种资源的调查和收集整理，并存入国家种质资源库。②重点调查重要林木、野生花卉、药用生物和水生生物等种质资源，进行资源收集保存、编目和数据库建设。③调查少数民族地区与生物遗传资源相关的传统知识、创新和实践，建立数据库，开展惠益共享的研究与示范。

行动 10：促进和协调生物遗传资源信息化建设。

行动 16：加强畜禽遗传资源保护场和保护区建设。提出：①完善已建畜禽遗传资源保种场和保护区。②新建一批畜禽遗传资源保种场和保护区，加大对优良畜禽遗传资源的保护力度。③健全我国畜禽遗传资源保护体系，对畜禽遗传资源保护的有效性进行评价。

行动 18（建立和完善生物遗传资源保存体系）：加强国家农作物种质资源中期库、长期库和备份库的建设，完善畜禽和牧草种质资源保存库；建立国家林木植物种质资源保存库和相应的种质保存圃；建成国家野生花卉种质和药用植物资源保存库；建立国家畜禽遗传资源细胞库和基因库；建立水产种质资源基因库；等等。

行动 20：加强生物遗传资源的开发利用和创新研究。

行动 21：建立生物遗传资源及相关传统知识保护、获取与惠益共享的制度和机制。

行动 22：建立生物遗传资源出入境查验和检验体系。

3）优先项目

《战略与行动计划》列出的 39 个优先项目中，至少有 7 个项目是关于生物遗传资源的保护与管理。例如：

项目 4：建立生物遗传资源获取与惠益分享制度。

项目 11：开展少数民族地区传统知识调查与编目。

项目 13：农业野生植物保护点监测预警系统建设。

项目 26：农作物种质资源收集保存工程。

项目 29：畜禽遗传资源鉴定、评价与开发利用工程。

项目 30：作物种质资源鉴定、评价与开发利用工程。

项目 31：珍稀濒危野生药用生物物种的引种驯化和替代品开发工程。

4）《战略与行动计划》的内容更新

为落实《生物多样性公约》第十五次缔约方大会目标，生态环境部会同相关部门，在原有《战略与行动计划》的基础上，对照"昆蒙框架"新的行动目标，于2024年1月18日发布了更新的《中国生物多样性保护战略与行动计划（2023—2030年）》。

其中优先行动15：种质资源可持续利用。提出：强化国家层面种质资源利用平台和共享体系建设，推进生物资源安全共享和有序开发。强化对生物资源的发掘、整理、检测、筛选和性状与功能评价，构建种质资源DNA分子指纹图谱库、特征库和数据库。打造具有国际先进水平的基础性科研和商业化育种体系，促进产学研深度融合、育繁推一体化发展。加强国家级和省级育制种基地建设，进一步优化良种生产区域布局。提高种质资源品种改良生物技术水平，推进酿造、燃料、环境、中药等方面替代资源研发。到2030年，种质资源保护利用体系更加健全完善，鉴定评价和开发共享能力大幅度提高，打造一批育种创新平台，选育推广一批突破性新品种，建成一批现代化良种繁育基地，全面提升良种化、智能化水平。在此优先行动下，还提出下列优先项目：

➢ 农业种质资源普查。加快推进农业种质资源普查，摸清资源家底，实现应收尽收、应保尽保。发布农作物种质资源普查报告、畜禽遗传资源状况报告和水产养殖种质资源状况报告。

➢ 农作物种质资源精准鉴定。立足国家库（圃）保存的资源，开展库（圃）资源的基因型鉴定，探明遗传背景和构成，构建"分子身份证"；在基因型鉴定基础上，开展核心种质资源的表型精准鉴定。

➢ 农业种质资源共享利用。完善种质资源共享利用机制，推进种质资源登记工作，持续发布可供利用的种质资源目录，发挥国家农作物种质资源共享平台作用，实现种质资源共享数字化、信息化。组织开展优异种质资源展示推介，鼓励地方品种申请地理标志产品和重要农业文化遗产，加大资源开发利用力度。

3. 农业种质资源保护的政策

（1）《国务院办公厅关于加强农业种质资源保护与利用的意见》

农业种质资源是保障国家粮食安全与重要农产品供给的战略性资源，是农业科技原始创新与现代种业发展的物质基础。为加强农业种质资源保护与利用工作，2019年12月，《国务院办公厅关于加强农业种质资源保护与利用的意见》（国办发〔2019〕56号）发布，特别强调了以下重点工作：

1）总体要求

落实新发展理念，以农业供给侧结构性改革为主线，进一步明确农业种质资源保护的基础性、公益性定位，坚持保护优先、高效利用、政府主导、多元参与的原则，为建设现代种业强国、保障国家粮食安全、实施乡村振兴战略奠定坚实基础。力争到 2035 年，建成系统完整、科学高效的农业种质资源保护与利用体系，资源保存总量位居世界前列。

2）开展系统收集保护，实现应保尽保

开展农业种质资源（主要包括作物、畜禽、水产、农业微生物种质资源）全面普查、系统调查与抢救性收集，加快查清农业种质资源家底，全面完成第三次全国农作物种质资源普查与收集行动，加大珍稀、濒危、特有资源与特色地方品种收集力度，确保资源不丧失。完善农业种质资源分类分级保护名录，开展农业种质资源中长期安全保存，新建、改扩建一批农业种质资源库（场、区、圃），加快国家作物种质长期库新库、国家海洋渔业生物种质资源库建设，启动国家畜禽基因库建设。

3）强化鉴定评价，提高利用效率

以优势科研院所、高等院校为依托，搭建专业化、智能化资源鉴定评价与基因发掘平台，建立全国统筹、分工协作的农业种质资源鉴定评价体系。深化重要经济性状形成机制、群体协同进化规律、基因组结构和功能多样性等研究，加快高通量鉴定、等位基因规模化发掘等技术应用。开展种质资源表型与基因型精准鉴定评价，深度发掘优异种质、优异基因，构建分子指纹图谱库，强化育种创新基础。

4）建立健全保护体系，提升保护能力

健全国家农业种质资源保护体系，实施国家和省级两级管理，建立国家统筹、分级负责、有机衔接的保护机制。农业农村部和省级农业农村部门分别确定国家和省级农业种质资源保护单位，并相应组织开展农业种质资源登记，实行统一身份信息管理。构建全国统一的农业种质资源大数据平台，推进数字化动态监测、信息化监督管理。

5）推进开发利用，提升种业竞争力

组织实施优异种质资源创制与应用行动，完善创新技术体系，规模化创制突破性新种质，推进良种重大科研联合攻关。鼓励农业种质资源保护单位开展资源创新和技术服务，鼓励支持地方品种申请地理标志产品保护和重要农业文化遗产，发展一批以特色地方品种开发为主的种业企业，推动资源优势转化为产业优势。

6）完善政策支持，强化基础保障

加强对农业种质资源保护工作的政策扶持。要合理安排新建、改扩建农业种质资源库（场、区、圃）用地，科学设置畜禽种质资源疫病防控缓冲区，不得擅自、超范围将畜禽、水产保种场划入禁养区，占用农业种质资源库（场、区、圃）的，需经原设立机关批准。

7）加强组织领导，落实管理责任

要切实督促落实省级主管部门的管理责任、市县政府的属地责任和农业种质资源保护单位的主体责任，将农业种质资源保护与利用工作纳入相关工作考核。省级以上农业农村、发展改革、科技、财政、生态环境等部门要联合制定农业种质资源保护与利用发展规划。

（2）畜禽遗传资源保护的政策

1）国家畜禽遗传资源目录

2020 年 5 月，农业农村部发布公告，公布了经国务院批准的《国家畜禽遗传资源目录》。其中，传统畜禽 12 类 17 种，特种畜禽 16 类 16 种，共计 33 种（专栏 5）。修订后的《国家畜禽遗传资源品种名录（2021 年版）》收录了家养传统畜禽和特种畜禽共 33 个种，包括地方品种、培育品种、引入品种及配套系共 948 个品种。

专栏 5　国家畜禽遗传资源目录（2020）

一、传统畜禽

（一）猪（地方品种，培育品种（含家猪与野猪杂交后代）及配套系，引入品种及配套系）

（二）普通牛、瘤牛、水牛、牦牛、大额牛（地方品种，培育品种及配套系，引入品种及配套系）

（三）绵羊、山羊（地方品种，培育品种及配套系，引入品种及配套系）

（四）马（地方品种，培育品种，引入品种）

（五）驴（地方品种，培育品种，引入品种）

（六）骆驼（地方品种，培育品种，引入品种）

（七）兔（地方品种，培育品种及配套系，引入品种及配套系）

（八）鸡（地方品种，培育品种及配套系，引入品种及配套系）

（九）鸭（地方品种，培育品种及配套系，引入品种及配套系）

（十）鹅（地方品种，培育品种及配套系，引入品种及配套系）

（十一）鸽（地方品种，培育品种及配套系，引入品种及配套系）

（十二）鹌鹑（培育品种及配套系，引入品种及配套系）

二、特种畜禽

（一）梅花鹿（地方品种，培育品种，引入品种）

（二）马鹿（地方品种，培育品种，引入品种）

（三）驯鹿（地方品种，培育品种，引入品种）

（四）羊驼（培育品种，引入品种）

（五）火鸡（培育品种，引入品种）

（六）珍珠鸡（培育品种，引入品种）

（七）雉鸡（地方品种，培育品种，引入品种）

（八）鹧鸪（培育品种，引入品种）

（九）番鸭（地方品种，培育品种，引入品种）

（十）绿头鸭（培育品种，引入品种）

（十一）鸵鸟（培育品种，引入品种）

（十二）鸸鹋（培育品种，引入品种）

（十三）水貂（非食用）（培育品种，引入品种）

（十四）银狐（非食用）（培育品种，引入品种）

（十五）北极狐（非食用）（培育品种，引入品种）

（十六）貉（非食用）（地方品种，培育品种，引入品种）

2）国家级畜禽遗传资源保护名录

《中国国家级畜禽遗传资源保护名录》是农业部于 2014 年 2 月 14 日根据《中华人民共和国畜牧法》第十二条的规定，结合第二次全国畜禽遗传资源调查结果，对《国家级畜禽遗传资源保护名录》进行了修订，确定 159 个畜禽品种为国家级畜禽遗传资源保护品种（专栏6）。

专栏6　中国国家级畜禽遗传资源保护名录

（农业部公告　2014 年第 2061 号）

一、猪

八眉猪、大花白猪、马身猪、淮猪、莱芜猪、内江猪、乌金猪（大河猪）、五指山猪、二花脸猪、梅山猪、民猪、两广小花猪（陆川猪）、里岔黑猪、金华猪、荣昌猪、香猪、华中两头乌猪（沙子岭猪、通城猪、监利猪）、清平猪、滇南小耳猪、槐猪、蓝塘猪、藏猪、浦东白猪、撒坝猪、湘西黑猪、大蒲莲猪、巴马香猪、玉江猪（玉山黑猪）、姜曲海猪、粤东黑猪、汉江黑猪、安庆六白猪、莆田黑猪、嵊县花猪、宁乡猪、米猪、皖南黑猪、沙乌头猪、乐平猪、海南猪（屯昌猪）、嘉兴黑猪、大围子猪

二、鸡

大骨鸡、白耳黄鸡、仙居鸡、北京油鸡、丝羽乌骨鸡、茶花鸡、狼山鸡、清远麻鸡、藏鸡、矮脚鸡、浦东鸡、溧阳鸡、文昌鸡、惠阳胡须鸡、河田鸡、边鸡、金阳丝毛鸡、静原鸡、瓢鸡、林甸鸡、怀乡鸡、鹿苑鸡、龙胜凤鸡、汶上芦花鸡、闽清毛脚鸡、长顺绿壳蛋鸡、拜城油鸡、双莲鸡

三、鸭

北京鸭、攸县麻鸭、连城白鸭、建昌鸭、金定鸭、绍兴鸭、莆田黑鸭、高邮鸭、缙云麻鸭、吉安红毛鸭

四、鹅

四川白鹅、伊犁鹅、狮头鹅、皖西白鹅、豁眼鹅、太湖鹅、兴国灰鹅、乌鬃鹅、浙东白鹅、钢鹅、溆浦鹅

五、牛、马、驼

九龙牦牛、天祝白牦牛、青海高原牦牛、甘南牦牛、独龙牛（大额牛）、海子水牛、温州水牛、槟榔江水牛、延边牛、复州牛、南阳牛、秦川牛、晋南牛、渤海黑牛、鲁西牛、温岭高峰牛、蒙古牛、雷琼牛、郏县红牛、巫陵牛（湘西牛）、帕里牦牛、德保矮马、蒙古马、鄂伦春马、晋江马、宁强马、岔口驿马、焉耆马、关中驴、德州驴、广灵驴、泌阳驴、新疆驴、阿拉善双峰驼

六、羊

辽宁绒山羊、内蒙古绒山羊（阿尔巴斯型、阿拉善型、二狼山型）、小尾寒羊、中卫山羊、长江三角洲白山羊（笔料毛型）、乌珠穆沁羊、同羊、西藏羊（草地型）、西藏山羊、济宁青山羊、贵德黑裘皮羊、湖羊、滩羊、雷州山羊、和田羊、大尾寒羊、多浪羊、兰州大尾羊、汉中绵羊、岷县黑裘皮羊、苏尼特羊、成都麻羊、龙陵黄山羊、太行山羊、莱芜黑山羊、牙山黑绒山羊、大足黑山羊

七、其他品种

敖鲁古雅驯鹿、吉林梅花鹿、中蜂、东北黑蜂、新疆黑蜂、福建黄兔、四川白兔

3）促进现代畜禽种业发展的政策

在畜禽种业方面，2016 年 6 月，农业部印发《农业部关于促进现代畜禽种业发展的意见》（以下简称"新意见"），目的就是实现全面提升畜禽种业国际竞争力，为建设畜牧业强国奠定坚实的种业基础，从根本上保障畜产品供给安全。"新意见"在畜禽种业发展顶层设计上战略引领全局，提出到 2025 年主要畜种核心种源自给率达 70%，国家级保护品种有效保护率达 95%以上，最终目标是到 2025 年，国家在畜禽种业发展上，基本建成与现代畜牧业相适应的良种繁育体系。此外，农业部还分别于 2006 年和 2016 年发布《畜禽新品种配套系审定和畜禽遗传资源鉴定办法》和《畜禽新品种配套系审定和畜禽遗传资源鉴定技术规范》等配套规章。

（3）地方政策

安徽、辽宁、黑龙江等省设立专门的畜禽遗传资源保护利用机构，浙江、安徽等 5 个省（区、市）相继出台配套规章，山东、云南等 27 个省（区、市）发布省级保护名录，

江苏、黑龙江等14个省（区、市）成立省级畜禽遗传资源委员会，建立健全国家和地方分级保护制度。农业部通过组织实施种质资源保护、畜禽良种工程等项目，安徽、江苏、山东等省通过设立地方畜禽遗传资源保护专项和行业发展项目，加强资源保护条件能力建设。中央和地方政策法规体系不断完善，有力支撑了畜禽遗传资源保护与利用工作（于康震，2017）。

三、中国农业遗传资源保护法规与制度

1. 农作物遗传资源保护法规

（1）《中华人民共和国种子法》

《中华人民共和国种子法》于2015年颁布，自2016年1月1日起实施。《中华人民共和国种子法》明确规定了种质资源保护的国家战略定位、具体保护举措、种质资源库（圃）的管理和种质资源的国家主权。从战略定位上来说，规定了明确的国家扶持种质资源保护工作。从具体举措上来说，规定了国家依法保护种质资源，任何单位和个人不得侵占和破坏种质资源，国家有计划地普查、收集、整理、鉴定、登记、保存、交流和利用种质资源，定期公布可供利用的种质资源目录，并且规定凡是侵占、破坏种质资源，私自采集或者采伐国家重点保护的天然种质资源的，由相关部门责令停止违法行为，且要承担相应的法律责任。在库（圃）管理上，国务院农业农村、林草主管部门应当建立种质资源库、种质资源保护区或者种质资源保护地，省级农业农村主管部门可以根据需要建立种质资源库、保护区、保护地。相应的种质资源库、保护区、保护地都属公共资源，依法开放利用。对于占用种质资源库、种质资源保护区、种质资源保护地的，一定要经原设立机关同意。国家对种质资源享有主权，《中华人民共和国种子法》规定任何单位和个人向境外提供种质资源，或者与境外机构、个人开展合作研究利用种质资源的，应当向省（区、市）人民政府农业农村主管部门提出申请，并提交国家共享惠益的方案；受理申请的农业农村主管部门经审核，报国务院农业农村主管部门批准。

具体内容主要在其第二章（种质资源保护）中规定：

第八条　国家依法保护种质资源，任何单位和个人不得侵占和破坏种质资源。禁止采集或者采伐国家重点保护的天然种质资源。

第九条　国家有计划地普查、收集、整理、鉴定、登记、保存、交流和利用种质资源，定期公布可供利用的种质资源目录。

第十条　省、自治区、直辖市人民政府农业、林业主管部门可以根据需要建立种质资源库、种质资源保护区、种质资源保护地。

第十一条　国家对种质资源享有主权，任何单位和个人向境外提供种质资源，或者与境外机构、个人开展合作研究利用种质资源的，应当向省、自治区、直辖市人民政府农业、林业主管部门提出申请，并提交国家共享惠益的方案。

（2）《中华人民共和国植物新品种保护条例》

1997年，国务院发布《中华人民共和国植物新品种保护条例》，并经2013年和2014年两次修订，该条例的主要相关条款有：

第一条　为了保护植物新品种权，鼓励培育和使用植物新品种，促进农业、林业的发展，制定本条例。

第二条　本条例所称植物新品种，是指经过人工培育的或者对发现的野生植物加以开发，具备新颖性、特异性、一致性和稳定性并有适当命名的植物品种。

第三条　国务院农业、林业行政部门（以下统称审批机关）按照职责分工共同负责植物新品种权申请的受理和审查并对符合本条例规定的植物新品种授予植物新品种权（以下称品种权）。

第六条　完成育种的单位或者个人对其授权品种，享有排他的独占权。任何单位或者个人未经品种权所有人（以下称品种权人）许可，不得为商业目的生产或者销售该授权品种的繁殖材料，不得为商业目的将该授权品种的繁殖材料重复使用于生产另一品种的繁殖材料；但是，本条例另有规定的除外。

第十三条　申请品种权的植物新品种应当属于国家植物品种保护名录中列举的植物的属或者种。植物品种保护名录由审批机关确定和公布。

第十四条　授予品种权的植物新品种应当具备新颖性。新颖性，是指申请品种权的植物新品种在申请日前该品种繁殖材料未被销售，或者经育种者许可，在中国境内销售该品种繁殖材料未超过1年；在中国境外销售藤本植物、林木、果树和观赏树木品种繁殖材料未超过6年，销售其他植物品种繁殖材料未超过4年。

第十五条　授予品种权的植物新品种应当具备特异性。特异性，是指申请品种权的植物新品种应当明显区别于在递交申请以前已知的植物品种。

第十六条　授予品种权的植物新品种应当具备一致性。一致性，是指申请品种权的植物新品种经过繁殖，除可以预见的变异外，其相关的特征或者特性一致。

第十七条　授予品种权的植物新品种应当具备稳定性。稳定性，是指申请品种权的植物新品种经过反复繁殖后或者在特定繁殖周期结束时，其相关的特征或者特性保持不变。

第三十九条　未经品种权人许可，以商业目的生产或者销售授权品种的繁殖材料的，品种权人或者利害关系人可以请求省级以上人民政府农业、林业行政部门依据各自的职权进行处理，也可以直接向人民法院提起诉讼。

（3）《中华人民共和国野生植物保护条例》

《中华人民共和国野生植物保护条例》于 1997 年 1 月 1 日起实施，2017 年做了修订。其中符合第二条第二款和第八条规定的由农业部门主管的野生植物被定义为农业野生植物，包括重要的作物野生近缘植物。农业部于 1999 年编制了"农业野生植物保护规划"，2002 年启动"农业野生植物保护与可持续利用"专项，对列入《国家重点保护野生植物名录（农业部分）》的物种开展调查、收集、保护和监测，取得了一定的成效。

根据《国家重点保护野生植物名录（第一批）》（农业部分）和拟列入第二批中与农业有关的野生植物清单，在对国家历次野生植物调查资料系统梳理的基础上，原农业部组织编制了《国家重点保护农业野生植物要略》，介绍了 72 科 209 个物种的历史状况及其主要特征特性，出版了《国家重点保护农业野生植物图鉴》，以精美图片形式展示了 61 科 173 个物种的分类特征，制定并发布了《农业野生植物调查技术规范》。以此为基础，各省（区、市）农业环保机构按照各物种在其辖区内的分布开展资源调查。

（4）《农作物种质资源管理办法》

《农作物种质资源管理办法》（以下简称《管理办法》）于 2003 年 7 月 8 日由农业部令第 30 号公布，2004 年 7 月 1 日农业部令第 38 号、2022 年 1 月 7 日农业农村部令 2022 年第 1 号修订，《管理办法》的主要内容如下：

1）第一章　总　则

第二条　在中华人民共和国境内从事农作物种质资源收集、整理、鉴定、登记、保存、交流、利用和管理等活动，适用本办法。

第三条　本办法所称农作物种质资源，是指选育农作物新品种的基础材料，包括农作物的栽培种、野生种和濒危稀有种的繁殖材料，以及利用上述繁殖材料人工创造的各种遗传材料，其形态包括果实、籽粒、苗、根、茎、叶、芽、花、组织、细胞和 DNA、DNA 片段及基因等有生命的物质材料。

第四条　农业农村部设立国家农作物种质资源委员会，研究提出国家农作物种质资源发展战略和方针政策，协调全国农作物种质资源的管理工作。委员会办公室设在农业农村部种植业管理司，负责委员会的日常工作。

2）第二章　农业作物种质资源收集

第七条　国家有计划地组织农作物种质资源普查、重点考察和收集工作。因工程建设、环境变化等情况可能造成农作物种质资源灭绝的，应当及时组织抢救收集。

第八条　禁止采集或者采伐列入国家重点保护野生植物名录的野生种、野生近缘种、濒危稀有种和保护区、保护地、种质圃内的农作物种质资源。

第十条　未经批准，境外人员不得在中国境内采集农作物种质资源。

第十二条　收集的所有农作物种质资源及其原始档案应当送交国家种质库登记保存。

3）第三章　农作物种质资源鉴定、登记和保存

第十五条　对收集的所有农作物种质资源应当进行植物学类别和主要农艺性状鉴定。

第十六条　农作物种质资源保存实行原生境保存和非原生境保存相结合的制度。原生境保存包括建立农作物种质资源保护区和保护地，非原生境保存包括建立各种类型的种质库、种质圃及试管苗库。

第十七条　农业农村部在农业植物多样性中心、重要农作物野生种及野生近缘植物原生地以及其他农业野生资源富集区，建立农作物种质资源保护区或者保护地。

第十八条　农业农村部建立国家农作物种质库，包括长期种质库及其复份库、中期种质库、种质圃及试管苗库。

4）第四章　农作物种质资源繁殖和利用

第二十条　国家鼓励单位和个人从事农作物种质资源研究和创新。

第二十一条　国家长期种质库保存的种质资源属国家战略资源，未经农业农村部批准，任何单位和个人不得动用。

第二十二条　国家中期种质库应当定期繁殖更新库存种质资源，保证库存种质资源活力和数量；国家种质圃应当定期更新复壮圃存种质资源，保证圃存种质资源的生长势。

第二十四条　从国家获取的种质资源不得直接申请新品种保护及其他知识产权。

5）第五章　农作物种质资源国际交流

第二十七条　国家对农作物种质资源享有主权，任何单位和个人向境外提供种质资源，应当经所在地省、自治区、直辖市农业农村主管部门审核，报农业农村部审批。

第二十八条　对外提供农作物种质资源实行分类管理制度，农业农村部定期修订分类管理目录。

第三十二条　从境外引进新物种的，应当进行科学论证，采取有效措施，防止可能造成的生态危害和环境危害。引进前，报经农业农村部批准，引进后隔离种植 1 个以上生育周期，经评估，证明确实安全和有利用价值的，方可分散种植。

6）第六章　农作物种质资源信息管理

第三十六条　国家农作物种质资源委员会办公室应当加强农作物种质资源的信息管理工作，包括种质资源收集、鉴定、保存、利用、国际交流等动态信息，为有关部门提供信息服务，保护国家种质资源信息安全。

此外，《管理办法》第八章（附则）第四十三条规定：本办法自 2003 年 10 月 1 日起施行。1997 年 3 月 28 日农业部发布的《进出口农作物种子（苗）管理暂行办法》有关种质资源进出口管理的内容同时废止。

2. 畜禽遗传资源保护法规

（1）《中华人民共和国畜牧法》

《中华人民共和国畜牧法》（以下简称《畜牧法》）于 2006 年 7 月 1 日开始实施。《畜牧法》首次从法律层面对我国畜禽品种和遗传种质资源相关工作进行全面规定，主要有两个方面内容：

一是明确依法开展畜禽遗传资源保护利用。《畜牧法》规定国家应制定畜禽遗传资源保护制度和措施，组织和开展畜禽遗传资源调查研究，撰写并公开国家畜禽遗传资源状况报告，对外公示经国务院批准的畜禽遗传资源目录，研究发布全国畜禽遗传资源保护和利用规划，等级确定国家级畜禽遗传资源保护名录，建立完善畜禽遗传资源保种场、保护区和基因库，商定并分配畜禽遗传资源保护任务。

二是明确依法实施种畜禽品种选育与生产经营。《畜牧法》规定，国家积极支持畜禽品种的选育，推广优良品种使用，制定发布畜禽新品种、配套系的审定办法和畜禽遗传资源的鉴定办法，不断完善健全畜禽良种繁育体系，实施种畜禽优良个体登记和推介优良种畜禽工作。国家鼓励畜禽养殖者开展对进口畜禽进行新品种、配套系的选育培育，增大品种的有效选择范围。

（2）《畜禽遗传资源进出境和对外合作研究利用审批办法》

国务院于 2008 年 8 月 28 日发布《中华人民共和国畜禽遗传资源进出境和对外合作研究利用审批办法》，自 2008 年 10 月 1 日起施行。部分内容为：

第三条   本办法所称畜禽，是指列入依照《中华人民共和国畜牧法》第十一条规定公布的畜禽遗传资源目录的畜禽。本办法所称畜禽遗传资源，是指畜禽及其卵子（蛋）、胚胎、精液、基因物质等遗传材料。

第六条   向境外输出列入畜禽遗传资源保护名录的畜禽遗传资源，应当具备下列条件：

第七条   （一）用途明确；（二）符合畜禽遗传资源保护和利用规划；（三）不对境内畜牧业生产和畜禽产品出口构成威胁；（四）国家共享惠益方案合理。

第八条   拟向境外输出列入畜禽遗传资源保护名录的畜禽遗传资源的单位，应当向其所在地的省、自治区、直辖市人民政府畜牧兽医行政主管部门提出申请，并提交下列资料：（一）畜禽遗传资源买卖合同或者赠与协议；（二）与境外进口方签订的国家共享惠益方案。

第十条   禁止向境外输出或者在境内与境外机构、个人合作研究利用我国特有的、新发现未经鉴定的畜禽遗传资源以及国务院畜牧兽医行政主管部门禁止出口的其他畜禽遗传资源。

（3）《种畜禽管理条例》

1994 年 4 月 15 日国务院以第 153 号令发布，2011 年修订的《种畜禽管理条例》，其部分内容有：

第二条　本条例所称种畜禽，是指种用的家畜家禽，包括家养的猪、牛、羊、马、驴、驼、兔、犬、鸡、鸭、鹅、鸽、鹌鹑等及其卵、精液、胚胎等遗传材料。

第六条　国家对畜禽品种资源实行分级保护。保护名录和具体办法由国务院畜牧行政主管部门制定。

第七条　国务院畜牧行政主管部门和省、自治区、直辖市人民政府有计划地建立畜禽品种资源保护区（场）、基因库和测定站，对有利用价值的濒危畜禽品种实行特别保护。

第八条　县级以上人民政府对畜禽品种资源的普查、鉴定、保护、培育和利用，给予扶持。

第九条　从国外引进或者向国外输出种畜禽的，依照国家有关规定办理。

第十二条　跨省、自治区、直辖市的畜禽品种的认可与新品种的鉴定命名，必须经国家畜禽品种审定委员会或者其委托的省级畜禽品种审定委员会评审后，报国务院畜牧行政主管部门批准。省、自治区、直辖市内地方畜禽品种的认可与新品种的鉴定命名，必须经省级畜禽品种审定委员会评审后，由省、自治区、直辖市人民政府畜牧行政主管部门批准，并报国务院畜牧行政主管部门备案。

（4）其他相关法规

为深入贯彻落实《畜牧法》，健全畜禽遗传资源保护和利用政策法规体系，还制定了《畜禽新品种配套系审定和畜禽遗传资源鉴定技术规范（试行）》等配套法规，修订《国家级畜禽遗传资源保护名录》，将国家级保护品种从 138 个增加到 159 个。浙江等 5 个省（区）相继出台了配套规章，27 个省（区、市）发布了省级保护名录。原农业部组织实施种质资源保护、畜禽良种工程等项目，支持地方畜禽遗传资源保护和利用。"十二五"期间，国家级畜禽遗传资源保种场、保护区、基因库数量由 119 个增加至 187 个。纳入国家和省级保护名录的畜禽品种达到 419 个，占地方品种总数的 76%，其中国家级保护品种有 159 个。此外，农业部还于 2017 年 4 月发布《关于贯彻实施〈野生动物保护法〉加强水生野生动物保护管理工作的通知》，对实施 2016 年修订的《中华人民共和国野生动物保护法》有关水生野生动物保护提出要求。

3. 水产种质资源保护法规

（1）《中华人民共和国渔业法》

全国人大于 1986 年颁布《中华人民共和国渔业法》，并于 2000 年和 2004 年两次修正。其第四章（渔业资源的增殖和保护）涉及渔业和水产资源保护的条款主要有：

第二十九条　国家保护水产种质资源及其生存环境，并在具有较高经济价值和遗传育种价值的水产种质资源的主要生长繁育区域建立水产种质资源保护区。未经国务院渔业行政主管部门批准，任何单位或者个人不得在水产种质资源保护区内从事捕捞活动。

第三十条　重点保护的渔业资源品种及其可捕捞标准，禁渔区和禁渔期，禁止使用或者限制使用的渔具和捕捞方法，最小网目尺寸以及其他保护渔业资源的措施，由国务院渔业行政主管部门或者省、自治区、直辖市人民政府渔业行政主管部门规定。

第三十一条　禁止捕捞有重要经济价值的水生动物苗种。因养殖或者其他特殊需要，捕捞有重要经济价值的苗种或者禁捕的怀卵亲体的，必须经国务院渔业行政主管部门或者省、自治区、直辖市人民政府渔业行政主管部门批准，在指定的区域和时间内，按照限额捕捞。在水生动物苗种重点产区引水用水时，应当采取措施，保护苗种。

第三十二条　在鱼、虾、蟹洄游通道建闸、筑坝，对渔业资源有严重影响的，建设单位应当建造过鱼设施或者采取其他补救措施。

第三十四条　禁止围湖造田。沿海滩涂未经县级以上人民政府批准，不得围垦；重要的苗种基地和养殖场所不得围垦。

第三十七条　国家对白鱀豚等珍贵、濒危水生野生动物实行重点保护，防止其灭绝。禁止捕杀、伤害国家重点保护的水生野生动物。因科学研究、驯养繁殖、展览或者其他特殊情况，需要捕捞国家重点保护的水生野生动物的，依照《中华人民共和国野生动物保护法》的规定执行。

（2）加强水产种质资源保护与管理的政策与规章

2019 年国务院办公厅发布的《关于加强农业种质资源保护与利用的意见》（国办发〔2019〕56 号），进一步明确提出我国水产种质资源保护的重点任务：①系统开展水产种质资源的普查和调查。加快摸清种质资源家底；加大力度抢救性收集珍稀、濒危、特有资源与特色地方水产品种。②制定全面的水产种质资源保护和利用规划；加强水产种质资源保护和利用研究；加快国家水产（渔业生物）种质资源库建设等工作。③制定水产种质资源保护相关的标准规范；大力推动审定技术规范、品种试验规程、新品种测试和生产性能测定等规范性文件的编制修订，为水产种质资源的交流、合作和共享等工作奠定基础。④要结合水产种质保护与利用特点，组织制定《水产种质资源保护规划》《国家级水产种质资源保护区建设规划》《水产种质资源开发利用规划》等规划方案，为今后全国有序开展水产种质资源保护与利用工作提供行动指南（杨文波等，2020）。

原农业部还出台了《水产苗种管理办法》（2005 年）、《水产原良种审定办法》（2008 年）、《国家级水产原良种场资格验收与复查办法》（2017 年）等一系列规章制度，规范了水产原良种的管理。

（3）水产种质资源保护区管理法规

农业部于 2011 年 3 月 1 日发布和施行《水产种质资源保护区管理暂行办法》（以下简称《办法》）。按照《办法》，省级以上渔业行政主管部门应依法参与涉及保护区建设项目的环境影响评估。水产种质资源保护区是指为保护水产种质资源及其生存环境，在具有较高经济价值和遗传育种价值的水产种质资源的主要生长繁育区域，依法划定并予以特殊保护和管理的水域、滩涂及其毗邻的岛礁、陆域。

针对工程建设等人类活动大量占用、破坏重要水生生物栖息地和传统渔业水域，严重影响渔业可持续发展和国家生态文明建设的严峻形势，农业部在大力组织开展增殖放流、休渔禁渔等水生生物资源养护措施的同时，根据渔业法等法律法规和国务院《中国水生生物资源养护行动纲要》要求，自 2007 年起，积极推进建立水产种质资源保护区，这些保护区保护了上百种国家重点保护渔业资源及其产卵场、索饵场、越冬场、洄游通道等关键栖息场所，初步构建了覆盖各海区和内陆主要江河湖泊的水产种质资源保护区网络。

《办法》明确了水产种质资源保护区的设立条件、报批程序、主管部门、管理机构和主要职责，规定了保护区内禁止或限制从事的活动，进一步完善了涉及水产种质资源保护区的工程建设项目环境影响评价程序。

按照《办法》，在水产种质资源保护区内从事修建水利工程、疏浚航道、建闸筑坝、勘探和开采矿产资源、港口建设等工程建设的，或在保护区外从事可能损害保护区功能的工程建设活动的，应按照国家有关规定编制建设项目对保护区的影响专题论证报告，并将其纳入环境影响评价报告书。

4. 农业生物安全和生态安全法规

（1）《中华人民共和国生物安全法》

《中华人民共和国生物安全法》于 2020 年 10 月 17 日第十三届全国人民代表大会常务委员会第 22 次会议通过，自 2021 年 4 月 15 日起施行。《中华人民共和国生物安全法》在其第 6 章专门针对"人类遗传资源与生物资源安全"作出若干规定，内容如下：

第五十三条 国家对生物资源享有主权，对生物资源的采集、保藏、利用、对外提供等活动的管理和监督，保障生物资源安全。

第五十四条 国家开展生物资源调查，由国务院科学技术、自然资源、生态环境、卫生健康、农业农村、林业草原、中医药主管部门根据职责分工，组织开展生物资源调查，制定重要生物资源申报登记办法。

第五十八条 采集、保藏、利用、运输出境我国珍贵、濒危、特有物种及其可用于再生或者繁殖传代的个体、器官、组织、细胞、基因等遗传资源，应当遵守有关法律法规。境外组织、个人及其设立或者实际控制的机构获取和利用我国生物资源，应当依法取得批准。

第五十九条 利用我国生物资源开展国际科学研究合作，应当依法取得批准。利用我国生物资源开展国际科学研究合作，应当保证中方单位及其研究人员全过程、实质性地参与研究，依法分享相关权益。

第六十条 国家加强对外来物种入侵的防范和应对，保护生物多样性。国务院农业农村主管部门会同国务院其他有关部门制定外来入侵物种名录和管理办法。国务院有关部门根据职责分工，加强对外来入侵物种的调查、监测、预警、控制、评估、清除以及生态修复等工作。任何单位和个人未经批准，不得擅自引进、释放或者丢弃外来物种。

（2）《外来入侵物种管理办法》

为了防范和应对外来入侵物种危害，保障农林牧渔业可持续发展，保护生物多样性，根据《中华人民共和国生物安全法》，农业农村部会同自然资源部、生态环境部、海关总署于 2022 年 6 月 17 日发布《外来入侵物种管理办法》，并于 2022 年 8 月 1 日生效。

第一章（总则）原则规定主要有：

农业农村部会同国务院有关部门建立外来入侵物种防控部际协调机制，研究部署全国外来入侵物种防控工作，统筹协调解决重大问题。

省级人民政府农业农村主管部门会同有关部门建立外来入侵物种防控协调机制，组织开展本行政区域外来入侵物种防控工作。县级以上地方人民政府农业农村主管部门负责农田生态系统、渔业水域等区域外来入侵物种的监督管理。

农业农村部会同有关部门制定外来入侵物种名录，实行动态调整和分类管理，建立外来入侵物种数据库，制修订外来入侵物种风险评估、监测预警、防控治理等技术规范。

第二章（源头预防）的主要规定有：

因品种培育等特殊需要从境外引进农作物和林草种子苗木、水产苗种等外来物种的，应当依据审批权限向省级以上人民政府农业农村、林业草原主管部门和海关办理进口审批与检疫审批。

引进单位应当采取安全可靠的防范措施，加强引进物种研究、保存、种植、**繁殖**、运输、销毁等环节管理，防止其逃逸、扩散至野外环境。

县级以上地方人民政府农业农村、林业草原主管部门应当依法加强境内跨区域调运农作物和林草种子苗木、植物产品、水产苗种等检疫监管，防止外来入侵物种扩散传播。

第三章（监测与预警）的主要规定有：

农业农村部会同有关部门建立外来入侵物种普查制度，每十年组织开展一次全国普查，掌握我国外来入侵物种的种类数量、分布范围、危害程度等情况，并将普查成果纳入国土空间基础信息平台和自然资源"一张图"。

农业农村部会同有关部门建立外来入侵物种监测制度，构建全国外来入侵物种监测网络，按照职责分工布设监测站点，组织开展常态化监测。

省级以上人民政府农业农村、自然资源（海洋）、生态环境、林业草原等主管部门和海关应当加强外来入侵物种监测信息共享，分析研判外来入侵物种发生、扩散趋势，评估危害风险，及时发布预警预报，提出应对措施，指导开展防控。

农业农村部会同有关部门建立外来入侵物种信息发布制度。省级人民政府农业农村主管部门商有关部门统一发布本行政区域外来入侵物种情况。

第四章（治理与修复）的主要规定有：

县级以上地方人民政府农业农村、自然资源（海洋）、林业草原等主管部门应当按照职责分工，在综合考虑外来入侵物种种类、危害对象、危害程度、扩散趋势等因素的基础上，制订本行政区域外来入侵物种防控治理方案，并组织实施，及时控制或消除危害。

外来入侵植物的治理，可根据实际情况在其苗期、开花期或结实期等生长关键时期，采取人工拔除、机械铲除、喷施绿色药剂、释放生物天敌等措施。

外来入侵病虫害的治理，应当采取选用抗病虫品种、种苗预处理、物理清除、化学灭除、生物防治等措施，有效阻止病虫害扩散蔓延。

（3）《农业转基因生物安全管理条例》

为了加强农业转基因生物安全的管理。保障人体健康和动植物、微生物安全，保护生态环境，促进农业转基因生物技术研究，2001 年 5 月 23 日，国务院发布《农业转基因生物安全管理条例》，2017 年 10 月国务院公布《国务院关于修改部分行政法规的决定》，对《农业转基因生物安全管理条例》进行了修改。

1）农业转基因生物的定义及实施范围

该条例所称"农业转基因生物"是指利用基因工程技术改变基因组构成，用于农业生产或者农产品加工的动植物、微生物及其产品，主要包括：转基因动植物（含种子、种畜禽、水产苗种）和微生物；转基因动植物、微生物产品；转基因农产品的直接加工品；含有转基因动植物、微生物或者其产品成分的种子、种畜禽、水产苗种、农药、兽药、肥料和添加剂等产品。

该条例实施范围包括在中国境内从事农业转基因生物的研究、试验、生产、加工、经营和进口、出口活动等各个环节。

2）管理机构与协调机制

国务院农业行政主管部门负责全国农业转基因生物安全的监督管理工作。县级以上地方各级人民政府农业行政主管部门负责本行政区域内的农业转基因生物安全的监督管理工作。

农业转基因生物安全管理部际联席会议由农业、科技、环境保护、卫生、外经贸、检验检疫等有关部门的负责人组成，负责研究、协调农业转基因生物安全管理工作中的重大问题。

3）管理制度

国家建立农业转基因生物安全评价制度。农业转基因生物安全评价的标准和技术规范，由国务院农业行政主管部门制定。

国家对农业转基因生物实行标识制度。实施标识管理的农业转基因生物目录，由国务院农业行政主管部门商国务院有关部门制定、调整并公布。

生产转基因植物种子、种畜禽、水产苗种，应当取得国务院农业行政主管部门颁发的种子、种畜禽、水产苗种生产许可证。经营转基因植物种子、种畜禽、水产苗种，应当取得国务院农业行政主管部门颁发的种子、种畜禽、水产苗种经营许可证。

国家对进出境农业转基因生物实行申报审批制度，相关单位应当向国务院农业行政主管部门提出申请，在符合条件的情况下，由国务院农业行政主管部门批准。国家质量检验检疫机构负责实施对进出境（包括过境）转基因产品的检验检疫。

5. 其他相关法规

（1）《中华人民共和国专利法》

2008 年修订、2019 年再修订的《中华人民共和国专利法》对专利申请时披露其利用生物遗传资源的来源和原产地作出规定：

第五条　对违反法律、社会公德或者妨害公共利益的发明创造，不授予专利权。对违反法律、行政法规的规定获取或者利用遗传资源，并依赖该遗传资源完成的发明创造，不授予专利权。

第二十六条　申请发明或者实用新型专利的，应当提交请求书、说明书及其摘要和权利要求书等文件。依赖遗传资源完成的发明创造，申请人应当在专利申请文件中说明该遗传资源的直接来源和原始来源；申请人无法说明原始来源的，应当陈述理由。

（2）《中华人民共和国乡村振兴促进法》

2021 年 4 月 29 日，第十三届全国人民代表大会常务委员会第二十八次会议通过《中华人民共和国乡村振兴促进法》，该法已于 2021 年 6 月 1 日起施行。

第十五条　国家加强农业种质资源保护利用和种质资源库建设，支持育种基础性、前沿性和应用技术研究，实施农作物和畜禽等良种培育、育种关键技术攻关，鼓励种业科技成果转化和优良品种推广，建立并实施种业国家安全审查机制，促进种业高质量发展。

第十六条　国家采取措施加强农业科技创新，培育创新主体，构建以企业为主体、产学研协同的创新机制，强化高等学校、科研机构、农业企业创新能力，建立创新平台，加强新品种、新技术、新装备、新产品研发，加强农业知识产权保护，推进生物种业、智慧农业、设施农业、农产品加工、绿色农业投入品等领域创新，建设现代农业产业技术体系，推动农业农村创新驱动发展。

另外，2023 年 1 月 1 日发布的中央 1 号文件（2023）在其第十一条也提出：深入实施种业振兴行动。完成全国农业种质资源普查。构建开放协作、共享应用的种质资源精准鉴定评价机制。全面实施生物育种重大项目，扎实推进国家育种联合攻关和畜禽遗传改良计划，加快培育高产高油大豆、短生育期油菜、耐盐碱作物等新品种。

（3）生物多样性保护与惠益分享的地方法规

1）《云南省生物多样性保护条例》

此条例于 2019 年 1 月 1 日起实施，第三十三条规定："县级以上人民政府及其环境保护、林业、农业、卫生、文化等行政主管部门应当加强与生物多样性保护相关的传统知识、方法和技能的调查、收集、整理、保护。"第三十四条规定："县级以上人民政府应当建立健全生物遗传资源及相关传统知识的获取与惠益分享制度，公平、公正分享其产生的经济效益。研究建立生物多样性保护与减贫相结合的激励机制，促进地方政府及基层群众参与分享生物多样性惠益。"

2）《湘西土家族苗族自治州生物多样性保护条例》

此条例于 2020 年 10 月 1 日起实施。其第二十三条规定："州人民政府应当建立健全生物遗传资源及相关传统知识的获取与惠益分享制度，公平、公正分享其产生的利益。任何单位和个人在获取本行政区域内生物遗传资源以及相关传统知识时，应事先征得相关单位和生物遗传资源以及相关传统知识权利人同意，并签署获取与惠益分享协议，确保生物遗传资源以及相关传统知识权利人和合作开发方之间能够公平公正地分享利益。"

3）《广西壮族自治区获取与惠益分享管理办法（试行）》

2021 年 9 月 24 日，经广西壮族自治区人民政府同意，广西壮族自治区生态环境厅印发了《广西壮族自治区生物遗传资源及其相关传统知识获取与惠益分享管理办法（试行）》，自印发之日起实施。主要内容有：

第四条（管理机制）：生态环境部门对遗传资源及相关传统知识获取与惠益分享工作实施综合管理，其他 8 个相关部门（发改、农业农村、商务、自然资源、卫生健康、文化和旅游、市场监督、林业）实施监督管理。

第十条（国内获取）：要求利用方与持有方签订惠益分享协议。

第十一条（国外获取）：境外单位与持有人签订惠益分享协议，并将惠益分享协议报生态环境主管部门备案。

四、中国生物遗传资源管理机制

1. 生物遗传资源行政监督管理体制

（1）部门间分工合作机制

目前，全球各国生物遗传资源行政监督管理模式共有三种，即分散主管模式、跨部门主管模式、集中主管模式（秦天宝，2005）。结合现阶段我国生物资源行政监管存在的分散主管特征，加之各级生态环境部门在生物资源领域行使监管权限缺乏明确法律法规依据以及各部门"权力本位"意识浓厚，短期来看我国生物遗传资源行政监管体制仍应遵循生物资源分散主管模式，即仍由各行政主管部门对其管辖范围内的生物资源中生物遗传资源行使行政监管职责。

因此，我国生物资源主要由农业农村、林草、自然资源、中医药、文化与旅游、市场监督管理等部门进行行政管理，其他主管部门予以协助管理。具体而言，农业农村主管部门负责农作物、畜禽、水生野生动植物、饲草、农业微生物等相关生物资源的行政监督管理；林草主管部门负责陆生野生动植物、依托森林、林木、林地生存的动植物和微生物以及其他林业生物资源的行政监督管理；自然资源主管部门负责海洋生物资源的行政监督管理；中医药行政主管部门负责中医药资源和中医药传统知识的行政监督管理；文化与旅游主管部门负责非物质文化遗产类生物遗传资源相关传统知识的行政监督管理；市场监督管理部门统一负责地理标志农产品的监督管理。国务院其他行政主管部门在其各自职责范围内负责生物资源相关管理工作，如国务院工商、商务行政主管部门负责生物资源市场管理，国家海关和进出境管理部门负责生物资源进出境检验检疫管理，国务院教育、科技主管部门负责生物资源科研开发管理，国务院知识产权主管部门负责生物资源知识产权管理等。

（2）地理标志产品的管理体制

此前，地理标志是跨部门的主管模式，地理标志产品可以在农业部、国家质检总局和商标局等3个部门注册。2004年10月，国家质检总局成立科技司，设立地理标志管理处，专门负责地理标志产品保护工作。2005年7月，国家质检总局发布实施了《地理标志产品保护规定》。2007年1月，国家工商行政管理总局制定并发布了《地理标志产品专用标志管理办法》。2007年12月，农业部发布了《农产品地理标志管理办法》。

2018年国务院机构改革以后，国家质检总局与国家工商行政管理总局进一步合并为"国家市场监督管理总局"，对地理标志产品实行统一监督管理，这将更加有利于地理标志产品的认定和协调。

（3）中医药传统知识的管理体制

隶属国家卫生健康委员会的国家中医药管理局是主管中医药行业的专门机构，根据2018 年国务院机构改革后的"三定"方案，国家中医药管理局负责：拟定中医药和民族医药事业发展的战略、规划、政策和相关标准，起草有关法律法规和部门规章草案，参与国家重大中医药项目的规划和组织实施；承担中医医疗、预防、保健、康复及临床用药等的监督管理责任。规划、指导和协调中医医疗机构、科研机构的结构布局及其运行机制的改革。拟定各类中医医疗、保健等机构管理规范和技术标准并监督执行；负责监督和协调医疗、研究机构的中西医结合工作，拟定有关管理规范和技术标准。

（4）非物质文化遗产的管理体制

《中华人民共和国非物质文化遗产法》规定由各级人民政府的文化主管部门负责非物质文化遗产的保护、保存、调查、认定、建档和建立数据库的工作；负责对境外人员在境内从事非物质文化调查申请的审核和批准；负责制定非物质文化遗产保护规划；负责评审国家级非物质文化遗产代表性项目名录；等等。

国务院相关主管部门负责全国非物质文化遗产的保护、保存工作；县级以上地方人民政府文化主管部门负责本行政区域内非物质文化遗产的保护、保存工作。县级以上人民政府其他有关部门在各自职责范围内，负责有关非物质文化遗产的保护、保存工作。

2. 遗传资源保护相关的部门协调机制

（1）生物多样性保护的部门间协调机制

为协调部门间生物多样性保护行动，促进生物遗传资源及相关传统知识获取与惠益分享制度的建立和实施，自中国批准加入《公约》以来，已建立了 3 个以环境保护部门为牵头单位的多部门协调机制。

1）中国履行《公约》工作协调组

该协调组于 1993 年建立，是专门为履行《公约》而设立的部际协调机制。该机制由环境保护部门牵头，其他相关部门参加。刚开始由 10 个部门组成，后增加三次，现已达到 24 个成员部门。

2）生物物种资源保护部际联席会议制度

该协调机制于 2003 年建立，是为加强生物物种资源保护与管理而专门设立的一个部际协调机制。该机制由国家环境保护总局牵头，国家环境保护总局局长为会议协调人，其他 16 个部门的主管副部长为成员。每 2～3 年召开一次会议。

3）中国生物多样性保护国家委员会

2010 年为联合国生物多样性年，全世界各国都建立了生物多样性年国家委员会。中国建立了以国务院副总理为主席，环保部部长为副主席，国务院办公厅及国务院 25 个相

关部门为成员单位的中国生物多样性保护国家委员会。为履行联合国"生物多样性十年
（2011—2020 年）计划"，在原先"生物多样性年国家委员会"的基础上，更名为"中国
生物多样性保护国家委员会"，作为中国高层生物多样性保护部门协调的长期机制，由
国务院主管环境保护的副总理任主席，各成员单位的部长或副部长作为委员会委员。该
委员会在建立之初，每年召开一次会议，后来每 2～3 年召开一次。

（2）国家农作物种质资源管理协调机制

根据 2003 年农业部发布的《农作物种质资源管理办法》第四条，农业部于 2013 年
8 月 27 日成立"国家农作物种质资源委员会"，该委员会的成员包括农业部、科技部、
环境保护部（现生态环境部）、海关总署等部门的相关司局负责人、中国农业科学院相
关研究所和相关高校的专家以及相关企业代表。委员会主任由农业部主管副部长担任，
委员会办公室设在农业农村部种植业管理司，负责委员会的日常工作。该委员会主要职
责是协调全国农作物种质资源的管理工作，包括：负责研究提出国家农作物种质资源发
展战略和方针政策；指导编制农作物种质资源中长期发展规划；审定可供利用和可对外
交换的农作物种质资源目录；对制定农作物种质资源鉴定和保护国家标准、国家种质库
圃职能定位等提出建议，拟定国家种质圃管理等办法。

在省级层面，由于部门间协调比较便利，农业种质资源保护与管理的协调机制可能
比国家层面更加完善。例如，海南省农业农村厅、省林业局牵头统筹协调全省农业种质
资源保护与利用，建立农业农村、林草、发展和改革、科技、自然资源、财政、生态环
境、审计等多部门参与的省级农业种质资源保护与利用协调机制。省级人民政府根据农
业种质资源保护与利用工作职责，将其纳入省直单位、市县政府部门工作绩效考核，强
化财政支持、人才支撑、科研激励、种质资源管理等政策和工作落实。这种协调机制的
建立，有效地推动了农业农村、林草、发展和改革、科技、自然资源、财政等部门协同，
按规定通过现有资金渠道，统筹支持农业种质资源保护与利用等工作。也有利于省级重
点研发计划、自然科学基金等项目资金对农业种质资源保护给予支持，并有助于引导科
研院校将种质资源研发列为国家重点研发计划、国家科技重大专项等科技项目申报重点。

（3）农业遗传资源管理相关主管部门职能

2018 年 3 月召开的第十一届全国人民代表大会通过了国务院机构改革方案，在此方
案下，相关部门在生物遗传资源管理方面的职能得到调整和完善。主要有：

1）生态环境部

在中央编制办批准的"三定"方案中，生态环境部基本延续了环境保护部在生物多
样性和生物遗传资源方面的管理职能。

其中第七项职能规定：组织制定各类自然保护地生态环境监管制度并监督执法。监
督野生动植物保护、湿地生态环境保护、荒漠化防治等工作。指导协调和监督农村生态

环境保护，监督生物技术环境安全，牵头生物物种（含遗传资源）保护工作，组织协调生物多样性保护工作，参与生态保护补偿工作。

并规定其自然生态保护司（生物多样性保护办公室、国家生物安全管理办公室）职能包括承担自然保护地、生态保护红线相关监督工作。组织开展生物多样性保护、生物遗传资源保护、生物安全管理工作。承担中国生物多样性保护国家委员会秘书处和国家生物安全管理办公室工作。

2）自然资源部

整合国土资源部、国家海洋局等机构的职责，组建"自然资源部"。国务院批准的自然资源部"三定"方案规定，自然资源部将履行全民所有土地、矿产、森林、草原、湿地、水、海洋等自然资源资产所有者职责和所有国土空间用途管制职责。

负责自然资源调查监测评价，建立统一规范的自然资源调查监测评价制度。实施自然资源基础调查、专项调查和监测。负责自然资源统一确权登记、权籍管理、不动产测绘、争议调处，以及应用成果的制度、标准、规范的编制。负责自然资源资产有偿使用工作。负责全民所有自然资源资产核算。编制全民所有自然资源资产负债表，拟定考核标准。负责自然资源的合理开发利用。

3）国家林草局

国家林业和草原局隶属自然资源部。国务院批准国家林草局的"三定"方案：负责林业和草原及其生态保护修复的监督管理。组织开展森林、草原、湿地、荒漠和野生动植物资源动态监测与评价。组织实施林业和草原重点生态保护修复工程。

负责陆生野生动植物资源监督管理。组织开展陆生野生动植物资源调查，拟定及调整国家重点保护的陆生野生动物、植物名录。负责监督管理各类自然保护地。拟定各类自然保护地规划和相关国家标准。负责国家公园设立、规划、建设和特许经营等工作。提出新建、调整各类国家级自然保护地的审核建议并按程序报批，组织审核世界自然遗产的申报，会同有关部门审核世界自然与文化双重遗产的申报。负责生物多样性保护相关工作。组织林木种子、草种种质资源普查，组织建立种质资源库，监督管理林业和草原生物种质资源、转基因生物安全、植物新品种保护。

4）农业农村部

国务院批准的农业农村部"三定"方案的第七项职能是：组织农业资源区划工作，指导农用地、渔业水域以及农业生物物种资源的保护与管理。负责水生野生动植物保护、耕地及永久基本农田质量保护工作。

负责农业转基因生物安全监督管理和农业植物新品种保护。

在农业农村部设立了种业管理司，该司的职能是：起草农作物和畜禽种业发展政策、规划。组织实施农作物种质资源、畜禽遗传资源保护和管理，监督管理农作物种子、种苗。组织抗灾救灾和抗灾备荒种子的储备、调拨。承担农业植物新品种保护工作。

5）国家中医药管理局

国家中医药管理局是管理中医药行业的国家机构，隶属国家卫生健康委员会。其主要相关职责有：

负责指导民族医药的理论、医术、药物的发掘、整理、总结和提高工作，拟定民族医疗机构管理规范和技术标准并监督执行。

组织开展中药资源普查，促进中药资源的保护、开发和合理利用，参与制定中药产业发展规划、产业政策和中医药的扶持政策，参与国家基本药物制度建设。

拟订和组织实施中医药科学研究、技术开发规划，指导中医药科研条件和能力建设，管理国家重点中医药科研项目，促进中医药科技成果的转化、应用和推广。

承担保护濒临消亡的中医诊疗技术和中药生产加工技术的责任，组织开展对中医古籍的整理研究和中医药文化的继承发展，提出保护中医非物质文化遗产的建议，推动中医药防病治病知识普及。

3. 遗传资源获取与惠益分享国家法规制度的构建

中国在遗传资源及相关传统知识的获取与惠益分享方面尚缺少专门的法规，应根据《公约》和《名古屋议定书》的基本原则，结合中国生物遗传资源和相关传统知识的国情，并充分考虑我国现有管理法规和体制的实际情况，建立遗传资源获取与惠益分享国家专门法规，在此法规中需明确以下制度体系。

（1）权属制度

需要针对生物遗传资源和相关传统知识规定不同的权属制度。生物遗传资源统一归国家所有；而与之相关的传统知识如果能够明确属于当地社区所有，则归该社区所有，由所在地乡（镇）人民政府或有关机构代表；已经进入公共领域的，归国家所有，由国务院或者其授权的部门代表。

（2）规划制度

县级以上人民政府应当制定关于生物遗传资源和相关传统知识的保护、持续利用、获取与惠益分享的战略、计划和方案，将其纳入各级国民经济和社会发展规划和各部门或跨部门的计划、方案和政策，采取有利于生物遗传资源和相关传统知识保护与持续利用的经济、技术政策和措施。

县级以上人民政府应当制订生物遗传资源可能引发人类和生态系统损害或者损害威胁的应急计划，并在发生损害或者损害威胁时依法实施该计划。

（3）调查制度

国家应定期开展全国生物遗传资源和相关传统知识调查，以建立国家生物遗传资源数据库和信息交换及共享机制，为国家和地方制定生物遗传资源和相关传统知识保护政策、编制名录提供依据。

（4）名录制度

国家应根据生物遗传资源和相关传统知识的重要经济、科学研究价值以及特有性和稀有性，定期制定和公布国家级生物遗传资源和相关传统知识保护名录。省级人民政府可以根据本省生物遗传资源和相关传统知识状况，制定和公布本省生物遗传资源和相关传统知识保护名录。

（5）保护制度

国家应优先对生物遗传资源进行就地保护，辅之以迁地保护措施。在国家重点保护或地方重点保护的生物遗传资源天然集中分布区域，建立各类保护区域，抢救性地保护各种有保护价值的原生特有种及其原生地。支持做好生物遗传资源的迁地保护和保存。

（6）获取分类管理制度

在生物遗传资源及相关传统知识获取管理方面要实行分类管理制度。对于我国主体，学术目的获取实行申报登记制度，商业目的获取实行审批制度。对于外国主体，实行审批制度。还应就处理涉及两个及两个以上省级行政区域的获取活动、我国主体与外国主体合作研究开发等情况作出规定。

（7）自愿准则和简易申请制度

国务院生物遗传资源综合管理部门可以会同国务院其他主管部门，制定要求更为严格的生物遗传资源获取与惠益分享行为准则。可以豁免自愿遵守该行为准则且经过有关主管部门认证的单位和个人。在暴发大规模流行性病疫等紧急或突发事件、需要迅速获取病原体等生物遗传资源的情况下，可以适用简易申请程序。

（8）惠益分享制度

有关遗传资源及相关传统知识的惠益分享需引入合同机制。国务院生物遗传资源综合管理部门应商国务院相关主管部门后制定并发布《生物遗传资源和相关传统知识获取与惠益分享指南》和《生物遗传资源和相关传统知识获取与惠益分享示范（附加）合同》。获取生物遗传资源和相关传统知识的，应当在提出申请之前获得生物遗传资源的实际提供者和生物遗传资源相关传统知识的所有权人或者其代表的事先同意，并在共同商定的条件下签订《生物遗传资源和相关传统知识获取与惠益分享合同》。收集和保存机构对外提供生物遗传资源和相关传统知识的，应当与生物遗传资源的实际提供者和生物遗传资源相关传统知识的所有权人或其代表签订《生物遗传资源和相关传统知识获取与惠益分享附加合同》。

（9）进出境管理制度

从境外引进生物遗传资源的公民、法人和其他组织，应当向其所在地的省、自治区、直辖市人民政府生物遗传资源协调综合管理部门提出申请。受理申请的省级生物遗传资源协调机构经审核，报国家生物遗传资源委员会，经省级生物遗传资源专家咨询委员会评估后，送相关主管部门审批。向境外输出列入生物遗传资源保护名录的生物遗传资源的公民、法人和其他组织，凭审批表办理检疫手续。海关凭出入境检验检疫部门出具的进出境货物通关单办理验放手续。

（10）信息披露制度

国家对生物遗传资源和相关传统知识获取与惠益分享应实行信息披露制度。依赖生物遗传资源和相关传统知识完成的发明创造，申请人应当在专利申请文件中说明该生物遗传资源和相关传统知识的直接来源和原始来源。相关主管部门应定期公开生物遗传资源和相关传统知识获取与惠益分享的相关信息。有关主管部门批准生物遗传资源及相关传统知识获取与惠益分享的，应同时出具《生物遗传资源和相关传统知识获取与惠益分享证明书》。

专栏 7 与生物资源管理体制相关的法律条文	
名称	条文内容
《中华人民共和国环境保护法》	第十条：国务院环境保护主管部门，对全国环境保护工作实施统一监督管理；县级以上地方人民政府环境保护主管部门，对本行政区域环境保护工作实施统一监督管理。
《中华人民共和国种子法》	第三条：国务院农业、林业主管部门分别主管全国农作物种子和林木种子工作；县级以上地方人民政府农业、林业主管部门分别主管本行政区域内农作物种子和林木种子工作。
《中华人民共和国畜牧法》	第七条：国务院畜牧兽医行政主管部门负责全国畜牧业的监督管理工作。县级以上地方人民政府畜牧兽医行政主管部门负责本行政区域内的畜牧业监督管理工作。
《中华人民共和国野生动物保护法》	第七条：国务院林业、渔业主管部门分别主管全国陆生、水生野生动物保护工作。县级以上地方人民政府林业、渔业主管部门分别主管本行政区域内陆生、水生野生动物保护工作。
《中华人民共和国森林法》	第十条：国务院林业主管部门主管全国林业工作。县级以上地方人民政府林业主管部门，主管本地区的林业工作。乡级人民政府设专职或者兼职人员负责林业工作。
《中华人民共和国草原法》	第八条：国务院草原行政主管部门主管全国草原监督管理工作。县级以上地方人民政府草原行政主管部门主管本行政区域内草原监督管理工作。

《中华人民共和国渔业法》	第六条：国务院渔业行政主管部门主管全国的渔业工作。县级以上地方人民政府渔业行政主管部门主管本行政区域内的渔业工作。 第七条：国家对渔业的监督管理，实行统一领导、分级管理。海洋渔业，除国务院划定由国务院渔业行政主管部门及其所属的渔政监督管理机构监督管理的海域和特定渔业资源渔场外，由毗邻海域的省、自治区、直辖市人民政府渔业行政主管部门监督管理。江河、湖泊等水域的渔业，按照行政区划由有关县级以上人民政府渔业行政主管部门监督管理；跨行政区域的，由有关县级以上地方人民政府协商制定管理办法，或者由上一级人民政府渔业行政主管部门及其所属的渔政监督管理机构监督管理。
《中华人民共和国中医药法》	第五条：国务院中医药主管部门负责全国的中医药管理工作。国务院其他有关部门在各自职责范围内负责与中医药管理有关的工作。县级以上地方人民政府中医药主管部门负责本行政区域的中医药管理工作。县级以上地方人民政府其他有关部门在各自职责范围内负责与中医药管理有关的工作。
《中华人民共和国非物质文化遗产法》	第七条：国务院文化主管部门负责全国非物质文化遗产的保护、保存工作；县级以上地方人民政府文化主管部门负责本行政区域内非物质文化遗产的保护、保存工作。
《中华人民共和国野生植物保护条例》	第八条：国务院林业行政主管部门主管全国林区内野生植物和林区外珍贵野生树木的监督管理工作。国务院农业行政主管部门主管全国其他野生植物的监督管理工作。国务院建设行政部门负责城市园林、风景名胜区内野生植物的监督管理工作。国务院环境保护部门负责对全国野生植物环境保护工作的协调和监督。国务院其他有关部门依照职责分工负责有关的野生植物保护工作。县级以上地方人民政府负责野生植物管理工作的部门及其职责，由省、自治区、直辖市人民政府根据当地具体情况规定。
《中华人民共和国自然保护区条例》	第八条：国家对自然保护区实行综合管理与分部门管理相结合的管理体制。国务院环境保护行政主管部门负责全国自然保护区的综合管理。国务院林业、农业、地质矿产、水利、海洋等有关行政主管部门在各自的职责范围内，主管有关的自然保护区。县级以上地方人民政府负责自然保护区管理的部门的设置和职责，由省、自治区、直辖市人民政府根据当地具体情况确定。
《风景名胜区条例》	第五条：国务院建设主管部门负责全国风景名胜区的监督管理工作。国务院其他有关部门按照国务院规定的职责分工，负责风景名胜区的有关监督管理工作。省、自治区人民政府建设主管部门和直辖市人民政府风景名胜区主管部门，负责本行政区域内风景名胜区的监督管理工作。省、自治区、直辖市人民政府其他有关部门按照规定的职责分工，负责风景名胜区的有关监督管理工作。

注：引自秦天宝等研究报告，2018。

第六章

中国农业遗传资源的保护途径与成效

一、野生生物种质资源保护途径与进展

在热带和亚热带地区，野生动植物多样性尤为丰富，因此这些地区的农民可利用更为丰富的遗传材料来满足自身的生计需求。在农民的可持续利用和创新技术下，这些宝贵的野生资源得到不断发展，许多被驯化为栽培植物和家养动物。过去，人类栽培的植物一度达到 7 000 种，而今人类主要栽培的粮食作物仅有 120 种，更多的是成千上万的品种。尽管如此，野生动植物资源仍然是潜在驯化动植物种质资源的巨大基因库，保护好野生生物种质资源是农业遗传资源发展的基石。

1. 野生生物种质资源保护途径

就地保护（原生境保护）和迁地保护是野生生物种质资源保护的两大策略，并主要基于就地保护。就地保护除保存种质资源实体外，还保留了其原生境和栖息地及伴生物种，并持续发挥生态系统的服务功能，理论上是最佳的保护策略。然而，面对与日俱增的人为活动和全球变化，就地保护存在保护面积不够、应对能力不足和关键物种不在保护地等一系列问题。在这种情况下，迁地保护作为另一种重要的辅助方法，可以使野生物种的种源得到维持。

传统的迁地保护方法（如植物园、动物园、种质圃等）在保存稀有等位基因的有效性和增加物种的遗传多样性方面具有挑战，且维护成本较高。一些特殊类型种质资源（尤其是动物）的保藏和繁殖存在很多困难，定期对这类资源进行更新也面临着更多新的科学和技术问题。但通过低温干燥技术建立种子库对野生植物种质资源进行保藏，被认为是当前性价比最高的迁地保护策略。对于动物资源，采用冷冻精子或冷冻胚胎等技术手段，或者分离培养原代细胞并冻存，也是一种可以采用的种质资源保藏策略（李德铢等，2021）。

近年来，综合保护理念日益受到重视，即将就地保护和迁地保护相结合，同时结合

物种回归和恢复，最终提高保护工作的成功率。考虑生物多样性受到威胁的多样化和复杂性，任何单一的保护方法是不可能成功的，使用多种方法是必要的。就地保护和迁地保护不应被视作独立的或不同的，而应该被视作兼容的、相互加强的方法。传统观念认为动物园和植物园的作用是在栖息地退化期间对濒危物种进行迁地保护，动物园和植物园被称为动植物的"诺亚方舟"，但是这已不再被认为是足够的。

为了更有效地保护珍稀濒危物种，动物园和植物园在迁地保护过程中开始将迁地保护和野外回归相结合，迁地保护为动植物回归提供了资源和技术储备。近年来，回归已越来越多地被用作动植物保护工具，是野生动物和野生植物种群恢复重建的重要途径，是迁地保护和就地保护之间的桥梁。在中国，林业系统在珍稀濒危植物的保护中发挥着管理和主导作用，而动物园和植物园却是动植物回归、种群复壮研究与实践的主要承担单位。因为动物园和植物园拥有的活体动植物资源、知识、技术和设施，为动植物回归提供了重要支撑，同时动物园和植物园的环境教育和科普活动为回归活动的开展提供了公众参与的机会或争取社会资金的条件（文香英等，2022）。

2. 国外野生生物种质资源的保护进展

20 世纪伊始，世界各国高度重视农作物种质资源的收集。进入 21 世纪后，不少发达国家将种质资源的收集保存、评价和挖掘利用进一步聚焦于野生物种。以植物为例，截至 2020 年年底，全球建成近 1 750 个种子库，保存了超过 600 万份种质资源。

根据 BGCI 全球植物园数据库（BGCI GardenSearch Database）统计，截至 2021 年12 月 31 日，全球有植物园和树木园 3 736 个，其中 1 193 个植物园共迁地收集了 1 573 452份资源（包括活植物收集和种子），代表 639 359 个分类单元 11 万多种，占全球已知高等植物总数的 1/3。全球有树木 58 497 种，其中 17 510 种（29.9%）濒临灭绝，2/3 的树木种类至少在一个保护区内得到就地保护，约 1/3 的树木种类在全球植物园或种子库得到迁地保护。研究表明，全球植物园共收集保存了约 41% 的已知濒危植物物种，其中有些物种已经野外灭绝。除了活植物收集，全球 74 个国家 370 个植物园的种子库保存了57 051 种野生植物的种子（文香英等，2022）。

虽然绝大部分种子库都是以农作物为保存对象，但在已保存的 5 万~6 万种植物中，野生种仍然占据了绝大多数。美国国家植物种质资源库保存了 16 162 种、约 60 万份农作物和野生植物的种子。英国皇家植物园（邱园）千年种子库（Millennium Seed Bank）已在全球范围内收集 39 681 种野生植物的种子，是全球保存物种数量最多的野生植物种子库，并且牵头开展全球农作物野生近缘种的收集保存，其目标是在 2020 年前保存 25% 的可保存植物物种的种子，目前该种子库收集了 2.4 亿颗种子，代表 360 多个科、近 5 800 属近40 000 种野生植物。在欧盟第六框架计划的支持下，欧盟成员国的 29 个种子库联合成立了欧洲本土种子保护网络（ENSCONET），收集保存了欧盟地区的 11 515 种 63 582 份野生植物种质资源，包括该地区 75% 的农作物野生近缘种。澳大利亚的 12 个区域性种子库和机构建成了种子库联盟（Australian Seed Bank Partnership），通过种子、组织培养和超低温保存的方式，开展澳大利亚本土物种的收集，以补充植物园活体保存量的不足。近年来，亚洲各国加大了对野生生物种质资源收集保存的投入。例如，韩国于 2018 年建成了可储存 200 万份种子的白头大干种子库（Baekdudaegan Global Seed Vault）；新加坡为加强东南亚地区的植物资源收集，于 2019 年建成该国的第一个种子库（Singapore Botanic Gardens Seed Bank），保存能力达 25 000 种植物；泰国的国立种子保存设施也在积极筹建中（李德铢等，2021）。

绝大多数动物种质资源库的保存对象是具有重要经济价值的畜禽和水产品种资源。野生动物的种质资源保护主要还是以就地保护为主，但偶有系统的迁地保存机构，例如，美国加利福尼亚州圣地亚哥动物园的"冰冻动物园"（Frozen Zoo）自 1972 年以来，已成功收集保存近 1 000 种野生动物超过 10 000 份的细胞株和精卵细胞；美国俄亥俄州辛辛那提动物园针对濒危动物的种质资源进行了长期的保存和研究，并对犀牛、北极熊和猫科动物建立了较好的种质资源保存体系（李德铢等，2021）。

3. 中国野生生物种质资源保护进展

作为《生物多样性公约》的缔约国之一，中国自 21 世纪以来，更加重视生物多样性的保护工作，成立了由国家领导人担任主席的中国生物多样性保护国家委员会，并且发布了《中国生物多样性保护战略与行动计划（2023—2030 年）》，明确了中长期战略目标，划定了生物多样性优先保护区域，确定了一系列保护工作的优先领域和优先行动。

（1）就地保护

1）国家公园为中心的保护地新体系

针对以往自然保护地缺乏系统设计，存在重叠设置、权责不明等问题，2017 年党的十九大报告提出建立以国家公园为主体，包括各类自然保护区和各类自然公园等多种类型自然保护地的体系，旨在实现自然保护地统一设置、分级管理、分类保护、分区管控。并先后在 12 个省份开展了东北虎豹、三江源、大熊猫、祁连山、神农架、武夷山、钱江源、南山、普达措、海南热带雨林等 10 处国家公园体制试点。

2018 年，自然资源部成立了"国家公园管理局"（与国家林草局为"两块牌子""一套人马"），将在中国规划建立若干国家公园，逐步形成以国家公园为中心，自然保护区为主体，包括各类自然公园（风景名胜区、森林公园、湿地公园、地质公园、海洋公园等），以及农业野生植物原生境保护点、水产种质资源保护区、海洋特别保护区等类型在内的自然保护地体系。

2）就地保护体系建设

就地保护（*in situ* conservation）是指以建立各种类型自然保护地的方式，对有价值的自然生态系统和野生生物及其栖息地予以保护，以保持生态系统内生物的繁衍与进化，维持系统内物质能量流动与生态过程。就地保护是生物多样性保护的根本措施。

为贯彻落实中共中央办公厅、国务院办公厅《关于建立以国家公园为主体的自然保护地体系的指导意见》《关于在国土空间规划中统筹划定落实三条控制线的指导意见》，国家林草局、自然资源部会同生态环境部、农业农村部等有关部门，组织开展了自然保护地整合优化工作，在各省级人民政府报送方案的基础上，形成《全国自然保护地整合优化方案》，并已通过部门联合审查。2024 年 10 月 15 日，自然资源部发布《关于全国自然保护地整合优化调整情况的公示》，公开征求意见。

整合优化前：全国共有自然保护地 9 240 处，落界面积 20 131.98 万 hm^2（去除重叠净占地面积 18 201.98 万 hm^2），其中自然保护区 2 694 处，面积 14 914.99 万 hm^2；风景名胜区 1 058 处，面积 1 965.27 万 hm^2；地质公园 558 处，面积 794.34 万 hm^2；森林公园 3 065 处，面积 1 907.93 万 hm^2；湿地公园 1 666 处，面积 414.55 万 hm^2；海洋特别保护区（含海洋公园）79 处，面积 93.30 万 hm^2；沙漠（石漠）公园 120 处，面积 41.60 万 hm^2。

整合优化后：全国共有自然保护地 6 736 处，总面积 18 523.61 万 hm^2。其中，国家公园 5 处（三江源、大熊猫、东北虎豹、海南热带雨林、武夷山），面积 2 322.54 万 hm^2；原国家公园试点区 5 处，面积 532.84 万 hm^2；自然保护区 1 527 处，面积 12 030.13 万 hm^2；风景名胜区 883 处，面积 1 374.20 万 hm^2；森林公园 2 395 处，面积 1 409.39 万 hm^2；地质公园 312 处，面积 261.41 万 hm^2；湿地公园 1 443 处，面积 481.44 万 hm^2；海洋公园 60 处，面积 75.97 万 hm^2；沙漠（石漠）公园 106 处，面积 35.69 万 hm^2。整合优化依据规则从现有自然保护地范围内调出部分耕地及永久基本农田、矿业权、人工商品林、城镇村、开发区、项目及其他各类空间矛盾冲突共计 1 404.03 万 hm^2，将 1 725.66 万 hm^2 森林、草原、湿地、荒漠、海洋等生态空间调入自然保护地范围。

此外，我国民间还建有数万个自然保护小区，对生物多样性保护起到重要的辅助作用。

3）就地保护成效

就地保护对生物多样性保护起到至关重要的作用。通过多年努力，我国野生动、植物资源稳中有升，栖息环境不断改善，生物物种受威胁压力得到缓解，约 90% 的陆地生态系统类型、85% 的野生动物种群和 65% 的高等植物群落类型得到有效保护（李德铢等，2021；杨明等，2021）。

随着保护工程和自然保护地体系建设的推进，自然保护区对于濒危物种，特别是濒危哺乳动物的覆盖程度逐渐增加。2004—2014 年，109 种哺乳动物的受威胁状况得到了改善。例如，大熊猫的野外种群数量从 20 世纪 80 年代的 1 114 只增加到 1 864 只；9 只人工繁育大熊猫放归自然，并成功融入野生种群；朱鹮种群由发现之初的 7 只发展到总数超过 5 000 只；藏羚野外种群恢复到 30 万只以上；曾经野外灭绝的野马和麋鹿，已经建立了野外种群，其中，麋鹿在北京南海子、江苏大丰、湖北石首分别建立了三大保护种群，总数已突破 8 000 只（Xue Dayuan et al，2022）；亚洲象野外种群数量从 20 世纪80 年代的 180 头增加到 300 头左右，海南长臂猿野外种群数量从 40 年前的仅存两群不足10 只增长到五群 35 只。此外，我国还针对德保苏铁、华盖木、百山祖冷杉等 120 种极小种群野生植物开展抢救性保护，112 种我国特有的珍稀濒危野生植物实现野外回归（国务院新闻办，2021；魏辅文等，2021）。

（2）迁地保护

迁地保护（*ex situ* conservation）又叫易地保护，就是把因为生境丧失，物种数量极少，生存和繁衍受到严重威胁的物种迁出原地，移入动物园、植物园、水族馆和濒危动物繁殖中心等地方进行特殊的保护和管理，是对就地保护的补充。在迁地保护方面，我国建立了以植物园、动物园、野生动物救护繁育基地、种质资源库、微生物菌种保藏中心为主的迁地保护体系，该体系在珍稀濒危物种保护中发挥了重要作用。

1）植物园体系建设

我国现在共有各种类型的植物园（树木园）162 个，这些植物园覆盖了我国主要的气候区，分布于边缘热带地区（32 个）、亚热带地区（68 个）和温带地区（62 个）。中国科学院联合国家林业局（现"国家林业和草原局"）、住房和城乡建设部共同启动建设中国植物园联盟，该联盟现有 118 家成员单位。据统计，我国 162 个植物园迁地保育维管植物约有 396 科、3 633 属、23 340 种（含种下等级），其中我国本土植物为 288 科、2 911 属、约 20 000 种，分别占我国本土高等植物科的 91%、属的 86%、种的 60%；迁地保育濒危及受威胁植物的数量约 1 500 种，约为我国记载的濒危及受威胁植物物种数量的 39%；建立了 1 195 个植物专类园区，对我国本土植物多样性保护发挥了积极作用。另外，在华南植物园建立了木兰科、姜科植物保存园；在深圳仙湖植物园建立了苏铁科植物保存园；在昆明植物园建立了杜鹃花科和山茶科植物保存园。此外，国家林业和草原局成立了全国苏铁、兰科植物等珍稀濒危野生植物种质资源保护中心。建成 22 个多树种遗传资源综合保存库，294 个国家级林木良种基地，保存树种 2 000 多种，涵盖目前主要造林树种遗传资源的 60%以上。还在很多自然保护区建立了以保护当地珍稀濒危植物的迁地保护植物园（国务院新闻办，2021；米湘成等，2021）。

2）动物园体系建设

建立濒危野生动物的圈养种群，通过科学管理，最大限度地保存种群遗传多样性，使之成为一个能够自我维持的种群，最终支持野外种群的恢复，是野生动物濒危物种易地保护的长期目标。我国实施珍稀濒危动物迁地保护的行动主要包括建立动物园和野生动物救护繁育基地两个方面。我国已建立 240 多个动物园和 250 处野生动物拯救繁育基地。通过建立动物繁殖基地，开展动物饲养管理、疾病防治和繁殖方法等方面的研究，实现濒危野生动物的人工繁育，扩大其种群规模。目前已有猎豹、大猩猩、大熊猫、金丝猴、扭角羚、亚洲象、扬子鳄、丹顶鹤、黑颈鹤、眼镜王蛇、棱皮龟和鲨鱼等物种成功实现人工繁育，已建立了 200 多种濒危野生动物的人工种群。

3）物种拯救工程

随着就地保护工程的实施，我国加强了对国家重点保护珍稀濒危野生动植物种的工程措施。在国家层面，将大熊猫、朱鹮、虎、金丝猴、藏羚羊、扬子鳄、亚洲象、长臂猿、麝、普氏原羚、鹿类、鹤类、雉类、兰科植物、苏铁等 15 大类物种纳入国家工程予以拯救。地方也确定了重点拯救的上百种物种，积极强化保护。

国家林业局与国家发展和改革委员会于 2011 年发布了《全国极小种群野生植物拯救保护工程规划（2011—2015 年）》，并切实采取有效措施，全面推进极小种群野生植物拯救保护工作。该规划确定 120 种极小种群野生植物作为工程一期拯救保护的对象，开展拯救保护试点，为期 5 年。规划中的极小种群野生植物包括：野外种群数量极少、极度濒危、随时有灭绝危险的野生植物；生境要求独特、生态幅狭窄的野生植物；潜在基因价值不清楚，其灭绝将引起基因流失、生物多样性降低、社会经济价值损失巨大的种群数量相对较小的野生植物。

在家养动物的迁地保存方面，建立了以保种场为主、保护区和基因库为辅的畜禽遗传资源保种体系，对 138 个珍贵、稀有、濒危的畜禽品种实施重点保护；加强了农作物遗传资源的收集和保存设施建设，农作物收集品种不断增加。

（3）离体保护

离体保存设施的建设和完善，在种质资源保护中发挥的作用日趋明显。依托中国科学院昆明植物研究所建设的"中国西南野生生物种质资源库"是我国唯一以野生生物种质资源保存为主的综合保藏设施。该库包括种子库、植物离体库、动物种质库、微生物种质库和 DNA 库，以收集保存野生植物为主，兼顾脊椎动物和微生物种质资源。截至 2020 年 12 月，我国西南野生生物种质资源库已保存植物种子 10 601 种（占我国种子植物物种数的 36%）85 046 份，植物离体培养材料 2 093 种 24 100 份，动物种质资源 2 203 种 60 262 份，微生物菌株 2 280 种 22 800 份；其野生生物种质资源保存量居亚洲第一，全面完成国家发展和改革委员会批发的长期建设目标（李德铢等，2021）。

实施一批种质资源保护和育种创新项目，截至 2020 年年底，形成了以国家作物种质长期库及其复份库为核心、10 座中期库与 43 个种质圃为支撑的国家作物种质资源保护体系，建立了 199 个国家级畜禽遗传资源保种场（区、库），为 90%以上的国家级畜禽遗传资源保护名录品种建立了国家级保种单位，长期保存畜禽遗传资源 96 万份。建设 99 个国家级林木种质资源保存库，以及新疆、山东 2 个国家级林草种质资源设施保存库国家分库，保存林木种质资源 4.7 万份。建设 31 个药用植物种质资源保存圃和 2 个种质资源库，保存种子种苗 1.2 万多份（国务院新闻办，2021）。

4. 野生生物种质资源发展趋势

（1）种质资源共享平台建设

种质资源作为科技创新和生物产业革命的基础材料，除持续开展资源的标准化、规范化和定向化收集保存外，也逐渐通过资源的整理整合和平台构建，向开放共享和专题服务转变。早在 20 世纪，国家科学技术委员会（现科学技术部）已意识到种质资源的采（收）集、整理、保存是科学研究与技术开发的重要资源和科技条件；自 1999 年以来，通过实施科技基础性工作专项，以及科技基础条件平台建设，逐步推动并持续支持国内种质资源的调查和收集。2019 年度获批的"中国主要沼泽湿地植物种质资源调查""轻纺用野生纤维资源植物科学调查""东北禁伐林区野生经济植物资源调查""大别山区生物多样性综合科学考察"等项目，均涉及野生植物种质资源调查、采集和保存，并于 2020 年正式启动。

此外，由科学技术部牵头组织的国家科技资源共享服务平台，覆盖了重要野生植物、农作物、林木、畜禽、水产、寄生虫、微生物等生物种质资源库馆的建设，促进了相关领域的战略聚焦、标准制定、资源整合和优势互补，并通过共享平台的构建，将分散的科技资源整理集中后，促进共享服务。例如，依托中国西南野生生物种质资源库，以野生植物资源为保存对象的"国家重要野生植物种质资源库"联合全国 11 个科教机构的资源库，至 2020 年年底已储存入库的资源规模达 1.3 万种 12 万余份。2019 年依托中国科学院昆明动物研究所成立的"国家非人灵长类实验动物资源库"，加强了猕猴、滇金丝猴等非人灵长类动物资源的收集和保存，丰富了我国战略生物资源和实验材料的储备。中国科学院着力推进"战略生物资源服务网络计划"，旨在构建全院整体化资源体系，提升资源的科技支撑能力。截至 2020 年年底，中国科学院 40 个研究所的 73 家生物资源库（馆）已汇集 735 万份生物资源数据，其中种质资源的收集保存量达 64 万余份，优势明显（李德铢等，2021）。

（2）标本数据服务平台建设

中国科学院自建院之初就十分重视对生物资源的收集保藏。中国科学院的植物园、标本馆、生物遗传资源库、动物实验平台等生物资源收集保藏机构遍布全国。长期以来，中国科学院在动物、植物、微生物及特殊生境等生物资源的收集和保藏，本土物种的收集和安全保存，以及重要战略生物资源在全球范围内的收集与保存等方面积极探索与积累。2016 年，在财政部等国家相关部委的大力支持下，中国科学院启动了"战略生物资源计划"（BRP）。该计划在坚持长期收集保藏的基础上，整合中国科学院植物园、生物标本馆（博物馆）、生物遗传资源库、生物多样性监测网、动物实验平台及中国科学院生物多样性科学委员会等相关资源，构建了集植物、动物、微生物、细胞库等于一体的战略生物资源平台，同时建立了生物资源数据集成和数据服务平台，大大提升了我国战略生物资源收集、保藏、评价、转化与可持续利用的综合能力，为我国经济社会的可持续发展提供了强有力的科技支撑。截至 2020 年年底，中国科学院 40 多个研究所的 73 家生物资源库/馆已储备了超过 2 900 万份生物资源，其中超过 735 万份已实现数字化，可全面开放共享（杨明等，2021）。

二、农业遗传资源调查与评估

1. 农作物遗传资源调查收集与评估监测

（1）农作物遗传资源早期普查与重点调查

我国分别于 1956—1957 年和 1979—1983 年对农作物种质资源进行了两次大规模普查。在以后的 30 年中，针对重点领域和重点地区进行了多次小规模的调查和收集工作。据初步统计，全国已开展了 191 个农业野生植物物种的调查，其中发现了 80 个作物野生近缘植物物种的 8 643 个居群。该项调查不仅获得了大量的野生植物生境数据，还发现了一些具有重大利用价值的种质资源。例如，首次在福建发现了野生柑橘的分布点，对于柑橘类物种的起源进化研究具有十分重要的参考价值；在河南发现了近 30 年在野外未观察到的葛枣猕猴桃、叉唇无喙兰等珍稀物种，为制定野生植物保护名录及保护规划奠定了坚实的基础；在广西贺州和来宾分别发现 2 个和 1 个野生白牛茶居群，丰富了广西野生茶树资源的种类和分布信息；在陕西省新发现的太白山鸟巢兰、肾唇虾脊兰、裂唇虎舌兰等分布点，填补了陕西特有兰科植物物种分布的空白。

（2）第三次全国农作物遗传资源普查与收集（2015—2020 年）

第二次全国农作物遗传资源普查与收集工作已有 30 多年，这期间全国各地在气候、自然环境、种植业结构和土地用途发生了很大变化，农作物种质资源的分布和消长也发生了很大变化，为此，2015 年开始，农业部（现农业农村部）会同有关部门共同组织开展了全国农作物种质资源第三次普查与收集，形式是以地方参与为基本队伍，以国家级专业科研院所为技术依托，组织全国相关单位，以县级行政区划为单位进行全面普查、系统调查与收集。实施时间为 2015—2020 年。

此次调查已对 31 个省（区、市）超过 2 000 个农业县（市）开展各类作物种质资源的全面普查，对其中种质资源丰富的 679 个农业县（市）开展系统调查与抢救性收集。

项目目标是，通过调查和评估，进一步查清我国农作物种质资源家底，明确不同农作物种质资源的多样性和演化特征，预测今后农作物种质资源的变化趋势，提出农作物种质资源保护与持续利用策略，收集种质资源 10 万份，入库保存 7 万份。

第三次全国农作物种质资源普查与收集行动，计划完成 31 个省（区、市）2 323 个农业县的普查与征集。2019 年在石家庄召开"第三次全国农作物种质资源普查与收集行动"工作会议，会议总结了该调查项目自 2015 年实施以来，已在 12 个省（区、市）830 个县开展了全面普查和 175 个县的系统调查，抢救性收集各类作物种质资源 4.2 万份，其中 85%是新发现的古老地方品种等种质资源（刘旭等，2018）。截至 2020 年年底，已完成了 1 616 个县的普查与征集、291 个县的重点调查与抢救性收集工作，新收集资源 9.2 万份。[①]

通过系统调查，初步发掘出一批具有优质、抗病、抗逆等性状的优异资源，例如，四川米易县傈僳族历代种植的"梯田红米"，陕西石泉发现的抗病性极强的"石泉阳荷姜"，广西龙胜县流传千年的"地灵红糯"等，这些具有地域特色和开发利用价值的优异资源，在助力乡村振兴与产业扶贫等方面发挥了重要作用，有效丰富了我国种质资源战略储备[②]。

（3）农业野生植物资源调查与收集

农业部于 1999 年开始了农业野生植物保护规划，2002 年启动"农业野生植物保护与可持续利用"专项，对列入《国家重点保护野生植物名录（农业部分）》的植物种类开展调查、收集、保护和监测。据初步统计，全国已开展了 191 个农业野生植物物种的调查，发现 80 个作物野生近缘植物物种的 8 643 个居群，其中一些具有重大利用价值。例如，首次在福建发现了野生柑橘的分布点，对于柑橘类物种的起源进化研究具有十分重要的参考价值；在河南发现了近 30 年在野外未观察到的葛枣猕猴桃、叉唇无喙兰等珍稀物种，为制定野生植物保护名录及保护规划奠定了坚实的基础；在广西贺州和来宾分别发现 2 个和 1 个野生白牛茶居群，丰富了广西野生茶树资源的种类和分布信息；等等。

对全国重点作物野生近缘植物的调查项目也取得进展，至 2020 年已完成了野生稻 3 个物种、野生大豆 2 个物种、小麦野生近缘植物 11 个物种、水生蔬菜植物 8 个物种、野生茶树 7 个物种、野生果树（含野生柑橘）7 个物种、野生麻类 26 个物种以及冬虫夏草、蒙古口蘑、发菜等 67 个物种的全国调查。共采集 4 914 个居群的 44 737 份作物野生近缘植物资源（乔卫华等，2020）。

（4）农作物遗传资源评估

农作物种质资源的评估与监测是种质资源工作的基本任务，是体现种质资源战略性的关键环节。在调查的基础上，需要对新收集的资源进行入库（圃）保存、性状评估，

---

① http://www.gov.cn/xinwen/2021-03-25/content_5595480.htm.

② http://finance.china.com.cn/roll/20190326/4933458.shtml.

并对现存资源进行适时监测。在调查与评估的基础上，提出了粮食和农业植物种质资源的概念范畴和层次结构理论，首次明确我国有 9 631 个粮食和农业植物物种，其中栽培及野生近缘植物物种 3 269 个（涉及 528 种农作物），阐明了 528 种农作物栽培历史、利用现状和发展前景，查清了中国农作物种质资源本底的物种多样性。提出了中国农作物种质资源分布与不同作物的起源地、种植历史、热量和水分资源以及地理环境条件密切相关，明确了中国 110 种农作物种质资源的分布规律和富集程度。系统研制了 366 个针对 120 类农作物的种质资源描述规范、数据规范和数据质量控制规范，创建了农作物种质资源分类、编目和描述技术规范体系，使农作物种质资源工作基本实现了标准化、规范化和全程质量控制，对中国以及世界农作物种质资源的深入研究、科学管理与共享利用具有重大意义（刘旭等，2018）。

（5）农作物种质资源性状鉴定与监测

根据农作物种质资源保护技术规范，对新收集的种质资源进行基本农艺性状鉴定、信息采集、编目入库（圃）、长期保存；研究高存活率和遗传稳定的茎尖、休眠芽、花粉等外植体超低温和 DNA 保存关键技术，以及快速、无损的活力监测和预警技术；依据作物种质类型、保存年限和批次，每年随机抽取 5% 的保存种质样品，监测种质保存库（圃）和原生境保护点种质资源的活力与遗传完整性，并及时更新与复壮。

通过计划实施，完成 26 万份新收集种质资源的整理编目与繁殖入库（圃）长期保存。其中，2015—2020 年完成 6 万份，2021—2030 年完成 20 万份，实现 50% 无性繁殖和多年生作物种质资源的超低温、试管苗及 DNA 复份安全保存，确保长期保存种质的活力和遗传完整性。评估和监测计划由农业部（现农业农村部）牵头，由国家种质库（圃）、原生境保护点及地方相关单位共同实施。实施时间为 2015—2030 年。

2. 畜禽遗传资源调查

根据《中华人民共和国畜牧法》的规定，2007 年国家首次成立了国家畜禽遗传资源委员会，分设猪、羊、家禽、牛马驼、蜜蜂和其他畜禽等 6 个专业委员会。第一届畜禽遗传资源委员会先后完成全国性的畜禽遗传资源调查，《中国畜禽遗传资源志》的编写，开展畜禽遗传资源鉴定和新品种配套系审定，实施畜禽遗传资源进出口技术评审及资源保护的技术培训和咨询等工作。其中，开创性地完成国内畜禽遗传资源大范围普查，其意义特别重大。

我国于 1979—1983 年、2006—2009 年开展了两次全国畜禽遗传资源调查，基本掌握了除青藏高原区域以外的大部分地区畜禽遗传资源情况。第二次全国畜禽遗传资源调查于 2004 年试点，2006 年在全国范围内正式启动，2007 年全面推进实施，调查范围覆盖全国 31 个省（区、市）。联合科研院所和地方高校参与，调查内容广泛，包括产区及分布、体型外貌描述、群体数量及变化、生产性能、品种繁育及评估等，为种质资源保护和利用提供了坚实的基础。在此基础上，2012 年《中国畜禽遗传资源志》正式出版，该书是由国家畜禽遗传资源委员会组织全国畜牧行业权威育种专家历经 4 年编撰而成。数据表明，截至 2016 年我国已发现地方畜禽品种 545 个，是世界上畜禽遗传资源最为丰富的国家之一。但遗憾的是，对于水产种质资源还没有开展过大范围的全国性资源普查。

3. 农业微生物种质资源调查

2005—2008 年，国家环境保护总局组织开展全国农业微生物资源调查项目，该项目对全国省级以上科研单位保藏的微生物菌种资源进行了较全面的调查，调查工作覆盖了我国 31 个省（区、市）。调查单位包括：省级农林科研单位中共有省级农业科学院 25 个、农林科学院 4 个、农牧科学院 1 个、林业科学研究院或研究所 26 个；中央级农林科研单位主要有中国农业科学院分布于各地的 30 多个研究所、中国热带作物科学院和中国林业科学研究院；省级生物类综合性科研单位共有省级科学院微生物研究所 9 个和生物研究所 9 个以及工业微生物或微生物相关食品药物研究所 8 个。我国有国家级微生物菌种保藏管理中心 9 个，均出版有菌种目录、建有网站和拥有较完善的保藏菌种信息，这些国家级菌种保藏专业机构和中国科学院未作为本次调查的主要对象。调查结果表明，国家级和省级农业科学院的相关研究所和省级微生物研究所、工业和医药微生物研究单位一般都保藏有微生物菌种，省级生物学研究所和省级林业研究单位以及其他生物类有关研究单位则只有部分单位保藏有少量微生物菌种，其他单位则没有保藏微生物菌种。

对于调查数据的分析表明，单位的性质和类型不同，保藏的微生物菌种种类和菌株数量差别较大。总体上，保藏菌株数量最多的微生物类群是丝状真菌，占全部保藏菌株数的 35.2%；其次是细菌，占全部保藏菌株数的 32.3%；第三位的是大型真菌，占全部保藏菌株数的 19.3%。保藏的丝状真菌菌株数量不仅在农林类科研单位中所占比例最大，在生物类综合研究单位中所占比例也是最大的。在农业上，它是大多数植物病害的病原菌，也是用于生物防治和环境修复的重要生物类群；在医药和食品工业上，丝状真菌更是重要的生产菌。细菌中部分为生物防治、生物肥料或用于废弃物降解等方面的有益菌，少数是植物病原菌或动物病原菌，在工业上则是很多药品的生产菌。保藏的大型真菌则多数是食用菌以及部分药用菌。

经济价值较大的种类往往具有较多的菌株，如主要的食药用菌栽培种、重要的植物病原菌和具有某种重要特性的工业或农业生产用种类，一个单位就常保藏有几十个或者几百个菌株。一般来说，菌种保藏专业机构或微生物研究专业单位保藏的菌种大都已经鉴定到种，而以新功能、新药物筛选等应用为目的而保藏的菌种大都没有经过种类鉴定。一般研究单位的保藏菌种多数为自己分离，引进的菌种多数有重要经济价值或作为分析、研究中的供试或对照菌种，其中以食用菌引进的数量最多。食用菌中大多都是单位之间相互引进，菌株流动频繁。

调查发现，各单位普遍存在菌种信息不全、管理不够规范的情况，有些单位保藏的菌种没有相应记录，或记录丢失。信息不足或没有附加信息的菌种严重影响该菌种的价值，影响对它的研究和利用。大型菌尤其是食用菌存在大量品种名称，有些缺乏拉丁学名和中文科学名称，有一定混乱现象。基本上各单位均无微生物菌种保藏专门设施，并大多缺乏微生物菌种专门管理人员，菌种的保藏备份也较少，有的一个菌种也就保藏 1份，常见的保藏方法是用冰箱保藏，有些菌种不能定期更新和维护，菌种的安全性没有保障，甚至部分菌种随着相关研究课题的结束就可能丢失。

这是首次在全国范围内开展的农林类科研单位保藏的微生物菌种资源状况的全面调查，基本摸清了我国科研单位的微生物菌种资源状况，基本掌握了我国科研单位各类微生物菌种资源的分布、保藏、管理和利用情况。对国家级微生物菌种保藏中心之外的全国省级以上科研单位保藏的微生物菌种资源进行编目尚属首次。调查报告还针对我国微生物菌种资源的状况提出了对策和建议。因此，本项调查成果为全面了解我国保藏微生物菌种资源的状况、改进微生物菌种资源的保护和管理工作提供了依据，为我国微生物菌种资源的有效和持续利用提供了重要信息，对于加强微生物菌种资源的社会共享和开发利用具有重要意义。

4. 第三次全国农业遗传资源综合普查与收集（2021—2023 年）

农业农村部办公厅于 2019 年 5 月发布《关于印发农业种质遗传资源保护与利用三年行动方案的通知》。为进一步加强农作物种质资源和畜禽遗传资源（统称农业种质遗传资源）保护与利用，强化种质遗传资源对发展现代种业、推进农业高质量发展的基础性支撑作用，根据《乡村振兴战略规划（2018—2022 年）》《中央农村工作领导小组办公室、农业农村部关于做好 2019 年农业农村工作的实施意见》，农业农村部组织编制了《农作物种质资源保护与利用三年行动方案》《畜禽遗传资源保护与利用三年行动方案》。要求各地高度重视、认真谋划、统筹协调，根据行动方案的发展目标、重点工作和任务分工等，结合工作实际，抓紧制定具体落实方案，细化目标任务、工作举措，认真组织实施，确保在 2020—2023 年的 3 年时间内完成全国农业遗传资源综合普查与收集的任务，并取得实际成效。

（1）普查对象与范围

这次重大行动是在全国开展农作物种质资源普查的同时，启动并完成第三次全国畜禽遗传资源普查，实现对全国所有行政村的全覆盖；启动并完成第一次全国水产养殖种质资源普查，实现对全国所有养殖场（户）主要养殖种类的全覆盖。要求通过此次普查，摸清资源家底，有效收集和保护珍稀濒危资源，实现应收尽收、应保尽保。

由于 2019 年年底突如其来的新冠疫情在全国和全球蔓延，种质资源普查与收集工作受到重大影响。为重启这项普查，2021 年 3 月，农业农村部正式印发《关于开展全国农业种质资源普查的通知》及《全国农业种质资源普查总体方案（2021—2023 年）》，决定在全国范围内开展农作物、畜禽、水产种质资源普查，实现对全国 2 323 个农业县（市、区）的全覆盖，利用 3 年时间，全面完成农作物、畜禽和水产种质资源普查，摸清全国种质资源种类、数量、分布、主要性状等家底，明晰演变趋势，发布种质资源状况报告，有效收集和保护珍稀、濒危、特有资源。

对于农作物遗传资源来说，此次普查主要是利用 3 年时间，完成攻坚收尾工作，并开展特色优异资源展示推介，促进共享交流。主要包括：一是完成 707 个县的普查与征集、388 个县的重点调查与抢救性收集；二是完成所有新收集种质资源繁殖和基本生物学特征特性鉴定评价，编目入库（圃）保存；三是对征集和收集的珍贵地方品种和具有开发利用前景的种质资源进行田间展示与宣传，分年度发布十大优异农作物种质资源，推进资源共享和开发利用。

（2）普查特点

根据农业农村部编制的《农作物种质资源保护与利用三年行动方案》，这次普查是新中国成立以来规模最大、覆盖范围最广、技术要求最高、参与人员最多的一次普查。农业农村部组织制订并印发了《全国农业种质资源普查工作总体方案》及农作物、畜禽、水产三个分物种的具体实施方案，重点强调结果导向，为打好种业翻身仗夯实资源基础。预期成果概括起来直接体现为"321"，即发布三份报告、保护两类资源、建立一个大数据平台。

第一，将分别发布国家农作物、畜禽、水产资源状况报告，包括我国农作物、畜禽、水产种质资源家底，以及近几十年的消长变化，这是今后制定保护利用政策的根本依据。

第二，将抢救性收集一批珍贵、稀有、濒危资源，发现鉴定评估一批特色优质高效的新资源，届时我国资源保存总量将位居世界前列，这是今后实现现代农业高质量发展的宝贵财富。

第三，将健全国家农业种质资源数据库，构建全国统一的农业种质资源大数据平台，这是今后实现农业种质资源高效管理和利用的重要支撑。

与前两次调查相比，这次普查特点鲜明。一是区域全覆盖，凡是有畜禽和蜂、蚕遗传资源分布的区域实现全覆盖，将以前未覆盖的青藏高原区域和边远山区作为重点。二是对象更明确，所有的地方品种、培育品种和引进品种都纳入普查对象。三是内容更深入，除继续注重传统指标参数外，还有两个亮点，一是在分子水平上收集整理有关遗传信息，推动建立畜禽品种 DNA 特征库；二是依靠畜禽保种单位和养殖场户全面系统开展生产性能测定。

在资源收集鉴定过程中，一是对每个新发现的资源都需要进行现场审核验收，通过查阅相关资料和了解文化历史、详细审核系谱、开展体型外貌比对和生产性能的测定，初步判定是否为新的资源。二是要经过实验室比对确认，对初步判定的新资源再进行DNA比对分析，从基因上进行最后的判定。

（3）第三次全国农业种质资源综合调查初步成果

1）总体进度

据中国农业信息网报道，至2022年7月，农作物种质资源方面已全部完成2 323个农业县的普查与征集，畜禽方面行政村普查覆盖率达到97.6%，水产方面普查覆盖率超过95%，普查工作取得了阶段性成效。在专家对普查成果评估的基础上，遴选出十大农作物、十大畜禽、十大水产优异种质资源，并予以发布。农作物十大优异种质资源有：庄红贡米、濮阳莛子麦、珍珠玉米、海萝卜、芹菜、维西糯山药、芮枣、大果型野生猕猴桃、达川乌梅、永兴棉花。畜禽十大优异种质资源有：查吾拉牦牛、帕米尔牦牛、凉山黑绵羊、玛格绵羊、岗巴绵羊、霍尔巴绵羊、多玛绵羊、苏格绵羊、泽库羊、阿克鸡。水产十大优异种质资源有：长江刀鱼、鱇浪白鱼、中华鳑鲏、黑斑原鮡、黄唇鱼、黄鳍金枪鱼、锦绣龙虾、中华圆田螺、中华鲎、红毛菜。

据农业农村部网站2024年3月18日文章，记者在三亚召开的2024中国种子（南繁硅谷）大会上获悉，中国2023年完成全国农业种质资源普查，新收集农业种质资源53万多份，抢救性保护了大果猕猴桃、河套大耳猪等一批珍稀濒危资源，新发现鉴定帕米尔牦牛等51个畜禽地方品种。此次普查包括农作物、畜禽、水产领域，覆盖了全国2 323个农业县、62.5万个行政村、92万多家水产养殖场户，对746份濒危农作物资源开展抢救性收集保护，发布80个具有潜在利用价值的农作物、畜禽、水产优异种质资源。

另据农业农村部介绍，普查全面摸清了资源种类、数量、分布、特征特性等家底，以及近几十年的消长变化，做到了应查尽查，为今后开展保护利用工作和制定相关政策打下了基础，夯实了国家粮食安全保障和育种创新资源基础。下一步，将围绕育种创新和产业发展需求，将资源保护利用工作重心转移到精准鉴定、共享利用等方面。

2）农作物种质资源收集

另据报道，截至2022年6月底，对2 000余个县的普查工作已经基本完成，收集了大概11.3万份农作物种质材料，这些种质材料分属115个科、377个属、675个种。在普查工作人员的辛勤工作下，种质资源做到了应收尽收。在普查中发掘了一批有重要价值的优异种质。如安徽的庄红贡米，其中铁、锌等微量元素远高于其他品种，符合当下人们健康饮食的需求；陕西的猕猴桃野生资源，其单果比市面上普通的猕猴桃大，对提高猕猴桃的单果重和单产有重要价值；海南省发现的一种棉花，有利于棉花起源的研究。

专栏 8　第三次全国农业种质资源综合调查——农作物种质资源普查成果

第三次全国农业种质资源综合调查启动以来，在全国各地新发现收集了一大批农作物种质资源，这些资源有的具有重大产业发展前景，有的蕴藏优异基因并具有潜在育种价值，有的地域特色明显，而且蕴含传统民族文化。农业农村部组织专家在普查获得的众多优异种质资源中，遴选出来十大优异的农作物种质资源，主要涉及粮、棉、果、菜等作物类型，这些种质资源对于促进种业创新、保障粮食和重要农产品有效供给、满足人民美好生活需求具有重要意义。

第一类是丰富"米袋子"等主粮作物种质资源，主要有两个。第一个是安徽省颍上县发现的庄红贡米。庄红贡米是在颍上县发现的一个水稻品种，种植历史可以追溯到南北朝时期。它颜色非常红润、风味独特、品质上乘，明朝时就作为贡品，当地老百姓称之为庄红贡米。经检测发现，其营养价值非常高，铁和锌的微量元素含量是普通大米的 8~15 倍。庄红贡米可用于选育功能性大米新品种，产业化开发前景广阔。第二个是珍珠玉米，产在山西省翼城县一个偏远的山村，能够保留下来是非常小概率的事件。据农户讲，这个品种是祖传的，他们知道至少有 100 年历史，只有 1 户人家种植，是一个珍贵的地方品种。它适宜用作做爆米花，经过现场鉴定，爆米花率达到 99% 以上，粒粒都能爆开，爆粒体积大，花瓣洁白，颜色大小一致，品相优于当前主流品种，极具开发价值。

第二类是充实"菜篮子""果盘子"等经济作物，有 6 个。最具有代表性的就是维西糯山药。这是在云南省维西傈僳族自治县发现的地方品种，种植历史悠久，软糯细腻，香甜可口，具有健脾养胃、补肾益肺等功效。当地傈僳族群众用其制作了多样化的美食产品，与此同时它蕴藏着丰富的传统民族文化。再就是大果型的野生猕猴桃，大果型野生猕猴桃发现于陕西秦巴山区，果肉呈绿色，味道酸甜适中，酸中有甜，甜中有酸。自然野生条件下的野生猕猴桃平均单果重 150 g，远远优于市面上的大多数栽培品种，是培育超大个猕猴桃的优异资源，现在许多猕猴桃专家都在集中进行性状鉴定。

第三类是对研究作物驯化历史具有重要价值的棉花资源。在我国最南端的海南省，美丽的西沙群岛的永兴岛发现了一种棉花，多年生，半野生种，是陆地棉，专家暂命名为"永兴168964棉花"。初步研究判定，可追溯到数百年前地理大发现时代，它的基因组、染色体构成与美洲地方种、现代栽培种均有较大的遗传分化，是不同的，在我们国家发现了棉花多年生半野生种，这是一个非常重大的发现，对深入了解陆地棉的驯化历史和拓展遗传多样性具有重要意义（王旭等，2021）。

3）畜禽种质资源收集

截至 2023 年 7 月初，农业农村部已完成第三次全国畜禽遗传资源普查第二阶段生产性能测定任务，获取 1 224 万条数据，新发现 34 个畜禽地方品种，可为畜禽种业高质量发展提供畜禽遗传资源信息。普查成果表明，我国畜禽种业遗传资源丰富，不仅能够快速适应环境、社会经济条件变化，还能够满足人们差异化消费需求，符合中国式现代化战略发展要求（吴晓芳，2024）。

一是发现了一大批新资源。新发现鉴定畜禽遗传资源 18 个。这些资源有的年代久远，有的珍稀濒危，有的承载了农耕文明和传统文化，特别是填补了青藏高原畜禽遗传资源普查的空白。

二是抢救保护了一批珍稀资源。新采集猪、马、牛、羊、鹿、骆驼等 6 大畜种的遗传材料 5 万份。中山麻鸭、上海水牛等濒临灭绝品种，在这次普查中重新发现并得到妥善保护，这进一步坚定了做好普查工作的信心和决心，也是这次普查中的重大收获。值得一提的是，从 2021 年开始，中央财政新增资金 1.15 亿元，用于保护 159 个国家级畜禽遗传资源，确保了这些资源"国宝"的稳定保存。

专栏 9　青藏高原畜禽种质资源的调查成果

这次全国畜禽种质资源调查的成果亮点是对青藏高原畜禽种质资源的普查，并取得重要成果。青藏高原充满神秘色彩，气候独特，资源丰富，条件也相对艰苦。受当时条件限制，20 世纪 80 年代和 21 世纪初开展的两次畜禽遗传资源调查都没有完全覆盖到这些区域。2021 年是第三次全国畜禽遗传资源普查的第一年，在全国面上普查的基础上，青藏高原作为重点，提前开展系统调查鉴定，抢救性收集一批珍稀资源，填补了前两次资源调查的空白。

第三次全国畜禽遗传资源普查的数据库，将现有的 948 个品种制作成了图片、视频和文字，方便农牧民通过手机快速查询，对比是不是一个新的资源。这次普查国家层面派出了 200 多位专家深入青藏高原区域，东起秦岭山脉，西到帕米尔高原，南到喜马拉雅山脉的南麓，北到昆仑山北缘。

经过层层把关，2022 年 10 月 18 日国家畜禽遗传资源委员会鉴定通过了在青藏高原新发现的畜禽遗传资源，从中遴选出了新发现的十大优异畜禽遗传资源，并正式发布。

一是独特的牦牛资源。帕米尔牦牛分布在新疆维吾尔自治区帕米尔高原海拔超过 4 000 m 的荒漠草场，对极度干旱的适应性强，善爬陡峭山路，是当地塔吉克族人民乳、肉、毛等生活资料的重要来源。帕米尔牦牛还有一个特殊的功能，就是高海拔地区边境巡逻的重要交通工具。

二是地域特色突出的绵羊资源。青藏地区的绵羊资源十分丰富，具有适应高海拔、耐粗饲、抗病力强、体格健壮等特点。新发现的多玛绵羊分布在西藏自治区安多县海拔5 000多m的草场，羊毛色泽美丽、毛绒厚整齐，是藏族群众制作手工毯的优质原料。在四川省凉山彝族自治州布拖县新发现了一种珍贵稀缺的凉山黑绵羊。这个羊被彝族牧民称作黑色精灵，全身被毛黑色，尾部披着裙帘，具有浓郁的民族风情。

三是阿克鸡，俗称裸颈鸡。这个品种的鸡脖子上裸露无毛，在我国独一无二，发现于云南省怒江傈僳族自治州，不仅肉质鲜嫩美味，还极具观赏性。当地以裸颈鸡为品种标识，正在推动打造舌尖上的美食"漆油鸡"，产业化开发前景广阔。

4）水产生物种质资源收集

2021年，我国首次开展水产养殖种质资源普查。截至2023年，新收集水产养殖种质资源3万余份，从中发现了一批具有地方特色的优异水产种质资源。经过专家遴选，从中选出了10个有代表性的种质资源。这些种质资源有的具有突出性状和优异基因，主要用于科研和育种；有的可以作为观赏鱼，对下一步产业发展非常有用。

一是特色和名贵鱼类，这方面的品种非常多。例如，以前大家都听过的长江刀鱼，学名叫刀鲚，被誉为"长江三鲜"之一。长江三鲜有河豚、刀鲚、鲥鱼，鲥鱼已经基本灭绝了，刀鱼由于过度捕捞，近年来资源严重衰退，目前已经实现了刀鲚的人工繁殖和成鱼的养殖，当然数量还比较少。

另一种有特色的鱼类，是在青藏高原发现的黑斑原鮡。黑斑原鮡是青藏高原地区的一种特有的冷水性鱼类，分布在海拔2 800～4 200 m，在这样的海拔位置上，现在发现主要在雅鲁藏布江中上游区域。黑斑原鮡肉质鲜美，刺少，具有较高的营养价值，在藏医药里面被认为具有药用价值。近年来，野生黑斑原鮡的种群持续下降，已被列为国家二级保护动物。人工繁殖初步成功，在西藏地区将是一个重要的经济鱼类，潜在经济价值很高。

还有一种比较大型的石首科鱼类，叫黄唇鱼，资源严重衰退，濒临灭绝，2021年被国家列为一级保护动物。通过本次普查，为今后相关人工驯养繁殖提供条件。这种鱼已经保存下来，人工繁殖已经成功，为下一步的增殖放流和养殖创造了条件。

其他的稀有水生生物资源也很多。如虾蟹类，有一种叫锦绣龙虾，是在普查当中发现的极具养殖开发潜力的优质种质资源。锦绣龙虾主要分布于我国东南沿海和南海区域，肉味鲜美，营养丰富，生长速度快，个头和澳洲龙虾差不多，1.5～2 kg/个，最大的有60多cm，被誉为"虾中之王"。这个虾因为外表非常艳丽漂亮所以叫锦绣龙虾。由于过度捕捞，锦绣龙虾的资源日渐枯竭，已经被列入国家二级保护动物名录。开展锦绣龙虾的人工繁育和养殖研究，对于促进野生资源的保护，满足消费者对高品质海产品的需求具有重要意义。

专栏 10 水产种质资源普查成果

此次种质资源普查，水产方面是新中国成立以来首次，目前普查覆盖率超过 95%，新收集水产养殖种质资源 3 万余份，在抢救保护珍稀种质资源的同时，又发现了一批新资源。根据普查情况，遴选出 10 大优异种质资源，水产 10 大优异种质资源有：长江刀鱼、鱼浪白鱼、中华鲟鲅、黑斑原鮡、黄唇鱼、黄鳍金枪鱼、锦绣龙虾、中华圆田螺、中华鲎、红毛菜。

在这 10 大优质种质资源中，有一部分是特色和名贵鱼类，如长江刀鱼、黑斑原鮡、黄唇鱼，均表现为资源严重衰退。一方面野外种群亟待保护，另一方面市场价格奇高，通过本次普查，为今后相关人工驯养繁殖提供了条件，以避免像鲥鱼、白鲟等灭绝的命运。此外，还有一部分是珍稀种质资源，如锦绣龙虾、中华鲎，前者是极具养殖开发潜力的优质品种，后者则是可用于细菌检测的生物材料，未来发展潜力很大。这些都是国家保护动物，种质资源普查和整理为实现其人工繁殖奠定了基础。

资料显示，几十年来，地方水产品种质资源消失的风险在不断增加，特别是由于江河建设一些水电设施，阻断了河流水生生物的生活通道，很多品种资源消失的风险在增加。与陆地作物和畜禽动物相比，水产种质资源普查缺乏基础，而且种类繁多，淡水鱼类有 800 多种，海洋鱼类有 2 000 多种，还有虾蟹类、藻类、贝类等，任务更加艰巨。下一步要加快开展水产种质资源的生产性能测定，对水产种质资源实施"一品一策"的保护策略，把每一份种质资源保护好。

---

5. 优质农业种质资源遴选与保存设施建设

（1）优质农业种质资源筛选

全国农业种质资源普查取得了丰硕成果，在此基础上，经过专家综合评估，2024 年农业农村部从中遴选了优异农作物种质资源 100 个、新发现鉴定的畜禽和蜂遗传资源 51 个、新培育的水产品种 54 个，向全国推广应用。

这次普查新收集的优异农作物种质资源有：广西的东兰墨米、河南的羊眼圈大豆等粮食作物 42 个，西藏的墨竹工卡小油菜、上海的崇明金瓜等经济作物 58 个。这些资源地域特色明显，潜在育种价值高，产业发展前景好，如东兰墨米种植历史近千年，羊眼圈大豆抗逆抗病性强，墨竹工卡小油菜生育期只有 80 天，崇明金瓜色泽金黄、松脆爽口、果肉形似海蜇。

新发现鉴定的优质畜禽和蜂遗传资源有：河南的豫西黑猪等 3 个地方猪品种、云南的江城黄牛等 2 个普通牛品种、甘肃的肃南牦牛等 4 个牦牛品种，新疆的皮山红羊等 18 个羊品种、海南儋州鸡等 16 个地方鸡品种，另有鹅、马鹿、鸭、鸽、绿头鸭、中蜂等品种资源 8 个。这些地方品种性能优异、特色明显、抗病抗逆、品质好，是我国特有的珍贵资源。其中 25 个来自青藏高原地区。

新培育审定的优质水产品种有：淡水鱼类 20 个、海水鱼类 7 个、虾蟹类 10 个、贝类 11 个、藻类 2 个、鳖类 1 个、棘皮类 3 个。如抗病高产的半滑舌鳎"鳎优 1 号"，生长快、成活率高的罗氏沼虾"南太湖 3 号"，生长快、耐高温的栉孔扇贝"蓬莱红 4 号"。这些新品种是基于我国丰富的种质资源培育而成，有效地促进了资源优势转化为创新优势和产业优势。

（2）农业种质资源保存设施建设

对于大量收集的农业种质资源，需要及时保存到种质资源库，以确保种质资源的安全保存。为此，国家投入巨资用于农作物、畜禽和水产生物种质资源库的建设。新的国家农作物种质资源库于 2021 年 9 月完成建设并投入试运行；新的国家畜禽种质资源库也于 2021 年 7 月批准立项；国家海洋渔业生物种质资源库于 2021 年 10 月正式投入运行。此外，国家农业微生物种质资源库升级改造有关工作也开始启动。这些都是我国农业种质资源长期战略保存的重要设施，是"国之重器"（王旭等，2021）。

2021 年 10 月，国家海洋渔业生物种质资源库在青岛投入运行。该资源库由中国水产科学研究院黄海水产研究所承建，是迄今为止国际上投资规模最大、种类最丰富、设施最先进的海洋渔业种质资源库，保存能力达到 35 万份，基本可以保存世界上所有的海洋渔业资源，目前已经保存资源 10 万份。国家淡水渔业生物种质资源库（武汉）、国家南海渔业生物种质资源库（三亚）等项目也在规划中（徐承旭等，2022）。

围绕种质资源收集保护，中国已建成国际一流的国家农作物种质资源库和海洋渔业种质资源库，保存能力分别达到 150 万份和 35 万份。国家级种质资源库（圃、场）达到 318 个，159 个国家级畜禽保护品种活体保护实现全覆盖。

专栏 11 国家种质资源库基础设施建设

国家农作物种质资源库建在中国农业科学院作物科学研究所。新库于 2019 年 2 月开工建设，2021 年 9 月建成并投入试运行。新库有三个特点：一是容量大。总容量达到 150 万份，保存能力目前位居世界第一，可以满足今后 50 年全国农作物种质资源安全保存、鉴定挖掘和新品种培育等重大需求。二是保存方式完备。基本实现了种子的低温、超低温保存，还可以保存试管苗和 DNA，覆盖了世界上所有植物种质资源保存方式。三是技术先进。

保存技术达到或者优于联合国粮农组织标准，保存全过程实现了智能化、信息化，种子贮藏寿命可以达到 50 年，超过欧美等发达国家（地区）。应该说，目前我国的种质资源保存寿命在全球是最长的。

目前，国家农作物种质资源保存体系涵盖了 1 个长期库、1 个复份库、10 个中期库和 43 个种质圃。长期库就是已经建成的国家农作物种质资源新库，主要负责长期战略保存的任务，是整个保存体系的核心。复份库建在青海省，承担着备份保存任务。中期库分布在北京、黑龙江、河南等 8 个省市，负责对外分发共享，以及向长期库、复份库输送资源。此外，还有种质圃，布局在全国 38 个科研院所和高校，主要是解决果树等无性繁殖作物种质资源保存问题。

国家畜禽种质资源库已经正式批准立项，2022 年将在位于北京的中国农业科学院畜牧兽医研究所开工建设，总建筑面积 1.4 万 m²，保存容量可突破 2 500 个品种，超低温保存精液、胚胎、细胞等遗传材料可以超过 3 300 万份，届时也将位居世界首位。在国家层面，将着力通过打造三道屏障，健全畜禽遗传资源保护体系。第一道屏障，要在 159 个国家级保护品种的原产地建立活体保种场或者保护区；第二道屏障，是在重点省份建设 9 个区域性的基因库；第三道屏障，是在国家家畜基因库的基础上，加快建设国家畜禽种质资源库，实现对畜禽遗传材料的长期战略保存。

国家海洋渔业生物种质资源库建设在美丽的海滨城市青岛，由中国水产科学研究院黄海水产研究所承建，2018 年 3 月开工，2021 年 10 月 28 日正式投入运行，是迄今为止国际上投资规模最大、种类最丰富、设施最先进的海洋渔业种质资源库，保存能力达到 35 万份，可以基本保存世界上所有的海洋渔业资源。目前已经保存资源 10 万份。

三、农业种质资源就地保护

1. 农作物遗传资源原生境保护

原生境保护是作物野生近缘植物保护的重要手段之一，主要通过物理隔离和农民参与等方式在自然条件下对其栖息地及周边环境进行保护，其关键作用是维持作物野生近缘植物在自然界的进化潜力。为履行农业部门的野生植物保护职责，有效保护珍稀、濒危且有重要利用价值的作物野生近缘植物，农业部从 2002 年起开展实施包括作物野生近缘植物在内的农业野生植物原生境保护点建设，妥善保护了一批濒临灭绝的作物野生近缘植物，成绩显著。

（1）实施方案和标准

保护区（点）的设置主要参考《自然保护区工程项目建设标准》（建标 195—2018），将其分为核心区（隔离区）与缓冲区，一般根据保护区内被保护物种的分布情况划分。核心区面积应涵盖保护区内被保护物种 90% 以上的遗传多样性，缓冲区设置在核心区的外围，属于核心区的缓冲地带且对核心区起保护作用，其范围的划定依据被保护物种的授粉习性而定，一般的自花授粉植物的缓冲区宽度为 30 m 以上，异花授粉植物为 100 m 以上。隔离设施的建设标准要达到能有效阻止人、畜、禽进入，隔离设施以围栏为主，采用铁丝网围建；必要时辅以砖或水泥围墙。缓冲区周边宜就地取材建成简易隔离设施，如竹、木篱笆，或种植带刺的木本植物，起到隔离作用。

（2）原生境保护点建设

截至 2018 年年底，我国共建设原生境保护点 205 个。保护物种主要包括粮油类的野生稻、野生大豆、小麦野生近缘植物等，果树类的野生苹果、河北梨、野生柑橘、野生猕猴桃等，以及经济作物类的野生莲、野生茶、野生莼菜等具有重要开发利用价值的野生植物等 39 个。其中，建成的野生大豆原生境保护点最多，达到 50 个，其他达到 10 个及以上保护点的物种分别有普通野生稻、野生猕猴桃和野生菱。这些保护点分布于 28 个省（区、市），其中保护点数量最多的 5 个省份分别是河北、河南、安徽、湖南、湖北，共有 99 个保护点，占已投资项目总数的 48.3%。保护物种主要包括野大豆、普通野生稻、小麦野生近缘植物、野生柑橘、野生茶、野生猕猴桃等粮油类作物野生近缘植物及具有重要开发利用价值的野生蔬菜、果树、花卉、茶树、药用植物等 39 个（杨庆文等，2013）。

（3）原生境保护点的管理

作物遗传资源原生境保护的管理方式，主要有遗传资源原生境所在地方农民参与原生境保护点的管理和建设。针对云南少数民族众多，农家保护的作物地方品种及其相关传统知识极其丰富的现状，国际植物遗传资源研究所与云南省农业科学院合作，先后研究了云南陆稻地方品种、农民大田种植作物、农民庭院及周围种植的观赏、园艺等作物地方品种的多样性，以及农民保护地方品种及其传统知识的经验和做法，提出了开展农民参与式地方品种保护与可持续利用的建议，成功地保护了野生稻、野生大豆和小麦野生近缘植物的 8 个重要居群，并推广应用于 15 个省（区、市）的 64 个作物野生近缘植物居群（郑晓明等，2021）。

专栏12　农作物种质资源原生境保护的优越性（Waldmueller，2011）

农作物种质资源原生境保护的主要优越性如下：

（1）促进作物的进化和适应过程

在当地环境中能够保护农业生物多样性的各个层面（农田生态系统、物种和品种），这有助于确保作物在耕作体系中不断进化以及栖息环境的稳定持续，这是原生境保护的核心目标。因为这不仅基于对现有种质的保护，而且也保护了提供新种质发展的条件。这种动态保护的理念贯穿于耕作体系的方方面面，还包括可能与栽培品种相互作用的野生近缘种和伴生杂草近缘种。

（2）在各个层面保护多样性

在维护耕作体系的同时，田间保护已涵盖了生物多样性四个层面：景观、生态系统、物种和遗传（种内基因）多样性，通过保护景观和农业生态系统的结构，包括各种生态位以及它们之间的相互作用，从而使影响遗传多样性的进化过程和环境压力得以保持。当农业生态系统中的物种（植物、动物和微生物）以及物种内部的遗传多样性得到保护和维持，农作物种群之间的各种相互作用也得到了保护。

（3）将农民纳入国家植物种质资源保护体系

农民通过日常劳作与田间各种作物接触，他们往往比其他人更加了解当地农作物资源的特性。因为农民具有了解作物品种的丰富经验，一旦将他们纳入国家植物种质资源保护体系中，那所有相关方的合作就更有成效。可通过以下方式将农民纳入体系：

1）将农民视为保护选定种质的合作伙伴；

2）在全国范围内就保护和可持续利用生物多样性以及在农民、基因库与其他合作方之间平等分享惠益等展开对话；

3）协助来自不同地区和不同项目的农民进行信息交流；

4）组织农民参观基因库，或观看基因库的演示；

5）建立相关体系，使农民更容易从基因库获得品种材料。

（4）保护生态系统的服务功能

田间保护能够保护地方作物管理体系，是促进农业生态系统可持续发展的一个重要方式。它能够保障土壤的形成过程，减少农田化学品污染以及其他废物排放，还能有效抑制植物病害的传播。

（5）改善资源贫乏地区农民的生计

原生境保护项目在改善当地农民生计方面也有很大潜力。田间保护项目可以与当地基础设施建设，或与可增加农民获取国家基因库有用种质的途径相结合。通过田间保护项目的支持，农民能从得以持续的农业生物多样性和健康的生态系统中获益。地方作物资源是增加作物产量和帮助农民抓住市场机遇的基础，不断加强当地资源的开发并赋权农村社区，将使农民的生计得到持续的改善。

2. 畜禽遗传资源活体保护

（1）原生境保护方式

原生境就地保护又称活体保护，是畜禽遗传资源保种中最为传统和最有效的方法。中国政府每年划拨专项经费用于全国畜禽遗传资源的原生境保护工作，在各畜种产区建立了若干选育场，同时划定了保护区域以保证保存效果。原生境保护有自然保护区、原种场、保种场和原生境保护点几种方式，家养动物的原生境保护是通过在资源品种原产地建立保种场和保护区的方式进行活体保存。原生境保护操作比较简便，且实用。原生境保护与异地保护相结合、活体保护和遗传材料保存互为补充的地方畜禽遗传资源保护体系，将显著提高畜禽遗传资源的保护能力，确保畜禽遗传资源的安全。

（2）原生境保护点（场）建设

近20年来，我国先后建立了165个国家级畜禽资源保护场（如太湖猪、辽宁绒山羊和狮头鹅等），24个国家级畜禽遗传资源保护区（如荣昌猪、蒙古绒山羊和渤海黑牛等），65个种公畜站、1 209个原良种场，覆盖了全国30个省（区、市），已基本形成了以保种场和原种场为核心的保种体系。累计保护地方品种 249 个，其中抢救性保护了大蒲莲猪、萧山鸡、温岭高峰牛、金阳丝毛鸡、浦东白猪、海仔水牛等39个濒临灭绝的地方品种（表6-1）。各地方还建立了458个省级畜禽遗传资源保种场、保护区以及与基因库相配套的畜禽遗传资源保护基础设施体系，地方保护设施与国家级畜禽遗传资源保护体系一起，形成全国畜禽遗传资源保护网络体系（王启贵等，2019；于康震，2017）。

表6-1　通过抢救性原生境保护措施成功保护的畜禽品种

畜种	品种数量	品种名称
猪	19	马身猪、大蒲莲猪、河套大耳猪、汉江黑猪、两广小花猪（墩头猪）、粤东黑猪、隆林猪、德保猪、明光小耳猪、湘西黑猪、仙居花猪、莆田猪、嵊县花猪、玉江猪、滨湖黑猪、确山黑猪、安庆六白猪、浦东白猪、沙乌头猪
家禽	6	金阳丝毛鸡、边鸡、浦东鸡、萧山鸡、雁鹅、百子鹅
牛	5	复州牛、温岭高峰牛、阿勒泰白头牛、海仔水牛、大额牛（独龙牛）
羊	4	兰州大尾羊、汉中绵羊、岷县黑裘皮羊、承德无角山羊
其他	5	鄂伦春马、晋江马、宁强马、敖鲁古雅驯鹿、新疆黑蜂

据报道，至 2021 年已形成 199 个国家级畜禽保种场、保护区、基因库与 458 个省级保种场（区、库）相衔接的畜禽种质资源保护体系[①]。

（3）原生境保护点空缺分析

根据《中国生物多样性国情研究》（高吉喜等，2018），全国已建立数百个畜禽原生境保护区或保种场，但是具体畜禽之间有较大差异，尚存在许多空缺。

1）猪。已建立猪遗传资源保种场 79 个，划定保护区 37 个，42 个猪品种被列入国家级畜禽遗传资源保护名录并实施重点保护，但尚未建立保种措施的还有 13 个地方品种。

2）牛。已建立牛种质资源保种场 28 个（其中国家级保种场 11 个），国家级家畜基因库 1 个，划定保护区 15 个（其中国家级保护区 2 个），21 个牛品种被列入国家级畜禽遗传资源保护名录，尚有 61 个牛品种没有保护措施。

3）羊。已建立羊种质资源保种场 43 个（其中国家级保种场 13 个），国家级家畜基因库 1 个，划定保护区 29 个（其中国家级保护区 3 个），27 个羊品种被列入国家级畜禽种质资源保护名录，尚有 42 个羊品种未采取保护措施。

4）家禽。已建立各级家禽种质资源保种场 125 个（其中国家级保种场 25 个），国家级地方鸡种基因库 2 个，国家级水禽基因库 2 个。已有 28 个鸡品种、10 个鸭品种和 11 个鹅品种被列入国家级重点畜禽种质资源保护名录，抢救性保护了萧山鸡、鹿苑鸡、安义瓦灰鸡、太湖鹅等一批濒危品种。目前尚有部分家禽品种，包括 7 个鸡品种、7 个鸭品种和 7 个鹅品种尚未采取保种措施。

5）蜜蜂。已建立蜜蜂基因库 1 个、保种场 3 个、保护区 1 个，抢救并有效保护了一批珍贵濒危的蜜蜂种质资源。

6）其他。此外，6 个马品种、5 个驴品种、1 个骆驼品种、2 个鹿品种、3 个蜂品种、2 个兔品种已被列入国家级畜禽遗传资源保护名录。

3. 水产种质资源的就地保护

为有效保护我国重要的水产种质资源，国家相继公布了重点保护的水生野生动物名录。1989 年，经国务院批准，林业部与农业部联合向社会发布了《国家重点保护野生动物名录》，名录中包含了近 80 种水生动物，属国家一级保护动物的有 13 种，属国家二级保护动物的有 67 种。名录中的部分物种也是重要的水产种质资源，具有重要的生态价值和科研价值。为加强经济水生动植物保护，2007 年农业部发布了《国家重点保护经济水生动植物资源名录（第一批）》，该名录中共包括 166 个种，其中鱼类 99 种、甲壳类 17 种、贝类 20 种、藻类 7 种、爬行类 2 种、高等水生植物 9 种、其他类型 12 种。

---

① https://www.sohu.com/a/482942470_121123749.

（1）划定水产种质资源保护区

为落实《中华人民共和国渔业法》中关于"国家保护水产种质资源及其生存环境，并在具有较高经济价值和遗传育种价值的水产种质资源的主要生长繁育区域建立水产种质资源保护区"的要求和《中国水生生物资源养护行动纲要》有关精神，有效保护我国重要水产种质资源及其产卵场、索饵场、越冬场和洄游通道。2007—2017 年，原农业部先后划定公布了 11 批共计 535 处国家级水产种质资源保护区，总面积达 15.6 万 km²，主要保护对象超过 400 种，涵盖了《国家重点保护经济水生动植物资源名录》中的 99 种重要水产种质资源，占名录物种总数的近 60%。同时，有关省（区、市）也公布了一定数量的省级水产种质资源保护区，先后出台了《水产种质资源保护区管理暂行办法》《关于进一步加强水生生物资源保护严格环境影响评价管理的通知》（原农业部和环境保护部联合印发）、《农业部办公厅关于印发建设项目对国家级水产种质资源保护区影响专题论证报告编制指南的通知》等管理文件，对于加强水产种质资源保护区管理、规范涉保护区工程项目影响评价发挥了重要作用。

建立了一批国家级水产原良种场。为加强国家水产原良种的保护、开发和利用，1991 年农业部批准成立"全国水产原良种审定委员会"，并在 1996 年开始启动国家级水产原良种场的认定和建设工作。

截至 2021 年年底，已在全国认定和建设国家级原种场 38 家、良种场 48 家，全国现代渔业种业示范场 87 个，主要保育品种包括"四大家鱼"、鲤、鲫、鲂、罗非鱼、大黄鱼、斑点叉尾鮰、河蟹、甲鱼、大菱鲆、南美白对虾、海带、紫菜、海参等重要养殖种类（杨文波等，2020）。

（2）水产种质资源就地保护和种质保护体系

据农业部国家级水产种质资源保护区公告，截至 2018 年，已在全国 29 个省（区、市）的濒危水生物种的产卵场、索饵场、越冬场、洄游通道等区域建成 535 处国家级水产种质资源保护区，保护物种 400 多种（类）。包含鱼类 320 余种、哺乳动物 1 种、爬行动物 6 种、两栖动物 11 种、软体动物 32 种、甲壳动物 11 种、棘皮动物 2 类、环节动物 1 种、刺胞动物 3 种、蜚虫动物 1 种和水生植物 14 种（盛强等，2019）。在水产种质资源保护设施方面，建成 31 个遗传育种中心、84 家国家级水产原良种场、820 家地方级水产原良种场和 35 家遗传资源保存分中心，形成了水生生物非原生境保护的体系架构（郑晓明等，2021）。

（3）水产种质资源保护区主要水域类型

国家级水产种质资源保护区总面积达 1 559.52 万 hm²，占中国陆地和海域面积的 1.23%；其中内陆水产种质资源保护区面积为 814.35 万 hm²，占中国内陆水域面积的 46.45%；海域（含河口区）水产种质资源保护区面积为 745.17 万 hm²，占中国海域面积的 2.49%。各保护区分布在中国各主要流域和海区；除北京、香港、澳门、台湾外，各省级行政区内均有分布，并有不同的保护区类型（盛强等，2019）。

1）河流型保护区数量为 337 处，面积 354.87 万 hm^2，占保护区总面积的 22.76%；

2）湖泊型保护区数量为 107 处，面积为 447.41 万 hm^2，占比 28.69%；

3）水库型保护区数量为 27 处，面积为 12.06 万 hm^2，占比 0.77%；

4）河口型保护区数量仅 5 处，面积为 2.44 万 hm^2，占比 0.16%；

5）海洋型保护区数量为 47 处，面积为 742.73 万 hm^2，占比 47.63%。

可见，河流型与湖泊型是内陆水域种质资源保护区的主要类型，且内陆水域保护区数量远多于海域保护区数量，是海域保护区数量的 9 倍，但海洋型保护区面积较大。统计结果显示，各类型保护区平均面积从大到小为海洋型＞湖泊型＞河流型＞河口型＞水库型。

（4）水产种质资源保护区空间分布特点

已设立的 10 批 535 处国家级水产种质资源保护区，分布在中国 30 个省级行政区。拥有 30 个以上保护区的省份有湖北（66 个）、山东（43 个）、湖南（36 个）、江苏（35 个）和四川（31 个）。

中国内陆水域国家级水产种质资源保护区主要分布在长江、黄河、黑龙江、淮河、珠江等 30 余个水系，海洋保护区则在黄海、渤海、南海与东海等 4 个海区分布。

内陆国家级水产种质资源保护区在长江流域分布数量最多，达到 226 处，共计 106.19 万 hm^2。黄河流域保护区分布数量为 65 处，总面积共计 132.40 万 hm^2，面积超过长江流域。黑龙江流域拥有 51 处保护区，共计 9.39 万 hm^2。另有淮河流域 28 处，计 4.90 万 hm^2；珠江流域 23 处，计 4.58 万 hm^2（盛强等，2019）。

4. 花卉种质资源的栽培保护

对于野生花卉种质资源保护，最重要的设施是遍布全国各地的 2 700 多个自然保护区和数以千计的风景名胜区、森林公园和湿地公园等，那里是野生花卉和栽培花卉野生种及近缘种的原生生境，对于野生花卉遗传资源的保护和永续利用至关重要。然而，对于自然保护地外一些特别重要和珍稀濒危的花卉，也可以采取建立花卉原生境保护区（点）的方式加以特别保护。例如，自 2008 年起，农业部先后在 7 个省设立了 18 个花卉专项就地保护点（区），包括野生兰花或兰科植物 11 个、太行菊 1 个、紫斑牡丹 1 个、百合 1 个（赵鑫等，2020）。

对于栽培的花卉种质资源的保护，可以采取建立园圃的方式，就地栽种需要保护的花卉品种，并长期保存于种植园（圃）之中，每一个园（圃）实际上就是一个综合的或专业的花卉种质资源库。2018 年国家草本花卉种质资源圃在中国农业科学院南口中试基地动工，这是我国农业农村部首次批准的综合性花卉种质资源圃（赵鑫等，2020）。实际上，在全国已建有多个专类的花卉种质资源库（圃），如针对牡丹、月季、百合等花卉的专业资源库（圃）。这些资源库（圃）对于栽培花卉的种质资源保护和花卉新品种的创新培育都具有重要意义。在充分调查研究、制定技术规范、进行科学评定的基础上，中国花卉协会于 2016 年确定了首批 37 处国家花卉种质资源库（圃）（专栏 13）。

专栏 13　国家花卉种质资源库（圃）（37处）

1. 北京市海淀区北京林业大学鹫峰国家森林公园国家梅种质资源库
2. 北京市昌平区北京林业大学国家榆叶梅种质资源库
3. 北京市海淀区中国科学院植物研究所国家睡莲种质资源库
4. 北京市海淀区中国科学院植物研究所国家玉簪种质资源库
5. 北京市海淀区中国科学院植物研究所国家野生蕨类植物种质资源库
6. 北京市海淀区中国科学院植物研究所国家牡丹种质资源库
7. 北京市大兴区纳波湾园艺有限公司国家月季种质资源库
8. 辽宁省沈阳市沈河区辽宁省农业科学院国家郁金香种质资源库
9. 辽宁省沈阳市东陵区沈阳农业大学国家百合种质资源库
10. 上海市松江区虹华园艺有限公司国家菊花种质资源库
11. 上海市松江区上海辰山植物园国家蕨类植物种质资源库
12. 上海市松江区上海辰山植物园国家荷花种质资源库
13. 江苏省南京市江宁区南京农业大学国家菊花种质资源库
14. 江苏省南京市玄武区江苏省中国科学院植物研究所国家主要暖季型草坪草种质资源库
15. 江苏省南京市玄武区江苏省中国科学院植物研究所国家鸢尾属种质资源库
16. 江苏省南京市玄武区江苏省中国科学院植物研究所国家荷花种质资源库
17. 江苏省苏州市相城区苏州农业职业技术学院国家球根花卉种质资源库
18. 江苏省南京市玄武区江苏省农业科学院国家杜鹃花种质资源库
19. 浙江省杭州市余杭区园林绿化股份有限公司国家桂花种质资源库
20. 浙江省金华市婺城区永根杜鹃花培育有限公司国家杜鹃花种质资源库
21. 浙江省杭州市西湖区杭州植物园国家石蒜属种质资源库
22. 安徽省黄山区国际竹藤中心安徽太平试验中心国家竹藤花卉种质资源库
23. 福建省将乐县金硕生物科技有限公司国家紫薇种质资源库
24. 福建省连城县连城兰花股份有限公司国家国兰种质资源库

25. 福建省沙县三明市农业科学研究院国家非洲菊种质资源库

26. 山东省即墨市国际竹藤组织青岛科技基地国家竹藤花卉种质资源库

27. 山东省菏泽市牡丹区菏泽瑞璞牡丹产业科技发展有限公司国家牡丹与芍药种质资源库

28. 山东省莒南县亚特生态技术股份有限公司国家木瓜种质资源库

29. 河南省鄢陵县河南景缘园林绿化工程有限公司国家蜡梅种质资源库

30. 河南省开封市金明区开封园林菊花研究所国家菊花种质资源库

31. 广东省汕头市澄海区广东远东国兰股份有限公司国家国兰种质资源库

32. 广东省广州市白云区广东省农业科学院国家蝴蝶兰、墨兰种质资源库

33. 广西壮族自治区南宁市青秀区南宁市金花茶公园国家金花茶种质资源库

34. 广西壮族自治区南宁市西乡塘区广西壮族自治区林业科学研究院国家石斛属种质资源库

35. 海南省三亚市国际竹藤中心热带森林植物研究所国家竹藤花卉种质资源库

36. 重庆市南岸区重庆市南山植物园国家山茶种质资源库

37. 云南省昆明市盘龙区云南野生兰收藏基地有限公司国家兰属种质资源库

来源：中国林业网 http://www.ixueshu.com。

四、农业遗传资源易地保护

1. 农作物种质资源的易地保护

（1）作物种质资源保存体系

中国在农作物遗传资源保护方面已取得卓越的成就，在保存遗传资源的数量方面仅次于美国，在全球处于第二位。然而，美国农作物种质资源库保存的 60 多万份种质材料中约 80%是从美国本土之外搜集而来，而保存在中国国家农作物种质资源库中的遗传材料约 80%是从中国本土搜集的，说明中国是真正的农业遗传资源大国。

中国不仅农业遗传资源丰富，而且保护保存工作也卓有成效。过去几十年，在中国政府大力支持和农业科研人员的不懈努力下，已基本建成了由长期库、复份库、中期库、种质圃、原生境保护点相配套的种质资源保存体系，并建立了确保入库（圃）种质遗传完整性的综合技术体系。包括：

1）国家农作物种质资源长期库 1 座；

2）国家农作物种质资源长期复份库 1 座；

3）国家农作物种质资源中期库（水稻、旱粮、棉花、麻类、油料、蔬菜、西甜瓜、甜菜、烟草、牧草、热带作物）10座；

4）国家作物种质圃（包括野生稻、小麦野生近缘植物、甘薯、马铃薯、木薯、野生棉、苎麻、野生花生、水生蔬菜、苹果、梨、砂梨、山楂、桃、杏、李、柿、杨梅、核桃、板栗、枣、葡萄、山葡萄、山楂、榛子、草莓、柑橘、龙眼、枇杷、香蕉、荔枝、猕猴桃、新疆名特果树、云南特有果树、寒地果树、甘蔗、茶树、桑树、棕榈、橡胶、多年生牧草、热带牧草、多年生蔬菜等）共43个（表6-2）。

5）农作物近缘植物原生境保护点206个；

6）国家农作物种质资源信息中心1个。

表6-2　国家作物种质圃保存遗传资源数量（截至2014年12月）

序号	资源圃名称	保存作物	种质份数/份		物种数/个（含亚种）	
			总计	其中国外引进	总计	其中国外引进
1	国家野生稻种质圃（广州）	野生稻	5 075	237	20	19
2	国家野生稻种质圃（南宁）	野生稻	5 760	126	21	18
3	国家小麦野生近缘植物圃（廊坊）	小麦野生近缘植物	2 195	683	190	131
4	国家甘薯种质圃（广州）	甘薯	1 319	200	3	1
5	国家野生棉种质圃（三亚）	野生棉	762	622	41	38
6	国家苎麻种质圃（长沙）	苎麻	2 052	22	18	1
7	国家野生花生种质圃（武昌）	野生花生	270	270	35	35
8	国家水生蔬菜种质圃（武汉）	水生蔬菜	1 824	68	34	12
9	国家茶树种质圃（杭州）	茶树	2 082	103	7	0
10	国家桑树种质圃（镇江）	桑树	2 166	159	16	9
11	国家甘蔗种质圃（开远）	甘蔗	2 664	665	16	5
12	国家橡胶种质圃（儋州）	橡胶树	6 145	5 815	6	6
13	国家甘薯种质试管苗库（徐州）	甘薯	1 198	300	16	15
14	国家马铃薯种质试管苗库（克山）	马铃薯	2 091	1 490	14	14
15	国家多年生牧草种质圃（呼和浩特）	多年生牧草	562	271	100	35
16	国家果树种质梨苹果圃（兴城）	梨	1 038	258	14	2
		苹果	1 036	487	24	9
17	国家果树种质寒地果树圃（公主岭）	寒地果树	1 230	223	88	18
18	国家果树种质桃草莓圃（北京）	桃	460	155	6	1
		草莓	360	250	7	1
19	国家果树种质桃草莓圃（南京）	桃	635	210	6	0
		草莓	346	224	15	5
20	国家果树种质柑橘圃（重庆）	柑橘	1 406	509	77	59

序号	资源圃名称	保存作物	种质份数/份		物种数/个（含亚种）	
			总计	其中国外引进	总计	其中国外引进
21	国家果树种质核桃板栗圃（泰安）	核桃	385	35	10	5
		板栗	346	35	8	3
22	国家果树种质云南特有果树及砧木圃（昆明）	云南特有果树	1 038	50	162	10
23	国家果树种质新疆特有果树及砧木圃（轮台）	新疆特有果树	737	91	31	0
24	国家果树种质枣葡萄圃（太谷）	枣	703	6	2	1
		葡萄	538	330	14	1
25	国家果树种质桃葡萄圃（郑州）	桃	769	262	7	0
		葡萄	1 231	784	28	14
26	国家果树种质砂梨圃（武昌）	砂梨	980	108	7	1
27	国家果树种质荔枝香蕉圃（广州）	香蕉	262	41	5	1
		荔枝	245	1	1	1
28	国家果树种质龙眼枇杷圃（福州）	龙眼	327	24	2	1
		枇杷	603	42	15	1
29	国家果树种质柿圃（杨凌）	柿	745	64	7	1
30	国家果树种质李杏圃（熊岳）	李	681	170	10	2
		杏	814	89	10	2
31	国家果树种质山楂圃（沈阳）	山楂	318	8	13	2
		榛子	145	0	3	0
32	国家果树种质山葡萄圃（左家）	山葡萄	385	2	1	1
33	国家红萍圃（福州）	红萍	505	351	7	7
34	国家香饮料圃（兴隆）	香料、饮料	258	154	68	26
35	国家热带果树圃（湛江）	热带果树	932	356	—	—
36	国家棕榈圃（文昌）	棕榈类	311	141	3	0
37	国家野生苹果圃（伊犁）	野生苹果	100	0	1	0
38	国家杨梅圃（南京）	果梅、杨梅	60	0	1	0
39	国家大叶茶圃（勐腊）	茶树	1 547	0	3	0
40	国家猕猴桃圃（武汉）	猕猴桃	1 158	21	57	2
		三叶木通	45	0	2	0
		泡泡果	10	10	—	—
41	国家热带牧草圃（儋州）	牧草	110	43	10	4
42	国家木薯圃（儋州）	木薯	591	154	2	1
43	国家多年生蔬菜圃（廊坊）	无性繁殖蔬菜	939	26	102	2
	合计		60 649	10 938	1 368	504

注：引自《中国生物多样性国情研究》，2018。

（2）农作物种质资源保存库类型与分工

农作物种质资源保护主要采取资源圃和资源库两种方式保存。一般对有性繁殖类（如水稻、玉米、小麦、大豆）采取资源库保存方式；对无性繁殖类（如果树、多年生作物等）采取资源圃保存方式。经过长期努力，目前我国已初步构建了以 1 个国家种质资源长期库、1 个复份库、10 个中期库和 43 个种质圃为支撑，以 214 个原生境保护区为补充的作物种质资源保护体系。为进一步完善我国作物种质资源保护体系，国家还将在"十四五"期间重点扩建资源库（圃）24 个、新建资源库（圃）22 个，新建立原生境保护区 27 个。目前新建的国家作物种质长期库容量达 150 万份，保存能力和水平均居世界第一，为今后 50 年全国农作物种质资源安全保存、鉴定挖掘和新品种培育等重大需求提供了基础保障（颜学海等，2022）。

国家长期种质库负责全国农作物种质资源的长期安全保存；国家复份种质库负责国家长期种质库保存种质资源的备份安全保存；国家中期库负责某一种或一类作物种质资源的收集编目、中期保存、整理评价、繁殖更新和分发利用，并向国家长期种质库提供新收集的种质；国家种质圃负责某一种或一类无性繁殖（多年生）作物种质资源的收集分类、编目保存、整理评价、繁殖更新和分发利用；国家种质信息中心负责全国作物种质资源信息管理和信息系统建设。国家农作物种质资源平台按照"统一标准、统一编目、联合上网、资源共享"的原则，通过中国作物种质信息网，实现国家种质库（圃）资源的共享（曹永生等，2010）。

专栏 14 中国农业种质资源保存库建设历程

中国从 1975 年起筹建种质资源库，1981 年建成广西农业科学院种质资源库；1984 年建成中国农业科学院作物品种资源研究所国家库，其储藏温度 0~10℃，种质容量为 23 万多份，1986 年在美国洛克菲勒基金会和国际植物遗传资源委员会的部分资助下，扩建成总面积为 3 200 m² 的国家种质库，其贮藏温度为 -18℃±2℃，相对湿度低于 57%；2021 年 9 月，国家农作物种质资源库新库在中国农业科学院建成，该库是全球单体量最大、保存能力最强的国家级种质库，是中国作物种质资源长期保存与研究中心，可以储藏各类珍贵的农作物种子等品种资源 150 万份，贮藏寿命最长可达 50 年，为中国开展抢救性收集分散在全国各地的珍稀、濒危的农家品种、野生近缘种、国外引进品种并进行长期妥善保存与供种创造了必要条件。

全国 29 个省（区、市）共建有 72 个国家农作物种质资源库（圃），包括长期库 1 个、复份库 1 个、中期库 15 个、种质圃 55 个，基本构建了以长期库为核心，复份库、中期库、种质圃等为依托的中国农作物种质资源保护体系。种质资源安全保存是种质资源工作者所面临的首要问题。种子类的资源随着保存年限的增加，呼吸消耗种质贮存的养料，种子活力会逐渐降低。当种子活力下降到需要更新时，就应及时更新繁殖并保持其遗传完整性，防止该种质资源失去利用价值（黄艳玲等，2024）。

（3）作物种质资源保存量

2018 年我国农作物种质资源保护和利用工作取得显著成绩：一是资源保存总量突破 50 万份。新收集各类资源 9 704 份；入国家库圃资源 10 485 份，长期保存资源总量达 502 307 份（其中国家长期库保存 435 550 份，43 个种质圃保存 66 757 份）。

2020 年国家种质资源长期库保存的资源量增加到 451 125 份，43 个种质圃的保存量也超过 8 万份。因此，截至 2020 年年底，以上设施共保存作物种质资源超过 53 万份，分属 785 个物种，保存数量位居世界第二，基本建立了国家主导的农作物种质资源保护和管理体系，为作物科学和遗传育种提供了雄厚的物质基础。已保存在国家种质库和种质圃中的农业野生植物种质达 2 万多份，分属于 78 个科 256 个属 810 个种（不含花卉和药用植物等），其中粮食类野生植物 1 万多份，油料类 6 000 多份，果茶桑类 2 000 多份，麻类、甘蔗、牧草等约 2 000 份（杨庆文等，2013）。

对收集的种质资源进行鉴定筛选，至 2016 年，已完成 20 227 份农艺性状鉴定，6 145 份主要作物种质资源的抗病虫、抗逆和品质性状的精细特性鉴定，并评价筛选出 2 498 份特性突出、有育种价值的种质资源，相关单位利用这些优异种质已在生产中发挥重要作用。2016 年度对外提供 219 种作物、分发种质资源 81 582 份（次），是 2012 年农作物种质专项实施前的 10 余倍，推动了我国农作物育种与现代种业的发展。

（4）国家农作物遗传资源管理信息系统与数据库

我国已构建了国家农作物种质资源管理信息系统，包括农作物种质资源编目数据库、普查数据库、引种数据库、保存数据库、监测数据库、评价鉴定数据库、分子数据库、图像数据库和分发利用数据库等 700 多个数据库（集），共 210 多万条数据记录。于 1997 年建成并开通中国作物种质信息网，向社会提供种质信息的在线查询、分析和共享，以及实物资源的在线索取等服务，目前网站年访问量达 40 万人次，也为作物种质资源学科的发展奠定了坚实基础（刘旭等，2018）。

运用各种集成技术和手段将各类数据库集成在统一的环境下，建成了国家农作物种质资源数据库，这是一个集中式存储的大型数据库。经过 20 多年的建设，国家农作物种质资源数据库已拥有国家作物种质库管理、青海复份库管理、国家种质圃管理、中期库管理、农作物特性评价鉴定、优异资源综合评价和国内外种质交换等 9 个子系统，近 700 个数据库，135 万条记录，230 GB 数据量。通过国家农作物种质资源数据库，可以全面掌握和了解我国农作物种质资源的情况，促进种质资源的保护、共享和利用，为科学研究和农业生产提供优良种质信息,为社会公众提供科普信息,为国家提供资源保护和持续利用的决策信息。

我国还建立了林木和林业微生物种质资源平台及信息系统,截至 2013 年年底,国家林木种质资源平台规范化收集、登录中国林业遗传资源信息 6 万多份;林业微生物平台收录了 1.65 万余株(782 属 2 606 种)微生物菌种信息。林业遗传资源的信息化建设在资源收集、保存、评价和利用方面取得初步成效,并将发挥越来越重要的作用。

2. 畜禽种质资源的易地保存

(1)畜禽种质资源基因库

根据农业农村部公告 453 号(2021 年)和 631 号(2022 年),共确定国家畜禽遗传资源保护单位 217 个,其中基因库 10 个、保护区 24 个、保种场 183 个,涵盖了 152 个国家级畜禽遗传资源保护品种。国家级地方鸡种基因库(江苏)、国家级地方鸡种基因库(浙江)、国家级水禽基因库(江苏)和国家级水禽基因库(福建)4 家活体家禽基因库共收集保存了地方鸡品种 46 个和地方水禽品种 40 个;国家级蜜蜂基因库采用活体保种的方式保存了 5 个蜜蜂品种,并保存了东北黑蜂、新疆黑蜂等 12 个蜜蜂品种的冷冻精液;国家级蚕遗传资源基因库是世界上保存蚕种质资源数量最多、资源类型最丰富的蚕种质资源基因库,包含地方资源、改良实用种、突变基因系、染色体变异系、定向培育系、转基因和基因编辑等创制新资源、国外引进种、野生祖先血统导入系等,覆盖了世界现存家蚕已知遗传变异的 90%以上。全国畜牧总站建设的国家家畜基因库,战略性收集保存了 390 个品种的精液、胚胎等遗传材料 127 万份,包括猪、牛、羊、马、驴等畜种,保存总量位居世界第一。第一批保存的秦川牛、湖羊等品种冷冻精液已有 40 余年,最早制作的牛、羊胚胎已超过 30 年(陈晓,2023)。

(2)畜禽种质资源超低温保护

畜禽遗传资源保护的技术方法主要有活体原位保种、配子或胚胎的冷冻保存、DNA保存和体细胞保存等 4 种方法,其中后 3 种属于易位保存。目前,我国地方畜禽种质资源的保护采取以活体原位保种为主、易位保存为辅的方式进行。

随着现代生物技术的发展,超低温冷冻方法作为活体保种的补充方式,可以较长时间地保存地方畜禽品种或优良品种的优势基因。该方法是通过建立畜禽遗传资源基因库的方式,以冷冻方式保存地方畜禽资源的精液、胚胎、体细胞、血液和 DNA 等遗传材料。

我国已建设家畜、地方鸡种、水禽和蜜蜂等 6 个国家级畜禽遗传资源基因库。其中目前国内最大、世界上保存地方鸡种资源最多的国家级地方鸡种基因库(江苏),现已冷冻保存了 168 个地方禽种的 1.3 万余份 DNA 样本。截至 2018 年,国家级家畜基因库共保存了牛(普通牛、牦牛、水牛、大额牛)、羊(绵羊、山羊)、猪、马(驴)等 104 个地方牲畜品种、55 万余剂冷冻精液。同时，随着冷冻胚胎、体细胞系和基因组遗传信息等保存技术的日益完善，该基因库已保存冷冻胚胎 1.5 万余枚、成纤维细胞系 5 000 余份，并收集了包含牛、羊、猪和马（驴）等 277 个地方牲畜品种的 2 万余份 DNA 和血样，保存品种的行政分布区涉及我国 21 个省（区、市），地理分布覆盖 5 大气候带（王启贵等，2019）。

许多实验室正在建立动物成纤维细胞库，如中国科学院昆明动物研究所的野生动物细胞库、中国农业科学院北京畜牧兽医研究所遗传资源研究室的细胞库等，后者已构建了五指山小型猪、民猪、大白猪、德保矮马、鲁西黄牛、皮尔蒙特牛、小尾寒羊、蒙古羊、北京油鸡、藏鸡、矮脚鸡、狼山鸡、白耳鸡、石岐杂鸡、北京鸭、清远麻鸡和骡等 95 个重要濒危畜禽品种的成纤维细胞库，共计 59 510 份。

3. 水产种质资源的易地保护

（1）资源收集保存的架构体系

在科技部国家科技基础条件平台的支持下，中国水产科学研究院联合国内 35 家水产科研院所、高校、水产原良种场及龙头企业成立了水产种质资源共享服务平台（以下简称"平台"）。平台下设黄渤海区分中心、东海区分中心、南海区分中心、长江流域分中心等 10 个保存整合分中心，区域覆盖黄渤海区、东海区、南海区、黑龙江流域、长江流域、珠江流域、黄河流域等主要水域。平台于 2005 年开始筹备建设，2011 年建设完成，根据我国水产种质资源生态分布类型和特点，以布局科学合理、范围广泛、尽量覆盖全国的原则，不断完善平台的组织框架结构和运行管理体系，至今已平稳运行了 8 年，保存类别涵盖鱼、虾、蟹、贝、龟鳖和水生植物等，保存形式主要包括活体、标本、组织、胚胎、细胞和基因资源等（李梦龙等，2019）。

（2）资源收集保存的模式

平台活体资源收集模式分为自然资源和养殖资源两种。自然资源结合农业基础性、长期性科技工作专项和财政专项"长江水生生物资源与环境调查""西藏重点水域渔业资源与环境调查"等，开展我国主要流域水生生物野生资源收集、整理和保存。养殖资源依托水产遗传育种中心、国家（省级、地方级）原良种场、养殖企业和科研院所、高等院校的实验基地，结合科技部"科技基础条件平台专项"等开展养殖资源保存、繁育和更新。通过活体资源的收集整合，建立我国水产种质资源活体库。平台的标本、细胞、基因等资源整合模式，依托建立的水产种质资源活体库，开展主要水产种质标本制作、细胞培养、基因挖掘和利用（李梦龙等，2019）。

（3）资源收集保存的种类和数量

平台主要以活体资源、标本资源、精子及胚胎资源、基因资源和细胞资源等为水产种质资源的主要保存形式，已整合的物种不仅包括我国水域中鱼、虾、贝、藻等的常见物种，还延伸到了青海湖裸鲤（*Gymnocypris przewalskii*）、滇西低线鱲（*Barilius barila*）、墨脱四须鲃（*Barbodes hexagonlepis*）等多种珍稀、濒危物种和地方性土著种类。截至 2018 年，共收集整理共享 2 028 种活体资源信息、6 543 种标本种质资源信息以及 28 种基因组文库、32 种 cDNA 文库和 42 种功能基因等 DNA 资源信息（精子 368 种，细胞 145 种，DNA 1 396 种），活体整合数量占全国保存数量的 95%以上，重要养殖生物种类的整合率达到 100%（李梦龙等，2019）。

4. 花卉种质资源的易地保护

随着我国植物新品种权保护环境的不断改善，国内大专院校、科研单位、植物园在花卉种质资源调查的基础上，都陆续建立了一大批种质资源库。如中国科学院植物研究所的牡丹品种资源圃，收集保存牡丹品种 613 个。南京梅花山收集梅花品种 200 多个，无锡梅园收集梅花品种 280 个。南京农业大学"中国菊花种质资源保存中心"收集菊属及其近缘属资源和栽培品种 2 000 余份。国家花卉工程技术研究中心花卉资源圃收集梅花品种 200 多个、榆叶梅品种 40 多个、菊花野生近缘种和品种 200 多份等，并收集野生蔷薇属植物、中国传统月季及切花月季品种资源 3 000 余份，建立了月季育种种质基因库。武汉东湖风景区管理局中国荷花研究中心、武汉市蔬菜研究所国家水生蔬菜资源圃、上海辰山植物园等单位也不遗余力开展荷花种质资源保护工作。花莲命名的品种目前有 800 多个，仅中国荷花研究中心就保存了 600 多个品种（周伟伟等，2016）。

云南省农业科学院、中国农业科学院、北京植物园、上海植物园以及各地的月季园和月季公司对传统名花月季进行种质资源保护。目前仅北京植物园就收集了古老月季、野生种、栽培品种近 1 500 个。此外，珍稀濒危花卉种质资源的调查与保护工作也越来越受到重视。如广西南宁市金花茶公园从 20 世纪 80 年代开始从事金花茶育种及繁殖研究，建立了金花茶基因库，库内已收集金花茶原种及变种 33 种，栽培树苗 2 万余株（周伟伟等，2016）。

第七章

农业遗传资源的监测

一、生物多样性监测的理论与技术方法

农业遗传多样性监测是生物多样性监测的重要组成部分，在监测方案制定、监测方法、监测技术等方面具有一致性，也存在差异[①]。

1. 生物多样性监测的特点和类型

（1）生物多样性监测的特点

生物多样性监测是指定期或不定期重复进行的生物多样性监视活动，通过长期、系统地开展一系列监视与观测，为查明生物多样性随时间推移而发生的变化提供观测数据，以反映和揭示生物多样性的变化趋势。

生物多样性监测与生物多样性调查和生物多样性编目在技术方法上密切相关，但目的与作用不尽相同，生物多样性监测通常具备如下特点：

1）目的性。监测目的是构建监测体系的基础。监测目标应具体、明确，而不宽泛、不笼统。实施监测可能是为了检测区域物种组成是否发生变化，或测定某一珍稀濒危物种的保护情况，或分析生境质量，或调查生物资源，或进行生态学研究，或服务于环境影响评估等。

2）长期持续性。生态系统的组成与结构常常很复杂，且生态系统过程具有长期性的特点。为了跟踪与查明所关注的生物多样性特征随时间推移而发生的变化，监测活动要求有计划地长期持续地开展。

3）规范化。监测的效用受监测指标与监测方法的稳定性、一致性的影响，因此监测指标需要统一，监测方法必须规范，这样才能获得时间序列上或区域间可比较的、有组织的数据，使数据得到整合、交流和应用。

[①] 本节的理论与方法主要参考了李果等主编的《生物多样性监测技术手册》（李果等，2014）。

（2）生物多样性监测的类型

生物多样性监测可划分为多个类型。按监测目的，可分为研究性监测、管理监视型监测、生物资源监测；按生态系统类型，可分为陆生生态系统监测、水生生态系统监测、湿地生态系统监测，或森林生态系统监测、草地生态系统监测、荒漠生态系统监测、海洋生态系统监测等。如果按照生物多样性的层次划分，可分为如下监测类型：

1）遗传多样性监测。遗传多样性是生命形式多样性的基础。目前，遗传（基因）水平上的监测主要是针对一些具有重要经济价值和保护价值的农业遗传资源，如重要的农作物品种资源、畜禽品种资源、水产生物种质资源等。随着相关基因检测技术的发展与成熟，遗传多样性监测已成为生物多样性监测工作中的重要内容。进行遗传多样性监测将有助于认识品种资源的性状差异、农作物和畜禽种质的遗传结构变异，其监测数据对遗传育种具有重要价值。

2）物种多样性监测。物种多样性监测是生物多样性监测中最常见的内容，其监测技术和方法也最为成熟。物种监测既可以对某一个物种种群的监测，也可以对多种物种的综合监测。物种多样性监测的重点是珍稀濒危种、国家重点保护种、建群种、旗舰种，或者经济价值、研究价值、文化价值及生态价值较高的物种。物种多样性监测最常用的指标是物种丰富度、频度、多度等，通过掌握物种丰富度格局变化和种群动态变化，可为物种保护和研究分析提供科学决策支持。

3）生态系统多样性监测。生态系统多样性基于生境、生物群落以及生态过程的多样化，是生态系统水平上的监测，具有综合性监测的特点，难度也比较大。生态系统监测主要结合生境监测、生物群落监测以及物种监测，也涉及生态系统功能及生态系统结构组成（如生产者、消费者和分解者）的监测。对于复合生态系统水平，即景观多样性水平上的监测，其监测重点是景观的异质性，通过理解景观破碎、生境退化等问题，预测生境变化和植被变化等对生物多样性的影响。

（3）遗传多样性的测度

遗传多样性是指一个居群、一个物种或几个物种的集群中发生遗传变异的程度，反映了个体之间和群体之间的性状差异。检测遗传多样性的方法随着遗传学和分子生物学的发展而不断发展和完善，从形态学水平、细胞学（染色体）水平、生理生化水平逐渐发展到分子水平。

1）形态学水平。形态学特征，因其具有简单直观、易于观察等特点而在物种的系统进化、物种的分类鉴定、遗传多样性等方面得到广泛应用。根据遗传材料的表型特征来判断物种的遗传多样性，是最为基础的检测方法。虽然物种个体和群体在表型差异能够一定程度上反映出物种基因的变异（基因型差异），但物种的表型特征同时也受到外界环境的影响，即生态环境条件的差异也能影响物种的表型差异（生态型差异），因此，物种形态学上的差异有时并不能完全真实地反映生物的遗传变异，使用表型特征来测定遗传多样性存在局限性。

2）细胞（染色体）水平。借助染色体的差异来表征物种的遗传多样性是比较常用的方法。在染色体水平上检测物种遗传多样性的方法主要有 3 种：染色体组型分析、染色体带型分析和染色体核型分析。尤其是染色体组型分析对研究小麦族各个属之间的亲缘关系和明确各个属的系统学地位具有重要作用。相较于形态学水平的检测，染色体水平可以克服形态水平标记易受环境影响的缺点，且具有操作简单、结果易分析的特点；缺点是能够用于染色体水平的标记数量较少。

3）分子水平。在分子水平上研究物种的遗传多样性能够从本质上揭示物种间的差异，反映的差异谱带是由基因差异造成的。分子标记直接以核酸作为研究对象，具有简单、易操作、标记数量多、重复性高的优点，是目前检测物种或品种遗传多样性应用最为广泛的技术，并且已经由 DNA 结构为基础的标记发展到以 PCR 为基础的标记。目前，实验室技术较为完善和成熟的分子标记技术主要有限制性片段长度多态性、随机扩增片段长度多态性、简单序列重复等。此外，还有蛋白质水平的方法，这种方法也不受环境影响，具有重复性好、分辨率高、方法简单等特点。

2. 监测计划

（1）监测工作的流程

生物多样性监测工作流程大致分为监测方案设计、监测准备、野外调查和室内工作四个阶段。

监测方案设计是监测工作实施的依据。设计方案的合理性和适用性在很大程度上影响监测结果的质量。需要根据监测目标、监测对象以及监测区域的具体情况，制订详细的监测工作计划。该计划中应包括：明确监测目标；确定监测的内容和指标；选择与设定监测技术与方法；规定监测的站位、周期和时间；规范监测结果的报告形式。

监测准备工作应包括：组织监测团队，确定团队负责人；配备监测设备与设施，做好保障措施；收集已有的文献资料、研究报告、基础数据等，掌握监测区域的生物多样性情况。

野外调查是根据监测方案，使用规定的方法对监测区域开展生物多样性监测调查活动，定期收集监测数据并采集标本和分析样品。有时需要先对监测区域进行预调查，以便掌握目标物种的分布和群落类型，并在基础图件上标绘目标生态系统和物种的分布信息。

室内工作主要有：标本整理与鉴定；样品的处理与检测；遥感解译；数据分析；数据库建设；监测报告编写等。

（2）监测目标指标的确定

物种水平的监测是大多数生物多样性监测与调查的重点，既可以对一个物种进行监测，也可以对多类群物种进行综合监测。监测目标通常是重要物种，如珍稀濒危种、重点保护种、重要的地方品种，以及对社会经济、科学、文化和环境保护有价值的物种和品种。除了物种本身，影响物种分布、多度、生长、繁衍的生境也常常作为监测目标，主要针对非生物因子，如土壤、地形、水分、气候特征、自然灾害以及人为活动的影响等因素。

（3）监测方法的选择

监测方法的选择主要依据数据获取的途径，数据获取主要依靠野外实地观测、实验分析以及遥感观测等。但是，需要根据研究目标、现有条件、成本等因素选择最适合的方法。

野外实际观察是生物多样性监测调查最传统、应用最广泛的方法之一。野外观测可直观地了解监测对象在自然生境中的现存状况与分布特征，可获得真实可靠的第一手数据。此外，野外实际观测方法简单，易于掌握和操作。

实验分析是获取监测数据的重要补充手段。一些在野外观测无法即时获取的数据，如土壤生物量、遗传多样性等，需要通过实验室的分析测定，通过仪器设备达到分析和测定结果的精确度。

遥感观测是获取大覆盖范围内生物多样性信息的主要手段，具有宏观、综合、动态和快速的特点。其监测尺度可以从几平方千米到几十平方千米、一个生态地理单元和一个流域，甚至全球范围，而且可提供植被类型、植被覆盖率、物种分布等信息。目前，卫星遥感技术已日益成熟，并在生物多样性监测方面得到越来越多的应用。

（4）监测范围与抽样调查

监测范围的确定关系到监测结果的质量，需要根据监测对象的特性来具体划定，主要依据是监测对象和区域的代表性，包括物种组成的代表性、生境的代表性、群落结构的代表性、人为影响的代表性等。为了获得准确的定性或定量数据，在野外监测调查中通常采用抽样调查的方式，根据物种和生境的代表性随机选取样地和样方、样带、样点等。样地重复代表着调查群落和生境类型的重复，而样方重复代表着样地内调查单元的重复，从而使调查结果更具有准确性和统计学意义。

（5）样地的设计

样地的数量与面积取决于监测对象的分布以及监测区域的生态系统类型及物种多样性的复杂程度等，最好能保证样地有足够的重复性，样地面积足够大。样地的数量一般选取 3～5 个，面积根据监测对象和监测要求确定。如森林类型的生态系统监测样地至少 1 hm^2，但农业植物原生境保护点面积一般都较小，样地和样方面积都不会太大。固定样地用于定点、定期的长期观测，要求非破坏性的生物观测、水分和土壤指标的观测等，避免在固定样地和样方直接进行破坏性取样，尽量在固定样地附近、自然条件相同的地方取样。

（6）取样方法

在样地内进行取样调查应保证取样单元具有代表性，尽可能满足观测和取样位点的布局在整个长期监测期间相对稳定，并避免各次取样在空间上相互干扰，使人为影响降至最低。常用的取样方法有样方法、样线法、样点法、中点四分法、标记重捕法、去除取样法等。样本的数量应适当，能够保证样本分析结果具有代表性，取样数量越多，取样误差越小。但样本数量过大，也会增加监测工作的工作量和成本费用。

（7）监测周期与监测时间

在监测中，可以按统一的固定周期对所有监测指标开展监测调查，也可以根据不同的监测指标特点，分别设定各个指标的监测周期。设定监测周期和频率需要考虑：监测要素的内在变化速率；外部干扰因素的影响；监测结果的汇报频率；预算与实际花费；等等。

监测时间是指在开展监测工作的年份中实施某一指标调查的具体时间安排。监测应根据物种的活动节律来安排合适的监测时间，通常是物种繁殖或活动的高峰期，如植物监测通常选在春秋开花结实期，越冬候鸟监测通常在冬季，哺乳动物监测通常是每年的春、夏、秋、冬季各一次。

（8）监测结果记录

监测记录的内容主要包括野外观测记录，如野外工作时间、地点与地理信息、野外观测到的生物学和生态环境信息。监测结果的记录形式主要有属性描述、分级序号和具体数值。记录要求采用统一的数据记录表格，以便监测数据的统计分析。还需要采用规范的数据记录和表达方法。同时，对于观测检测过程中出现的问题、异常现象等要及时记录，并对处理方式做出说明。

3. 生境监测技术

（1）生境描述

生境描述的要素一般包括监测区域的基本地理信息、地貌地形、气候条件、植物类型与植物群落名称、非生物环境因子（水文、土壤、沉积物等）状况、人类活动和自然灾害等。大部分要素可通过直接观察确定并记录相关信息，通常只需要定性描述，也可以直接测定数据，如使用 GPS 可直接测定地理信息，包括海拔和经纬度等。

（2）植物群落调查

植物群落调查通常使用样方法，样方形状通常为方形，样方布设通常使用最小面积法来确定。植物群落调查的内容主要是植物种类组成、种群数量特征等。在草本植物群落中，通常调查样方内的物种种数、数量、优势种、总盖度，并根据需要统计株（丛）数、多度、频度、密度、平均高度、生活型等。

群落特征分析常采用"生物多样性指数"，又称"异质性指数"，是反映丰富度和均匀度的指标，常用的有 Simpson 多样性指数、Shannon-Wiener 多样性指数。此外，还使用相似性指数来衡量两个样方物种组成的相似程度。

（3）土壤采集与理化分析

土壤采集是在土壤剖面的基础上，依照覆盖层、淋溶层、母质层、母岩层分层采样。水稻土则按照耕作层、犁底层、母质层（或潜育层、潴育层）分层采样。

土壤理化分析的内容主要有土壤含水量、pH、有机质含量、全氮、全磷、全钾等。

（4）水样采集、保存与理化分析

水样采集一般是在河流、湖泊的入口或出口断面上进行，水深时可布设分层取样垂线。采集表层水可采用聚乙烯塑料水桶采样或直接灌入样品瓶中，采集深层水可采用直立式采水器。采集的水样要尽快分析，需要暂时储存的，应采取一定的预处理措施。水样理化分析内容主要有水温、透明度、pH、溶解氧、生化需氧量、氨氮、总磷、总氮等。

（5）沉积物样品采集、制备与理化分析

水生生态系统的底泥中营养盐的释放对水体的理化性质有较大的影响，且水体的底部还生活着大量的底栖生物，对沉积物理化性质进行监测与分析可以了解水体底部的环境特征。沉积物采样断面的设置应与水样采样断面一致，与水样采样点应在同一垂线上。表层沉积物的采集一般采用抓斗式采泥器和锥式采泥器等，柱状样品的采集可使用柱状采集器。沉积物样品的制备可采用新鲜样品、风干样品、烘干样品等方式。理化分析内容主要有粒度、含水率、pH、有机质、总磷、总氮等。

4. 物种监测技术

（1）陆生维管植物

维管植物是指具有维管束系统的植物，包括蕨类植物、裸子植物和被子植物，是构成生态系统和生物多样性的基础。陆生维管植物的监测以样方法为主，通过建立固定样地，定期复查样地中的所有植物或目标植物。

对于目标植物的监测，通常不设置样方，但要对监测区域内生长分布的全部目标植物个体进行观察和记录。具有重要监测意义的目标物种主要有生态指示种、关键种、伞护种、旗舰种、敏感种以及具有保护价值的关注物种。目标物种监测的内容除基本的分布特征、数量特征外，还包括年龄结构、繁殖能力、物候等。对于一些受威胁、重点关注的物种，需要利用多个种群水平的指标加强监测。有时还需要选择遗传水平的指标，配合监测物种的遗传特征。

（2）大型水生植物

大型水生植物一般都是维管植物，也有是一些藻类及苔藓植物。水生植物按照生活型可分为挺水植物、浮叶植物和沉水植物。采集挺水植物采用收割法，采集浮叶植物和沉水植物一般采用水草定量夹。采集到的水生植物要进行生物量测定，并进行标本制作。水生植物压制标本比较困难，采集后应及时整理、晾干、存放。

（3）土壤动物

土壤动物比较复杂，包括原生动物、扁形动物、轮形动物、线形动物、软体动物、环节动物、缓步动物、节肢动物等。土壤动物种类多、数量大、分布广，能直接参与土壤有机物的分解和营养元素的矿化等生物物理化学过程，对植物生长和土壤发育等具有重要影响。调查土壤动物通常采集土样，并在实验室分离提取，并分类、鉴定和计数。

（4）昆虫

昆虫分布十分广泛，特别是在森林生态系统、草地生态系统和农田生态系统里存在大量害虫及其天敌。昆虫采样有许多实用的方法，如巴氏陷阱法适用于调查地表活动的昆虫，如鞘翅目、蜘蛛、多足类等；窗诱法适用于调查有一定飞行能力但又不是很强、在空中不能急停、急转或倒飞的昆虫，在树冠昆虫和倒木昆虫采集中较多应用；灯诱法，应用于调查夜间趋光性昆虫，尤其是鳞翅目和鞘翅目昆虫；马氏网法，适用于调查日出性、飞行能力强的昆虫；敲击震落法，适用于调查假死性昆虫等。此外，还有网筛法、网捕法、扫捕法、水网法等。

（5）鱼类

鱼类监测点可根据水域的主流、缓流、急流、直流等以及调查对象的生活习性和栖息环境而布设，特别要关注入海河口、重要渔场等区域。鱼类的监测方法主要有：目视法，适用于面积较小、水质较清澈水体中的非隐蔽性鱼类的调查，可直接目测计数；捕捞法，是利用渔具采集鱼类样本开展分析调查，是鱼类调查最常见的方法；回声探测法，适用于较深的淡水或海洋的鱼类调查，具有快速有效、调查区域广、不损坏生物资源等优点。

（6）两栖动物

两栖动物的监测调查有多种方法。如路线调查法，适用于对监测区域内两栖类的分布、栖息地生境类型、人为干扰活动等情况的调查，主要通过直接观测记录；样带法，通过设定固定的样带进行调查和记录；捕尽法，将一定面积样方内所有的两栖动物个体全部捕获；陷阱法，分为掉落式陷阱和瓶子陷阱法，都是通过人为设定陷阱，捕获两栖动物而计数。

（7）爬行动物

爬行动物的监测调查常使用样带法和样方法，通过设定固定样带或随机样带，沿线记录爬行动物的种类和数量，也可使用设置样方，记录样方内的爬行动物种类和数量。还可布设陷阱法和笼捕法，前者主要用于对蜥蜴类的调查，后者主要用于龟鳖类的调查。

（8）鸟类

鸟类监测调查主要采用样线法，包括固定距离样线法、可变距离样线法和无距离样线法，适用于在连线、开阔的栖息地内调查，沿样线行走调查记录所发现鸟的种类和种群数量，行走速度约每小时 1 km，开阔地带可每小时 2 km。样线可设置多条，每条样线可重复 2 次以上的调查。也可采用设置样点的方法，随机抽样设置多个样点，记录每个样点观测到的所有鸟的种类和数量。此外，还有标图法、雾网法。对于水鸟的监测，可使用直接计数法和样方法。

（9）哺乳动物

哺乳动物的监测调查可使用总体计数法，适用于生活在开阔栖息地或范围有限区域的、易观察到的、昼行性大的中型兽类，尤其是群居性动物。样线法也是常见方法，适用于短时间内进行面积较大区域的兽类调查，调查样线要尽可能随机分布，可设置固定距离样线进行调查，沿预定路线行走，记录兽类种类和数量。还可使用样点法，调查者可在样点守候，或者利用红外线照相机，通过影像拍摄，记录一些隐蔽性的、不易观测到的以及夜行性动物。此外，还有捕捉法、洞口统计法等。对于水生哺乳动物，可采用直接计数法、截线抽样法、照相识别法、声学考察法等调查和监测方法。

5. 景观分类与制图技术

（1）遥感数据源与图像处理

对于景观多样性监测，其基本方法是借助于遥感影像和景观分类结果，来监测和分析景观尺度上的变化。为此，需要准备必要的基础数据与遥感影像数据，包括地形图、土地利用现状图、各种专题地图等。

（2）图像处理

为了提高遥感影像的显示质量，使影像信息更容易识别，通常会进行图像增强处理。进而进行图像融合，将多源遥感影像进行综合图像处理。通过图像融合，可使不同来源的遥感影像数据中包含的优势信息和补充信息有机结合，并产生新的影像数据，从而提高影像的清晰度、信息量和实用性。为获得完整的监测区域影像，并去除监测区域处的冗余信息，还需要对遥感影像进行镶嵌和裁剪。

（3）野外调查

野外调查结果可与遥感影像分析相结合，通过野外调查获得的信息，可丰富对监测区域景观组成的认识，建立地物特征与遥感影像解译特征之间的关系，服务后续的景观分类工作。在开始野外调查前，要分析监测区域的遥感影像，预先建立遥感影像和景观类型之间的初步联系，以此为基础，设置调查线路与调查样点。调查线路的设置要体现景观的地域分异，尽量穿越不同特征的影像区域。调查过程中，应使用 GPS 准确定位观察点的位置，并在地图上标记。

（4）景观生态分类

景观生态分类的基本步骤是：确定景观分类体系与分类方法；划分景观类型；验证分类结果；修正分类结果。景观分类体系规定了景观分类的等级、类型和标准，分类等级数根据研究尺度和工作需求确定，一般研究尺度越大，等级数越少。分类标准包括定性标准和定量标准，以及定性与定量相结合的标准。综合考虑景观结构与功能、自然地理因子、人类社会经济活动等多种因素的定性与定量相结合的分类体系是近年来景观分类体系研究的发展趋势。

（5）景观生态制图

景观生态制图在景观生态研究和监测工作中是不可缺少的重要工具。各种专题图可客观、概括地反映自然景观生态类型在空间上的分布与面积比例关系。景观生态制图的方法主要有两种：①通过遥感解译与分类成图；②利用已有的专题图（如植被图、地貌图、土地利用图等），经分析、综合，再处理成图。

制图的基本过程是利用计算机进行数字地图制图。可以实现快速、精确的高质量专题图编制，计算机制图以传统的地图制图原理为基础，采用计算机数据库技术和图形数字处理方法，实现地图信息的获取、识别、存储、变换、更新、处理、显示和绘图输出功能。

6. 遗传多样性分析技术

（1）表型性状多样性分析技术

表型多样性是表征遗传多样性的重要方面，表型多样性研究多以形态学标记为主要手段。形态标记主要观测鉴定肉眼可见的生物外部特征，或借助简单测试即可获得的特性，如色素、生理特性、抗病虫害、抗逆等特性，这些特性是基因组与所处环境相互作用的结果，是生物在特定生态环境中的遗传表征。以形态特征标记遗传变异，简单易行，直观易辨。

采用遗传上较为稳定、不易受环境影响的性状研究表型多样性，可以揭示群体的遗传规律和变异程度。通过测量叶片、花果、种子等植物器官，可获得大量性状数据，对于群体内不同单株的各性状值，可依照巢式设计的方差分析进行分析，用 SPSS 软件进行相关聚类分析，用 SAS 软件进行表型分化系数等的计算。

（2）染色体研究分析技术

染色体支配遗传和变异并控制发育，它是基因的载体。遗传学中常通过研究染色体的数目、结构和行为的变异来分析生物遗传多样性。通过染色体的变异来分析遗传多样性，多以植物为主，植物材料经过适当的取材处理、固定，再经染色后，染色体可清楚地显示出很多条深浅、宽窄不同的染色带。各染色体上染色带的数目、部位、宽窄、深浅相对稳定，为鉴别染色体的形态提供了依据。植物染色体研究分析技术包括常规制片技术、染色体分带技术、染色体 C-带显带技术、染色体 Giemsa 分带技术、染色体银染技术、染色体核型分析等。

（3）等位酶分析技术

等位酶是有机体等位基因转录和翻译的直接产物。通过等位酶分析可以了解天然居群的遗传结构、基因丰富程度以及栽培作物种质资源的遗传多样性，已被广泛用于生物学各分支领域的大分子水平遗传学研究。

等位酶技术的基本原理是根据电荷性质的差异，通过蛋白质电泳或色谱技术和组织化学染色显示出等位酶的不同形式，从而推断假定酶基因位点的所有等位基因的存在。等位酶分析的基本方法是：首先利用提取缓冲液将各种有功能的可溶性酶蛋白质从细胞中提取出来，然后进行电泳分离，待电泳结束后进行染色。

（4）DNA 分子标记技术

分子标记是继形态标记、细胞标记和生化标记之后发展起来的遗传标记形式，可直接检测 DNA 分子上的差异，是 DNA 水平上遗传变异的直接反映。应用此技术首先要提取目标生物的 DNA，经过 DNA 纯度和深度的测定和 DNA 的纯化，进入 DNA 标记阶段。RFLP 标记是发展最早的 DNA 标记技术，该技术是利用限制性内切酶对基因组 DNA 进行酶切，生成大小不同的酶切片段，通过电泳分离并将 DNA 片段变性后转移到硝酸纤维膜或尼龙膜上，然后用标记的 DNA 探针与这些片段进行杂交，最后通过显色技术显示出杂交结果，进而分析基因组的多态性。除 RFLP 标记技术外，现在又发展了 RAPD 标记技术、AFLP 标记技术和 ISSR 标记技术等（李果等，2014）。

二、农业野生植物调查与原生境保护点监测技术规范

1. 农业野生植物调查技术规范

2008 年 8 月，农业部发布行业标准《农业野生植物调查技术规范》（NY/T 1669—2008），该规范规定了农业野生植物调查准备、野外调查、标本采制、资料整理与报告编写。主要内容如下：

（1）调查准备

1）队伍组建

由具备野外资源调查经验和能力的不同学科专业人员组成。调查队伍组成后，应举办短期培训班，组织队员进行短期培训和试点调查。

2）资料收集

调查区域的地形、土壤、地质、水文、气象（温度、日照、降水量、相对湿度、蒸发量、风、霜、雪等）、植被等自然资源与生态环境状况。

调查区域现有耕地面积、作物种类、栽培技术、耕作制度、主要病虫害、农业发展历史、近年的农业规划和区划等。

3）方案编制

调查方案应包括下列内容：

➤ 前言。包括任务来源、调查目的、调查范围、工作起止时间和有关要求。

➤ 调查区域概况。包括地理位置、行政区划、自然资源与生态环境状况、社会经济状况及以往调查程度、成果和问题。

➤ 调查方法和技术路线。采取的调查方法、技术手段、具体步骤等。

➤ 调查内容和技术要求。主要技术指标、工作量及相关要求。

➤ 预期成果、经费概算、计划进度、保障措施。

➤ 附件。调查区域地理位置图、调查表格等相关图件、图表。

（2）野外调查

1）区域选择

➤ 特有植物的分布中心。

➤ 最大物种分布中心。

➤ 尚未进行物种资源调查的地区。

➤ 物种资源濒危状况最严重的地区。

2）物种选择

重点调查《国家重点保护野生植物名录》（农业部分）、《濒危野生动植物国际贸易公约》及其他公约或协定中所列农业野生植物，其他有重要经济价值或有科学研究价值的农业野生植物。

3）调查时间确定

根据植物种类、生活习性、生态环境和分布规律等不同情况确定。

4）调查内容与方法

➤ 调查农业野生植物的分布状况、生境状况、特征特性、濒危状况、保护与利用状况。

➤ 以村为基本单位，进行调查访问，做好调查访问记录。

➤ 实际踏勘、核实和补充已掌握的情况，填写调查表。

（3）标本采制

1）采集原则

➤ 遵守野生植物保护的法律法规。

➤ 按照不同物种及居群特点和要求取样。

2）采集地点

应根据物种分布状况、生态环境和繁育系统确定标本采集地点。

3）采集方法

标本采集之前，应全面观察和记载该采集地点的生态环境情况、物种分布情况、居群的基本情况，摄制该采集点的生境、伴生植物、土壤和采集样本照片。每个采集点均有 GPS 定位坐标数据以及对应的文件号。

标本应具备茎、叶、花、果实、种子，能提供详尽的鉴定特征。

4）编号与制作

每一标本都应有一个野外编号和初步鉴定结果。野外编号方法用采样人名字的第一个大写字母开始（如 WSJ921），其号数与采集记录表上一致。从同一株个体上采集的标本应使用同一编号。同一地点不同个体，可用同一编号。不同地点、时间采集的同种植物，分别编为不同的号。每一标本都应栓上号签，并按照蜡叶标本制作要求进行制作。

5）标本鉴定

判断法：在仔细解剖、观察被鉴定的特征后，根据其最突出或独特或标志性特征，结合已有分类学知识，判断该植物所属的科。然后利用植物分类工具书（如《中国高等植物科属检索表》《中国植物志》及地方植物志等）在相应的科中一一核对，直到鉴定出结果。

检索法：在对被鉴定对象进行仔细解剖、观察后，利用分科检索表、分属检索表及分种检索表依次检索到种。也可首先用分科检索表将被鉴定对象检索到科，然后用植物分类工具书在相应的科中一一核对，直到鉴定出结果。

农业野生植物标本经过鉴定后，应在其右下角贴上定名签。定名签要标明采集号、科名、拉丁学名、鉴定人和鉴定日期。

（4）资料整理与报告编制

➤ 野外调查结束后，整理各项资料，核实、校对其质量和完备程度。

➤ 整理各种原始记录、表格、卡片、汇总表和统计表；野外素描图、照片和视频资料；标本鉴定意见、结论；图件，包括野外工作手图、地质图、地貌图、路线图、物种分布示意图等。

➤ 编制报告。主要内容包括前言、调查结果、结论和建议、附件（附图和附表等）

四部分。

（5）附录

附录 A：农业野生植物调查物资设备清单。

附录 B：农业野生植物调查表。

附录 C：①农业野生植物标本采集记录表；

　　　　　②农业野生植物标本定名签样式。

附录 D：农业野生植物腊叶标本制作技术。

附录 E：农业野生植物调查报告编写提纲。

2. 原生境保护点建设技术规范

2008 年，农业部发布《农业野生植物原生境保护点建设技术规范》（NY/T 1668—2008），对原生境保护点的概念、选择原则和保护点建设要求做出技术规范（杨庆文等，2008）。

（1）原生境保护点相关概念

农业野生植物是指与农业生产有关的栽培植物的野生种或野生近缘植物。

居群是指在生物群落中占据特定空间、起功能组成单位作用的某一物种的个体群。

原生境保护是指保护农业野生植物群体生存繁衍原有的生态环境，使农业野生植物得以正常繁衍生息，防止因环境恶化或人为破坏造成灭绝。

保护点是指依照国家相关法律法规建立的以保护农业野生植物资源为目的的自然区域。保护点分为核心区和缓冲区。核心区是指原生境保护点内未曾受到人为因素破坏的农业野生植物天然集中分布区域，也称隔离区；缓冲区是指核心区外围、对核心区起保护作用的区域。

（2）原生境保护点选择原则

原生境保护点的选择必须符合以下条件：

1）生态系统、气候类型、环境条件应具有代表性；

2）农业生物植物居群较大和/或形态类型丰富；

3）农业野生植物具有特殊的农艺性状；

4）农业野生植物濒危状况严重且危害加重；

5）远离公路、矿区、工业设施、规模化养殖场、潜在淹没地、滑坡塌方地质区或规划中的建设用地等。

此外，还应考虑当地农民、地方社区和地方政府具有一定的生物多样性保护意识，积极配合开展保护工作；保护点建成后能够长期维持，并对未来的生物多样性保护具有积极的推动作用（杨庆文等，2013）。

（3）原生境保护点建设要求

1）规划

土地规范：对纳入保护点的土地进行征用或长期租用；核心区面积应以保护的野生植物集中分布面积而定，自花授粉植物的缓冲区应为核心区边界外围 30～50 m 的区域，异花授粉植物的缓冲区应为核心区边界外围 50～150 m 的区域。

2）设施布局

原生境保护点设施布局一般要沿核心区和缓冲区外围分别设置隔离设施；标志碑、看护房和工作间设置于缓冲区大门旁；警示牌固定于缓冲区围栏上；瞭望塔设置于缓冲区外围地势最高处；工作道路沿缓冲区外围修建。

3）建设

隔离设施：分为陆地围栏、水面围栏和生物围栏，前两种属于物理围栏，是最常用的方法，即利用围墙、铁丝网围栏等隔离设施将农业野生植物分布地区及周边环境保护起来，防止人和畜禽进入产生干扰，保证农业野生植物的正常生存繁衍；生物围栏也属于物理围栏的范畴，即通过种植带刺植物，以阻止人和动物进入保护区域。

隔离设施的具体建设规范和要求详见《农业野生植物原生境保护点建设技术规范》（NY/T 1668—2008）。

（4）原生境保护点主要保护对象

国家级农业野生植物原生境保护的物种范围为国务院颁布的《国家重点保护野生植物名录》中的农业类野生植物，省、县级农业野生植物原生境保护的物种范围为省、县级地方政府颁布的《重点保护野生植物名录》中的农业类野生植物。目前，国家级重点保护农业野生植物物种有国务院 1996 年发布的《国家重点保护野生植物名录》第 1 批49 种（类）农业野生植物，2020 年发布的《国家重点保护植物名录》第 2 批中的约150 种（类）农业类野生植物（杨庆文等，2013）。

3. 原生境保护点监测预警技术规程

2012 年，农业部发布行业标准《农业野生植物原生境保护点　监测预警技术规程》（NY/T 2216—2012），对原生境保护点监测预警做出以下规定：

（1）术语

环境监测：对农业野生植物原生境保护点内及其周边影响目标物种生长的环境因素进行跟踪调查和评价分析。

目标物种：农业野生植物原生境保护点内确定被保护的农业野生植物物种。

伴生植物：农业野生植物原生境保护点内除目标物种外的其他植物物种。

样方：在农业野生植物原生境保护点内用于调查资源和生态环境信息的地块。

（2）监测和预警方案的设计

1）监测点设置

在农业野生植物原生境保护点内，根据保护点面积，随机设置 20～30 个监测点。每个监测点样方大小，根据目标物种和伴生植物的种类、生长习性与分布状况，划分为圆形或正方形的样方，圆形样方半径宜为 1 m、2 m 或 5 m，正方形样方边长宜为 1 m、2 m、5 m 或 10 m。

在农业野生植物原生境保护点外不设置监测点，但应对其周边可能影响目标物种生长的环境因素和人为活动进行监测，如水体、林地、荒地、耕地、道路、村庄、厂（矿）企业、养殖场、污染物或污染源等。

2）监测时间

每年定期监测两次，选择在目标物种生长盛期和成熟期进行。遇突发事件如地震、滑坡、泥石流、火灾等或极端天气情况如旱灾、冻灾、水灾、台风、暴雨等，应每天进行监测。

3）基础调查跟踪监测

农业野生植物原生境保护点建成当年，对保护点内的植物资源和环境状况进行调查，获得保护点资源与环境的基础数据信息。此后，每年相同时期按照相同的方法，持续对保护点内资源和环境状况进行调查。

4）监测数据和信息的整理与分析

每年对调查获得的数据和信息进行整理，并与保护点建成当年获得的数据和信息进行比较，对差异明显的监测项目，重复监测，如确有差异，则分析造成差异的原因及预测其是否会对目标物种构成威胁。

5）预警方案

根据监测与评价结果，将预警划分为一般性预警和应急性预警两类。

一般性预警为针对监测发现的问题，提出应对策略和采取措施的具体建议，并逐级上报。上级主管部门应及时对上报信息进行分析，提出处理意见和措施。

应急性预警为遇突发事件，如地震、滑坡、泥石流、火灾等或极端天气情况如旱灾、冻灾、水灾、台风、暴雨等，应每天对监测数据和信息进行分析，直接上报至国家主管部门，国家主管部门应及时对上报信息进行分析，提出处理意见和应急措施，并及时指导实施应急措施。

（3）监测内容及方法

1）资源监测

目标物种分布面积：利用 GPS 仪沿保护点内目标物种的分布进行环走，得到的闭合轨迹面积即为目标物种的分布面积，用 hm² 表示。

目标物种种类数：采用植物分类学方法，统计保护点内列入《国家重点保护野生植物名录》的科、属和种及其数量。

每个目标物种数量：统计每个样方各目标物种数量，计算所有样方各目标物种的平均数量，根据目标物种分布面积与样方面积的比例，获得各目标物种在保护点内的数量（株或苗）。

伴生植物种类数：采用植物分类学方法，统计保护点内伴生植物的科、属和种及其数量。当保护点内目标物种为一个以上时，目标物种间互为伴生植物。

伴生植物数量：计算每个伴生植物的数量，再根据伴生植物种数计算所有伴生植物的总数（株或苗）。

目标物种丰富度：根据保护点内所有目标物种与伴生植物的数量，计算每个目标物种的数量占所有植物数量的百分比，即得到目标物种丰富度。

目标物种生长状况：采取目测方法，对每个样地目标物种生长状况进行评价，用好、中、差描述。其中，"好"表示75%以上的目标物种生长发育良好；"中"表示50%～75%的目标物种生长发育良好；"差"表示低于50%的目标物种生长发育良好。

2）环境监测

对保护点内及其周边的水体、林地、荒地、耕地、道路、村庄、厂（矿）企业、养殖场等进行调查，监测各项环境因素在规模和结构上是否有明显变化，如有明显变化，则评估其变化是否对保护点内的农业野生植物正常生长状况构成威胁及威胁程度。

3）气候监测

➢ 通过当地气象部门，记录保护点所在区域当年降水量、活动积温、平均温度、最高和最低温度、自然灾害发生情况等信息。

➢ 对每年获得的气象记录和自然灾害发生情况等信息进行比较和分析，评估其对保护点内农业野生植物正常生长状况的影响。

4）污染物监测

实地调查保护点内及其周边是否存在地表污染物（如废水、废气、废渣等），若存在持续性废水、废气、废渣，查清其污染源，并按照 GB 3095、GB 3838、GB/T 16157 及 NY/T 397 规定的监测方法、分析方法及采样方式进行检测，检测项目按照附录 B 执行。

5）人为活动监测

随时掌握保护点内人为活动状况，如出现采挖、过度放牧、砍伐、火烧等破坏农业野生植物正常生长情况时，应统计其破坏面积，分析其对该保护点农业野生植物的影响。

（4）结果管理

1）监测数据库的建立

根据监测所获得的数据和信息，按照附录 A 填写调查监测表，建立农业野生植物原生境保护点监测数据库。

2）监测数据库与相关信息资料的保存

每次监测完成后，及时更新农业野生植物原生境保护点监测数据库，并将监测过程中获得的各种数据、信息、影像资料等进行整理，连同原始记录一起分别以电子版和纸质版按照国家有关保密规定进行保存。

3）预警

一般性预警：对每个农业野生植物原生境保护点的定期监测结果进行整理和分析，形成监测报告，定期向上级管理机构上报。上级主管部门根据上报的信息和数据提出应对措施，并指导实施。

应急性预警：遇到紧急突发事件时，撰写预警监测报告，并上报至国家主管部门。国家主管部门根据分析结果提出应对措施，并指导实施。

4）年度报告

对每个农业野生植物原生境保护点资源及环境监测状况进行现状评价和趋势分析，同时对现有保护措施及其效果进行综合评价，并提出保护点下一步的管理计划，形成农业野生植物原生境保护点年度资源环境评价报告书，定期向上级主管部门提交，具体内容及格式参照附录C。

5）保密措施

所有监测和预警的报告、数据、信息等均以纸质形式邮寄，上级管理机构规定必须以电子版上报的报告、数据、信息等均刻录成光盘后邮寄。农业野生植物原生境保护点监测信息由国家级管理机构依法统一对外发布，未经许可，任何单位和个人不得对外公布或者透露属于保密范围的监测数据、资料、成果等。

三、农业遗传资源原生境保护点监测与管理策略

1. 原生境保护点监测的意义、原则与内容

（1）原生境生态监测的意义

原生境保护点监测就是采用科学的、可比的方法在一定时间或空间上对保护动植物所在生境的生态系统结构与功能、保护对象的动植物种群数量和动态特征，以及原生境的环境要素进行野外观察与测量，并定量获取生态系统状况及动植物种群其变化信息。

通过监测可以揭示农业种质资源原生境生态系统的形成和演化规律，构建生态系统及动植物种群变化模型，阐明生境退化和动植物濒危的受威胁状况及其原因，评价原生境生态系统及动植物种群的健康状况，以解决影响原生境生态系统和动植物种群健康的问题，探索农业遗传资源保护的途径，为制定原生境保护点管理政策和措施提供科学依据。

监测是一种系统的数据收集工作，为表征问题的变化提供信息，或为向目标临界值或操作编制的进展提供信息。因此，从小尺度上看，监测可以为判定一个原生境保护点的发展和变化是否能够达到预期目标提供数据。长期的、系统性的监测指标可以直接或间接地反映原生境保护点及周边相关生态系统的健康状况、农业种质资源（动植物种群）的发育或演替趋势以及种质资源利用阀限等。而从大尺度上看，规范化的监测数据可以为国家或者区域之间对比不同原生境类型生态质量状况及其变化提供依据。因此，规范化的原生境监测可以为农业种质资源科学研究提供基础数据，同时也是国家和地方各级政府及相关管理部门对农业种质资源原生境保护点实施科学管理的必要保证。

（2）原生境保护点监测的原则

1）与保护目标的一致性原则

原生境生态监测旨在了解各个原生境保护区域的环境因素变化状况，虽然全天候和全方位监测更能深入了解农业种质资源状况及外在环境因素变化，但考虑到原生境保护点的技术力量和技术人员的限制，监测的重点应集中在原生境保护点的主要保护对象，并围绕保护对象展开原生境生态环境监测工作，这样可以集中技术力量来完成保护点农业种质资源的初步监测工作。

2）与现有监测计划的一致性

生态监测是农业种质资源原生境保护点管理的主要手段之一，因此在建立原生境保护点的同时应制订一个长期监测计划。根据这个计划，各原生境保护点开展日常的监测活动。应充分理解和吸收监测计划的内容及要求，并在此基础上根据实际实施情况，进一步完善保护区点监测方案，以确保保护点日常监测工作的持续开展。

3）常规监测与特有监测的结合

对于不同类型的原生境保护点，其监测技术方案应有所不同。例如，海南省山兰稻原生境保护点与五指山猪和嘉积鸭原生境保护点，其监测技术方案应根据监测对象的不同而有差异，既有监测内容基本一致的常规监测方案，也应制定针对性较强的特别监测方案。如针对植物和动物、农田种植与圈舍养殖、野外环境景观与村庄周边景观等不同环境，制定有针对性的监测技术方案。

4）注重新技术、新设备的应用

新技术、新设备的应用是提高原生境监测能力的关键，因此要加大对新技术、新设备的应用，在开展新技术、新设备的示范和应用的同时，加大研发力度。应加强"3S"

技术、无人机技术及红外相机技术的综合应用研究，并学习国外湿地监测、湿地环境评价和生态环境评价方面的新技术、新方法和新标准，提高湿地监测和评价水平。

（3）原生境保护点监测内容

1）原生境生态系统变化监测

原生境生态系统的结构与组成的多样性反映了湿地生态系统的健康状况，也是原生境生态系统维持稳定平衡的必要条件。一个健康的湿地生态系统在总体上处于一种动态平衡中，生物群落及其生活环境在一定程度上相互作用以保持其平衡和稳定。当原生境生态系统的平衡被打破时，生物群落及生境必然遭受一定程度的破坏，生态系统的某些功能就会减弱甚至丧失，生态脆弱性加剧，物种多样性下降，生产力降低，抗干扰能力也会减弱，从而导致原生境生态系统的退化。而生态监测就是要通过定位、定时和定量的观测，掌握生态系统结构与功能的变化及其趋势，为及时保护和修复生态系统提供科学依据。

2）保护对象动植物种群变化

保护对象的种群变化是生态监测最为重要的内容。通过监测原生境中动物的种类、数量及其迁徙状况，以及保护点内外植被的分布面积、种类、数量及其优势种的变化来判定原生境生态系统和动植物种群的稳定程度。例如，对昆虫、病菌和杂草种群的监测，可预测病虫害的发生，以及时制定防治措施。特别是通过对保护物种种群数量和质量变化的适时监测，了解保护物种的受威胁状况，并分析受威胁因素，以便提出和制定保护物种的生存环境及恢复其种群的基本策略。

3）保护点内外生物资源的侵入与逸出

要严密监测原生境保护点生物资源的输入和输出。例如，对于海南省山兰稻原生境保护点和五指山猪及嘉积鸭原生境保护点来说，其原生境应该是一个相对开放的系统。山兰稻原生境保护点是一个开放的农田生态系统，鸟类等动物及外来入侵植物比较容易通过迁徙和种子入侵原生境保护点，并影响原生境保护点及其周边区域的生物区系。反之，保护点内的野生动植物也容易通过迁徙和花粉及种子而逸出保护点。为此，需要监测这类生物的输入和输出，根据其动态变化制定防治外来物种入侵策略。

4）原生境保护点气候及环境要素的变化

原生境保护点的温度、湿度、降水等气候因素应是原生境保护点常规监测的内容，通过对气候要素变化的监测，掌握天气变化规律，为原生境保护点的管理提供依据。对于山兰稻原生境保护点来说，环境因子的监测也是常规监测的内容。例如，对土壤酸碱度、土壤水分含量、水质、水体污染、土壤污染、大气污染等环境要素的动态监测，有助于原生境保护点的管理者及时制定环境治理的策略。

5）示范景观区社会经济发展及对保护点的影响

由于示范景观区处于地方社区，有地方居民生产和生活，社区和居民的社会经济活动将对原生境保护点和示范景观区的农业种质资源及其生活环境产生重要影响。例如，在养殖五指山猪和嘉积鸭的地方社区，农业产业结构的调整、成本和市场销售价格的变化以及农村劳动力人口的变化等都会对五指山猪和嘉积鸭的养殖及种质资源保护产生影响。还有当地社区的技术引进以及传统饮食文化传承等也会对五指山猪和嘉积鸭的传统养殖方式产生影响。需要通过对社区居民社会经济活动的监测，预测其对保护农业种质资源的影响。

6）原生境保护点的管理动态

根据《农业野生植物原生境保护点建设技术规范》（NY/T 1668—2008）的要求，原生境保护点一旦批准建立，就应该制订管理计划，并由专门机构或者专人进行管理。保护点管理计划应全面规定其保护与管理工作的内容、技术要求、具体方法、监测数据的处理、管理成效评估、职责与考核指标等。需要通过对管理工作和管理质量的动态监测，掌握原生境保护点的管理状况，以便及时加强管理措施，确保保护点管理的正常运转。

2. 原生境保护点监测指标

（1）生物指标

1）植物类指标。①植被：群落类型与结构组成，面积与分布，植被覆盖度，建群种、旗舰种、关键种等；②物种多样性：物种数量、多度、丰度、生物量；③遗传多样性：地方品种、农家品种和野生近缘种的种类及居群数量及栖息地情况；④珍稀濒危植物：列入《国家重点保护植物名录》和《濒危野生动植物种国际贸易公约》（CITES）的植物种类；⑤水生植物：挺水植物、沉水植物和漂浮植物的种类与分布；⑥指示种及具有经济、科学、文化价值的植物种类及其数量。

2）动物类指标。①脊椎动物：鱼类、两栖、爬行、鸟类和哺乳动物的种类、数量、分布以及栖息和繁殖地状况；②珍稀濒危动物：列入《国家重点保护野生动物名录》和CITES 附录的种类、分布以及栖息地和繁殖地状况；③无脊椎动物：昆虫、浮游动物、底栖动物和土壤动物的种类、数量及生物量。

3）外来物种：外来入侵植物、动物和微生物的物种种类、生物量、分布及危害；入侵途径和入侵机理；发展趋势；防治策略；已采取的措施与防治效果；等等。

（2）环境指标

1）气象因子：气温、地表湿度、日照、降水量、蒸发量、相对湿度、无霜期、自然灾害发生情况等及其变化情况；

2）水文：水位、地表水深、水质、盐度、pH、水温、溶解氧、生化需氧量、高锰酸盐指数等及其变化情况；

3）土壤：土壤温度、含水量、pH、有机质、全氮、全磷、全钾、全盐量、重金属污染情况等及其变化情况；

4）大气：污染状况及其变化。

（3）社会经济指标

1）社会经济：人口、民族、性别、妇女参与、当地 GDP、农民年纯收入、劳动力流出等及其变化情况等；

2）农业：主要农作物种类、各作物面积和产量、农家品种资源保存数量和种植情况、地理标志农产品及销售量等的发展和变化情况；

3）林业：天然林面积、人工林面积、主要林木种类、果树产业、林业产值、林下经济等及其变化情况；

4）畜牧业：家禽、牛、羊等年出栏和存栏数量、从业人数、畜牧业年收入等及其变化情况；

5）渔业：渔民数量、渔船数量、捕获量、从业人数、渔业收入等及其变化情况；

6）旅游业：旅游项目、客流量、客流来源、峰值期、日游客量、从业人员、旅游收入等及其变化情况；

7）交通运输：公路建设、村庄道路、运输业等及其变化情况；

8）污染物排放：面源污废情况、废水废渣的排放特征、污染源排放口、污染源、污染物种类和浓度等及其变化情况。

3. 原生境保护点管理

（1）保护点遗传资源与生境环境的管理

在资源本底调查方面，要依照《农业野生植物调查技术规范》（NY/T 1669—2008），对现有农业野生植物原生境保护点内的生物资源（包括生态系统内的野生植物、野生动物（包括昆虫等无脊椎动物）、土壤生物（包括微生物和低等生物种）等开展调查编目，形成原生境保护点生物资源本底数据，作为原生境保护点资源调查和监测工作的基础。

在资源管理方面，要按照《农业野生植物原生境保护点监测预警技术规程》（NY/T 1668—2008）等对原生境保护点中被保护的目标物种、伴生物种及其生长状况进行定期调查，获得调查数据，经整理和规范后，建立数据库。在定期调查和监测工作的过程中，如发现目标物种和伴生物种生长状况发生明显变化，并可能对目标物种正常生存和繁衍造成危害，应及时对伴生物种进行清理，以恢复农业遗传资源原生境保护点建设初期状态。

在环境管理方面，要对保护点及其周边可能影响农业遗传资源正常生长和繁衍的环境和气候等非生物因子（如光、温、水、气、土等）等进行定期调查，获得调查数据，经整理和规范后，建立环境因子和气候因子数据库。并以保护点建设初期调查本底数据为基础，与每年监测数据对比，分析各环境因子和气候因子的变化情况和趋势。如任何环境因素出现明显变化或出现污染源，并对目标物种的正常生存繁衍可能造成危害，应及时采取措施，恢复原生境保护点至建设初期状态。

（2）加强对原生境保护点外来入侵生物的防治

要特别加强对原生境保护点外来入侵种的预防和治理，防止外来入侵生物对原生境保护点造成危害。防控外来入侵生物须依靠科学，首先要进行生物调查，通过分类、鉴定，确定外来入侵种清单。要建立外来入侵物种的监测系统和监控机制，通过长期监测和防控管理，提供外来物种入侵预警。再通过风险评估，列出重点防控对象和防控区域。

植物检疫是防止危险性病、虫、杂草传播蔓延的有效手段。在农业遗传资源原生境保护点及周边地区不能盲目引种，预防扩散。从国外引种，应按照国家规定进行农业和林业有害生物引种风险评估，并向省农业和林业有害生物防治检疫机构申请办理检疫备案和审批手续。并且要严格进行隔离试种，经试种确认安全后，方可推广种植。

要加强对生物入侵危害性的宣传教育，广泛宣传盲目引进外来有害生物的危害性，提高全民防范意识，减少旅游、贸易、运输等人类活动有意、无意引进外来物种；鼓励人们积极参与外来入侵物种的防除活动。

要加强相关部门对外来入侵生物管理的协调。对外来入侵植物的控制已成为一个社会性问题，涉及农林、自然资源、生态环境、科研、旅游、交通等多个部门。应在科研人员的指导下，协调各部门制定一个共同的目标和具体的解决方案，相互促进、相互协调。交通部门绿化、建筑部门植被恢复、旅游活动、农业林业引种等需要重点协调防控。

当发生外来生物入侵后，要制定防治策略，以人工防治、机械或物理防除为主，化学和生物防治为辅。为避免二次灾害和引入新的入侵种，需加强基础研究，为替代控制、化学和生物防治提供依据。

（3）加强科研和采集活动及资料和设施的管理

在保护点从事科学研究、教学实习、考察、采集等活动应事先向保护点所在地县级农业遗传资源保护管理机构提交申请和活动计划，经省级农业遗传资源保护管理机构或者授权的机构批准，并报国家农业遗传资源保护管理机构备案。采集保护点样本，应获得农业遗传资源主管部门批准签发的《农业遗传资源原生境保护点采集许可证》。

任何单位或个人未经许可，不得进入农业遗传资源原生境保护点。外国人需要进入保护点的，接待单位应事先向省级农业遗传资源保护管理机构提出申请，经其审核后，报国家级农业遗传资源主管部门或其授权机构批准。

经批准需要在保护点采集样本的单位或个人，必须按照《农业遗传资源原生境保护点采集许可证》批准的种类、数量、地点、期限和方法进行采集。禁止外国人在保护点采集样本。使用从保护点采集的遗传材料进行科学研究所取得的科研成果，应向保护点管理机构提交副本保存。

保护点管理机构应设专人负责收集和整理原生境保护点建设、管理和科研活动中形成的文件、技术报告、资料、数据和信息，并建立档案，妥善保存。同时，要按照《农业野生植物原生境保护点建设技术规范》（NY/T 1668—2008）的要求，加强对保护点的建设和管理。

保护点所有的设备和设施需要统一登记造册，建立设备设施管理数据库，重要设备设施要指定专人管理。同时，定期对所有设备设施进行检查，出现问题要及时维修。

（4）严格履行管理机构与管理人员的职责

农业遗传资源原生境保护点管理应实行统一规划、分级管理、责任到人的原则。农业部农业遗传资源原生境保护点管理机构负责原生境保护点建设项目的审批，依照《农业野生植物原生境保护点建设技术规范》（NY/T 1668—2008）对原生境保护建设项目进行验收和监督管理。

省级农业农村主管部门是省级农业遗传资源原生境保护点的主管机构，负责本行政区域内农业遗传资源原生境保护点建设项目的组织申报、审核，以及保护点日常管理工作的监督管理，每年将省级农业遗传资源原生境保护点的建设和管理情况向国家级相关机构报告。如遇突发事件或重大问题，应及时上报。

县级农业农村主管部门应承担农业遗传资源原生境保护点的建设和日常管理工作，包括：制定管理制度，落实管理人员和管理经费；负责管理人员的业务培训，对管理人员及其管理活动进行指导和监督；依照原生境保护点建设和监测技术规范，对保护点内的资源及周边环境状况进行定期调查和监测；开展农业遗传资源保护的宣传、教育活动。

保护点管理人员应认真学习农业遗传资源保护和管理的知识，提高保护和管理的能力；认真做好日常工作，每周要巡查和维护保护点内的资源、环境、设备、设施，做好巡查记录；落实登记和查验制度，对所有进入本保护点的人员进行查验和详细登记，为保护点科学研究活动提供便利；配合县级管理机构对本保护点周边社区农牧民进行宣传教育。

（5）加强监测信息的管理与信息共享

要建立全国农业遗传资源原生境保护点监测网络平台，包括农业野生植物原生境保护点、畜禽遗传资源原生境保护点（包括保种场、良种场等）、水产种质资源保护区、花卉种质资源保护圃（园）等原生境保护设施。在农业部门内部形成农业遗传资源原生境保护信息平台和数据网络系统。

同时，要加强与中国科学院，林草、自然资源、生态环境等部门，以及高校和科研院所监测和研究网络的交流和信息共享。中国生物多样性监测与研究网络（Sino BON）和中国生物多样性观测网络（China-BON）的重要目标是监测植物、动物和微生物等多个类群的生物多样性变化。SinoBON 包括 10 个专项网（森林网、草原和荒漠网、林冠网、兽类网、鸟类网、两栖和爬行类网、昆虫网、土壤动物网、淡水鱼类网、土壤微生物网）。其中，森林网建立了沿纬度梯度从寒温带到热带的 23 个大型森林监测样地；林冠网在森林网的 8 个样地建立了林冠塔吊；兽类网在全国 30 个代表性森林中按公里网格单元分别设置了 20～150 台红外相机，以监测陆生哺乳动物和地栖鸟类；鸟类网已经设立 16 个国际监测点和 38 个国内监测点，采用遥测技术监测 63 种候鸟的 2 569 个个体的迁徙。China-BON 包括 4 个子网（兽类网、鸟类网、两栖类网和蝶类网），以及 440 个监测点和 9 000 条样线，覆盖了我国主要生态系统类型（米湘成等，2021）。

为监测我国主要生态系统的结构和功能变化，中国生态系统研究网络（CERN）采用规范监测标准和数据质量控制系统。CERN 的 44 个站点大部分已经积累 30 年以上的数据，这些数据为生态系统的动态变化机理研究提供了平台。中国森林生态系统研究网络（CFERN）现在由 9 个代表性森林类型中建立的 110 个站点组成，主要包括 2 条样带——位于东部的南北样带和位于南部沿长江从海平面到青藏高原的东西样带。为了整合现有的监测平台，科学技术部从现有的网络中选择了研究基础好、监测设备完善的 53 个观测站组成了国家生态系统观测研究网络（CNERN）（米湘成等，2021）。

国家林业和草原局建立了国家尺度的林业清查系统，监测林业资源和生物多样性的变化。各省份采用从 2 km×2 km 到 8 km×8 km 的网格进行森林质量评估，并在每个网格内设立 1 个 1 亩的样方，调查胸径大于 5 cm 的所有植株，每 5 年清查 1 次。从第七次全国森林资源清查以来，已经在全国建立了 41.5 万多个清查样地（米湘成等，2021）。

第八章

社区参与和性别主流化

一、社区参与的概念、相关理论及参与方法

1. 社区参与的概念

（1）社区的概念

社区是人类社会发展到一定阶段才出现的产物。社区的形式在很早之前就已经存在了，但人们对社区认识的时间却不久。最早提出"社区"概念的是德国社会学家斐迪南·滕尼斯（1855—1936 年）。"社区"是在 20 世纪中期得到确认的一个概念，是从英文"Community"翻译而来，中文中并无"社区"一词。就社区的一般含义而言，它是指聚居在一定地域中人群的生活共同体。自 1936 年美国芝加哥大学的帕克将社区的基本特点进行概括后，至 1955 年社会学家希勒里则发现，在各种社会学文献中至少出现了 94 种社区定义，到 1984 年我国杨庆坤教授发现社区定义已增至 140 多种。

（2）社区参与的概念

"社区参与"的提出和研究只是 20 世纪 50 年代以来的事情，对于人类漫长的历史而言，社区参与还是一个新的概念，但这个新概念在当今社会却有着极大的应用和发展空间。无论是发达国家还是发展中国家，社区参与理论在促进社区发展中都有巨大的应用价值。学者们对社区参与的理论研究和实证研究都取得了丰硕的成果。社区参与概念的雏形是美国社会学家 F. 法林顿 1915 年在《社区发展：将小城镇建成更适合生活和经营的地方》一书中提出的社区发展概念，文中对社区发展的定义，即"一种经由社区内部居民积极参与并充分发挥其创造力，以促进社区经济发展、社会进步的过程。"此后，社区发展作为一种发展观念被联合国推动和倡导，逐渐成为一个全球关注的课题。

（3）社区参与的理念

20 世纪 50 年代以后，受第二次世界大战等诸多因素的影响，广大发展中国家面临着贫困、疾病、经济增长迟缓等限制社会发展的问题。解决这些问题，如果纯粹靠西方发

展理论，无论从社会状况还是政治背景，显然都是行不通的，于是开始尝试运用社区民间资源、发展社会自助力量。联合国社会局在 1955 年发表的《通过社区参与发展促进社会进步》的专题报告中，沿用了 F. 法林顿的社区参与和社区发展的概念。1960 年联合国出版的《社区发展与经济发展》一书对社区发展做了进一步解释，认为"社区发展是一种过程，即由社区人民以自己的努力与政府当局的配合，一致去改善社区的经济、社会、文化等环境"。新的概念不仅强调社区发展是一个过程，而且指出在此过程中人民要与政府相互配合，强调了政府的作用和社区人民的参与。社区发展理论的应用从相对贫困的发展中国家的农村扩展到城市，且被很多发达国家认可并广泛应用，社区发展后来也被人们称为社区参与发展或者社区参与，社区发展的概念逐渐转变为社区参与。

2. 社会参与理论的发展

社会参与理论是指在社会事务的治理中，应当从以往政府或市场为中心的单一参与模式，向政府、市场、社会、公民等多个群体或组织为中心的多元参与模式转变的理论。"参与性"是一个非常广泛的概念，具有代表性的有这样几种论述："对社区发展来说，参与性是包括社区参与决策过程、项目实施、分享发展项目的利益和受益者参与项目评估""参与性涉及加强资源控制的有效组织，并对那些不能满足这种要求的社会状况进行调整，需要调整的社会状况包括现存的部分群体和运动"。

社区参与是一个行动过程，通过这一过程，受益者或受益团体能够影响发展项目的方向和进程，包括增加与收入有关的福利、个人成长和自力更生，或者其他他们认为有价值的方面。社区参与理论在形成的过程中还受到了员工参与相关研究的很大影响。因为对员工参与企业管理的研究起步较早，也较为成熟，且员工参与和社区参与在本质上有很大的相似性，所以，社区参与理论的很多内容借鉴了员工参与理论研究的成果。员工参与的思想最早是由 Esatman 在 1898 年所著的《员工参与建议系统》中提出的。一直以来，西方学者大多将员工参与与工业民主看作相同的概念。而实质上工业民主概念出现的时间是要早于员工参与，且其定义的范围也更加广泛。工业革命以后，西方社会率先进入工业时代，由于生产力得到极大发展，人们的物质生活变得充裕起来，温饱问题基本解决，社会秩序也变得更加稳定。正如马斯洛需要层次理论所描述的，人们的生理和安全需要得到满足后，将会继而产生社会、尊重和自我实现的需要，工人们极力想要摆脱如机器般工作的状态，并希望以人人平等的身份参与工厂的管理。

随着产生这些深层次需要的人群规模逐渐壮大，工业民主的思想便应运而生了。员工参与的概念出现得相对要晚一些。参与管理的理论基础是管理学家所提出的人性假设理论。20 世纪 30 年代，美国心理学家梅奥提出"社会人"假设，认为员工希望管理者能够满足自己的社会需要和自我尊重的需要，受"社会人"假设影响的管理者于是提出了"参与管理"；20 世纪 50 年代末，麦格雷戈等提出"自动人"假设，认为人都有自我实现的需要，只有才能和潜力充分发挥出来，人才会感受到最大的满足。因此，在适当的条件下采取参与式的管理，鼓励人们把创造力投向组织的目标，使人们在与自己相关的事务的决策上享有一定的发言权，就可以满足他们的社会需要和自我需要。目标管理、提出合理化建议等均是员工参与管理的具体形式。实践证明，通过员工参与影响他们的决策、增加他们的自主性和对工作生活的控制，员工的积极性会更高，对组织会更忠诚，生产力水平也会更高。将员工参与的概念、内容和形式与社区参与进行对比后发现，两者除参与的主体与参与的社会区域明显不同外，其本质有很大的相似性，而且两者都要有民主作为基础和保障。

20 世纪 50 年代以来，发展中国家都普遍接受过传统的发展理论的指导，但结果并非像发展理论所承诺的那般美好。到 20 世纪 70 年代，在对发展中国家进行发展援助时，人们将员工参与管理的理论应用到社区的发展中，并形成了一种新的发展思维，认为外来者（政府及其他非政府组织）对贫困地区的支持虽然重要，但当地社区的人们在一般情况下有认识和解决本社区问题的能力，强化和提高社区居民自我发展能力是贫困地区发展的一个重要过程。为此，要建立起与社区居民的"伙伴"关系，尊重乡土知识及群众的技术和技能，从而促进了社区参与理论的发展。

3. 社区参与理论的应用

近年来，随着社区参与理论的不断完善，其应用的范围也变得十分广泛。除社区居民参与社区管理外，还有社区参与城市规划、社区参与旅游发展、社区参与生态开发和保护、社区参与扶贫发展等。其中，社区参与旅游发展的研究和应用是其中最为成熟的理论之一。参与旅游发展的社区是指旅游目的地、旅游风景区内及其周边与旅游活动较为密切的社区。自墨菲（Murphy）1985 年在《旅游：社区方法》中将社区参与引入旅游发展之后，学者们对社区参与旅游发展模式的研究兴趣就十分高涨，并且取得了很多的成果。就国内而言，社区参与旅游发展已经在许多地区得到应用，其前景也十分广阔。由于各个国家（地区）的情况不尽相同，所以在不同的国家（地区）社区参与理论的应用形式有着很大差别。在美国，对于社区的发展和管理采取了政府负责规划和资金扶持，而具体实施则由社区组织负责。社区组织又根据管理和服务类型的差异，被分为社区管理组织和社区服务组织两种。前者主要是指社区委员会和社区顾问团，后者则是非政府、非营利的组织。日本的社区内有被称为町内会和住区自治会的自治组织。町内会是日本城镇中老住户的自治组织，而住区自治会则是城镇新居民的自治组织。自治会在社区事务管理过程中充当着居民与政府"桥梁"的角色。中国香港的社区工作形式已经有较长的历史了，并且在 20 世纪 70 年代发展最为蓬勃。香港政府对社区建设非常重视，已经建立了一套健全而有效的组织体系，包括官办的行政性社区组织，政府资助、民间主办的半行政性社区组织以及民间主办的非行政性社区组织。此外，在新加坡，欧洲的丹麦、瑞典、挪威、芬兰、冰岛，中国澳门等国家或地区都有着不同的社区参与形式。

4. 社区参与的目的、层次和方法

（1）社区参与的目的

社区参与是一个把发展看作当地人的事情，尊重他们的知识，相信他们的能力，让他们自始至终参与发展的过程中，在此过程中不断使当地人的能力得到提升、建立自我组织、享受发展成果，并最终通过建立机制保障他们的参与权，用参与式方法赋权当地人，从而更公平、更持续的发展。通过参与以达成以下目的：

1）促进居民参与解决自己的问题，提高社区居民的社会意识；

2）调整或改善社会关系，减少社区冲突；

3）寻求社区需要与社区资源的有效配合，以满足社区需要，解决或预测社会问题，改善社区生活环境，提高社区生活质量，促进社区进步；

4）追求权利和资源的公平分配；

5）发挥人民的潜能，发掘并培养社区的领导人才；

6）培养互相关怀、彼此互济的美德；

7）增强社区的凝聚力。

（2）社区参与的层次和形式

1）告知。属于最低层次的参与。

2）咨询。比"告知"上升了一个层次。

3）协商。社区进行建设和改造时，邀请受此影响的社区居民一起了解和讨论计划内容，推动居民成为决策过程中的一分子。

4）共同行动。在决策过程中，社区建设或改造的规划由大家共同决策，并在决策过程中实现目标。

（3）社区参与方法

1）信息交流（information）。信息交流包括提供信息和收集信息。信息交流的方法包括信息包、小册子、传单、情况说明书、网站、展览、电视和广播、调研、问卷调查、焦点小组（focus groups）等。

2）咨询（consultation）。咨询通常针对更加具体的计划和政策，让社区居民参与其中、各抒己见，而不是像调查一样做各种选择题。咨询的方法包括研究、问卷、民意调查、公共会议、焦点小组、居民评审团等。

3）参与（involvement）。参与的形式是互动工作小组、利益相关人的对话、公民论坛和辩论等。

4）协作（collaboration）。协作是让公众积极参加、同意分享资源并做出决定。协作参与的方法有顾问小组（advisory panels）、地方战略伙伴和地方管理组织等。

5）授权决策（devolved decision-making）。授权决策是参与的最高阶段，是一种权力从其掌控者手中转移的合作参与形式。决策者与参与者交换各自资源和意见，使原本的参与变成了由决策者与参与者共同作出决策。参与的方法是地方社团组织、地区座谈小组、社区合作伙伴。

二、妇女参与在东西方的相关进展与实践

1. 妇女参与的基本概念

（1）性别的基本属性

性别的基本属性是"生理性别"、"社会性别"和"性别平等"等。"生理性别"是指由基因决定的男女生物学和解剖学特征，这种特征体现在男女在生物繁殖中的不同角色，是男女两性在生理上的差异。生理性别是普遍存在的，一般是不可以改变的。生理性别差异，即一个人出生后是男性或女性是在出生前决定的，不会因环境或文化的影响所改变。

"社会性别"是指在社会中建构的性别角色和性别关系、个性特征、态度、行为和价值观，以及基于性别分配给男性和女性的相对权力和影响力。社会性别与社会如何定义男性气质和女性气质有关，也就是说，社会认为什么适合男性，什么适合女性。社会性别在形成中受到多种因素的影响，如文化和宗教信仰、神话、谚语、传统习俗、媒体、广告、电影、家庭、社区等。

社会性别是由社会决定的，因此，随着时间的推移，在不同的国家和不同的社会文化环境中，男性和女性表现出不同的社会性别特征和性别关系。这表明男性和女性的社会性别特征和性别关系是动态的，随着社会发展而改变，如女性就业率的变化、男性在承担家务劳动时间的变化等。社会性别的核心是后天学习的结果，是某个特定的社会、社区或人群对男性和女性的行为和关系做出的规定。

目前国际上讨论的主要是社会性别与性别平等，主要是针对目前在世界许多地方仍然存在的妇女歧视，通过重视妇女问题，以提高妇女在政治、经济和文化领域的平等地位，尤其是促进她们在生物多样性保护和生态环境保护等领域社会活动的参与程度。

（2）妇女的社会性别角色

"社会性别角色"是指人们基于对男女的认知而判定的属于男性和女性在社会和家庭中担当的角色和承担的义务。社会性别角色由社会决定，会随着时间或地点的变化而变化，并且受特定社会、社区或历史时期的社会、文化和环境因素影响。

在社会的公共和私人领域中往往对适合女性和男性的角色有所界定。女孩和男孩从小就接受传统的性别角色的熏陶，很多人误以为性别角色是"天然"和"天生"的，并且会将其内化。在多数社会中，人们迫于巨大的压力去遵循传统的性别角色模式，这既包括来自家庭或社区的直接压力，也包括来自社会结构（劳动力市场、公共政策、教育和福利制度等）中角色模式的间接压力，而这往往会阻碍女性获得与男性平等的发展机会，影响社会进步。

根据传统的社会性别角色，男性主要负责生产领域，他们的社会地位更高，在劳动力市场更有竞争力，却经常在家庭生活中缺位。而女性则更专注于生育和家庭生活，她们的角色在社会中相对男性而言处于弱势和依附地位。她们往往同时从事生产、养育后代和基层社区管理的工作。所以人们说女性经常要扮演"三重角色"。

1）生产角色：世界各地的女性都从事生产活动，但她们往往在获取、控制和受益于生产性资源方面处于劣势。

2）生育角色：生育是指保持人类生命存续的一切必要活动，如生育子女、照顾和教育孩子、烹饪食物、洗衣服以及为家庭种植粮食和其他食物。女性在人类再生产活动中承担主要角色。

3）社区管理角色指的是妇女为所处社区开展的活动，此类活动是妇女生育职责的扩展，包括提供和维护集体使用的稀缺资源，如水、林木、医疗和教育。

在绝大多数社会中，生育和基层社区照看等工作大部分是无偿和自愿的，主要由女性承担。即便男性参与社区管理工作，他们更多地集中在地位更高，也更有权力的岗位，如社区冲突调解、地方司法执行等。

女性的生育和社区照看角色往往被视为"理所应当"的，因为她们不创造收入，虽然她们同样付出劳动和时间，但她们劳动价值往往不体现在国民经济统计中。例如，母亲或其他女性亲属照顾孩子的劳动是得不到经济报酬的。然而，职业保育员做同样的工作就能获得报酬，并且这部分报酬是包含在经济统计数据中的。家务工作的职业化和社会化又会导致女性更集中地从事服务型和保育型工作，如护理、月嫂、家政服务、餐饮服务等，这又强化了一种刻板印象，即女性"天然"或"天生"地喜欢也更适合做家务，即便在劳动力市场，女性也多集中在服务领域和辅助岗位。

根据男性和女性的性别角色进行分工叫作"性别分工"。男性和女性在日常生活中的工作、任务和责任分工也导致了在劳动力市场中的"男高女低""男强女弱"的性别模式。

（3）性别平等的内涵

性别平等是《联合科教文组织（2017）确保教育包容性和公平性指南》提出的概念，指每个人不论性别，均享有同等的地位和条件来充分实现其人权和自身潜力，均能平等地参与政治、经济、文化和社会发展活动，同时从发展的结果中获益。

联合国环境规划署（UNEP）对性别平等的解读为：女性、男性、女孩和男孩享有平等的权利和机会。虽然我们承认两性间存在差异，但是权利和机会不能因一个人是男性或女性而区别对待。

性别平等意味着男性和女性的利益、需求和关切（关注的事情）都应予以充分尊重和考虑。为妇女争取权利不应只是女性自身的责任，不论是男性还是女性都应充分关注并参与到为女性赋权的努力中。性别平等问题被视为人权问题之一，也是评判社会发展是否可持续和以人为本的先决条件和重要指标。

性别平等意识是指从性别角色和相关的性别分工角度看待特定社会的能力，并了解这给女性的需求和利益以及男性的需求和利益带来的不同影响。具有性别平等意识，并且掌握正确的数据和信息，这对于公共政策和项目发展非常重要。

建立性别平等意识，从社会性别的角度去观察和认识社会政治、文化、经济和环境，其积极意义在于促进全社会善于从性别的角度观察社会现实，认识两性的社会角色、劳动分工和发展差异，并从行动上积极促进两性的协调发展。主张男女两性的生理差异不能成为影响女性在社会中享有与男性同等权利的原因，必须在政策制定过程中考虑到妇女的群体利益，实现男女在尊严和价值、男女权利上、机会上平等，并且过程平等和结果平等。

2. 妇女参与的起源与发展

妇女参与是妇女与社会相互作用的动态系统，工业革命和经济发展为妇女走出家庭、直接参与社会创造了良好的时机和条件，在参与社会中，妇女直接为社会进步做出了贡献，从而提高了社会地位。同时，妇女社会地位的提高作为系统反馈机制促使妇女日益自觉、广泛、深入地参与社会，为社会创造更多的物质财富和精神财富。

妇女参与社会发展起源于联合国妇女地位委员会的倡导和国际妇女运动。最早出现在 E. 鲍塞罗普 1970 年出版的《妇女在经济发展中的作用》一书中，后被美国社会妇女委员会国际发展部首先使用（1975）。妇女发展理论经历了以下 3 个阶段：妇女参与发展（WID）、妇女与发展（WAD）、社会性别与发展（GAD）。妇女参与发展理论体系受到自由主义、女性主义和现代化理论的影响，假定男性的普遍经历即可涵盖女性的经历，当社会变得日益现代化时，所有人都会平等受益。因此在多数情况下，妇女参与发展的侧重点在技术推广、服务及信贷方面。典型的妇女参与发展项目是开发实用技术和创收活动，这些项目通常带有福利色彩，在向妇女传授技术的同时教授一些有关卫生、识字、育儿等方面的知识。

20 世纪 80 年代的社会性别与发展理论受到社会主义女权主义和后现代后殖民主义理论的影响，在定义妇女在发展中的地位时，将文化、权利、霸权（由权利和意识形态所维持的统治）和父权制等多方面因素有机地结合起来，综合考虑妇女在家庭内外生活的整体，否定了过去公共领域与私人领域的二分法。女性主义理论将妇女受压迫视为阶级、种族和文化相互交错的结果，并根植于历史之中。在妇女与发展理论和妇女参与发展理论中，家庭（权利关系和家庭内部的工作分工）是被排除于发展之外的，社会性别与发展理论则认为妇女在家庭中所受的压迫在很大程度上与发展密切相连，在生产性和再生产性角色中的社会性别关系构成妇女受压迫的基础。社会性别与发展理论关注性别关系，强调改变不平等的社会性别结构（战略需求），而不仅仅是妇女的生活状况（现实需求）；把妇女视为发展的积极参与者和动力，而非被动的接受者和负担。

组织妇女和赋权妇女是性别与发展理论的关键。它强调妇女必须组织起来，发出更有效的政治声音，使妇女在一定意义上控制自己的生活。加强妇女的法律权利是性别与发展关注的要点之一。社会性别与发展项目不仅审查劳动的性别分工，而且审查责任的性别分工，认识到妇女承担的重责不仅仅是体力，还有心理压力，提倡男女共同分担社会和家庭责任。这类项目正在成为当今国际社会发展的主流。

联合国将"平等、发展与和平"作为"国际妇女年"的目标。1976—1985 年"联合国妇女十年"后，妇女发展的概念较妇女解放、男女平等在国际社会得到更加广泛的使用。妇女发展计划成为国际社会发展规划的子系统。1990 年，联合国发展计划署（UNDP）引进了人类发展指数来衡量性别与发展的水平，试图使用既包括社会又包括经济的指标，如平均寿命、教育和收入等。妇女发展程度作为衡量社会文明程度的尺度已日益为现代文明所接受和认可。

3. 西方妇女解放运动推动社会政治经济发展

妇女的社会参与是指妇女走出家庭、直接参与社会生活的各个方面，如经济、政治、文化等活动的行为参与和意识参与。妇女的社会参与经历了两个显著的阶段，第一阶段开始于第一次工业革命，在此阶段，妇女由于大工业的问世走出家庭进入工厂，开始了直接参与社会的新历程；第二阶段出现于第二次世界大战后，由于第三产业的蓬勃发展和社会进步，妇女的社会参与在数量、质量、方式等方面发生变化，逐步形成高潮。前者是妇女社会参与的形成期，后者意味着妇女的社会参与走向成熟。

18 世纪 60 年代，英国发生了一场生产技术革命，迅速发展的英国工业为妇女参与社会带来历史性机遇：妇女走出家庭进入工厂，直接从事社会生产劳动。工业革命开辟了人类社会由机器代替手工劳作的工业化新时代，妇女能够与男性一样出入于工厂，操纵机器，亲手将原料制成工业品，在社会物质生产劳动中，同时在社会物质资料的分配中占据一席之地。人类历史从此开始了两性社会关系的一个划时代的转变，即妇女由男子的附属品向独立的人的转变。随后，18 世纪末发生于西欧和美国的女权主义运动深化和确立了这一转变，自此妇女一步步从狭小的境地走入广阔的社会，妇女参与社会逐渐从生产领域向其他领域扩展。

20 世纪后半叶，妇女的社会参与在规模、质量和方式等诸方面发生了很大的变化，而且无论是发达国家还是不发达国家都是如此。在参与规模上，妇女就业数量大大增加，形成了一股强大的社会潮流。例如，美国在 1950 年，妇女只是美国总劳动力的 29.4%。中国到 1990 年年底，妇女占职工总数的比例已增长到 37.76%。在参与质量上，妇女就业领域越来越宽，就业层次越来越高。20 世纪 80 年代，美国妇女大量进入各级管理工作中，女工参与管理工作的人数占管理工作者总数由 1947 年的 5% 上升到 1988 年的 10.8%。美国政府部门中女性晋升到高级职务的数量明显呈上升趋势。20 世纪 80 年代，有一位女性晋升为美国最高法院的 9 名法官之一，有两名妇女进入参议院，众议员中妇女占了近五成。再以标志进入行政阶层身份的 GS9 来看，1960 年，联邦政府阶层在 GS9 或更高职位上的妇女还仅占 1%，而在 1987 年，这些岗位上的妇女已占 27%。一些传统上由男人占据的专业领域，妇女已占了相当的比例，据 1988 年资料，妇女已占建筑师总数的14.6%、工程师的 7.3%、数学和计算机科学家的 3.4%、自然科学家的 24.1%、城市规划员的 47.6%、律师的 19.3%。

另外，妇女参与社会的方式也发生了变化。在妇女从家庭走向社会之初，妇女只能就业于全日制的工作岗位，既十分辛苦，又难以负起人类自身再生产的重任，被迫以牺牲健康为代价。近 50 年，越来越多的妇女以灵活的工业方式就业，半日制、阶段性就业的形式大量出现。随着计算机进入家庭和数据库的建立，计算机和先进的通信系统相结合形成的网络，把企业、商业、银行、医院、学校等社会设计同家庭连成一片，妇女以富于弹性的方式参与社会，既可以高效率地直接从事社会劳动，又可以方便地照顾家庭。妇女就业方式的多样化使妇女参与社会呈现出丰富多彩的新面貌。

4. 妇女成为推动亚洲文明进步、和平发展的重要力量

妇女是物质文明和精神文明的创造者，是推动社会发展和进步的重要力量，妇女事业发展的每一步都推动了人类文明进步。同时，在政治、经济、文化、社会、文学艺术、体育运动等各个领域的交流合作中，亚洲妇女都发挥着积极作用。她们是亚洲文明对话、交流互鉴当之无愧的使者。以中国为例，历代女性不乏以独特方式"敦睦外交"的先例；

在经济领域，女性在男耕女织的社会背景下，主要通过参与丝绸、瓷器等行业的生产为文明交流做出贡献。

中华人民共和国成立后，特别是改革开放以来，中国妇女在对外交流合作中所扮演的角色越来越重要。以中华全国妇女联合会为代表的中国妇女组织在妇女参与亚洲文明交流互鉴中发挥着领导作用。在全球化进程中，随着科学技术、交通工具、传播手段的日益发展，妇女地位逐步提高，亚洲妇女参与文化交流、文明对话的程度进一步加深，范围也逐步拓展到各个领域。亚洲妇女相互学习、交流借鉴，使各国的优秀成果、成功经验与最佳实践在更广大的范围内产生影响。妇女已成为"一带一路"建设中"民心相通"的桥梁，并正在为亚洲命运共同体建设做出更大贡献。

亚洲妇女的友好交往故事，正在谱写着亚洲文明对话与交流互鉴的美好华章。亚洲文明具有显著的差异性。与此同时，亚洲妇女因国家历史境遇的相似性而具有了许多共性。人类步入近代社会以后，亚洲国家陆续在西方列强的坚船利炮之下沦为外国的殖民地、半殖民地。亚洲妇女继而与本国男子一起加入反对帝国主义殖民统治、为国家独立和民族解放而英勇抗争的行列中，并持续为实现妇女解放和男女平等而斗争。在这一奋斗历程中，妇女在亚洲文明交流互鉴中担当的使者角色一直在发挥作用。她们相互交流、彼此鼓励的生动故事至今依然感人至深。

冷战结束后，国际形势和亚洲各国的国内状况都发生了巨大变化，亚洲妇女有机会参与到更广泛的国际交往与合作中，作为文明对话、交流互鉴的使者，为亚洲文明进步与和平发展而做出不懈的努力。"20世纪的亚洲，在成为拥有现代文明的亚洲这条道路上前进了很大一步"。有学者认为，20世纪亚洲文明发展最突出的两个方面，一是自然科学与技术的大发展，二是以现代市场经济文化为特征的文明发展。该学者预测"国际合作的新文明"可能是21世纪文明的新特点。妇女作为亚洲文明对话、交流互鉴的使者，成为推动亚洲文明进步、和平发展的重要力量。

三、性别主流化的国际趋势

1. 国际上社会性别主流化意识逐步形成

1997年6月，联合国经济及社会理事会给社会性别主流化下了定义，其内容如下：所谓社会性别主流化是指在各个领域和各个层面上评估所有有计划的行动（包括立法、政策、方案）对男女双方的不同含义。作为一种策略方法，它使男女双方的关注和经验成为设计、实施、监督和评判政治、经济和社会领域所有政策方案的有机组成部分，从而使男女双方受益均等，不再有不平等发生。纳入主流的最终目标是实现男女平等。人类发展的不平等是人类进步的巨大挑战。妇女和女童面临的不利条件是不平等产生的主要根源，也是人类发展的最大障碍之一。

男女平等是中国的基本国策。早在中华人民共和国成立前夕，《中国人民政治协商会议共同纲领》就确认了男女平等原则。从 20 世纪 70 年代起，"社会性别"概念、"社会发展不等于妇女发展"、"妇女儿童的权利就是人权"等一系列观点，成为国际社会的共识。1995 年 9 月 4 日，第四次世界妇女大会在我国首都北京隆重举行，这是全球妇女界的一大盛事。3 万名中外人士云集北京，共同探讨妇女争取平等、发展、和平的问题，形成的"北京宣言"和"行动纲领"浓缩了近年来世界各国对妇女问题的调查和思考，涉及 12 个妇女特别关注的领域，以新的视觉新的思路确定了面向 21 世纪的行动目标，它是世界妇女迈出走向 21 世纪的第一步。自 18 世纪法国大革命时期的哲学家孔多塞首次提出"给妇女以全部公民权"以来，200 多年过去了，妇女解放运动已取得了很大成就，妇女问题已成为国际社会和各国政府的重要议事日程，人们对妇女的态度也发生了重大变化。1975—2015 年联合国召开了五次世界妇女大会，对全球的男女平等和妇女发展起到了巨大的推动作用。

社会性别主流化于 1995 年第四次世界妇女大会被联合国确定为促进社会性别平等的全球战略"要求各国将社会性别平等作为一项重要的政策指引"，将社会性别观点纳入社会发展各领域的主流。作为联合国第四次世界妇女大会的承办国，中国为制定全球性别平等蓝图"北京宣言"和"行动纲领"做出了重要贡献。目前，"北京宣言"和"行动纲领"、"千年发展目标"、"2030 年可持续发展目标"等纲领性文件在国际社会得到广泛回应与支持。

2018 年 4 月 10 日，第三届"一带一路"女性论坛在博鳌亚洲论坛期间成功举行，论坛主题是"她力量：共建共享美好世界"。与会嘉宾围绕"女性在社会发展中的重要作用""女性如何更加自信自立自强""她力量"的优势等话题进行了广泛深入的探讨。在此过程中，性别平等正在成为各国的共享价值，并逐步融入丰富多彩的文明之中，妇女不仅是文明对话、交流互鉴的使者，也是推动人类社会文明进步、和平发展的重要力量，更成为世界文明对话、交流互鉴丰硕成果的享有者和受益者。

2. CBD 下的性别主流化

（1）CBD 纳入性别议题的重要性

女性在生物多样性保护、可持续利用以及遗传资源获取与惠益分享方面发挥着不可替代的作用，她们的经验和技能应该得到充分的重视和发挥。一方面，女性和男性对于生物多样性有着不同的知识和实践。有学者提出女性和男性对地方传统知识的差异主要表现在 4 个方面：一是女性和男性关注的事物不同；二是女性和男性对于相同事物所拥有的知识不同；三是女性和男性可能以不同的方式组织他们的知识；四是女性和男性采用不同的方式传递他们的知识。另一方面，女性和男性在自然资源使用、管理和保护中的角色和责任不同，并因地区和文化而异。女性在获得经济机会、控制生产资源（包括土地、生物多样性资源及其他生产性资产等）以及拥有决策权方面常常处于不利地位。此外，女性往往更容易受生物多样性丧失影响，在自然资源匮乏的情况下，生产资源和获得渠道得不到保障时，女性往往首当其冲，生计更不稳定。所以 CBD 中纳入性别平等考虑具有重要意义。

关于性别与生物多样性问题的研究始于 20 世纪 80 年代，在国际政策层面始于 2005 年联合国开发计划署（UNDP）的人类发展报告，报告中首先把消除性别歧视作为实现千年发展目标的一项重要举措，并把性别平等问题和减贫问题进行了关联。此后 CBD 首次正式将性别和生物多样性问题联系起来。CBD 的科学、技术和工艺咨询附属机构（SBSTTA）就女性实践、知识、公平展示和性别角色等问题提出了具体建议，将生物多样性与性别问题和减贫问题分别考虑。在上述建议的基础上，2007 年，CBD 秘书处进一步提出了在 CBD 和联合国环境规划署（UNEP）的框架内纳入性别主流化的问题，从而使生物多样性保护中性别主流化的概念得到正式确立。

2010 年，CBD 秘书处编制了《促进国家生物多样性保护战略与行动计划中性别主流化指南》。CBD 在序言中规定，"认识到妇女在保护和持久使用生物多样性中发挥的极其重要作用，并确认妇女必须充分参与保护生物多样性的各级政策的制订和执行"。CBD 决议 V/16 条［关于第 8 条（j）款及相关条款］规定，"认识到女性在生物多样性保护和可持续利用中扮演的重要角色，强调应当对这种角色予以强化，对土著和地方社区女性参与规划工作给以更多关注"。CBD 相关工作组的工作计划也对性别问题进行了规定，为生物多样性的性别主流化工作提供了法律依据。

（2）CBD 和议定书关于性别议题的规定

CBD 在序言中即指出，缔约方"认识到妇女在保护和持久使用生物多样性中发挥的极其重要作用，并确认妇女必须充分参与保护生物多样性的各级政策的制定和执行"。CBD 下《关于获取遗传资源和公正、公平分享其利用所产生惠益的名古屋议定书》在序言中指出，缔约方"认识到妇女在获取和惠益分享方面发挥的重要作用，并确保让妇女全面参与所有层次的生物多样性保护政策制定和执行"。

1996 年 CBD 第 3 次缔约方大会（COP3）保护和可持续利用农业生物多样性（Ⅲ/11 决定）以及 CBD 第 8 条（j）款执行情况（Ⅲ/14 决定）两项决定首次纳入性别考虑，此后历次缔约方大会都有纳入性别考虑的议题。随着国际社会对性别与生物多样性关系认识的不断深入，性别议题考虑纳入 CBD 取得了长足进展，从最初阶段在少数议题中涉及性别逐渐发展到性别作为单独议题出现（Ⅸ/24 决定），近年来，性别议题在 CBD 谈判中的主流化趋势尤为明显，并且表现出两方面亮点：一是性别纳入全球生物多样性战略，继"爱知目标"提出生态系统恢复与保护要考虑妇女需求后，"昆蒙框架"进一步将性别确定为独立的行动目标，是全球生物多样性治理中推进性别主流化的重大进展；二是制定并阶段性更新《性别平等行动计划》，提出缔约方、秘书处等相关方能够采取的行动并持续监测执行情况，CBD 是第一个制定性别行动计划的多边环境协定，启发了《联合国气候变化框架公约》《联合国防治荒漠化公约》等其他公约制定类似的性别问题行动计划（专栏 15）（刘蕾等，2024）。

专栏 15　CBD 缔约方大会有关性别主流化的重要决定

（1）COP3：保护和可持续利用农业生物多样性（Decision III/11）和 CBD 第 8（j）款执行情况（Decision III/14）的决定纳入性别考虑。

（2）COP8：CBD 行政工作和预算相关决定要求根据《联合国宪章》规定在填补各层级职位空缺时关注性别平等，原住民妇女能力建设首次被纳入双年度预算（Decision VIII/31）。

（3）COP9：通过《性别平等行动计划》，"性别"首次成为缔约方大会的单独议题（Decision IX/24）。

（4）COP10：提出确保促进女性为全面执行 CBD 和《2011—2020 年生物多样性战略计划》的各项目标做出全面和有效的贡献，并请缔约方在执行战略计划及其战略目标、"爱知目标"和指标时酌情将性别纳入主流。"爱知目标"14 提出"到 2020 年，提供重要服务的生态系统，包括与水资源有关的服务、对健康与生计以及福祉有益的服务等，得到恢复与保护，同时考虑女性、原住民和当地社区以及贫困人口和脆弱人口的需求"（Decision X/2）。

（5）COP12：将 COP9 通过的《性别平等行动计划》更新为《2015—2020 年性别问题行动计划》，与《2011—2020 年生物多样性战略计划》及"爱知目标"保持一致（Decision XII/7）。

（6）COP14：强调在制定"2020 年后全球生物多样性框架"时应依据联合国可持续发展目标中的性别平等目标处理性别因素（Decision 14/18）。

（7）COP15：昆蒙框架的 23 项行动目标至少有 2 项目标涉及性别主流化。1）行动目标 22 从公平参与的角度提出"确保土著人民和地方社区以及妇女和女童、儿童和青年、残疾人在决策中有充分、公平、包容、有效和促进性别平等的代表权和参与权，有机会诉诸司法和获得生物多样性相关信息，尊重他们的文化及其对土地、领地、资源和传统知识的权利"。2）行动目标 23 首次将性别作为一项独立的行动目标纳入全球生物多样性框架，提出"确保性别平等，确保妇女和女童有平等的机会和能力采用促进性别平等的方法为 CBD 的三个目标作贡献，包括承认妇女和女童的平等权利和机会获得土地和自然资源，以及在生物多样性有关的行动、接触、政策和决策的所有层面充分、公平、有意义和知情的参与和发挥领导作用"（Decision 15/4）。

COP15 还通过了《性别平等行动计划（2023—2030 年）》，敦促缔约方并邀请其他国家政府、次国家政府、城市和其他地方政府以及相关组织执行性别平等行动计划，支持和推进性别平等主流化，以性别平等的方式执行"昆蒙框架"（Decision 15/11）。

3. 其他国际机制的性别主流化

（1）气候变化领域

《联合国气候变化框架公约》的《性别行动计划》确定了以下基于性别平等的优先领域，并鼓励成员国推进发展这些领域：能力建设、知识管理和沟通；性别平衡、参与和妇女领导力；一致性；促进性别平等的实施和方式；以及监测和报告。在 COP 26 生成的《气候变化和性别成果》中也强调了这些优先领域，它们也是研究目标和方法可以配合的领域，以助于促进性别可持续发展。

气候变化领域的性别主流化还可以与 CBD 的性别行动计划协调增效，研究工作可以相互配合。性别平等被认为是在实现可持续发展目标方面取得进展的组成部分。它不仅是实现性别平等和赋予女性权利的单独目标，而且也被认为贯穿于所有可持续发展目标中，其中包括与环境和气候变化相关的目标。作为一个单独的目标，它促进了妇女对自然资源和能源技术的获取，以及她们在环境决策过程中更多的参与和领导。重要的一点是，它还呼吁进行改革，给予妇女平等的经济资源权利，包括对土地和其他财产、金融服务、继承权和自然资源的所有权和控制权。作为一个交叉的优先课题，性别平等可以加速其他目标的进展，包括与能源、生态系统管理、环境、气候变化、减少灾害风险、海洋和森林有关的目标。

2015 年 12 月在第 21 次联合国气候变化大会通过的《巴黎协定》序言中强调当地社区权利、性别平等、妇女赋权等，认为气候变化对所有国家中最依赖自然资源维持生计和（或）应对干旱、山崩、洪水和飓风等自然灾害能力最弱的人群影响更大。在贫困状况下，妇女通常面临气候变化影响的更高风险和更大负担，而世界上大多数穷人是妇女。妇女不能平等参与决策进程，劳动力市场加剧了现有的不平等，往往阻碍妇女充分参与与气候相关的规划、决策和实施。

然而，由于妇女在可持续资源管理和/或在家庭和社区层面领导可持续做法等方面的本地知识和领导能力，她们能够（并且确实）在应对气候变化方面发挥关键作用。妇女在政治层面的参与可以改善公民需求的回应，加强跨党派和族裔的合作，带来更可持续的和平。在地方一级，妇女进入领导层可以改善气候相关项目和政策的成果。相反，如果政策或项目的实施没有妇女有意义的参与，就会增加现有的不平等并降低有效性。

因此，国际社会要求在加强环境保护和应对气候变化的过程中，持续改善妇女生活环境质量。加强生态环境监测和健康监测，开展环境污染因素影响研究，监测分析评估环境政策、基础设施项目、生产生活学习环境等对妇女健康的影响。推进城乡生活环境治理，促进城镇污水管网全覆盖，开发利用清洁能源，推行垃圾分类和减量化、资源化，推广使用节能环保产品。

（2）全球环境基金（GEF）项目性别平等原则

全球环境基金（GEF）是 CBD 和《联合国气候变化框架公约》等多个国际公约的财务机制。GEF 要求各国在申请和实施 GEF 资助项目时必须遵守以下性别平等原则：

1）根据 GEF 服务的多边环境协定规定的关于性别的决定，做出将性别平等视角纳入主流、促进性别平等和赋权妇女的努力，并遵守国际和国家层面对性别平等和保护人权的承诺。

2）GEF 资助的项目活动应努力消除，至少不能加剧现有的基于性别的不平等现象。

3）以包容和促进性别平等的方式开展利益相关者参与和分析，以便使妇女和男子的权利以及男女不同的知识、需求、角色和利益得到认可，并使他们的利益最大化。

4）GEF 资助的活动以包容的方式开展、设计和实施，以便不同背景、年龄、种族、民族或宗教的妇女的参与和发言权都能反映在决策过程中，并对妇女组织（包括土著妇女和地方妇女团体）在各个层面进行支持。

5）始终采用促进性别平等的方法识别、设计、实施 GEF 项目的监测和评估。

6）缩小性别差距和增强妇女权能，以助力实现全球环境效益。

（3）联合国世界妇女大会

妇女问题一直是联合国社会和发展领域的重点之一，为促进全世界妇女事业的发展，联合国迄今已召开 5 次世界妇女大会。首届大会于 1975 年在墨西哥举办，之后分别于 1980 年在哥本哈根、1985 年在内罗毕、1995 年在北京、2024 年在乌兰巴托召开了第二、第三、第四和第五次世界妇女大会。其中尤以在北京召开的第四次世界妇女大会成果最为显著，此次大会通过了旨在提高妇女地位的"北京宣言"和"行动纲领"。

在过去的数十年间，世界妇女大会在促进性别平等方面取得了重大成就，大会通过的文件充分肯定了妇女在经济和社会发展中的重要作用，要求消除妇女贫困，推进教育和保健事业，消除对妇女一切形式的歧视和暴力，保护和促进妇女人权，为妇女平等参与经济和社会发展和决策创造必要条件。并通过实现社会性别平等，使男女两性平等地参与发展并从发展中受益，这是一切可持续发展的核心内容与终极目标之一。社会性别主流化充分体现了以人为本、尊重和保护人权、实现社会公正、真正体现效率与公平的新的可持续发展模式与发展观。

四、性别主流化在中国的实践

1. 国家层面的社会性别主流化

（1）中国保护妇女权益的相关法规

《中华人民共和国宪法》第四十八条规定，妇女在政治的、经济的、文化的、社会的和家庭的生活各方面享有同男子平等的权利；妇女的权利和利益受国家保护，实行男女同工同酬，培养和选拔妇女干部。

《中华人民共和国妇女权益保障法》规定，"男女平等是国家的基本国策""国家采取必要措施，促进男女平等，消除对妇女一切形式的歧视，禁止排斥、限制妇女依法享有和行使各项权益"。

中国政府还积极参与国际妇女权益保护，已经加入的相关国际公约、协议和政治文件主要有《消除对女性一切形式歧视公约》（CEDAW，1979 年）、《联合国气候变化框架公约》（UNFCCC）、《生物多样性公约》（CBD）、联合国环境与发展会议文件和《21 世纪议程》（UNCED，1992 年）、联合国妇女问题世界会议和"行动纲要"（北京，1995 年）、《联合国 2030 年可持续发展议程》（SDGs，2015）等，并认真履行相关的国际义务。

（2）鼓励妇女参与环境保护的政策

中国政府非常重视妇女参与环境保护工作，在《中国妇女发展纲要（2021—2030 年）》中有"妇女与环境"的专门章节，提出，充分发挥妇女在生态文明建设中的重要作用。广泛开展生态文化宣传教育和实践活动，引导妇女树立生态文明意识，提高环境科学素养，掌握环境科学知识，提升妇女生态环境保护意识和能力。鼓励妇女引领绿色生产生活，养成节约适度、绿色低碳、文明健康的生活方式和消费模式，杜绝浪费。支持妇女参与生态环境治理。持续改善妇女生活的环境质量。加强生态环境监测和健康监测，开展环境污染因素影响研究，监测分析评估环境政策、基础设施项目、生产生活学习环境等对妇女健康的影响。推进城乡生活环境治理，推进城镇污水管网全覆盖，开发利用清洁能源，推行垃圾分类和减量化、资源化，推广使用节能环保产品。

充分发挥妇女在生态文明建设中的重要作用。广泛开展生态文化宣传教育和实践活动，引导妇女树立生态文明意识，提高环境科学素养，掌握环境科学知识，提升妇女生态环境保护意识和能力。鼓励妇女引领绿色生产生活，养成节约适度、绿色低碳、文明健康的生活方式和消费模式，杜绝浪费。支持妇女参与生态环境治理。

持续改善妇女的生活环境质量。加强生态环境监测和健康监测，开展环境污染因素影响研究，监测分析评估环境政策、基础设施项目、生产生活学习环境等。

（3）中国性别主流化的实质性进展

在过去的近 30 年里，中国在人类和性别发展方面取得了实质性进展。单独衡量性别发展也表明，中国的情况与其他人类发展水平较高的国家具有可比性。2017 年，反映生殖健康、赋权和经济活动 3 个维度性别不平等的中国性别不平等指数（GII）为 0.152，在 160 个国家中排名第 36 位。2017 年人类发展报告进一步指出，在中国，24.2%的议席由女性担任，至少 74.0%的成年女性已经达到中等水平的教育。但是中国在缩小性别平等和妇女赋权方面的差距方面仍存在一些问题。按照传统的社会分工和社会规范，工程师、技术人员和高级管理人员主要是男性，而秘书和护士主要是女性。性别隔离不仅存在于城市人口中，更存在于农村劳动力中。中国经济从第一产业向第二和第三产业的转变影响了男性和女性的就业。更多的男性进入工业，而更多的女性继续从事生产率最低的第一产业（农业生产）。中国社会性别研究会认识到进一步促进中国性别发展的必要性，并投入资源，建立了性别主流化项目。《中国妇女发展纲要（2011—2020 年）》于 2011 年发布，涵盖卫生、教育、经济、政治参与、社会保障、环境和法律等七个领域。在性别主流化方面，一个重要的利益相关者是中华全国妇女联合会（ACWF），它是一个妇女权益组织，负责推动政府的妇女政策，保护妇女权利。全国妇联从国家层面运作，并得到省、市、县、乡、村各级地方政府的支持。

2021 年 9 月 27 日，国务院发布《中国妇女发展纲要（2021—2030 年）》和《中国儿童发展纲要（2021—2030 年）》，与上一轮（2011—2020 年）的两个纲要相比，性别平等教育目标更加明确，举措更加实际。"性别平等"已逐渐上升为国家意志，内化为社会行为规范，性别平等也将真正成为全社会共同遵循的行为规范和价值标准。

2. 性别主流化的地方实践

（1）妇女参与地方农业遗传资源保护与管理的重要性

农业生物多样性的管理是以社区为基础的，男女农民在管理农业生物多样性方面发挥着重要作用，典型的劳动分工也决定了男女如何参与。例如，妇女一般积极参与主要作物的生产、加工、保存和销售，而男子则倾向于市场作物或经济作物的生产。在许多传统社区，男子担任决策职位，妇女在公共事务中的作用往往受到限制。中国各地农村社区的妇女作为动植物遗传资源的保管人发挥着重要作用，包括种子收集和储存、家庭花园、野生生物采集，以及农业生物多样性保护和可持续利用的其他方面。事实上，在许多社区，女性农民的人数超过了男性农民，因为男子倾向于迁移到城市地区从事工厂工作。即使妇女实际上管理家庭和农业活动，男子仍可保留决策权。因此，重要的是认识到农业生物多样性管理中的性别因素，考虑到妇女和男子的角色、责任、利益和需求。

因此，妇女参与农业遗传资源保护和管理是十分必要的。大多数农村地区的传统生产生活中的分工具有社会性别差异。许多女性受限于传统的性别角色和分工，未能参与到生物多样性保护和自然资源管理工作中。实际上，因为更多家务责任导致行动半径的限制，许多妇女的整个生计都依赖于她们身边的野生动植物资源。因此，动植物遗传资源的枯竭、传统农作物品种资源的消失和退化、因气候变化对水资源的使用限制等，对女性影响更为深重。

女性每天都会做出许多影响环境的选择，例如，如何种植农作物、如何饲养家畜禽、如何管理鱼塘、如何集水灌溉和田间管理、如何选种留种等。因此，鼓励女性参与农业遗传资源保护和农业生产管理工作十分必要，以形成更强大、更多元化的农业遗传资源保护与管理的主导力量，从而提高保护和可持续利用农业遗传资源的水平。

专栏 16　中国民族地区性别主流化的实践

　　云南哈尼族妇女可以决定在哪些梯田养鱼，养什么样的鱼、养多少，男人一般不过问。哈尼族妇女普遍喜欢养鲤鱼、鲫鱼、罗非鱼。她们认为鲤鱼、罗非鱼等容易存活，长得快，而且好吃；如果城里人来买，也好卖。妇女还可以决定鱼的用途和养鱼收入的使用。一般来说，哈尼族养鱼的目的主要是自己食用、接待客人、祭祀仪式和市场出售。以前除了市场出售，食用、待客和祭祀用鱼主要就是由妇女决定的，现在对于市场出售，妇女也有了决定权。如果家里日常开支需要用钱，如交电费、买油盐酱醋等，妇女就会去田间捉鱼，并到市场出售。至于家里的鱼是卖给邻居还是卖给外来鱼贩，妇女可以决定，卖鱼的钱也可以由妇女来支配。虽然妇女卖出的鱼一般仅占总鱼量的 25% 左右，但对于妇女在家中的地位很重要。如今，在云南哀牢山哈尼族社区，妇女经营和管理的梯田渔业越来越多，拥有家庭渔业支配权的比例也越来越高。这体现出哈尼族社区妇女的家庭地位、经济地位和社会地位都有所提高。

　　傣族妇女常常能决定家里农田稻谷和其他作物的选种和留种，并通过走村串寨，留意哪家谷子长得好或产量高，在收割时，就通过置换和索要引进优良品种。

（2）海南省的性别战略和政策

为保障妇女合法权益，促进男女平等，充分保证妇女在全省现代化进程中的作用，海南省人民代表大会于 2008 年 11 月 28 日通过了《海南省妇女权益保障条例》，由省、市、县人民政府妇女儿童工作委员会负责实施、协调和监督工作。该条例对海南省性别发展进行规范，规定了妇女的保健、教育、平等就业机会、法律和公民权利，并提出保证妇女参与公共管理、经济企业管理和社区理事会、委员会和其他形式。同时规定：地方各级人民代表大会中应当有适当数量的妇女担任委员，并不断增加妇女的人数；应当有适当数量的妇女担任人民代表大会常务委员会委员和县、市、省各级政府部门的主要负责人；在民族自治地方，要保障少数民族妇女的参与；居民委员会、村民委员会应当有女性成员；所有涉及妇女权益的问题，包括立法，都应与有关妇女联合会协商；农村妇女与男子具有平等的土地权利。

海南省在性别主流化方面的主要利益相关者之一是海南省妇女联合会（简称海南省妇联），它成立于 1988 年，是中华全国妇女联合会（ACWF）的一部分，负责推动政府的妇女政策和保护妇女权利。海南省妇联建立了由妇女发展、权益、家庭和儿童工作、组织和联络等部门组成的内部机构。

为了实施《海南省妇女权益保障条例》，海南省政府每 10 年发布一份妇女发展规划。2011 年，政府发布了 2011—2020 年发展规划。该规划以审查过去 10 年间取得的成果为基础，审查在保健、教育、财政、社会保障、参与决策、公共行政、环境保护和法律保护方面采取的具体行动。2015 年，海南省妇联发布《关于组织妇女参与法治海南建设的实施意见》，承诺提高妇女理解法律、学习法律、运用法律的能力。近年来，企业部门也更多地参与性别主流化问题。2016 年，中国人寿保险有限公司为长江、白沙、琼中等县 1 500 名农村妇女购买宫颈癌、乳腺癌医疗保险。海南省内各县市妇联还积极开展了农村妇女培训工作，仅琼中县 2020 年举办的以妇女为主的培训班就多达 20 多场次。

3. 国际项目促进了性别主流化理念的传播

（1）鼓励妇女参与是 GEF 的基本原则

由 UNDP、UNEP、FAO 等作为执行机构在中国实施的大量 GEF（全球环境基金）项目在其实施过程中，特别强调将性别主流化政策纳入地方政府的国民经济和社会发展计划，特别是要求将生物多样性保护纳入自然资源、农业农村和生态环境等相关主管部门的中长期发展规划和年度计划。在培训和日常活动中，GEF 项目鼓励女性参与生物多样性相关工作。多个项目的项目管理人员为女性，以 GEF-5 的 8 个项目为例，其中有 6 个项目的项目经理或副经理为女性，其中 5 个项目的项目办工作人员女性占比在 75% 或以上；通过与项目交流并参与项目活动，部分保护区技术类女性员工得到提拔（马超德等，2021）。

（2）GEF-6 项目进一步推动"性别主流化"

GEF-6 的项目更加关注性别平等，以国家公园规划型项目为例，在设计阶段，项目开展了性别分析并制订了性别行动计划，对所有性别相关性问题进行评估。例如，

"UNDP/GEF 改善中国自然保护区可持续性项目"在项目管理全过程中纳入性别平等考虑，包括在项目开发阶段开展性别分析，编制《性别主流化行动计划》，制定性别敏感的项目监测指标；在项目实施过程中定期开展性别培训活动，收集分性别的数据；在项目结项阶段要求对性别行动计划执行情况进行评估。"UNDP/GEF 增强甘肃省保护地系统，加强保护具有全球重要意义的生物多样性项目"将性别相关的不同需求和影响融入项目活动中，推动裕河自然保护区和裕河镇成立妇女电商小组，实施保护地友好茶叶示范推广和电商新媒体营销项目，调动社区妇女发展林下经济，降低自然资源消耗型产业占比的同时提升妇女收入，实现生物多样性保护与促进性别平等的双赢（马超德等，2021）。

（3）UNDP-GEF 海南项目妇女参与农业遗传资源保护的实践

在海南省 3 个示范市县实施的"UNDP-GEF 海南农业生物多样性参与式原生境保护和可持续利用项目"，在促进当地社区妇女参与农业遗传资源保护与管理方面取得显著进展。该项目确定了琼中县上安乡山兰稻示范景观区、白沙县打安镇五指山猪示范景观区、琼海塔洋镇嘉积鸭示范景观区作为农业生物多样性参与式原生境保护和可持续利用示范基地，这 3 个基地为促进妇女参与提供了有益的示范。

1）琼中县山兰稻示范景观区性别主流化

琼中县为黎族苗族自治县，琼中县上安乡是传统品种山兰稻的原产地，当地妇女在保护和管理当地传统品种山兰稻种质资源的过程中发挥了主导作用，在山兰稻原生境保护和传统种植中扮演着重要角色，包括品种选育、良种保留、田间管理、产品销售等。受少数民族传统母系社会的影响，女性平等意识较海南汉族地区更为明显，女性在家庭中与男性承担同样责任，甚至承担更大的责任。例如：男性凌晨割胶，女性早上收胶水；男性凌晨割胶后回家休息，中午在外面喝茶，但女性还要负责山兰稻的田间管理和收割等，并担负饲养家禽家畜、赡养老人、煮饭、打扫卫生、送孩子上学等大量家务。当然，由于女性对家庭贡献较大，在家庭决策方面的平等地位也有所提升。在上安乡项目示范景观区合作工作组成员中，女性比例为 33%，这基本满足了项目对女性参与比例的要求。

2）白沙县打安镇五指山猪示范景观区性别主流化

白沙县为黎族自治县，打安镇是当地传统品种五指山猪的原产地，当地妇女在原生境保护和管理五指山猪种质资源的过程中起到了重要作用。与琼中县一样，这里受少数民族传统母系社会的影响，女性平等意识较高。调查中发现妇女在打安镇各自然村家庭五指山猪养殖中扮演着重要角色，包括猪的饲养、饲料配备、母猪配种繁育、市场销售等工作的直接参与，并与男子共同决策。该村的女性成为项目示范景观区合作工作组的重要成员，女性在小组中的比例达到 33%，包括一名毕业于农业技术学校的年轻女性农技员。

3）琼海市塔洋镇嘉积鸭示范区性别主流化

琼海市塔洋镇是地方传统品种嘉积鸭的原产地，妇女直接参与了嘉积鸭种质资源的原生境保护与管理，并在很多方面发挥了主导作用。由于塔洋镇靠近琼海市区，受城市影响，许多男性为了寻找其他工作机会和创业机会而移居到琼海市和海口市的城区，嘉积鸭的饲养与管理工作主要由留守在家的女性承担。女性在家庭养殖上具有一定的话语权和决策权，包括在选种、养殖数量、出栏时间和销售价格等方面能够与男人共同决策。在塔洋镇项目示范景观区合作工作组成员中女性的比例为 33%，基本形成妇女参与的格局。

以上三个项目示范区性别主流化的调查结果显示，国际项目的实施促进了性别主流化国际理念的传播，并使国际理念深入影响基层乡村，在促进妇女参与当地经济活动，特别是参与当地传统农业遗传资源的保护与管理方面发挥了重要作用。这不仅提高了她们对原生境保护当地传统农作物和畜禽种质资源的意识，还提高了她们在社会参与度和家庭经济活动中的地位和决策能力。

五、社区参与和性别主流化策略与技术指南

1. 性别主流化在中国存在较大提升空间

通过评估中国落实联合国世界妇女大会确定的"妇女与环境"战略目标的情况，发现中国环境领域中的性别意识尚不够突出，与国际社会性别与环境两个领域齐头并进的发展趋势存在较大差距（刘海鸥等，2017）。

（1）性别主流化理念尚未深入人心

在国家层面，2010 年发布的《中国生物多样性保护战略与行动计划（2011—2030 年）》只是在行动 29 提出建立公众广泛参与生物多样性保护的机制，并没有明确提出妇女参与和性别主流化的要求。甚至在 2021 年 10 月中共中央办公厅、国务院办公厅共同印发的《关于进一步加强生物多样性保护的意见》，以及同月发布的《中国的生物多样性保护》白皮书中，都未将性别主流化考虑在内。但是，这个缺憾在 2024 年发布的《中国生物多样性保护战略与行动计划（2023—2030 年）》中得到补充，该文件在其优先行动 6 中明确提出"保障妇女、儿童、青少年以及残疾人群体参与生物多样性保护行动的权利并发挥其积极影响"。这说明性别主流化的理念将逐步深入人心，成为社会主流观念。

（2）在生物多样性保护项目设计中缺少性别主流化内容

目前，国内生物多样性领域项目在项目设计、实施和评估过程中对性别主流化内容体现不多，项目申报和管理政策或指南中没有纳入性别平等相关要求，女性在生物多样

性保护和治理中的角色和贡献没有得到充分认识，对于通过生物多样性项目进一步提高女性的能力与资源获取机会尚考虑不足。但值得注意的是，多年来中国申请实施的生物多样性领域国际贷赠款项目大多纳入了性别平等考虑，为在项目实施管理中的性别主流化积累了丰富经验（马超德等，2021）。

（3）需要根据中国国情加强性别主流化研究

性别主流化的理念是近 30 多年内主要由西方社会提出的新概念，目前国内对性别主流化理念的内涵、技术标准、评估方法等都缺少了解。因此要加强性别与生物多样性问题研究，为相关工作的开展提供理论支撑。应考虑将性别分析纳入研究方法体系，通过梳理女性和男性在生物多样性和农业遗传资源相关问题中的不同表现，探索女性和男性的不同角色和掌握生物多样性知识的特点，以识别生物多样性研究中的社会性别差异和各自优势特长，进而制定相关政策（刘海鸥等，2017；王爱华等，2015）。

2. 社区参与和性别主流化策略

（1）在生物多样性领域项目周期中纳入性别平等要求

在国内项目管理方面，可以借鉴国际贷赠款项目的做法，在项目设计、实施、中期评估和终期验收评估等各个阶段，将性别平等纳入考核。①在国内资金资助的生物多样性保护重大工程项目、"一带一路"项目和"南南合作"项目管理中借鉴推广上述做法；②在制定项目管理办法的过程中借鉴国际、国内良好实践，要求项目在设计、实施、中期审查和终期评估等全周期内纳入性别考虑；③编制性别行动计划并在项目预算中纳入实施性别行动计划所需的资金，在监测过程中使用性别敏感的监测指标以及要求项目单位在开展利益相关方参与的活动时关注女性参与比例。

（2）切实提高女性在生物多样性行动中的参与度

中国女性一直是生物多样性行动的重要力量，建议通过进一步完善性别平等的制度保障、开展相关教育和培训等方式，切实提高女性参与生物多样性治理行动的能力，提高女性在生物多样性行动中的决策权，提高女性在生物多样性保护、可持续利用和惠益分享方面的意识和知识，保障女性获得相关资源、资金和信息的机会，从而促进中国女性的积极作用得到更加充分的发挥，并在此过程中持续推进性别平等和女性赋权，助力2030 年可持续发展目标的实现。

（3）开展以男女平等为核心的先进性别文化宣传教育

将构建先进性别文化纳入繁荣社会主义先进文化制度体系。大力宣传新时代妇女在社会生活和家庭生活中的独特作用，宣传优秀妇女典型和性别平等优秀案例。推动各级干部深刻理解男女平等基本国策，充分发挥妇女在生态文明建设中的重要作用。广泛开展生态文化宣传教育和实践活动，引导妇女树立生态文明意识，提高环境科学素养，掌握环境科学知识，提升妇女生态环境保护意识和能力。鼓励妇女引领绿色生产生活，养成节约适度、绿色低碳、文明健康的生活方式和消费模式，支持妇女参与生态环境治理。

3. 地方社区参与和性别主流化技术指南

（1）加强政策和战略框架建设，确保妇女在项目中的公平代表性

政府机构应高度重视项目实施过程中的社会性别主流化建设，通过与政府相关部门、妇联等机构开展与项目相关的业务合作的方式，强化管理者的思想和意识，从更高一级管理部门树立牢固的社会性别平等思想意识，制定加强农业遗传资源原生境保护和可持续利用，加强社会性别平等的政策、战略和管理制度，建立项目社会性别主流化的标准和指南，将性别敏感因素纳入各级政府的农业生物多样性保护与管理框架中。在分配农业生物多样性和农业遗传资源保护项目资金的决策机构中要增加妇女的代表性，以便相关决策能够公平地反映男性和女性的需求和优先事项，确保生态补偿拨款能考虑到妇女和男子的公平利益，农业遗传资源利用的市场化激励机制也要体现性别公平，并向女性倾斜。

（2）加强当地社会性别主流化能力提升

要建立市场和非市场激励机制，以社会性别平等的方式鼓励农民参与就地保护和可持续利用农业生物多样性，将性别观点纳入主流的做法和成果最佳做法，并与妇联等相关机构分享，保证和激励当地妇女和青年积极参与项目，为当地农民家庭带来长期的生计利益，推动当地农业生物多样性保护和可持续利用，促进激励性保护和可持续使用的升级。同时也促进相关政府部门、妇联、农民协会、妇女团体等机构和体制的能力提升。通过与国家和地方学术研究机构、高校、妇联等利益相关方的合作，制定包括针对妇女和青年的具体能力发展行动计划，编制培训手册，确定具体的培训课程，为妇女提供有针对性的培训。

（3）加强性别主流化的知识管理、监控和评估

只有知识、态度和做法（KAP）得到改善，知识管理结构得到加强，才能够扩大妇女对农业遗传资源保护和可持续利用的参与。性别行动计划将在项目开始阶段提出，并在项目发展和项目执行期间根据变化作出适应性管理调整。将性别主流化目标列入项目监测和评价计划，项目进度报告将记录调查结果并提出采取的任何适应性管理措施和建议。知识、态度和实践基线调查将针对男女之间的差异，制定的知识管理战略和行动计划将包括解决这些差异的具体行动。如有需要，将开发针对性别的知识产品，并通过项目层面的知识管理平台、项目之间的互访和项目团队之间的非正式互动分享经验教训。

（4）参与式发展社会性别主流化

参与式发展的原则：①需要赋权给妇女弱势群体，确保妇女参与到项目发展中，实现权利关系改变，倡导社会性别公平，实现可持续发展的目标。②要创建具有社会性别敏感性的参与式发展理论，包括：女性作为发展主体，体现女性的决策权，平等获取资源，建立妇女组织网络，确保各个层面的参与机制。

参与式发展的实践方法主要包括：①参与式的性别分析法，在性别问题相关的各种分析领域中，分析两性作用、性别不平等原因及解决手段。②参与式社区发展要以内部为主、外部为辅，强调赋权和当地人管理。③参与式学习，专家向农民学习乡土知识，与当地人共同交流、共同分析结果、共同反思。④参与式培训，注重参与者经验/思维方式的挖掘与提升、知识的实践、能力建设过程等。

第九章

新时代中国农业遗传资源发展策略

一、农业遗传资源研究策略

1. 农业植物遗传资源研究策略

农业植物遗传资源保护和开发利用涉及面很广，包括作物种质资源的收集、编目、保护、繁种更新、分发利用与信息系统建立等基础性工作，作物起源、驯化与传播、种质分类、民族植物学与传统知识研究等基础研究，遗传多样性评价、重要性状表型鉴定、种质资源基因型鉴定、基因发掘和种质创新等应用基础研究。

（1）农业植物遗传资源研究趋势

1）国际农业研究机构的重点工作

联合国粮食与农业组织（FAO）领导的国际各农业研究中心与各国种质资源研究机构十分重视作物种质资源品质性状鉴定评价工作，大范围、主要品质性状的鉴定已基本完成，目前主要保持鉴定的同步性。在主要粮食作物方面，国际旱地农业研究中心在1992年就完成了占总保存量80%的麦类种质资源主要营养品质性状的鉴定评价；国际水稻研究所对12 000份水稻种质资源进行了铁、锌元素含量的鉴定和遗传变异的评价；国际玉米小麦改良中心对1 400个改良玉米品种和400个地方品种进行了铁、锌元素的鉴定。蔬菜果树种质资源品质鉴定评价内容因品种不同而有所差异，如白菜、甘蓝等蔬菜针对的是纤维素、干物质、矿质元素等性状，苹果、草莓、桃等则针对其果实中的可溶性糖、维生素等。在营养品质鉴定的同时，还开展了加工品质鉴定，以满足农产品食用、工业生产与产品附加值提高的要求。国际玉米小麦改良中心开展了对小麦粉面团的形成时间、稳定时间等与加工品质有关的性状鉴定评价；法国对不同时期推广的372个小麦品种的面粉的黏度特性和面团流变学特性等进行鉴定评价，还有人对影响豆制品加工的大豆蛋白质进行了鉴定研究，并对多种长绒棉品质性状进行了分析（刘浩等，2014）。

2）国内农业植物遗传资源研究趋势

由于种质资源事关国家核心利益，其保护和利用受到世界各国的高度重视，其研究呈现以下趋势（刘旭等，2018）：

第一，种质资源保护和研究力度越来越大。并呈现从一般保护到依法保护、从单一方式保护到多种方式配套保护、从种质资源主权保护到基因资源产权保护的发展态势，并对农民、环境与作物种质资源协同进化规律和有效保护机制，以及种质资源保存（护）的数量与质量同步提升规律方面开展相关研究。

第二，鉴定评价越来越深入。对种质资源进行表型和基因型的精准化鉴定评价，发掘能够满足现代育种需求和具有重要应用前景的优异种质和关键基因，特别注重重要目标性状遗传多样性及其环境适应性研究，以及重要目标性状与综合性状协调表达及其遗传基础研究。

第三，特色种质资源的发掘利用。针对绿色环保以及人们对未来优质健康食品的需求，发掘目标性状表现优异、富含保健功能成分的特色种质资源及其基因，创制有育种和开发价值的特色种质，为形成新型产业奠定基础。

第四，种质资源研究体系越来越完善，获取遗传资源也越来越规范。中国已形成由中国农业科学院为主体的国家农业种质资源保存和研究体系，并形成以省级农业科学院为主体的地方农作物遗传资源保护和开发研究体系，农业科研力量不断增强。

（2）农业种质资源保护与管理工作的重点任务

2019 年，农业农村部办公厅发布《农业种质遗传资源保护与利用三年行动方案》，其中对农作物种质资源保护与管理工作的要求如下：

1）加快推进第三次全国农作物种质资源普查与收集行动

在已开展 12 个省（区、市）全面普查与系统调查工作的基础上，启动北京、安徽、西藏等 19 个省（区、市）农作物种质资源普查与收集工作，2021 年完成全国所有省份的种质资源普查与收集行动启动工作，完成新收集资源实物和数据整理，开展初步鉴定评价以及编目入国家库圃保存工作。全面查清我国农作物种质资源家底。

2）加强农作物种质资源保护体系建设

提升农作物（含热带作物）种质资源库圃设施条件能力，加强资源保存、鉴定、共享等基础设施建设，加快推进国家农作物种质长期库新库建设，改扩建青海复份库以及粮、棉、油、牧草、藏区高原作物等中期库，在海南建设热带作物种质资源库圃，在华北、西南等地区新建一批区域性综合种质资源圃，优化资源保存区域布局，提升资源保存与共享能力。对符合条件的种质资源库（圃）启动认证挂牌工作。组织开展库存种质资源活力监测与繁殖更新；应用试管苗、超低温、DNA 等新技术、新方式，对特异资源和重要无性繁殖作物种质资源进行复份保存，支撑种质资源供种分发需要。

3）强化农作物种质资源精准鉴定与深度发掘

开展水稻、小麦、玉米、大豆等主要粮食作物，棉花、油菜、蔬菜等经济园艺作物，以及谷子、青稞等特色功能作物资源的精准鉴定。在多个生态区，对具有优异性状的种质资源进行多年的重要性状表型和基因型精准鉴定及综合评价，挖掘高产、优质、广适、多抗、养分高效利用、适宜机械化等重要性状突出的育种材料，构建表型与基因型数据库，有效解决我国种质资源丰富但育种亲本相对贫乏、育种遗传基础狭窄、种质资源利用效率低等问题，为种业企业育种提供高效服务。

4）深化农作物种质资源创制

以主要粮食作物、重要经济园艺作物、特色功能作物为重点，以地方品种、野生种为供体，通过远缘杂交、理化诱变、基因工程等技术手段，开展优异基因的遗传与育种效应研究，剔除遗传累赘，规模化创制遗传稳定、目标性状突出、综合性状优良的新种质。研究建立创新种质中优异基因快速检测、转移、聚合和追踪的技术体系；探索建立优异种质筛选、创制、有效利用"无缝对接"的新机制，加大资源分发力度，促进创新种质、新技术的高效利用。

5）加强农作物种质资源信息化管理体系建设

建立互联互通的国家作物种质库圃信息网络，研发信息化管理和监测预警系统，构建包含各类作物种质资源基本信息、特性信息和分子信息的数据库，提高种质资源管理利用信息化水平。建立可供利用的种质资源目录公布机制、种质资源共享利用与信息反馈机制，提升种质资源利用效率。

6）加强农作物种质资源国际合作与交流

以作物起源中心和多样性中心为重点，优先引进我国缺乏的物种、野生近缘种、遗传分析工具材料等新种质以及核心种质。通过联合考察、技术交流、建立联合实验室等方式，共享研究成果和利益，加大优异资源引进和交换力度。加快北京、海南等引种隔离检疫基地建设，实现引进资源的安全保存。推动加入《粮食与农业植物遗传资源国际条约》，营造种质资源国际合作与交流的良好环境。

（3）当前国内已开展的重点研究领域

1）种质资源的基因型鉴定

对种质资源的认识分 2 个层次，一是某种作物的所有种质资源；二是特定种质资源。针对所有种质资源，需要全面了解这些种质资源的地理分布、群体结构及其相互关系，也就是结构多样性；还需要了解同一个基因在不同种质资源中的不同形式（等位基因）及其遗传效应，也就是功能多样性。针对特定种质资源的认识，需要从 5 个方面了解：①资源名称；②资源特性；③控制这些特性的基因或等位基因；④资源利用价值；⑤高效利用这份资源的途径。种质资源研究涉及多门学科，特别是近年来生物组学对其产生了深远影响，其中，基因组学带来的颠覆性技术之一是基因型鉴定（又称基因分型）技术。这些技术不仅可用于作物种质资源保护等基础性工作，还广泛应用于遗传多样性分析、新基因发掘和种质创新等多个方面（黎裕等，2015）。

2）植物遗传资源的性状评价与基因挖掘

中国各农业研究机构已开展了多种农作物种质资源的精准鉴定评价，在新基因发掘方面取得显著成效。并在对种质库、圃、试管苗库保存的所有种质资源进行基本农艺性状鉴定的基础上，对 30%以上的库存资源进行了抗病虫、抗逆和品质特性评价，对筛选出的 10 000 余份水稻、小麦、玉米、大豆、棉花、油菜、蔬菜等种质资源的重要农艺性状进行了多年多点的表型鉴定评价，发掘出一批作物育种急需的优异种质。

近年来，中国科学家牵头对水稻、小麦、棉花、油菜、黄瓜等多种农作物完成了全基因组草图和精细图的绘制，给全基因组水平的基因型鉴定带来了机遇。还利用测序、重测序、SNP 技术对水稻、小麦、玉米、大豆、棉花、谷子、黄瓜、西瓜等农作物 5 000 余份种质资源进行了高通量基因型鉴定。此外，在全基因组水平上对水稻、棉花、芸薹属作物、柑橘、苹果、枇杷等农作物的起源、驯化、传播等进行了分析，获得了一些新认识（刘旭等，2018）。

在林业方面，已对杉木、油松、马尾松、毛白杨、银杏等 200 多个树种的遗传资源进行保存与遗传多样性评价；完成了毛竹、杨树、柳树等树种的全基因组测序；启动了全国油茶、核桃遗传资源调查编目。

3）农业植物遗传资源研究技术创新

随着分子标记技术和第二代测序技术的快速发展，基因组学理论和方法不断深入到种质资源研究的多个层面，使种质资源保护和创新利用发生了研究思路和方法学上的变革。基因组学研究成果为种质资源的有效收集和保护提供了理论指导，也为阐明作物起源和演化、全面评估种质资源结构多样性提供了核心理论和技术，同时大幅提高了基因发掘和种质创新效率。特别是全基因组测序、重测序和简化基因组测序技术不断成熟，使在全基因组水平上比较不同种质资源基因组变异成为可能；在此基础上，可阐明农作物起源以及驯化、改良和传播对种质资源形成的影响，明确现有种质资源和野外种质资源群体结构和遗传多样性，提出种质资源异地保存和原生境保护的最佳策略；结合表型鉴定数据，利用连锁分析和关联分析等基因组学方法，可高效发掘种质资源中蕴含的新基因和有利等位基因，提出其利用途径和具体方案，并在种质创新过程中充分利用基因组学研究成果，提高创新效率（刘旭等，2018）。

（4）种质资源鉴定相关技术的发展与应用

保存种质资源的根本价值在于发掘资源所蕴藏的丰富的遗传多样性及功能。为了充分发挥种质资源的作用，实现农业可持续发展，必须先对作物种质资源进行收集和精准鉴定。目前，用于种质资源鉴定的技术主要有以下几个方面（黄艳玲等，2024）。

1）利用分子标记分析种质资源之间的亲缘关系

基因组学的快速发展对作物种质资源学科的研究思路和方法产生了巨大影响，特别是分子标记和测序技术的广泛应用使种质资源的研究工作更加方便、快捷、精准和深入。利用分子标记对作物种质资源亲缘关系和遗传多样性进行分析，不仅有利于阐明作物种质资源之间的遗传背景和亲缘关系，还有利于新基因的发掘和核心种质的构建，利用全基因组育种芯片，大幅提高鉴定的准确性和高效性，为全面评估种质资源结构多样性提供了核心理论和技术。同时也对种质资源的保护提供了新的技术。目前，基于芯片杂交和高通量测序技术的基因型鉴定已在水稻、玉米等主要农作物中应用。

2）利用分子标记对水稻种质资源进行分类及遗传多样性鉴定和利用

已有研究成果表明，利用 RAPD 分子标记对杂草稻与普通稻进行亲缘关系分析，可以将杂草稻、普通稻及杂草稻不同生态型分开，将杂草稻之间形态相似、地理分布相近的聚类在一起。另一研究是利用 60 对 SSR 引物对具有代表性的栽培稻品种、普通野生稻、药用野生稻和颗粒野生稻共 100 多个基因型进行了遗传多样性与遗传关系的初步分析，结果发现普通野生稻中蕴藏着可供水稻育种利用的丰富的遗传变异和大量特异等位变异。还有研究利用高密度 SNP 基因型数据揭示了云南元阳地方红米品种的遗传多样性水平较低、种质资源遗传背景单一等特点，通过精准鉴定去除了品种重复，为当地红米种质资源的保护与利用提供了理论依据。并利用水稻高密度基因芯片，通过检测样品中特定基因的多个功能性 SNP 变异位点，实现对水稻全基因组重要性状功能基因高通量、快速、准确的检测，加快了品种遗传背景分析及大批量优异等位基因的聚合，提升了水稻育种效率。

3）利用分子标记对其他农作物进行分类及遗传多样性鉴定和利用

有研究利用 65 对 SSR 分子标记对 163 份藜麦种质和 3 份台湾红藜进行种质遗传背景分析，群体结构分析将全部材料划分为 2 个亚群，与聚类分析表现出相似的分组趋势。基于对 49 份不同类型观赏向日葵资源进行简化基因组测序技术 SLAF-seq 遗传多样性分析，将 49 份观赏向日葵种质资源划分为 2 类，得出群体内部存在较高的遗传多样性。通过对 208 份中国南瓜材料进行 SSR 分子标记和 InDel 分子标记的遗传多样性分析，最终将供试材料分为两大类群。这些研究成果表明，利用分子标记对种质资源进行遗传多样性鉴定可以剔除其中遗传背景单一、同物异名等种质。

（5）对种质资源库优良基因的开发研究策略

1）建设与作物种质保存库设施配套的保护体系

农作物种质资源保护体系主要以国家长期库为核心，以复份库、中期库、种质圃和野生植物原生境保护点为依托。根据《国家级农作物种质资源库（圃）管理规范》，应选择具备安全保存、稳定运转和配套设施齐全的单位专门从事种质资源的保存，这是解决种质资源安全保存的首要问题。农作物种质资源可以根据农作物不同类型通过种质库、种质圃和原生境保护点整体全方位保存农作物的基因源。建成系统完整、科学高效的农作物种质资源保护体系，能够保障国家和地区的粮食安全。应鼓励单位和个人将持有的国家尚未保存的农作物种质资源向国家级库（圃）提交保存，并通过国家级资源库供社会有偿分享使用，同时健全种质资源使用方面的法律法规，使种质资源保存充分发挥历史和社会使命。

2）充分利用基因组学技术对作物种质资源进行精准鉴定

精准鉴定就是精选在产量、品质、抗病虫、抗逆、高效等方面至少有 1 个突出优异性状的种质资源。随着全基因组测序、重测序和简化基因组测序技术的不断成熟，在全基因组水平上比较不同种质资源基因组变异成为可能，结合表型鉴定数据，利用连锁分析和关联分析等基因组学方法，可高效发掘种质资源中蕴含的新基因和有利等位基因，提出可利用途径及具体方案，并在种质创制的过程中充分利用基因组学提高创新效率。

根据各种质资源 DNA 指纹图谱差异程度判断种质之间亲缘关系的远近，剔除遗传背景单一、同物异名的种质，并通过测量种质间遗传距离，进行系谱分析，进而指导育种杂交组合配制、杂种优势预测等方面的工作。利用基因组学技术快速精准鉴定核心种质，有利于加快种质资源的共享利用。

3）加强种质资源信息数据的规范性、科学性和严谨性

作物种质资源信息数据的规范性、严谨性、科学性是种质资源的收集、保存、鉴定、评价、研究、利用的前提，数据采集应严格按照国家农作物种质资源平台、国家作物科学数据中心的种质资源描述规范进行规范、严密、科学性的描述，为实现作物种质资源的充分共享共赢提供强有力支撑。

4）进一步完善作物种质资源信息共享及合作交流机制

根据《2004—2010 年国家科技基础条件平台建设纲要》要求，作物种质资源共享平台建设需要统一规范，提高种质资源利用的数据化，完善信息化、网络化服务体系，形成区域特色、质量稳定、库藏不断增加、保存和利用水平不断提高的保障体系。通过种质资源种植展示来介绍资源的特征特性，供科技工作者分享交流使用。作物种质资源共享平台建设为育种、生产提供方便快捷的查询，加快了突破性品种的培育进程。

作物种质资源共享平台的完善还需要农业和信息系统科技工作者不断努力。2023 年3 月，农业农村部组织 72 个国家级农作物种质资源库（圃）专家认真筛选、反复研究，多方面征求院士专家和种业企业的意见，在中国种业大数据平台公布首批可供利用的农作物种质资源共 2 万份，涉及作物类型 48 种，包括粮食作物、油料作物、蔬菜作物、果树作物以及棉花、麻类等，每份资源包含种质类型、主要特征特性、保存单位和联系

方式等主要信息。科技工作者可通过中国种业大数据平台便捷获取资源信息（黄艳玲等，2024）。

2. 植物育种方法的创新实践

（1）丰富遗传多样性的育种新方法（进化育种法）

与早期人类驯化的农业作物种类多样性相比，近代农业种植的作物种类越来越少，目前全世界主要栽培物种仅有 150 种左右，其中 3 个物种（水稻、玉米及小麦）的产量占全球粮食总产量的 50%以上。随着大量农家品种的消失，单个作物物种的种内遗传多样性也大幅下降，导致大量优良基因的丧失。在促进农业集约化的同时，保护农业遗传资源正日益受到全球关注，而植物育种和种子生产是实现遗传资源保护目标的关键。

进化育种法被视为加强种内遗传多样性的一种替代方法。育种家们系统地利用基因多样化和适应性广的地方品种来培育新品种。不同进化起源的地方品种通过异花授粉被集合重组，由此产生所谓的"杂交合成群体"。这个群体的后代历经几代的群体繁殖，并在不同的生态环境中经过自然和人工的选择，最终形成"现代地方品种"。杂交合成品种（主要是大麦和小麦品种）在各种生态环境条件下均表现良好，明显优于那些"主导的"高产品种。

杂交群体的另一个重要特征是具有更强的抗病性，通过增加遗传多样性，不仅可以有效控制由病害引起的减产，而且基因多样化的群体也能够很好地抵御不断变异的病害。基因多样化种群中植物与病害的协同进化是一个有效的自我调节机制，能保持植物的抗病性，而在基因同质品种中却鲜有这样的特性。

总之，培育杂交合成群体的进化育种法有非常好的前景，不仅有利于土地利用系统的强化，还能促进作物应对未来环境的变化。该方法特别适用于恶劣的环境条件，与普通农作物的相关性也日益显现（Waldmueller Luis，2011）。

（2）参与式植物育种（农民育种法）

参与式植物育种（PPB）是另一种创新。与常规育种方法不同的是，参与式植物育种并非由农业育种家单独完成，而且基本上也不在实验室和试验田完成。整个育种过程，即从产生变异到选种和品种测试，农民都参与了决策。

其次，这种育种过程大多都在大田而非研究站进行，这样可避免研究站对基因型与环境相互作用的不良影响，因为研究站有良好的土壤条件和灌溉设施，而农田则体现了作物种植的实际且完整的环境条件和管理条件。

参与式植物育种出现在 21 世纪初，主要得到国际农业研究磋商小组（CGIAR）和许多非政府组织的促进和推广。目前，发展中国家正在广泛实施参与式植物育种，并在中东（大麦）、南亚（水稻）和西非（高粱）3 个地区取得显著成效。在这 3 个地区的主要育种目标是改良谷物，以提高它们在降水量较少环境下的耐旱性，在那里目前参与式植物育种法的应用范围已拓展到蔬菜、玉米等其他作物。

鉴于参与式植物育种的成效，至少有 3 个充分的理由去支持该方法的推广：第一，由于整个育种过程融入了农民的经验、技术及喜好，育种的有效性和应用性得到提高。这些要素保证了培育出来的品种具有较高的接受度和更高的采用率，因此，这是一种基于需求的育种方法。第二，研究的效率得到提高，农民选育的品种和育种家的品种一样，达到了高产。第三，育种周期缩短了。常规育种情况下，培育一个新品种约需要 15 年的时间。然而，参与式植物育种是在农田进行的现场测试，培育大量优质品种的时间只需要一半（7～8 年）。如果是纯系育种，则可节约 3～4 年时间。这一点对于气候迅速变化的现状及作物快速适应环境的需求具有重要意义。

（3）两种可替代育种方法是常规育种的补充

进化育种法和参与式育种法相互关联，都是常规植物育种的重要补充，这两种方法具有诸多优点：

从科学角度看，两种方法拓宽了人们对恰当育种技术的认知。作为对常规育种的补充，进化育种是强调并利用作物与环境相互作用的一种方法。进化育种法引发了人们对基因型与环境互作的探讨，并最终形成了在不同环境中根据当地条件育种的新方法。

从社会角度看，两种方法使农民重获育种权利，也保障了农民的权益。在过去的几十年中，贸易自由化使得农民的利益被边缘化。边缘地区小农户也能从农业研发中受益。与此同时，利益相关方也认识到必须加大力度开发有助于小农户改善生计的技术。

从经济角度看，两种方法有助于边缘地区潜力的挖掘、各种小作物的开发和产量的提高。这是提高全球粮食产量的一个重要方面。

从生态角度看，新方法有利于农业遗传资源多样性的保持，并在更短的时间内，使其能够根据环境的变化得到进一步的发展，适应严酷的环境也是应对气候变化的重要成果。

3. 畜禽遗传资源研究策略

（1）畜禽种质资源保护与管理的工作重点

2019 年农业农村部发布的《农业种质遗传资源保护与利用三年行动方案》，明确了当前全国畜禽种质资源保护与管理工作的重点。

1）加强畜禽遗传资源保护体系建设

健全畜禽遗传资源分类分级、动态保护机制，研究制定以群体数量、资源状况和开发利用潜力等为依据的地方品种保护分类分级标准。统筹安排国家级和省级畜禽遗传资源保护工作，加大地方品种保护力度。加强保种场（区、库）条件建设，对国家级畜禽遗传资源名录中未建保种场（区）的地方品种全面落实保种主体，改扩建一批保种场和国家级家畜基因库，建设国家级家畜基因库复份库，因地制宜建立大家畜、蜜蜂保护区和区域性基因库、复份保种场（库），加快省级畜禽遗传资源保种场（区、库）建设，提高资源安全水平和保种效率。

2）加强畜禽遗传材料保存

要创新畜禽遗传资源保护方法与技术，科学开展畜禽地方品种种质特性评价与分析。充分应用现代生物技术，加强家畜地方品种精液、胚胎、体细胞、干细胞等遗传材料采集与超低温冷冻长期保存，定期开展冷冻保存效果评价；加快地方猪遗传材料采集、超低温保存工作，力争做到应保尽保。

3）健全畜禽遗传资源监测预警体系

搭建全国统一的畜禽遗传资源动态监测预警平台，对接种业大数据平台，应用物联网、互联网、大数据技术，加快国家级和省级畜禽保种场（区、库）及遗传资源信息上图入库，全面监控分析资源数据，掌握资源动态变化，及时发布预警信息，提高畜禽遗传资源保护数据化、信息化、智能化水平。

4）加快畜禽遗传资源开发利用

强化遗传资源表型与基因型深度鉴定、特异基因挖掘与种质创制，拓宽育种遗传基础。以市场需求为导向，以企业为主体，产学研用相结合，加大地方品种商业化培育力度，加快地方品种产业化开发，挖掘地方品种文化内涵，打造特色品牌，满足特色化、优质化、多元化消费需求。

5）开展藏区畜禽遗传资源调查

在西藏、甘肃、青海、新疆、云南、四川6个省（区）青藏高原区域开展畜禽遗传资源调查与鉴定评价，查清该区域牛、马、羊、猪、鸡、蜜蜂等畜禽的数量、分布、特征特性等，摸清资源家底。

（2）"十四五"期间畜禽遗传资源研究重点

农业农村部已明确"十四五"（2021—2025年）期间全国畜禽遗传资源的研究重点：

1）推进国家畜禽种质资源库建设

以资源库为平台，重点攻克畜禽配子超低温保存与复原技术，发掘高效、优质、抗病、节粮的新种质和新基因资源，构建长期安全保存和更新的质量控制体系，建设高通量、规模化、表型组鉴定评价体系。力争将资源库建成全球保存畜禽种质资源总量最多、品种最全、体系最完整、智能化水平最高的国家畜禽种质资源库，打造畜禽种质资源战略保存的"全球库"，成为世界领先的资源创新中心，为我国现代种业自主创新和畜牧业高质量发展提供强有力的支撑。

2）加强畜禽生物育种基础研究和技术创新研究

以解析畜禽遗传基础科学问题为主线，重点突破优异种质形成与演化规律、重要经济性状协同调控机理、代谢调控网络与合成机制，构筑生物育种理论创新体系。以种业核心技术原始创新为导向，构建前沿畜禽生物技术创新平台，重点研发细胞工程育种技术、全基因组选择技术、表型系统设计等关键技术，形成创新链与产业链高效衔接的生物育种技术创新体系。

3）加强畜禽重大新品种培育

围绕新时期国家重大需求，适应畜牧业高质量发展，加快培育资源高效、环境友好、优质多元的畜禽品种，达到种源安全、产业安全和动物源食品供给安全的要求。在国家重点研发计划、国家畜禽良种联合攻关等项目支持下，重点培育高效白羽肉鸭、瘦肉型猪、高产肉牛和高繁肉羊等生产效率为首要育种目标的重大新品种；同时开展地方黄鸡、地方黑猪、地方黄牛等以风味物质含量为主要特征的优质高繁高效新品种，为养殖业高效生产提供优质种源。

4）加快建设和布局畜禽种业创新基地

针对畜禽育种基地布局的短板，有序推进畜禽种业创新基地建设和布局。加快"西部肉牛种质创新基地""肉牛种质资源保存创新利用中心"等基地建设；加速"肉鸭种质创新中心""肉鸡育种中心"等基地立项；谋划"生猪科学中心"，推动"生猪创新试验基地"布局。全面提升畜禽种业基地条件能力，支撑我国畜禽种源自主创新。

5）加强科企融合推动畜禽育种产业化

围绕产学研用深度结合，创新育种组织方式，加强科企融合，激发内生动力，形成多方协同创新机制。联合建立院企现代化育种平台，加速育种技术应用，加快推进肉鸡、肉牛等核心种源新品种培育，实现高效扩繁、市场推广、产业开发，打造一批具有国际竞争力的畜禽种业品牌。

（3）畜禽遗传资源研究策略

1）加强基础研究

加强畜禽遗传资源保护与利用的基础研究，挖掘资源潜在科学价值加强我国家畜家禽及其近缘野生种的起源、进化和分类研究，开展畜禽资源功能基因组和比较基组研究，筛选鉴定产肉、产蛋、产奶、产毛等性状的主效基因，明确畜禽遗传资源需保护的特异基因，建立遗传资源基因库。挖掘畜禽遗传资源潜在的生态、科学、文化、社会价值，科学评估畜禽遗传资源综合价值，制定相关名单。

2）持续开展畜禽遗传资源动态监测，建立濒危品种抢救性保护机制

定期开展畜禽遗传资源普查，健全动态监测评估及预警机制，及时掌握资源动态变化，科学预测资源中长期发展趋势，及时启动资源保护工作，减少资源濒危情况的发生，

确保资源不灭失。对群体数量濒危的品种，制定红色名单，一旦濒危，立即开展抢救性保护，保障资源不灭绝。对于特异性状濒危的品种，应开展相关分子研究，鉴定性状标记基因，开展特异性状保护工作，保障特异性状和特异基因不丢失、不漂变（陈晓等，2023）。

3）加强设施能力和人才能力建设

各级各部门要积极向上级有关部门申请保种专项经费，用于保种场、保护区以及承担保种企业实验室建设，购进先进的仪器设备和使用方便的试剂试材，注重分子育种和基因测序工作的开展，对购进的设备还要做好日常维护。提高基层从事保种、繁育工作人员的福利待遇，相关部门引进一批懂农业、爱农业、专业素质高的人员开展相关保种和利用工作。保种场、保护区、保种企业要充分与科研院所、高等院校从事产学研合作，健全管理制度，强化保障措施，推动数字化动态监测和信息化管理。

4）提高畜禽新品种繁育水平

基于现代化发展背景下，保种场、保护区、基因库要依托高水平院校和科研院所开展畜禽耐粗饲、抗病性强、品质优和适应性强等优良种质特性研究，开展高通量基因测序，挖掘优异性状的关键和调控因子，建立基因检测参考群，深层次开发生产性能，提高地方畜禽遗传资源的利用水平。各级畜禽品种保种场、保护区、基因库要因地制宜地制定中长期发展规划，对于群体数量少的畜禽品种开展纯繁工作和基因的提纯复壮工作，建立集种质资源保护创新、新品种选育、纯繁改良和试验示范于一体的畜禽种质资源创新体系，加强畜禽种质资源创制与育种技术创新团队建设。

5）开发品牌产品及其产业链

畜禽地方品种经过千百年来的驯化和饲养，具有肉质鲜美、营养丰富、风味独特等优势，是许多培育品种和引进品种所不能替代的。为此，地方畜禽品种要积极申请地理标志产品，借助地理标志产品的优势提高特色畜禽产品的市场占有率。保种场、保护区要与食品加工、物流、电商、冷链运输等部门开展相关合作，延伸产业链条，把产品做优做特，完善销售模式、运输方式，借助电商渠道完善产业链条。

6）加强畜禽疫病监测

各级保种场、保护区以及基层兽医部门一定要注重地方畜禽遗传资源的疫病监测工作，按照免疫程序对畜禽做好免疫接种，确保免疫接种的有效性和整齐度，对于抗体效价低或免疫失败的畜禽要进行二次免疫接种；做好圈舍内外定期消毒工作，并轮换使用消毒药物；对于发病畜禽要首先进行隔离，根据临床症状、流行病学、病理解剖进行诊断，合理使用药物进行治疗（张海龙，2023）。

二、农业遗传资源保存与利用策略

1. 充分发挥农作物种质资源保存库的作用

（1）解决作物种质保存库存在的问题

一些地区虽然收集有丰富的作物种质资源，却由于保存条件和技术达不到要求，随着保存年限的增加，种质发芽力丧失较快，使得很多珍贵的种质资源得而复失。全国各地在实施种业振兴行动中，也出现了个别地方脱离实际、贪大求全、重复建设种质资源库等问题。一些中期库由于投入小，建设制冷和除湿设施达不到中期库建设要求，使种质的活力很快减弱，造成了种质资源的丧失。此外，大部分农业育种科研单位和企业各自掌握一套种质资源，大多彼此封锁资源材料不愿出让，自留、自繁、自育的结果直接影响了主要农作物品种资源的统一征集入库，导致低温库长期低效运转而造成极大浪费。个别种质库仅仅为了充份数，把繁殖的种质进行备份保存，更有甚者把育种中间材料或近等基因系进行保存，造成人员浪费和运营成本增加，与国家全力普查和收集种质资源的目的相背离。

（2）作物种质资源的深度挖掘能力有待加强

我国目前已收集保存资源总量超过 53 万份，位居世界第二。巨大的种质资源量，为科技工作者深入研究和品种选育提供了丰富的遗传多样性材料，同时也为种质的深入研究和利用带来了困扰。目前，达到深度鉴定种质资源评价的不足 10%，种质资源研究工作的广度、深度、难度与种质资源的数量之间的矛盾日益凸显。种质资源突出优点未鉴定，基础研究和育种应用研究结合不紧密，有重大利用价值的新基因很少。需要加强深度挖掘基因资源的能力，种质资源工作重点将由过去的收集和保存转向深度鉴定和利用。

（3）作物种质资源收集的数据有待规范完整

种质资源收集的科技工作者或育种人员受个人或前辈工作习惯的影响，没有对种质标准鉴定进行系统学习，记录数据信息描述不规范、不完整、较笼统，有的采用"特异""特有""特优""特用""一般"等不明确的词语填写，或填"不明确"，或者没有信息。大量调查数据（图片、文字资料）及基因型鉴定评价数据没有很好整合，还有大多数种质资源只进行单一性状描述，不能全面反映出种质资源的特征特性，导致辛苦收集的数据失去利用价值。信息系统的数据收集不完整，导致作物种质资源管理信息系统的一些功能仅停留在模拟阶段。需要制定一整套描述和记录农作物种质资源性状数据的规范、标准和技术指南。

（4）健全作物种质资源的保护制度和共享共赢机制

受地区经济发展水平和科技能力等影响，一些地区没有充足的专项资金支撑作物种质资源保存和研究，导致几代作物种质资源工作者收集保存下来的珍贵资料在没有深入挖掘之前就失去生命力，种质资源保存工作受到严重威胁。国家作物种质资源的安全保护体系建设急需形成一套系统有效的保护制度。要扩大育种家之间的种质资源交流、交换与利用，防止农作物种质资源被科研单位和种业企业以"私有材料"的形式占有。此外，要建立规范，要求申请者向国家级库（圃）申请获取资源后，要及时将使用种质资源的信息回馈给发放种质的单位，研究成果或经济利益要体现种质资源保存和提供单位的贡献，实现种质资源使用方和提供方之间的惠益共享共赢（黄艳玲等，2024）。

2. 畜禽遗传资源保存与利用策略

（1）畜禽遗传资源保存与开发利用存在的问题

1）保种难度大，种群数量下降

我国虽然畜禽遗传资源较为丰富，但众多的畜禽遗传资源仍有濒危或消失的风险。①畜禽养殖不断向集约化、标准化、规模化方向发展，再加上禁养、限养、环保等问题，导致一些散养户逐渐退出了养殖领域，使地方畜禽品种生存空间受到一定的限制；②某些地区、养殖场一味单方面追求畜禽的生产效益和经济效益，盲目引进外来品种和培育品种并进行杂交改良，导致地方品种群体数量下降；③近年来，非洲猪瘟、禽流感等动物疾病不断发生与流行传播为地方畜禽品种的保护进程增加了阻力。

2）基层保种工作硬实力与软实力有待提高

虽然国家已经建立了一些畜种品种的保种场、保护区和基因库，但走访调研发现，基层在开展保种和利用工作中缺乏中长期的发展规划，保种技术落后，设施设备不完善等问题，尤其是对优良种质、特色种质资源的收集保存力度不足。一些保种场、保护区或是承担保种企业的实验室中的检测仪器设备存在陈旧老化、灵敏度不够等问题，从事保种的相关人员往往学历较低或非专业出身，从事保种工作的积极性也不强，严重制约着优异种质资源的创新利用。

3）畜禽育种与繁殖基础工作薄弱

目前，我国绝大多数地方培育的畜禽品种拥有优良的品质特性，但生产效率相对较低，与国际先进水平还有一定的差距，核心种源对外依存度高。与发达国家相比，我国的育种工作表现为起步晚、规模小、成效不显著，跟不上畜牧产业和食品加工产业的快速发展。育种资源种群规模有限，表型数据基础薄弱，质量差，也不具有代表性。由于畜禽生长的养殖周期长、投资高、技术含量高，从时间和效益方面考虑，引种往往比育种更划算，长期以来依赖外国种源。虽然近年来畜禽业的整体和系统发展水平有了很大提高，基本满足了市场对肉、蛋、奶产品的供给，但本地种业创新发展仍相对滞后。

4）品牌效应不突出，未形成全产业链

截至目前，不同省份和地区仅有一小部分的地方畜禽品种申请了地理标志产品，由于未能及时进行积极的宣传和产品推介，这些地理标志畜禽产品的市场价格和品牌价值存在不对称性，市场竞争力不显著，挫伤了专业化种业公司的积极性。此外，养殖企业上下游、横向联合的养殖机制不完善，企业间难以实现优良养殖资源的交流与共享，畜禽地方品种加工产业链条短，主要以初级加工为主，精深加工和高附加值产品少。销售渠道也较为单一，产业融合不充分，未形成全方位的产业链。

5）忽视动物疫病净化和生物安全防控工作

近年来，我国畜禽养殖数量逐渐增多，动物疫病的发生、流行也较为频繁，畜禽疾病防控和生物安全防控工作成为保种场、保护区尤为关注的重要问题。特别是近年来，非洲猪瘟、禽流感、口蹄疫、布氏杆菌病均相继有发生和报道，对疫病防控手段与措施提出了严峻的挑战。生物安全防控体系建设尤为重要，一些较为严重的传染性疾病仍时有发生，直接导致地方畜禽品种保护、利用和育种工作受阻，甚至中断，严重影响了地方畜禽品种保护与利用（张海龙，2023）。

（2）加强畜禽种质资源收集保存过程的信息化管理

1）实行畜禽品种登记制度

我国的畜禽育种相较于发达国家晚了约 150 年，导致育种资源群体规模非常有限，表型数据测定基础薄弱、数据规模小、质量差，部分核心畜禽品种，如白羽肉鸡、杜洛克猪、荷斯坦奶牛、罗斯蛋鸡等优质种源仍需从国外原产地引进。此外，由于国内畜禽育种很大程度上依靠育种企业，而大部分畜禽育种企业由于缺少有效的联合育种机制（这在肉牛、奶牛等大家畜上尤为重要），无法与业内优秀畜禽育种企业进行素材交换、经验交流与资源共享，难以整合育种资源，持续提升选育能力。在这方面，我国可以制定与西方国家相似的制度，借助专业的公司或行业协会的力量，对所有的纯种畜禽进行品种登记并建立共享发布机制，为后续的遗传育种提供优质素材和翔实数据，同时还可以为登记的种畜禽交易提供信誉保证，有效保障种畜禽交易公正和良好的氛围（王兴文等，2023）。

2）建立多功能的畜禽遗传资源信息系统或大数据中心

目前，我国已建有 6 个国家级畜禽遗传资源基因库，但至今还未建立起一个功能完善的畜禽遗传资源信息系统，以促进畜禽遗传资源的管理和利用。需要建立一个多功能的畜禽遗传资源信息系统或大数据中心，该系统或中心应具有以下功能：一是基于大数据的统一平台、统一标准的信息系统，并依托信息系统建设开放共享平台，促进优异资源共享利用；二是统筹国家和省级畜禽种质资源收集、保存、评价、分发等工作，确保信息互联互通、资源共享共用；三是推进登记资源分类赋权，根据种质资源的知识产权属性划分开放等级，实现公共资源开放共享；四是能够与国际信息资源较好接合，加强信息交流与监管；五是建成国家级、省级、基层三位一体的畜禽遗传资源动态监测体系，开展畜禽遗传资源种群常态性监测和登记，通过全面监控分析品种资源数据，及时掌握资源动态变化，提高地方畜禽遗传资源保护的针对性（王兴文等，2023）。

3）注重标准化科学管理流程

我国已建的国家级畜禽遗传资源基因库，还停留在对种质材料的收集和保存阶段，进一步的鉴定、评价与强化工作还有待加强。应借鉴发达国家的管理经验，明确畜禽资源保护所需要的流程和环节，建立从收集到加强的一整套标准化管理流程。对保护基地与种质保种库的资源需要建立详细的记录档案，明确和细化管理流程与细节后应将其信息化，构建高效的种质资源管理体系。

第一，要构建基于大数据的统一平台、统一标准的信息系统，统筹国家和省级作物种质资源收集、保存、评价、分发等工作，确保全环节信息互联互通、资源共享共用；第二，对接种业大数据平台，应用物联网、互联网、大数据技术，加快国家级和省级畜禽保种场（区、库）及遗传资源信息上图入库，全面监控分析资源数据，掌握资源动态变化，及时发布预警信息，提高地方畜禽遗传资源保护的针对性；第三，加强种质中心及各地种质资源保护单位的信息基础设施建设，建成由国家大数据中心、省级地方分中心、基层监测点三位一体的地方畜禽遗传资源的动态监测体系，提高畜禽遗传资源保护数据化、信息化、智能化水平，实现管理科学化、流程化、标准化（余泽田等，2023）。

（3）利用新技术提升畜禽遗传物质的保护水平

畜禽遗传资源异位保种主要集中在精子、胚胎、体细胞等遗传物质，利用这些遗传物质可以有效延长群体中优良个体的使用期。在保存方式上，精子具有来源充足和应用成熟等优点，已成为最主要收集的遗传物质。由于猪冷冻精液对温度非常敏感和猪的多胎性，国产猪冷冻精液在产仔数、受胎率等指标上还不是特别成熟，国内家禽精液冷冻技术发展也相对滞后。冷冻胚胎技术对于家畜遗传改良的作用越来越大，对于保护家畜遗传资源也发挥了很大作用。猪的胚胎移植是猪冷冻胚胎保存方式的技术瓶颈，国内猪的冷冻胚胎至今也没有实现规模化生产。由于禽类是靠母鸡来决定子代的性别，保存鸡的精液相当于只保存了一半的染色体，因此，需要研发更好的保存技术对鸡完整的遗传物质进行保存。在今后的研究中，重点是要进一步提高猪和鸡冷冻精液的保存质量，突破猪胚胎移植技术的限制；探索更好的鸡遗传物质保存技术，如在所有畜种都适用的体细胞冷冻保存技术、全基因组测序和 DNA 文库保存技术等（王兴文等，2023）。

要持续加强对畜禽遗传资源相关技术的科研创新。一要加强地方畜禽保护的技术方法研究，开展包括生殖细胞冷冻保存，以及生殖细胞、体细胞克隆等技术的创新研究；

二要加强地方畜禽品种性状解析方面的研究，应用现代生物学、集成信息与传感等技术，鉴定、验证具有重要经济价值的功能基因及其调控元件，筛选出与主要经济性状显著相关的分子标记；三要提高畜禽性能测定、数据采集与传输的自动化、智能化水平，充分应用现代自动化、信息化技术为畜禽遗传资源保护保驾护航（余泽田等，2023）。

（4）加强与其他国家的合作

目前，我国在畜禽遗传资源国际合作中的参与度相对于西方发达国家还有一定差距。应找出目前国际合作中存在的短板弱项，针对问题提出解决措施。应加快修订国内相关政策措施，如《国外引种检疫审批管理办法》等，推动国际种质资源的交流交换。应该加强与世界各国畜禽种质资源研究机构合作，组织实施重大国际合作项目，开展资源、信息与技术交流（王兴文等，2023）。

要加强国际交流。一要积极参与国际性的组织或协议，保障本土畜禽遗传资源的合法权益，同时畅通交流与交易渠道；二要加强开展地区性生物资源合作，如构建以"一带一路"为基础的国际交流机制、协助发展中国家构建资源保护体系以及开展双边或多边国际合作等；三要建立国家间的专门合作机制，如与美国进行种质资源冷冻保存技术合作、与巴西进行热带品种研究合作等（余泽田等，2023）。

（5）重视育种企业的作用，以开发促保护

总体来看，我国畜禽遗传资源仍以保护为主，开发利用不足。为更好推动我国畜禽遗传资源保护与利用工作，以开发促保护，一是要加强我国畜禽遗传资源保护和开发利用的协调发展，努力做到资源优势和产业优势相融合，加快产业化开发。对于市场需求大、商业化程度高的畜禽品种可完全交由市场运作。要鼓励企业加强研发和技术投入，支持企业与科研机构间的联合攻关，培训核心竞争力。二是在商业化体系的建立过程中，应注意完善市场主体利益分享机制，逐步建立以有效保护促进开发利用，以开发利用成效反哺保护工作的良性循环，让企业、个体养殖户等私营主体充分享受到畜禽资源保护的经济收益。三是强化政企间交流与合作。应加强政府部门对个体户、企业以及相应协会组织的资金支持、技术援助以及培训教育，以帮助私营部门在畜禽资源保护工作中发挥更大作用（余泽田等，2023）。

（6）多方投入经费支持保种

我国当前也面临着畜禽保种资金缺乏的问题，应引导多方主体参与畜禽保种并增加经费支持保种。农业农村部应加强畜禽保种的长期持续经费投入，还应与生态环境部、科学技术部、教育部、工业和信息化部、财政部等多部门协同协作，推动各部门在畜禽遗传资源保护、科研、教育、基础设施等方面加大投入。要优化市场发展模式，引导企业提升开发意识，加大市场主体对畜禽保种的直接参与力度。保护协会等非政府组织等也应加强畜禽遗传资源保护的宣传与教育，积极引导社会捐献，获取社会公益基金的支持与赞助（余泽田等，2023）。

3. 农业微生物种质资源保存与利用策略

（1）农业微生物种质资源开发需求

1）农业微生物关键技术突破成为产业发展的关键

微生物前沿科学问题与 21 世纪人类面临的健康、农业、生态、气候和粮食安全等重大问题密切相关。随着新型微生物分离培养技术、微生物组学和合成生物学的兴起，农业微生物基础研究和关键技术突破面临新的机遇与挑战。植物根系被视为第二次绿色革命的关键。从枝菌根真菌与植株共生可表现出良好的生产效应，对促进植物生长发育、增强植物抗逆性、减少植物土传病害发生具有重要意义，但现有鉴定方法仍在很大程度上依赖于传统经验。基于分子鉴定技术可获得个体基因组，但完整的植物微生物群在很大程度上缺失，这有赖于测序技术和生物信息学的进一步发展。实现环境友好和资源节约的微生物蛋白替代产品是食品和生物产业的重要发展方向，但蛋白合成效率提升及蛋白功能调控等技术仍需深入研究。此外，开发益生菌产品以治疗人类疾病及推动无抗健康养殖都是当前迫切需要推进解决的微生物产业技术难题。

2）农业微生物产业市场份额占有率不断上升

丰富的微生物资源只有经过分类筛选成为可培养的菌种资源后才具备应用价值，菌种资源的精准评鉴及育种创新水平是种质资源优势的体现，现有资源的开发利用及产业优势的转化成为未来农业微生物种质资源强国的核心所在。2020 年麦肯锡发布的《生物革命：变革经济、社会和生活的创新》报告预测，2030—2040 年，农业和食品领域微生物制造年度经济直接贡献达 8 000 亿～12 000 亿美元。国际大型跨国集团公司凭借其雄厚的资金和研发实力，加快农业微生物酶制剂的系列开发，垄断了国际高端酶市场。微生物替代蛋白的工业化生产将颠覆传统养殖业生产方式，未来 15 年内全球微生物替代蛋白产品将占全球食用蛋白市场份额的 20%以上，年产业规模可达 2 900 亿美元左右。拜耳等国际跨国公司利用农业微生物抗虫、耐除草剂和耐旱基因培育转基因作物新品种，已奠定其在转基因作物产业化中长达数十年的全球垄断地位。

3）农业微生物安全保护体系建设日益重要

微生物安全是以病原微生物为对象，利用现代科学技术对其在人类生活与健康、国家安全、经济社会、生态环境等方面对已产生或潜在存在的各种危害和风险进行检测、诊断和防控。随着现代基因工程的发展，某些经过性状改良的基因工程微生物被广泛应用于农业领域，很容易产生微生物间的基因漂移，从而提高产生具有新特性微生物的概率，并可能对当地微生物群落产生影响。此外，用于研究的高致病性病原体的安全储存与利用也是微生物安全保护的关键所在。国际社会对微生物安全给予高度关注，有些国家将微生物的生物安全纳入国家安全体系，并上升为战略部署，如美国发布《国家生物防御战略》，部署"生物盾牌""生物监测""生物感知"三项计划，推进"国家微生物组计划""全球病毒组项目""阿波罗生物防御计划"等战略项目，大量资源已投入相关技术研发。

（2）农业微生物产业发展的战略意义

我国虽然在口粮和谷物产量方面保持较高自给率，但蛋白质食品供应缺口持续扩大，2021 年我国油料和粮食进口总量达 1.65 亿 t，相当于我国粮食生产总量的 24%，对外依存度达 19%。按照我国单位产出水平计算，包括棉花、油料、糖料以及肉类、乳制品在内的全部农产品进口量已相当于进口虚拟耕地面积 7 亿亩（0.47 亿 hm^2），或播种面积 10 亿亩（0.67 亿 hm^2 左右）的当量。我国作为成长型粮食消费大国，存在农业资源环境约束趋紧、农业科技取得新突破难度增大等现实困境与挑战，包括土地和劳动力在内的粮食生产成本不断上升、世界粮食供应链不稳定导致进口风险加大，使得粮食安全压力在较长时间内持续存在。据预测，2030 年农业微生物技术可使作物增产 1.3 亿～2.5 亿 t，减少 500 万～2 000 万 t 粮食损失；到 2035 年，全球替代蛋白市场规模预计达到 2 900 亿美元，其中微生物发酵蛋白占到 22%。因此，加强农业微生物科技创新和产业发展对保障国家食物安全意义重大（郭静利等，2023）。

4. 中国式现代化视域下畜禽种业高质量发展的推进策略

（1）不断升级育种关键核心技术

畜禽种业在发展过程中不断升级育种关键核心技术，促使畜禽遗传经济性状持续优化，为中国式现代化进程中畜禽种业的高质量发展奠定基础。例如，内蒙古自治区积极引入荷斯坦牛、安格斯牛等国外牛类品种，并利用基因组、胚胎移植、分子生物等育种关键核心技术，培育出优良的西门塔尔肉牛，有效提升了肉牛纯繁速度，增强了肉牛综合生产能力。同时，国家生猪核心育种场利用基因组选择、杂交选育、分子辅助选育、人工授精及背膘精准调控等育种关键核心技术，持续改良秦川黑猪、绕八眉猪及藏猪等种猪。在此过程中，产学研一体化科研团队深度分析种猪的肉质性状、遗传结构等关键指标，不断攻克了育种关键核心技术。畜禽育种领域不断引入维度建模、引物设计、领域分析、序列分析等生物或信息技术，推动畜禽育种关键核心技术多角度突破，为畜禽种业育种奠定技术基础。

（2）综合开发畜禽种业特色产业

在中国式现代化视域下，各地应深度挖掘与利用畜禽遗传资源，促进畜禽种业特色化发展，助力畜禽种业高质量发展。一方面，要强化畜禽遗传资源保护力度。各地应引入畜禽基因序列图谱技术，建立畜禽遗传资源库，明确畜禽遗传资源的各项详细信息，有效收录与保护濒危畜禽遗传资源，完善畜禽遗传资源收集、整理及更新等管理工作，加大畜禽活体保护力度，促进畜禽种业特色化发展。另一方面，要深度开发与利用畜禽遗传资源。通过鉴定与分析优质畜禽遗传资源特性，推动资源优势转为经济优势，实现畜禽种业特色化发展，助力畜禽种业高质量发展。

（3）建立产、学、研、用深度融合的标准化畜禽育种体系

第一，组建畜禽种业产学研用创新联合体。应加大扶持产学研用新型社会化服务组织，与农牧民合作社、龙头企业及家庭农牧场等组织组建畜禽种业产学研用创新联合体，将各类现代畜牧业生产要素融入标准化畜禽育种中，实现畜禽种业高质量发展。

第二，增强企业在产学研用中的主体地位。各地应遴选一批良种育繁精准的优质企业，并为企业提供资金和人才扶持，鼓励企业牵头进行跨区域、跨学科、跨部门的产学研用畜禽育种，增强企业主体地位，统筹推进畜禽种业高质量发展。

第三，构建产学研用畜禽育种信息共享机制。相关部门可积极构建产学研用畜禽育种信息共享机制，展示新品种培育成果，公布畜禽良种评估报告及权威信息，加速产学研用畜禽育种成果转化，完善现代标准化畜禽育种体系，助力畜禽种业高质量发展。

（4）健全畜禽育种关键核心技术攻关机制

各地一方面可发挥龙头育种企业和国家级核心育种场的畜禽育种关键核心技术革新优势，整合全国畜禽育种技术攻关资源，提升畜禽育种关键核心技术攻关能力。另一方面，加大育种关键核心技术攻关资金支持力度。各地应健全畜禽育种关键核心技术的财政补贴与市场定价机制，激发龙头育种企业和国家级核心育种场创新与推广应用畜禽育种技术的积极性，增强畜禽育种关键核心技术攻关能力（吴晓芳等，2024）。

（5）加强地方畜禽品种资源的利用

地方畜禽品种在千百年来的驯化过程中，培育出明显的优势特性，如繁殖力高、肉质鲜美、产绒性好、抗逆性强等。太湖猪以产仔率高而闻名，西藏猪耐寒、耐粗饲，金华猪以肉质风味独特、适合生产"金华火腿"而著称；秦川牛和鲁西牛作为北方牛地方品种具有体躯高大、肉用性能好的特性；南方地方鸡品种以抗逆性强、肉质好、适应性强为著称，其中文昌鸡、仙居鸡、丝羽乌骨鸡等地方品种肉嫩味美，还可供药用，这些优秀地方畜禽品种均具有特色明显的优势基因。需要进行畜禽种质资源的普查，以摸清当地畜禽遗传资源本底，包括遗传资源名称、分布区域、来源、产区环境、群体数量、特征特性、受威胁因素及保护现状，为可持续利用地方优良的畜禽品种资源提供信息基础（张海龙，2023）。

三、农业遗传资源的高质量发展策略

1. 提升作物和畜禽产品在价值链中的附加值

（1）价值链的特点

价值链涵盖了从产品初始生产、加工、销售到最终消费的整个过程，也就是从生产者、加工者到批发商和零售商，再到消费者整个环节的参与者和全部活动。在每个环节，产品的附加值都会有所增加，以满足价值链上所有参与者的利益分配。价值链上布满了权利和利益的分配，只有公平合理的分配结构才能保持链上所有参与者的积极性。

经济可行性是所有价值链必须考虑的关键要素，如何建立一个有利于贫困人口且以保护和可持续利用农业遗传资源为导向的价值链是我们致力的目标。价值链是否有助于实现益贫式增长？这取决于贫困家庭是否参与了价值链，也取决于决策者是否将保护和可持续利用农业遗传资源作为价值链的主要实现目标。农村贫困家庭往往保持和管理着相当一部分具有地方特色的农业遗传资源，即一些具有优质、高产、抗逆的作物和畜禽品种资源，这是价值链的基础，而贫困农民的参与和公平分享惠益将确保价值链的正常运转。更多的社区和贫困人口参与将促进价值链的更大效益，因为一条价值链如果能够涵盖多个优良品种，不仅可以保护和可持续利用更多优质农业遗传资源，而且也能显著增加价值链带来的经济效益。

（2）提升价值链的策略

为了实现价值链在农业遗传资源保护和益贫式经济增长的两大目标，需要采取一些策略步骤。首先要筛选具有保护价值和潜在经济用途的优良农家品种，包括作物品种和家畜禽品种。这些品种当前可能被忽视，未能充分利用，如果不采取措施可能很快就要消失了。其次要制定品种生产和营销的策略，通过科学的检测和分析，挖掘这些品种在营养成分、口感、外观、气味等方面的优异性，特别是要挖掘品种背后的文化以及在种植和产品消费中的传统知识，以增加销售前景。

在制定价值链策略过程中，要始终牢记价值链的实现目标，即考虑益贫相关性和保护农业遗传资源的相关性。对于前者，要考虑贫困农民是否能够参与品种的生产和加工？能加入的贫困家庭数量？是否拥有品种背后的文化和传统知识？创收和创造就业机会的潜力如何？投入风险有多大？对于后者，要考虑价值链上可包含的优良品种数量和质量，农业遗传资源的保护价值，以及保护的效果等。例如，在安第斯山地区，生产 Jalca 薯片需要当地 30 种颜色不同的马铃薯品种，通过这个薯片生产的价值链，这能将这 30 个马铃薯品种的遗传资源保存下来。

（3）通过地理标志提升农业遗传资源产品的附加值

申请注册地理标志产品是另一条可以显著增加农业遗传资源产品附加值的途径，这也是世界各地目前采取的策略措施。这类产品将当地特有的农业种质资源、传统加工工艺以及传统文化集于一身，形成具有当地独特品质和传统知识的地理标志产品。注册地理标志后，既保证了产品的品质纯正，也便于消费者识别和信任，使产品的销售和益价能力大幅增加。这调动了地方社区特别是贫困地区农民种植和养殖农家品种的积极性，从而提高了农民和地方政府对农家品种资源的重视和挖掘力度，实际上也就是保护了农业遗传资源，促进了农业遗传资源的可持续利用，并使农民从中受益，实现了《生物多样性公约》提出的三大目标。

国家和部分省份已对地理标志产品出台了相关政策。如在国家层面，2013 年，《中共中央　国务院关于加快发展现代农业进一步增强农村发展活力的若干意见》提出，深入实施商标富农工程，强化农产品地理标志和商标保护。2020 年，《中共中央　国务院关于抓好"三农"领域重点工作，确保如期实现全面小康的意见》再次指出，要加强绿色食品、有机农产品、地理标志农产品认证和管理，打造地方知名农产品品牌，增加优质绿色农产品供给。地理标志产品在地方经济发展中能够起到举足轻重的作用。据国家知识产权局统计，截至 2020 年 6 月底，累计批准地理标志产品 2 385 个，核准使用地理标志产品专用标志企业 8 811 家，注册地理标志商标 5 682 件，登记农产品地理标志 3 090 个[①]。

（4）利用优良品种增加农业产量

由于优良品种不断更新，确保了粮食作物的安全生产和单位面积产量不断提高，在中国，水稻、棉花和油料作物的品种，自 1978 年以来，在全国范围内已经更换了 4～6 次，每一次新品种的更换都能增产 10%以上，这些作物的产量每增加 10%，人口贫穷水平将降低 6%～8%。地方种和农家品种为现代植物育种提供了丰富遗传多样性的同时，也一直是当地粮食生产和安全的坚实基础。在过去几十年间，主要粮食作物的单产增长迅速，虽然增产归因于众多因素，包括投入的增加和环境的改善，但主要因素之一是利用粮食和农业植物遗传资源开发新品种的作用（王述民等，2011）。

（5）发挥地理标志农产品在脱贫攻坚中的作用

第一，利用地理标志品牌大幅提高贫困地区农产品的价格。使用地理标志品牌，必须使其产品按照统一的标准或者规范进行生产，确保产品的特定品质，产出的农产品价格自然能有一定的溢价，从而能据此提高收入。例如，湘西保靖县"保靖黄金茶"的地理标志商标，单价大幅提高，实现了"一两黄金一两茶"，帮助其核心产区 5 万土家族

---

① https://www.sohu.com/a/417475567_120655307.

及苗族群众于 2020 年 2 月实现整体脱贫。

第二，利用地理标志产品助力贫困地区发展壮大相关产业。通过优质农产品地理标志商标注册，能够助力贫困地区创建优势特色产业集群，形成相关产业规模优势。例如，湖北三峡蜜橘产业集群入围特色优势产业集群，其"秭归脐橙"品牌帮助秭归县 20 万人口中的一半以上依靠柑橘产业于 2018 年年底实现脱贫致富。

第三，利用地理标志产品带动贫困地区广大群众就业。地理标志产品的生产会增加对土地的需求，从而间接加速农村土地流转，使一大批农民摆脱土地束缚，从事相关产业规模化生产，解决贫困地区群众就业问题。例如，"西峡香菇"2017 年获国家农产品地理标志认证，其品牌效应和市场优势直接推动了西峡香菇种植的规模，带动了深加工产业发展和当地农民就业，带动当地群众实现整体脱贫。

第四，通过政府途径推广名优特色产品。2020 年 4 月，农业农村部和财政部公布了50 个优势特色产业集群建设名单，将在未来给予重点支持。这些优势特色产业集群中，相当一部分产业集群以地理标志产品为依托。例如，湖北三峡蜜橘产业集群入围特色优势产业集群，刚刚退出贫困县满一周年的湖北秭归县是其中一个重要的生产基地（李珊珊等，2020）。

2. 利用遗传资源助力乡村振兴战略

（1）乡村振兴目标和主战场

实施乡村振兴战略，是党的十九大作出的重大决策部署。实施乡村振兴战略，要推动乡村产业振兴、人才振兴、文化振兴、生态振兴和组织振兴。要求到 2020 年，乡村振兴制度框架和政策体系基本形成；到 2035 年，乡村振兴取得决定性进展，农业农村现代化基本实现；到 2050 年，乡村全面振兴，农业强、农村美、农民富全面实现。

乡村振兴的重点地区是经济贫困地区，特别是少数民族地区，而这些地区也是生物多样性和农业遗传资源保存特别丰富的地区。一些地区集革命老区、民族地区和贫困地区于一体，是跨省交界面大、少数民族聚集多、贫困人口分布广的连片特困地区，为国家扶贫攻坚示范区、跨省协作创新区、民族团结模范区，是我国生物多样性中心与农村扶贫攻坚主战场。然而，这些地区也是农作物和畜禽遗传资源特别丰富的地区，农业遗传资源开发可作为乡村振兴的主导产业。

（2）农业遗传资源与乡村产业振兴

未来农业呈现的 6 种发展趋势将奠定乡村产业振兴的基础。这 6 种发展趋势为：粮食等重要农产品供给保障水平全面提升，多种形式适度规模经营的引领水平全面提升，农业技术装备水平全面提升，农业生产经营效益水平全面提升，农产品质量安全水平全面提升，农业可持续发展水平全面提升。然而这 6 种提升都与农业遗传资源有关，特别是粮食等重要农产品的供给依赖于丰富的农业种质资源，包括农作物、畜禽、林木、水产、药材、花卉等农业生物的优良品种和遗传多样性。农业种质资源是乡村产业发展的战略资源，遗传多样性是培育高产优质农作物和畜禽种质资源的基础。如云南红河州围绕梯田做产业，建设 8 万亩红米生产基地，打造"梯田谷雨"等品牌，大力发展梯田旅游，仅元阳县普高老寨这一个村子就聚集着几十家客栈，每个客栈年纯收入可达 10 万元以上。内蒙古敖汉旗建立传统杂粮品种保护基地，累计收集农家品种 200 多个，并建立品种保护基地开展试验示范，依托传统小米品种资源优势，实施名牌战略，敖汉小米被批准为国家地理标志保护产品、国家优质米，行销全国 700 余县，有效带动农民增收、农业增效（张灿强等，2021）。

（3）农业遗传资源与乡村文化振兴

保护和利用农业遗传资源，有助于乡村文化振兴，因为许多农业遗传资源都承载着丰富的传统文化。例如，黔东南的从江香猪、黎平香禾糯等养殖和种植历史悠久，其品种的选育和发展都与侗族文化有密切的关系。香禾糯的黏性特征与侗族人的口感和山地劳作便利携带食品有关，也与当地妇女利用糯米淘米水护理头发以及利用香禾糯秸秆的传统知识有关。稻-鸭-鱼混作系统已批准为全球重要农业文化遗产，具有重要生态文化价值和生态旅游价值。全国各地的许多生态农业和依赖优质农产品的农家乐文化产业，可以作为发展休闲农业（种植业、畜牧业、生态旅游业）的基地。

2018—2020 年的中央一号文件均指出，要保护好优秀农耕文化遗产，推动优秀农耕文化遗产合理适度利用。在乡村振兴成为国家战略的大背景下，通过组织农业文化遗产的项目申报，以及遗产地的科学保护、有序开发，不仅可以顺应联合国粮农组织在全球掀起的农业文化遗产热，而且可以此为抓手，带动遗产地的环境改善与农民增收致富，继而以点带面形成面向周边区域乃至全国的辐射影响力。

（4）农业遗传资源促进乡村生态振兴

乡村生态振兴，要落实生态发展理念，落实节约优先、保护优先、自然恢复为主的方针，统筹山水林田湖草沙系统治理，加强农村突出环境问题综合治理，严守生态保护红线，增强农业生态产品供给，提高农业生态服务能力，推进乡村自然资本加快增值。

而以农业遗传资源为基础的生态农业则是实现乡村生态振兴的必由之路。乡村生态振兴要在农业主体功能与空间布局上下力气，建立农业绿色循环低碳生产等制度和贫困地区农业绿色开发机制，利用传统的农家优良品种推广、传统耕地制度如轮作休耕、间作、立体种植养殖、节约高效农业用水等制度，健全农业遗传资源保护与利用体系，减少农药和化肥施用，完善秸秆、畜禽粪污等资源化利用制度。

"绿水青山就是金山银山"，然而要将"绿水青山"真正转变为"金山银山"，就需要在不对生态环境造成破坏的情况下，生产出大量的生态产品。要利用传统农业种质资源的优势，全面实施具有可持续基础的生态农业，并为社会提供优质产品，确保食品安全和人体健康。此外，还应做好居住村镇的规划，使居住村镇建设与当地生态环境相融合。

3. 利用农业文化遗产保护推动遗传资源的保护和利用

（1）农业文化遗产保护的目标

自 FAO 于 2002 年提出全球重要农业文化遗产保护工作以来，已有 21 个国家的 57 项传统农业系统被列入全球重要农业文化遗产（GIAHS）名录。我国于 2012 年开始重要农业文化遗产的挖掘和保护工作，截至 2022 年年底，农业农村部已批准了 5 批 118 项国家级农业文化遗产，其中 15 项被列入全球重要农业文化遗产。通过农业文化遗产的保护，人们不仅可以了解当地的生态条件，而且能反映当地的农业、饮食传统和文化，从而使这种动态的农业生态系统得到全社会的关注和认同。通过"农业文化遗产"项目，使历史悠久、承载传统文化的农业系统和系统内丰富的生物遗传资源以及独特的生产方式和技术能够得到保护和发扬，既为当地居民提供长期的粮食和生计保障，又发挥重要的生态功能，推动农业发展，促进社会进步，实现经济和生态文化价值的统一（伽红凯等，2021）。

（2）农业文化遗产地的生物多样性特征

农业文化遗产地的农业生物多样性极为丰富，主要体现在丰富的农家品种资源多样性、因地制宜的农业生态系统多样性，以及传统农业生产方式和生产技术的多样性。农业生物多样性种植系统以及多品种混作、轮作间种、桑基鱼塘、农林复合、稻田养鱼等传统农业生产技术，发挥了生物多样性的优势，至今仍然是许多地区特别是少数民族地区可持续农业发展的途径。内蒙古敖汉的农业文化遗产保护，创建了两个品牌，带动了小米产业的发展，同时也保护了小米品种的遗传多样性。

农家品种遗传多样性确保了农业文化遗产地的农业产品具有优质品牌价值。在农业文化遗产地，当地农民基于社会经济因素和文化因素，注重传统品种的种植，主要特点表现为：①传统农家品种保存的种类多，选择性强，更能满足当地人的生产和生活习惯。例如，黔东南黎平县数百年种植香禾糯，每个农户家里都保存了数个乃至数十个香禾糯品种。②农业生态系统内组成复杂，多物种混合种植和养殖，如云南哈尼稻作梯田系统内，多个传统水稻品种混合间作比单个现代品种种植不仅更能防治稻瘟病，还能增加产量。③农业文化遗产地传统文化中的宗教、习惯法、习俗等非物质文化形式都对农业生物多样性的保护产生了积极的作用，如贵州侗族在服饰、饮食、建筑、医药等方面都体现出生物多样性（张丹等，2016）。

（3）农业文化遗产对农家品种资源就地保护发挥作用

农业种质资源易地保护方式具有明显的弊端，因为基因库保存条件再理想，保存的材料也会发生老化现象，在基因库长期保存的种子其发芽率将随着保存时间的增长而降低，自1996年以来，有20%基因库的安全性恶化，种质的生活力下降（王述民等，2011）。因此，定期监测种质的活力并及时更新是必需的，然而，这将需要大量经费、基础设施和人力，特别是缺少技术人员。即使对基因库的种质资源能够定期进行轮换种植，但因其异地生境中光照、海拔、气温等环境因子的变化而无法完全保证其遗传多样性与稳定性，还容易造成基因漂移。

除了基因库自身建设的问题，还存在种子自身遗传多样性进化和环境适应等问题。一个在基因库长期低温保存的种子对于几十年后的生态环境是否适应是个大问题，因为几十年中，农田生态系统已发生重大变化，不仅土壤、肥力、水质、污染发生变化，病虫害的生理和病理也发生进化，而基因库的种子却丧失了与环境共同演化的机会。农业文化遗产保护可以为其农业生产系统中的农业种质资源（作物和畜禽品种资源）提供一个就地保护的生境，从而保证系统内的作物和畜禽种质资源能够维持其生活型和生态型的自然进化和遗传稳定及基因丰富的正常进程，并随着所在生境变化获得对水土肥等环境和气候变化的适应，维持对病虫害的抵抗能力。

（4）农业文化遗产的发展空间

2018—2020年的中央一号文件均指出，要保护好优秀农耕文化遗产，推动优秀农耕文化遗产合理适度利用。在乡村振兴成为国家战略的大背景下，通过组织农业文化遗产的项目申报，以及遗产地的科学保护、有序开发，不仅可以顺应联合国粮农组织在全球掀起的农业文化遗产热，而且可以此为抓手，带动遗产地的环境改善与农民增收致富，继而以点带面形成面向周边区域乃至全国的辐射影响力。实际上，将乡村振兴总要求与全球重要农业文化遗产的认定标准进行对比可以发现，两者具有很大的相似性与紧密性：一是产业兴旺对应保障居民食物安全，蕴含生物资源利用、农业生产等方面的本土知识和适用性技术；二是生态宜居对应生物多样性与生态服务功能、农业景观与水土资源管理；三是乡风文明对应文化、艺术的传承；四是治理有效对应信仰、社会组织的功能；五是生活富裕对应居民生计保障。因此，在一定程度上讲，实现农业文化遗产的保护是推进乡村振兴的着力点，也是一条保护农业种质资源的重要途径。

4. 开发农业生态旅游

（1）农业生态旅游的概念

"农业生态旅游"一词由"生态旅游"和"农业旅游"综合而成。"农业生态旅游"的权威定义由国际生态旅游协会（TIES）提出："具有保护自然环境和改善当地人民生活双重责任的旅游活动"。这意味着旅游者必须本着负责任的原则，全面思考和行动，从而确保其旅游活动对当地环境、生物多样性及当地社区的负面影响降至最低。

农业旅游是生态旅游的直接延伸，旨在鼓励旅客亲身体验乡村生活和农业生产活动，包括对农业生物多样性和农业遗传资源的体验。生态旅游基于自然和传统文化，农业旅游则基于农村和传统农业生产，农业生态旅游则结合二者的所有方面。农业生态旅游也是保持和丰富农业生物多样性的有效手段，得到地方社区的大力支持，各种形式的农业景观欣赏、农田和果园采摘、鱼钓、农家乐、民宿等旅游休闲活动在全国各地纷纷兴起。

（2）农业生态旅游的益处和挑战

农业生态旅游为农村社区和农业遗传资源保护带来的益处很多，主要有以下几类：

1）迅速创建中长期就业机会，为农业、农村和农民的经济收入提供机会；

2）通过提供培训和职业发展规划为农村无业人员进入劳动力市场提供跳板；

3）刺激地方传统食品（利用当地品种和传统工艺加工）和工艺品的生产，促进传统农业种质资源和文化遗产的保护与传承；

4）有助于增强当地农村居民保护自然环境和农业遗传资源的意识和积极性；

5）有利于当地旅游设施建设和旅游服务业的发展。

但是，实施农业生态旅游项目还面临许多挑战，例如，当地社区和居民对发展农业生态旅游在农业遗传资源保护方面的作用还缺少认知，不少农民只关注经济利益，而未能将农业生态旅游与农村环境保护、农业遗传资源保护与利用、农业文化遗产传承等结合起来。

（3）农业生态旅游的实施策略

对开发农业生态旅游要采用策略方法进行项目的规划和决策，为此需要考虑可利用哪些独特的农业生态资源来开发旅游产品，这些旅游产品应该体现哪些自然资源和传统文化的特点，特别是要挖掘当地特有农业遗传资源、地理标志农产品以及它们背后的文化和故事，让旅游真正体验到这些资源和文化的价值。

为了增强旅客对农业生物多样性和传统品种资源的关注，需要将农业生态旅游与其他旅游产品相结合，通过富有吸引力的套餐设计，整合当地文化元素，这将有助于农业生态旅游产品的营销。

农业生态旅游不仅能够提高当地社区收入，还有助于当地人增强身份认同，提升当地人对拥有的传统农作物和畜禽种质资源和传统文化的认同感和自豪感，这非常有利于农业生物多样性和农业种质资源的自我保护。

四、农业遗传资源管理策略

1. 农业遗传资源管理总体策略

（1）"十四五"农业遗传资源保护与管理目标

"十四五"时期是加快现代作物和畜禽种业发展的关键阶段，是全面推进农业遗传资源保护与利用工作的关键时期。"十四五"期间，我国农业遗传资源保护与利用工作的总体思路是：全面贯彻创新、协调、绿色、开放、共享的新发展理念，按照农业供给侧结构性改革的总体部署，坚持有效保护和有序开发相结合，加大政策支持，强化科技驱动，完善体制机制，建立健全农作物和畜禽遗传资源保护体系、种质评价体系、动态监测预警体系和开发利用体系，努力开创保护与利用相结合、资源优势和产业优势相融合的新格局，全面提升我国农业遗传资源保护和利用水平。

主要目标是：确保重要资源不丢失、种质特性不改变、经济性状不降低，着力提高有效保护率，国家级保护品种有效保护率提高 5 个百分点，省级保护品种有效保护率提高 10 个百分点；资源开发利用工作，要立足于深度挖掘地方资源优势、提高企业育种能力、创新自主产权品种，着力提高国产核心品种的市场占有率，培植一批在国内外具有较强影响力的育繁推一体化的民族企业，形成机制灵活、竞争有序的现代畜禽种业新格局。

（2）农业遗传资源保护与管理的原则

在农业遗传资源保护与管理的具体工作中，应坚持以下 4 个原则：①政府主导，社会参与。农业遗传资源保护以国家为主，要强化各级政府的主体责任，加大财政资金扶持力度。充分发挥技术推广机构的支撑作用，支持鼓励科研教学机构、龙头企业和社会公众广泛参与，巩固强化以公益性保护为主、多元主体共同参与的局面。②分级保护，突出重点。建立健全国家和省级分级保护制度，完善保护名录，科学确定保护优先顺序。落实品种个性化保护方案，确保重要资源得到有效保护。③依法管理，科技驱动。全面贯彻落实《中华人民共和国种子法》和《中华人民共和国畜牧法》及其配套法规，加强资源鉴定、保护、开发、合作利用等重点环节的监管；创新保种理论和保护方法，充分采用现代生物技术和信息化技术，为资源有效保护和利用提供支撑。④以保为主，以用促保。以有效保护为基础，以开发利用促进保护，推动资源共享和可持续利用。挖掘地方品种开发潜力，促进资源优势转化为市场优势，实现保护与利用有机结合（于康震，2017）。

2. 提高农业遗传资源保护与管理能力

（1）健全保种体系并提升保种能力

要健全保种体系，持续提升保护能力。在保护名录上，要根据全国资源状况和实际需求，适时调整优化国家级农业遗传资源保护名录。各省（区、市）也要制定和修订省（区、市）农业遗传资源保护名录，落实分级保护，各负其责，确保列入各级保护名录的资源得到有效保护。在保护布局上，要进一步完善原产地保护和异地保护相结合、活体保种和遗传物质保存互为补充的农业遗传资源保护体系。适当集中保种力量，统筹规划国家级核心基因库和区域性基因库建设，提高保护效率。在保护方案上，针对每个品种的不同需要，制定个性化保种方案，指导保种主体适时调整完善保种方案，并加强专家对作物和畜禽种质保存库和保种场的技术指导和监督检查，切实提高保种效果。在保护方式上，要坚持保种场、保护区和基因库相结合的保护方式。要对国家和省级保护名录中还没有建立保种场或保护区的作物和畜禽遗传资源全面落实保种主体，因地制宜建立健全相应的保护机制（赵俭等，2019）。

（2）加强农业遗传资源的持续调查与动态监测

在完成第三次全国农作物种质资源普查工作的基础上，应进一步收集存留在农村社区的传统农家作物品种资源，并妥善保存于国家和地方作物种质资源的保存设施；完成青藏高原区域畜禽遗传资源补充调查，查清我国青藏高原区域范围内牦牛、羊和蜜蜂等主要畜种的数量、分布、特性等，努力实现地方畜禽遗传资源信息动态监测全覆盖。

在农业遗传资源调查的基础上，要强化对农业遗传资源的动态监测。在农业遗传资源重点分布区和重要的就地保护区（点）、保种场和种质资源库建立监测站点，实现资源信息全覆盖。要加快建设国家农业遗传资源动态监测预警体系，继续组织实施农作物、畜禽地方品种登记，搭建监测平台，根据作物和畜禽遗传资源濒危状况判定标准，实时监测各级作物保存圃、保种场、保护区、就地保护点、种质库、基因库的保种状况，及时有效预警资源濒危风险，提高资源保护的针对性和前瞻性。各省（区、市）也要依托农业部的平台，加快本省（区、市）资源动态监测预警体系建设，实现国家级、省级农作物和畜禽种质资源保存库、保存圃、就地保护点和保种场的信息联网共享（赵俭等，2019）。

（3）加强农产品供给侧结构性改革

随着我国经济发展步入新常态，农业发展面临新的更为多元化的发展需求，突出表现在供给层面，迫切需要加快供给侧结构性改革。作为种植业和畜牧业的良种源头和发展基础，农业遗传资源保护与利用工作也必须紧跟行业发展趋势，准确把握新要求新任务，积极转变发展方式，适应现代种植业和畜牧业发展的需要。

目前，我国种植业和畜牧业发展基本解决了老百姓的吃饭和吃肉问题，但由于我国农产品供给"大路货"多，优质、特色、品牌产品少，与新时期城乡居民消费结构快速升级的矛盾开始显现，迫切需要加快调整产业结构和产品结构，促进农产品供给由主要满足"量"的需求向更加注重"质"的需求转变。要抓住加快推进畜牧业供给侧结构性改革的有利时机，充分挖掘地方农业遗传资源的优势，进一步转变发展方式，全面推动地方农业遗传资源保护与利用工作，促进提质增效，满足市场多元化需求（于康震，2017）。

3. 提升农业遗传资源自主创新能力

（1）种质创新与遗传基础拓宽

种质创新能够缩短资源保护者与育种家之间距离，促进种质资源在育种中的利用。拓宽遗传基础有利于降低遗传脆弱性，增加遗传变异性。很多国家都有类似的种质创新和遗传基础拓宽活动，一般采用不同方法对种质资源遗传多样性进行分析，提出可能的种质创新和遗传基础拓宽策略，以及开展这些作物种质创新与遗传基础拓宽的技术方案。抗病性、抗逆性和产量因素多为创新目标，地理远缘材料如野生种是创新的材料来源（王述民等，2011）。

为丰富我国的农业遗传资源宝库，我国应利用 FAO 的多边系统，根据国内育种和生产的需要，通过征集和交换，不失时机地从 FAO 下的国际农业研究中心获取急需的育种目的基因和优质、高产、抗病的遗传材料。还可组织专家有针对性地到世界各国进行实地考察和收集。例如，到中美洲、南美洲国家收集棉花、甘薯、玉米、番茄、烟草等作物的种质资源；到印度收集水稻的种质资源等。还可以国际贸易方式，从国外引进国外优质农业种质资源，以多种途径拓宽农业遗传资源基础（薛达元，1997）。

（2）加强农业育种的自主创新能力

我国丰富的地方农作物和畜禽遗传资源是培育优质、高产、特色、抗逆优良品种的重要素材，要深入挖掘这些优良品种资源的利用潜力，为社会提供更多更好的农产品。我国在新中国成立初期至 20 世纪 60 年代，由于缺少育种能力，种植业和畜牧业的品种主要从国外引进并直接使用，但是从 20 世纪 70 年代开始，逐步建立了国家和地方庞大的育种体系，并培育出分门别类的大量农作物品种，包括杂交水稻品种等，使粮食生产跨上一个新的台阶。

当前，我国农作物自主品种占 95%以上，畜禽核心种源自给率达 60%以上，品种对农业增产的贡献率达 45%。与农作物品种培育能力相比，畜禽品种资源的自主培育能力较弱，地方畜禽良种自主创新发展迟缓，至今仍大量使用国外畜禽鱼品种，良种产业受制于人，个别品种甚至完全被国外垄断。为提升自主培育品种能力，必须加强地方畜禽遗传资源保护与利用，以地方品种资源和引进品种相结合，加快新品种自主创新培育，逐步实现畜禽良种从进口为主向自我为主转变，从根本上增强畜牧业的市场竞争力（于康震，2017）。

（3）在种质创新中重视农家品种资源

我国地方农作物和畜禽品种丰富多样，繁殖力高、抗逆性强、口感好，是发展现代育种培育优良农作物品种的重要基因库，也是生产特色优质肉蛋奶的重要物质基础。然而，过去普遍重视高产新品种的推广，忽视了地方品种资源的挖掘和利用。世界多国畜禽遗传资源日益衰竭的历史教训表明，进一步强化落实对地方畜禽遗传多样性的有效保护，已是刻不容缓。

农业遗传资源原产地和主产区，有很多都分布在偏远落后的农村地区，目前这些地区资源开发力度不够，大部分地方品种资源在品质、风味、保健、文化等优良特性开发利用方面仍停留在初级阶段，产品种类比较单一，产品附加值低，优质优价的市场机制尚未形成，市场综合竞争力弱。依托地方遗传资源优势，因地制宜发展地方特色种植业和畜牧业，是贫困地区或经济欠发达地区实现精准扶贫和精准脱贫的有效途径（于康震，2017）。

4. 加强植物新品种保护

（1）国际植物新品种保护概况

《国际植物新品种保护公约》（UPOV）是保护育种者权益的重要国际协定，也是保护植物新品种的一种专门制度。UPOV 对植物新品种的保护范围、保护条件、保护时间以及育种者权利等方面均做出了规定，旨在有效保障育种者的品种权，是国际开展植物新品种的研究开发、技术转让、合作交流和农产品贸易的基本规则。我国于 1997 年颁布《植物新品种保护条例》，1999 年加入 UPOV 1978 年文本，并开始受理品种权申请和授权工作。截至 2017 年年底，我国农业植物品种权总申请量 21 917 件，总授权量 9 681 件，年度申请量超过欧盟，跃居 UPOV 成员第一位。

随着全球经济一体化发展，种业竞争日趋激烈，植物品种权保护成为参与国际竞争的关键因素。种业国际化是大势所趋，有利于各国依据比较优势原则参与种业国际分工，在全球范围内优化配置育种技术和种质资源，促进种业要素合理流转，克服遗传基础狭窄之弊端，加快全球种业创新与科技成果的快速交易转化，实现新品种价值的全球最大化。国外种业特别是跨国种业巨头进入中国，可以发挥其在科技、体制、市场、资本等方面的优势，为中国种业带来先进的研发育种、试验示范、生产经营、加工处理、销售推广服务、栽培管理、农产品收获等环节的先进理念与技术，有助于推动我国种业的现代化、市场化、标准化、规范化与法制化进程，并有利于我国种业的转型升级。

据农业农村部数据统计，截至 2017 年年底，我国农业领域共有德国、日本等 20 个国家的 1 502 个涉及玉米、水稻、花卉、蔬菜、果树等非国民新品种申请，占我国申请总量的 6.85%；共授权 494 个，占我国授权总量的 5.1%。而同期我国品种在国外申请授权的数量较少，主要向欧盟、美国、越南、日本等 18 个成员共申请 170 件品种权，获得授权的品种有 58 件，无论是申请总量还是获得的授权总量均与发达国家存在巨大差距。但是近年来我国品种在国外申请授权的数量呈增长趋势。

（2）中国在新品种保护国际合作方面的策略

针对目前存在的问题与不足，我国应立足国情，积极适应种业国际化发展的趋势，加大国际合作力度，逐步扩大直至全面放开植物新品种保护的所有属种，健全完善我国植物新品种权保护制度，促进我国品种权保护工作更好更快地与国际接轨。一方面，吸引国外更多优良育种成果进入中国，使得中国农业和农民同步享受全球育种创新成果，增强国内育种竞争意识与竞争能力；另一方面，促进我国育种成果"走出去"，扩大我国育种科研创新影响，加快植物新品种的国际化推广应用，提高我国植物品种权国际化保护水平与强度，提升我国种业国际竞争力。

1）完善新品种保护的相关法律制度

要健全和完善我国植物新品种创新、保护、运用相关法律法规和制度，为国内品种权健康有序发展创造良好的法制和市场环境。面对加入 UPOV（1991 年文本）逐步成为国际发展的主流趋势，我国应为加入 UPOV（1991 年文本）做好充分准备。同时要抓紧培养新品种培育者、生产者、销售者以及消费者的品种权保护意识和维权意识，旨在增强我国育种者原始创新能力与动力的原始创新新品种保护制度和实质性派生品种制度，提升种业竞争优势，更好应对国际种业的激烈竞争态势。针对我国现有植物品种权保护制度实际，应逐步扩大植物新品种保护的名录范围、保护环节与保护客体，并根据国际趋势，适当修订《中华人民共和国植物新品种保护条例》与《中华人民共和国种子法》，以全面接轨 UPOV1991 年文本，以适应国际化趋势。

2）增强植物品种权的国际化保护意识

要改善我国植物品种权申请人和种类分布结构，拓展种业国际化发展布局。第一，要通过加大宣传培训、建立财政支持和技术服务等帮扶机制，鼓励国内优势品种积极向国外申请保护，发挥种业大国的优势，拓展品种权海外布局，促进我国种业"走出去"，实现"海外投资研发生产经营"的目标，以期在国际市场上争取更多有利时机与地缘优势。第二，提升外国育种者对我国品种权保护的信心，创造良好的国内环境，吸引更多国外优良品种入驻中国，为我国注入新的种质与品种资源，共享种业先进育种技术和成果、种子加工技术等，加速种业转型升级。第三，引导支持科研院所和高等院校从事农作物种业基础性公益性研究，构建以企业为主体的新时代育种创新体系，鼓励研发培育具有较高市场价值的花卉、蔬菜、果树等品种，优化我国植物品种权申请人结构和植物品种权申请授权分布状况。

3）加强与植物品种权保护国际组织和其他国家的合作交流

要建立国家间、区域间的双边和多边惠益分享机制。第一，要积极参加和承办 UPOV 国际种子联盟等国际组织发起的相关会议与研讨活动，与其他国家紧密合作，努力保护国家主权利益，开展对外培训交流，推动非 UPOV 成员特别是"一带一路"沿线及相关国家逐步建立和完善植物新品种保护制度，增强我国国际影响力和话语权。第二，深度分析各国植物品种权保护相关法律法规制度以及申请受理审查测试授权等管理程序与规范，加大对植物新品种保护国际规则的制定、调整以及发展趋势的研究预测，及时追踪国际植物新品种保护前沿动态，以供国内相关人员学习和借鉴。第三，提高我国品种测试水平，强化分子检测、DNA 身份信息标识技术，完善品种测试指南和鉴定标准，加快测试指南的标准化、数字化、现代化进程，健全品种审查测试体系及管理制度、规范与流程，提升品种权审查测试效率，夯实品种保护工作的技术支撑。第四，在此基础上积极参与国际合作，建立完善国际和区域之间种质资源、育种基础设施、品种测试手段、品种权等方面信息沟通交流及其合作利用体制机制，建立区域性测试指南与测试报告的国际合作与互惠互认共享机制，既能分享国际植物育种测试技术发展最新成果，又能充分发挥中国测试体系在国际合作中的作用（周绪晨等，2019）。

（3）加大种业知识产权的保护力度

近年来，我国不断加强农作物种子市场监管，依法打击假冒伪劣种子等违法行为，经营秩序不断规范，种子质量纠纷呈下降趋势，但"仿种子""假种子"等现象仍然存在，套牌侵权问题还较为突出。我国种业知识产权保护起步晚，科研主体单位和个人保护意识不够，品种权申请数量严重不足。加上部分地方通过机构改革，种业执法机构从农业农村部门划分到综合执法部门，造成监管与执法体系不完善（颜学海等，2022）。

产权保障是种业良性发展的关键，知识产权保护是关键中的关键。知识产权"低保护"看似可以为种业发展获得空间，实则将制约育种企业长远的育种创新。没有育种成果强产权保护，缺少完善的种业执法环境，企业就无法真正通过正当市场手段获得利益补偿。没有正当的市场补偿机制，企业的育种科研就无法持久（李菊丹，2020）。

5. 加强乡村农业遗传资源的管理能力

（1）乡村农业遗传资源管理的现状与目标

目前对农业遗传资源保护采取的途径主要是就地保护和移地保护，对于就地保护的方式主要是建立原生境保护地（区）和围栏隔离区（带），但是这类措施不仅占用大量土地，而且维护成本非常昂贵。另外，保护的长期效果也有待评估，目前看这种隔离可能忽视了区内和区外物种之间的交互作用，当病虫害发生时，区内物种容易受到侵袭。

另外，在隔离情况下，也忽视了农民的传统知识对农业遗传资源的有效管理作用。

在乡村层级，如何实现可持续管理农业遗传资源的目标？需要从以下几个方面加以考虑。

1）将农业生产与农业遗传资源保护相结合。要充分发挥农民在保护和可持续利用农业遗传资源过程中的主导作用，农民是遗传资源的拥有者和利用者，也是保护者，因为一旦优质品种资源丧失，农民的利益也必然受到伤害，这样这将农民和农业生产与优质农业遗传资源紧密结合起来。

2）要建立农业遗传资源保护与管理的激励机制。农业遗传资源保护是农民、农业科技和推广人员、政府主管部门官员等利益相关方的共同责任。为了发挥农民和地方社区的作用，要建立激励机制，以经济手段等鼓励农民和社区种植更多的优质农家品种，促进品种多样性得以保存和延续。

（2）乡村农业遗传资源相关要素评估

对于乡村农业遗传资源的保护与管理，在制定保护策略之前，应首先对当地农业遗传资源的现状和本底进行评估，尽可能掌握和分析相关数据信息，包括农家品种资源的原产信息，培育历史和产品的社会经济信息，还有与这些品种的培育、选育、栽培、驯化、保存等相关的传统知识。这些工作需要当地社区和农民的参与，调查评估工作为参与式评估，由调查评估小组与村民合作开展。这个过程可增进农业技术人员与村民之间的相互了解，为未来在乡村农业遗传资源管理领域的进一步合作奠定基础。

乡村的社会经济发展水平也应成为调查评估的重要内容，因为当地社会经济条件在一定程度上可以影响农业遗传资源的管理。只有在以种植业和畜牧业为主要经济活动的地区，才有条件开展农业遗传资源的管理。社会经济评估的基本信息包括：区域内人口数量、结构和公众意识水平；当地政府和相关部门制定的有关农业遗传资源保护和可持续利用的政策、法规和规划；乡村集体经济的农户经济的主要收入来源，特别是种植业和养殖业占总收入的比重；当地少数民族的宗教信仰、知识体系，特别是与民族文化相联系的传统知识，包括农业传统技术、生产方式、生活习惯、村规民俗、习惯法等。

（3）乡村农业遗传资源可持续管理策略

1）农业遗传资源保护与管理的生态系统方法

农业遗传资源与其农业生产所处的生态环境密切相关的，即种植业与农田内外的农业生态系统不可分割，畜牧业也离不开草原生态系统。因此，农业遗传资源的保护与管理不能仅仅局限于品种资源本身，而应该开放至生态系统的管理层次。采用生物多样性友好的耕作方式可以丰富所在乡村的农业生物多样性。多种农家水稻品种混在一起种植，已被证明可以防治稻瘟病；将农作物、果树林木、蔬菜、野生蔬菜植物、药用植物等混种在一起，可以为小型动物、昆虫和鸟类提供栖息生境，而昆虫和鸟类的存在促进了农作物和果树的授粉，形成多样性的成果收获和生态环境效益。

2）提高农民对农业生物多样性保护的认知水平

农民与品种资源和农业生物多样性的关系最为直接，他们的意识和行为对农业遗传资源的保护和可持续利用至关重要。要根据农民特点，用符合农民交流的方式进行宣传教育，特别是要关注重点人群的意识教育，如农村中小学教师、乡村领导、民族村寨的长老等。要通过群众性的文娱活动和民族节庆等活动，将农业遗传资源的保护与管理知识融入其中，以激发群众的热情。要强化妇女在保护和管理农业遗传资源中的作用，农村妇女不仅直接参与品种的选育、栽培和保存，她们的言行对儿童的影响很大，其言传身教可直接影响下一代的意识和行为。

3）制定和实施农业遗传资源管理规划

在过去的农村发展过程中，由于缺少农业遗传资源的保护和管理意识，农田生态系统已遭到破坏，农业生物多样性减少，农家品种资源快速消失。为避免发生类似情况，需要坚持农村发展与农业生物多样性保护并重的原则，并动员和鼓励当地社区和农民参与乡村管理规划。在参与式乡村评估和制定规划的基础上，再明确一系列加强农业遗传资源保护与管理的行动措施，如在村级和乡级可根据保护与管理需要，实施农家品种资源的原生境保护措施；建立农业遗传资源保护示范点，使用生态友好的农业生产技术；建立农家品种资源的登记制度，将社区和家庭保存的品种资源登记在册；制定有助于农业遗传资源保护和管理的村规民约，以赏罚分明的制度体系规范村民的行为；成立农民小组和农民田间学校，培训农民的生物多样性知识和生态农业技术，讨论社区发展的目标和实现乡村规划的途径。

参考文献

Madhav Karki，Rosemary Hill，Dayuan Xue，William Alangui，Kaoru Ichikawa and Peter Bridgewater（Co-editors）. Knowing Our Lands and Resource-Indigenous and Local Knowledge and Practices related to Biodiversity and Ecosystem Services in Asia[M]. UNESCO，2017.

Memory E L. Evolving concepts related to achieving benefit sharing for custodians of traditional knowledge. African Journal of Traditional Complementary and Alternative[J]. Medicines，2007，4：443-468.

Mugabe J，Kameri-Mbote P，Mutta D. Traditional knowledge，genetic resources and intellectual property protection：towards a new international regime[M]. International Environmental Law Research Center，Geneva，Switzerland，2001.

Newing H. A summary of case study findings on the implementation of international commitments on traditional forest related knowledge（TFRK）. In：Our Knowledge for Our Survival：Regional Case Studies on Traditional Forest Related Knowledge and the Implementation of Related International Commitments[M]. International Alliance of Indigenous and Tribal Peoples of the Tropical Forests，2005.

Soejarto D D，Fong H H S，Tan G T. Ethno botany/ethnopharmacology and mass bioprospecting：issues on intellectual property and benefit-sharing[J]. Journal of Ethnopharmacology，2005，100：12-22.

Swiderska K. Banishing the biopirates：a new approach to protecting traditional knowledge. Gatekeeper Series No 129[M]. International Institute for Environment and Development，Environmental Economics Programme，London，2006.

Waldmueller Luis. 农业生物多样性保护与管理培训者培训手册[M]. 北京：德国国际合作机构（GTZ），2011.

XUE Dayuan. The Categories and Benefit-sharing of Traditional Knowledge Associated with Biodiversity[J]. Journal of Resources and Ecology，2011，2（1）：289-299.

XUE Dayuan，ZHANG Yuanyuan，CHENG Zhibin，et al. Père David's Deer（Elaphurus davidianus）in China：Population Dynamics and Challenges[J]. Journal of Resources and Ecology，2022，13（1）：41-50.

曹宁，薛达元. 论壮族传统文化对生物多样性的保护：以广西靖西市为例[J]. 生物多样性，2019，27（7）：728-734.

曹婷，周汉林，于萍，苟文娟，施力光，周雄，侯冠彧. 五指山猪资源现状、保护及开发利用[J]. 家畜生态学报，2017，38（7）：79-83.

曹永生，方沩. 国家农作物种质资源平台的建立和应用[J]. 生物多样性，2010，18（5）：454-460.

陈晓，陆健，于福清. 国外畜禽遗传资源保护及对我国的启示[J]. 遗传，2023，45（7）：545-552.

邓超，崔野韩，唐浩，陈红，杨扬，温雯，朱岩. "一带一路"与农业植物新品种保护[J]. 中国种业，2018（5）：18-20.

戴宇，雷凯. 民族地区农业文化遗产的就地保护——以侗族的稻鱼鸭共生系统为例[J]. 广西科技师范学院学报，2020，35（4）：41-44.

高爱农，郑殿升，李立会，刘旭. 贵州少数民族对作物种质资源的利用和保护[J]. 植物遗传资源学报，2015，16（3）：549，554.

高吉喜，薛达元，马克平，等. 中国生物多样性国情研究[M]. 北京：中国环境出版集团，2018.

高磊，王蕾，胡飞龙，杨礼荣. 农业生物多样性保护履约进展及对我国农业发展的启示[J]. 生物多样性，2021，29（2）：177-183.

高欣，赵亚辉，田菲，王晓爱，黎明政，林鹏程，常涛，俞丹，刘焕章. 中国内陆水体鱼类多样性监测专项网的监测和研究进展[J]. 生物多样性，2023，31（12）：1-12.

郭静利，尼鲁帕尔·迪力夏提，王大庆. 我国农业微生物产业发展的对策建议[J]. 中国农业科技导报，2023，25（11）：1-7.

贺鹏，陈军，孔宏智，蔡磊，乔格侠. 生物样本：生物多样性研究与保护的重要支撑[J]. 中国科学院院刊，2021，36（4）：425-435.

黄丽丽. 浅谈五指山猪保种现状、存在问题及对策[J]. 安徽农学通报，2007，13（18）：221-222.

黄艳玲，张从合，严志，王慧，方玉，周桂香，吴浩然，周乾，李侠芳，陈思. 中国农作物种质资源保护的研究进展[J]. 杂交水稻，2024，39（1）：11-16.

伽红凯，卢勇. 农业文化遗产与乡村振兴：基于新结构经济学理论的解释与分析[J]. 南京农业大学学报（社会科学版），2021，21（2）：53-61.

李保平，薛达元.《生物多样性公约》中"土著和地方社区"术语在中国的适用性和评价指标体系[J]. 生物多样性，2021，29（2）：193-199.

李保平，薛达元. 民族地区的生物-文化多样性研究——基于广西金秀生物文化的调研[J]. 贵州社会科学，2020（1）：103-108.

李保平，薛达元. 遗传资源数字序列信息在生物多样性保护中的应用及对惠益分享制度的影响[J]. 生物多样性，2019，27（12）：1379-1385.

李菊丹. 国际植物新品种保护制度的变革发展与我国应对[J]. 知识产权，2020（1）：59-71.

李斌，郑勇奇，林富荣，李文英. 中国林木遗传资源利用与可持续经营状况[J]. 植物遗传资源学报，2014a，15（6）：1390-1394.

李斌，郑勇奇，林富荣，李文英. 中国林木遗传资源对粮食安全和可持续发展的贡献[J]. 湖南林业科技，2014b，41（4）：70-74.

李德铢, 蔡杰, 贺伟, 杨湘云. 野生生物种质资源保护的进展和未来设想[J]. 中国科学院院刊, 2021, 36 (4): 409-416.

李梦龙, 郑先虎, 吴彪, 方辉, 刘永新. 我国水产种质资源收集、保存和共享的发展现状与展望[J]. 水产学杂志, 2019, 32 (4): 78-82.

李珊珊, 张柳. 发挥"地理标志"产品在脱贫攻坚中的积极作用[J]. 山东干部函授大学学报, 2020 (6): 39-42.

李果, 李俊生, 关潇, 吴晓莆, 赵志平. 生物多样性监测技术手册[M]. 北京: 中国环境出版社, 2014.

李小云. 对传统发展思想的反思: 参与式发展概论[M]. 北京: 中国农业出版社, 2001.

黎裕, 李英慧, 杨庆文, 张锦鹏, 张金梅, 邱丽娟, 王天宇. 基于基因组学的作物种质资源研究: 现状与展望[J]. 中国农业科学, 2015, 48 (17): 3333-3353.

林苓. 海南省畜禽遗传资源状况、保护与开发利用研究[J]. 安徽农业科学, 2013, 41 (16): 7170-7171.

刘伯红. 社会性别主流化的概念和特点[J]. 中华女子学院山东分院学报, 2009 (6).

刘春燕, 杨罗观翠. 社会性别主流化: 香港推动社会性别平等的经验及启示[J]. 妇女研究论丛, 2007 (1).

刘冬梅, 李果, 李俊生, 杨京彪, 肖能文. 生物多样性相关传统知识调查与评估: 以澜沧与康定两县为例[J]. 生物多样性, 2021, 29 (2): 184-192.

刘海鸥, 陈海君, 刘蕾, 晏薇, 薛达元. 重视女性在生物多样性保护中的作用[J]. 生物多样性, 2017, 25 (11): 1176-1181.

刘蕾, 杜乐山, 郝志明, 刘海鸥. 《昆明-蒙特利尔全球生物多样性框架》视角下将性别考虑纳入中国生物多样性治理[J]. 生物多样性, 2025, 33 (1): 24235.

刘华招, 季春德. 海南山栏稻种质资源的保护与利用[J]. 热带农业科学, 2016, 36 (12): 49-51.

刘浩, 周闲容, 于晓娜, 杨修仕, 刘三才, 么杨, 任贵兴. 作物种质资源品质性状鉴定评价现状与展望[J]. 植物遗传资源学报, 2014, 15 (1): 215-221.

刘旭, 李立会, 黎裕, 方沩. 作物种质资源研究回顾与发展趋势[J]. 农学学报, 2018, 8 (1): 1-6.

刘旭, 李立会, 黎裕, 谭光万, 周美亮. 作物及其种质资源与人文环境的协同演变学说[J]. 植物遗传资源学报, 2022, 23 (1): 1-11.

刘旭, 郑殿升, 董玉琛, 朱德蔚, 方嘉禾, 费砚良, 贾敬贤, 蒋尤泉, 杨庆文, 王述民, 黎裕, 曹永生. 中国农作物及其野生近缘植物多样性研究进展[J]. 植物遗传资源学报, 2008, 9 (4): 411-416.

刘筱红. 论农村妇女参与乡村治理支持网络的构建——基于"整体政府"视角[J]. 妇女研究论丛, 2010 (1): 10-15.

娄希祉. 粮食和农业植物遗传资源的保护研究和利用[J]. 作物品种资源, 1999 (4): 1-4.

马超德, 赵新华, 郑程, 冷斐. UNDP 与中国合作实施 GEF 生物多样性项目的成就与经验[J]. 生物多样性, 2021, 29 (2): 212-219.

米湘成，冯刚，张健，胡义波，朱丽，马克平. 中国生物多样性科学研究进展评述[J]. 中国科学院院刊，2021，36（4）：384-398.

欧阳志云，肖燚，朱春全，等. 生态系统生产总值（GEP）核算理论与方法[M]. 北京：科学出版社，2020.

乔卫华，张宏斌，郑晓明，陈宝雄，陈彦清，李垚奎，程云连，张丽芳，方沩，孙玉芳，杨庆文. 我国作物野生近缘植物保护工作近 20 年的成就与展望[J]. 植物遗传资源学报，2020，21（6）：1329-1336.

秦天宝，刘庆. 《粮食与农业植物遗传资源国际条约》的晚近发展与启示[J]. 青海社会科学，2016（5）：148-155.

秦天宝. 遗传资源获取与惠益分享的法律问题研究[M]. 武汉：武汉大学出版社，2005.

邵桦，薛达元. 云南佤族传统文化对蔬菜种质多样性的影响[J]. 生物多样性，2017，25（1）46-52.

孙九霞. 旅游人类学的社区旅游与社区参与[M]. 北京：商务印书馆，2009.

孙瑞萍，魏立民，晁哲，王峰. 海南原产地五指山猪资源保护与开发利用[J]. 养猪，2015（3）：73-75.

沈玉良. 海南自由贸易港植物种质资源进出境监管体系研究[J]. 南海学刊，2021，7（1）：22-31.

盛强，茹辉军，李云峰，倪朝辉. 中国国家级水产种质资源保护区分布格局现状与分析[J]. 水产学报，2019，43（1）：62-79.

唐清杰，严小微，杨国峰，钟兆飞，唐力琼. 海南山栏稻资源调查收集及其发展建议[J]. 杂交水稻，2018，33（1）：20-24.

唐力琼，林力，韩义胜，徐靖，朱红林，王效宁，王新华，唐清杰. 海南水稻种质资源评价及多样性分析[J]. 中国种业，2019，10：54-56.

王爱华，潘寻. 如何在环境保护类项目中推进性别主流化[J]. 北京林业大学学报（社会科学版），2015，14（4）：17-22.

王国萍，杨京彪，薛达元. 土族聚集区传统常用野生植物及相关传统知识的研究[J]. 中央民族大学学报（自然科学版），2017，26（4）64-70.

王启贵，王海威，郭宗义，王高富，刘作华，印遇龙. 加强畜禽遗传资源保护，推动我国畜牧种业发展[J]. 中国科学院院刊，2019，34（2）：174-179.

王石，汤陈宸，陶敏，覃钦博，张纯，罗凯坤，赵如榕，王静，任力，肖军，胡方舟，周蓉，段巍，刘少军. 鱼类远缘杂交育种技术的建立及应用[J]. 中国科学：生命科学，2018，48（12）：1310-1329.

王述民，李立会，黎裕，卢新雄，杨庆文，曹永生，张宗文，高卫东，邱丽娟，万建民，刘旭. 中国粮食和农业植物遗传资源状况报告（Ⅱ）[J]. 植物遗传资源学报，2011，12（2）：167-177.

王述民，张宗文. 世界粮食和农业植物遗传资源保护与利用现状[J]. 植物遗传资源学报，2011，12（3）：325-338.

王兴文，于耀然，刘浩，余泽田，董晓霞，彭华. 加拿大畜禽遗传资源保护与利用现状及对我国的启示[J]. 畜牧与饲料科学，2023，44（5）：63-70.

王艳杰，王艳丽，焦爱霞，才吉卓玛，杨京彪，阮仁超，薛达元. 民族传统文化对农作物遗传多样性的影响——以贵州黎平县香禾糯资源为例[J]. 自然资源学报，2015，30（4）：617-628.

王艳杰，薛达元. 论侗族传统知识对生物多样性保护的作用[J]. 贵州社会科学，2015（2）：95-99.

王旭，等. 守好种质资源"国宝"筑牢"国之重器"[J]. 中国畜牧业，2021（22）：15-25.

王玉栋. 我国观赏花卉的种类及发展对策[J]. 现代园艺，2017（9）：21.

魏辅文，平晓鸽，胡义波，聂永刚，曾岩，黄广平. 中国生物多样性保护取得的主要成绩、面临的挑战与对策建议[J]. 中国科学院院刊，2021，36（4）：375-383.

文香英，陈红锋. 植物园与野生植物迁地保护[J]. 生物多样性，2022，30（1）：1-5.

武建勇，薛达元，周可新. 中国植物遗传资源引进"引出或流失历史与现状[J]. 中央民族大学学报（自然科学版），2011，20（2）：49-53.

吴晓芳，杨慧. 中国式现代化视域下畜禽种业高质量发展路径研究[J]. 饲料研究，2024（2）：193-196.

徐承旭，等. 水产种质普查覆盖率超过 95%，遴选出 10 大优异种质资源[J]. 水产科技情报，2022，49（1）：18.

薛达元. 生物多样性经济价值评估——长白山自然保护区案例研究[M]. 北京：中国环境科学出版社，1997.

薛达元. 论遗传资源保护的国家战略[J]. 自然资源学报，1997，12（1）：55-59.

薛达元. 中国生物遗传资源现状与保护[M]. 北京：中国环境科学出版社，2005.

薛达元.《中国生物多样性保护战略与行动计划》的核心内容与实施战略[J]. 生物多样性，2011，19（4）：387-388.

薛达元. 建立遗传资源及相关传统知识获取与惠益分享国家制度——写在《名古屋议定书》生效之际[J]. 生物多样性，2014，22（5）：547-548.

薛达元. 生物多样性相关传统知识的保护与展望[J]. 生物多样性，2019，27（7）：705-707.

薛达元. 中国履行《生物多样性公约》进入新时代[J]. 生物多样性，2021，29（2）：1-2.

薛达元.《名古屋议定书》的主要内容及其潜在影响[J]. 生物多样性，2011，19（1）：113-119.

薛达元，崔国斌，蔡蕾，张丽荣. 遗传资源、传统知识与知识产权[M]. 北京：中国环境科学出版社，2009.

薛达元，戴蓉，郭泺，孙发明，等. 中国生态农业模式与案例[M]. 北京：中国环境科学出版社，2012.

薛达元，郭泺. 论传统知识的概念与保护[J]. 生物多样性，2009，17（2）：135-142.

薛达元，秦天宝，蔡蕾. 遗传资源相关传统知识获取与惠益分享制度研究[M]. 北京：中国环境科学出版社，2012.

薛达元，林燕梅. 遗传资源获取与惠益分享的《名古屋议定书》诠释[M]. 北京：中国环境出版社，2013.

薛达元，张渊媛. 中国生物遗传多样性与保护[M]. 郑州：河南科学技术出版社，2022.

颜学海，许春梅，刘三梅，何发，代世红，郝丽宁，马艳玮，吴红梅. 我国农作物种质资源保护利用现状与思考[J]. 农业科技通讯，2022（10）：20-22.

杨宝强. 钟曼丽乡村公共空间中妇女的参与、话语与权力[J]. 西部人口，2020（1）.

杨国峰，杨勇，钟兆飞，黄春燕，王波，唐清杰. 22 种山栏稻农艺性状和品质性状分析[J]. 海南师范大学学报（自然科学版），2018，31（4）：434-440.

杨明，周桔，曾艳，孙命. 我国生物多样性保护的主要进展及工作建议[J]. 中国科学院院刊，2021，36（4）：399-408.

杨庆文，秦文斌，张万霞，乔卫华，于寿娜，郭青. 中国农业野生植物原生境保护实践与未来研究方向[J]. 植物遗传资源学报，2013，14（1）：1-7.

杨文波，曹坤，李继龙，李应仁，罗刚，王建波. 我国水产种质资源保护浅析[J]. 中国水产，2020（8）：23-26.

于康震. 加强畜禽遗传资源保护利用　筑牢畜牧产业兴旺根基[J]. 中国畜牧业，2017，24：26-29.

余泽田，彭华，刘浩，王兴文，于耀然，董晓霞. 美国畜禽遗传资源保护与利用现状及对中国的启示[J]. 畜牧与兽医，2023，55（9）：134-143.

袁楠楠，魏鑫，薛达元. 海南黎族聚居区山栏稻的起源演化研究[J]. 植物遗传资源学报，2013，14（2）：202-207.

云勇，唐清杰，严小微，孟卫东，王效宁，林尤珍. 海南野生稻资源调查收集与保护[J]. 植物遗传资源学报，2015，16（4）：715-719.

张灿强，吴良. 中国重要农业文化遗产：内涵再识、保护进展与难点突破[J]. 华中农业大学学报（社会科学版），2021（1）：148-155.

张丹，闵庆文，何露，袁正. 全球重要农业文化遗产地的农业生物多样性特征及其保护与利用[J]. 中国生态农业学报，2016，24（4）：451-459.

张海龙. 畜禽遗传资源保护与开发利用现状及对策研究[J]. 中国动物保健，2023（2）：105-106.

张海新，及华. 野生花卉种质资源的开发利用[J]. 河北农业科学，2005，9（2）：112-115.

张小勇，杨庆文. 我国加入《粮食和农业植物遗传资源国际条约》的选择和建议[J]. 植物遗传资源学报，2019，20（5）：1110-1117.

张小勇，王述民. 《粮食和农业植物遗传资源国际条约》的实施进展和改革动态[J]. 植物遗传资源学报，2018，19（6）：1019-1029.

张文兵，解绶启，徐皓，单秀娟，薛长湖，李道亮，杨红生，周慧慧，麦康森. 我国水产业高质量发展战略研究[J]. 中国工程科学，2023，25（4）137-148.

张渊媛，薛达元. 遗传资源及相关传统知识获取与惠益分享关键问题研究[M]. 北京：中国环境出版集团，2019.

赵俭，吕亚南，姚竞杰，张晓建，郭利亚，白跃宇. 浅析我国畜禽种业发展的主要特点及成效[J]. 中国畜禽种业，2019（5）：25-27.

赵鑫，贾瑞冬，朱俊，杨树华，葛红. 我国重要花卉野生资源保护利用成就与展望[J]. 植物遗传资源学报，2020，21（6）：1494-1502.

郑殿升，杨庆文，刘旭. 中国作物种质资源多样性[J]. 植物遗传资源学报，2011，12（4）：497-500，506.

郑晓明，杨庆文. 中国农业生物多样性保护进展概述[J]. 生物多样性，2021，29（2）：167-176.

郑勇奇. 中国林木遗传资源状况报告[M]. 北京：中国农业出版社，2014.

周华伟，沈伟雄. 社区参与理论渊源探讨[J]. 价值工程，2013（3）.

周绪晨，宋敏. 中国植物新品种保护事业国际化发展研究[J]. 中国软科学，2019（1）：20-30.

周伟伟　王新悦. 种质资源是花卉产业发展的源动力[J]. 中国花卉园艺，2016，23：10-15.

朱春奎. 社会性别主流化与国家治理现代化[J]. 中国行政管理，2015（3）：7-11.

朱晓芳. 发达国家畜禽遗传资源保护与利用经验及对我国的借鉴[J]. 中国畜禽种业，2022，7：12-13.